T0124251

PROFUNDIZANDO EN APOCALIPSIS

El fin de los tiempos visto a través de los ojos de Dios

Gaylord Bowman

authorHOUSE®

AuthorHouse™
1663 Liberty Drive
Bloomington, IN 47403
www.authorhouse.com
Teléfono: 1 (800) 839-8640

© 2016 Gaylord Bowman. Todos los derechos reservados.

Ninguna página de este libro puede ser fotocopiada, reproducida o impresa por otra compañía o persona diferente a la autorizada.

Publicada por AuthorHouse 08/12/2016

ISBN: 978-1-5246-1793-6 (tapa blanda)
ISBN: 978-1-5246-1791-2 (tapa dura)
ISBN: 978-1-5246-1792-9 (libro electrónico)

Numero de la Libreria del Congreso: 2016911154

Las escrituras bíblicas citadas marcadas como NASB han sido tomadas de la Nueva Biblia Estándar Americana®, Copyright © 1960, 1962, 1963, 1968, 1971, 1972, 1973, 1975, 1977, 1995 por La Fundación Lockman. Utilizada con permiso.

Información sobre impresión disponible en la última página.

Las personas que aparecen en las imágenes de archivo proporcionadas por Thinkstock son modelos. Este tipo de imágenes se utilizan únicamente con fines ilustrativos. Ciertas imágenes de archivo © Thinkstock.

Este es un libro impreso en papel libre de ácido.

Debido a la naturaleza dinámica de Internet, cualquier dirección web o enlace contenido en este libro puede haber cambiado desde su publicación y puede que ya no sea válido. Las opiniones expresadas en esta obra son exclusivamente del autor y no reflejan necesariamente las opiniones del editor quien, por este medio, renuncia a cualquier responsabilidad sobre ellas.

Reconocimiento Especial

En cualquier traducción de un libro los resultados sólo son tan buenos como los que participaron en traducirlo. La traducción de este libro se benefició del trabajo de unos individuos excepcionales.

El traductor principal de este libro fue **Romina Ruiz Cárdenas.** Ella vive en Cabo San Lucas, B.C.S., México, es traductora legal acreditada por el gobierno Mexicano y fue responsable de la traducción final de este libro. En esta capacidad ella ha demostrado una habilidad y vocabulario excepcional. No le puedo agradecer lo suficiente.

La traducción final fue revisada por **Duane Salomón González Poppe.** Su responsabilidad era la de verificar que la traducción final reflejara con exactitud la intención del libro original. En cualquier trabajo de traducción hay muchas consideraciones culturales y gramaticales que entran en juego. De acuerdo a su testimonio su trabajo fue inmensamente simplificado por la destacada labor del traductor principal, Romina.

Por último, el trabajo de traducción inicial se realizó por **Adriana Angeles Maquez, Edgar Delgato Soto,** e **Irma Patricia Guzmán.** Su trabajo consistió en tomar el libro original en Inglés y para hacer una traducción inicial con la intención de identificar y llamar la atención a las áreas problemáticas de la traducción final.

Este libro está dedicado a mi padre:

Un hombre cuya vida me hace sentir orgulloso de llamarlo padre;

Un hombre de quien la adversidad y el dolor
fueron sus constantes compañeros;

Sin embargo, un hombre que fue un ejemplo
sobresaliente de cómo amar a los demás;

Un hombre cuyo último lugar de descanso lleva impresas estas palabras:

"Abuelo para todos"

Índice de Contenidos

Introducción

En el pasado la expresión "¡el final del mundo se acerca!" estaba asociada con gente fanática – gente que caminaba descalza en largas batas, con letreros de cartón en el pecho y la espalda, o que llevaban letreros en las banquetas. Hace mil años, inclusive hace cien años, el hombre no podía comprender la posibilidad de que el mundo, como lo conocemos ahora, pudiera acabarse. Los tiempos han cambiado y ahora vivimos en un mundo en donde no es inusual ver programas de televisión y películas que escenifiquen esta catástrofe. Como resultado de las descripciones vívidas y gráficas del libro de Apocalipsis, en donde se describe literalmente el final del mundo, ahora esto parece más y más razonable.

Las referencias misteriosas en Apocalipsis que aluden a imágenes que descienden del cielo (ver Apocalipsis 13:13), un sistema único mundial económico (ver Apocalipsis 13: 16-17), la

> Hay una convicción creciente de que algo catastrófico está a punto de suceder

obediencia compulsiva a una religión universal (ver Apocalipsis 13:14), la devastación a gran escala de la tierra debido a cambios elementales en el mar y a cambios físicos en el sol (ver Apocalipsis 16: 3-8), la reunión de los reyes de la tierra para ir a la guerra (Ver Apocalipsis 16:14), el liderazgo de múltiples naciones investido en una o dos personas (ver Apocalipsis 19:19-20) y el total colapso de la civilización (ver Apocalipsis 18:18-20), todo esto ya no parece ser imposible. Así cómo vamos iniciando el siglo 21, hay una convicción creciente de que algo catastrófico está a punto de suceder.

Se han escrito miles de libros sobre el Apocalipsis y, sin embargo, la mayoría de estos libros dejan a sus lectores más llenos de dudas que de respuestas. Algunos son demasiado académicos, mientras otros son escritos para hacerlos una lectura popular, ya que sus autores trasponen escorpiones por helicópteros y cambian el fuego que desciende el cielo por bombas atómicas. Mientras la Biblia nos advierte en contra de poner una escena en el tiempo, esto no impide que el hombre tenga sus especulaciones. Un libro popular de los años sesenta proyectó la segunda venida de Cristo para 1976. En libros subsecuentes, este mismo autor tuvo que revisar su agenda para cada libro hasta que finalmente en uno de sus libros más recientes, ahora está seguro que todo aquello que la Biblia predice para la humanidad, incluyendo la segunda venida de Cristo, ocurrirá cerca del año 2010 A.D. El fallecido Papa Juan Pablo II, a la edad de 72 años, dijo en 1994 que él creía que iba a vivir para ver el regreso de Jesús para salvar Su iglesia y redimir a la humanidad. El hecho de que estos pronósticos tengan que ser revisados a lo largo de los años, no disminuye el entusiasmo de las personas para establecer "nuevas" fechas y nuestro deseo de creerles.

Desafortunadamente, debido a las aparentes incertidumbres y confusiones que rodean al libro de Apocalipsis, se ha convertido en uno de los libros más olvidados de la Biblia a ser estudiados en la iglesia de hoy. Según vamos entendiendo las verdades en el libro de Apocalipsis, nos encontraremos inmersos en una gran aventura. El Apocalipsis fue escrito para ser claramente entendido por el creyente. Tiene la

> *Cuando vayamos entendiendo las verdades que se presentan en el libro de Apocalipsis, nos encontraremos inmersos en una gran aventura.*

intención de ser una revelación literal del plan de Dios para la humanidad. Mucha de la confusión se centra en quién es realmente el autor de este libro. El primer versículo del primer capítulo deja perfectamente claro que la fuente o autor es Dios. Juan meramente es el secretario que registra todo. Lo que Juan está viendo, lo está viendo a través de los ojos de Dios, y Dios no ve las cosas como nosotros las vemos. Cuando entendemos totalmente esto y apreciamos este hecho, mucho del misterio de este libro desaparece.

Así como he ido comunicando este entendimiento del Apocalipsis, es que he recibido más solicitudes para que enseñe sobre este libro, más que cualquier otro libro en la Biblia. Para los cristianos que están buscando esperanza en un mundo aparentemente sin esperanza, el Apocalipsis contiene lo que ellos están buscando. Este libro trata de poder; trata de batallas; trata de libertad; trata de fe, trata de maldad, y también trata de esperanza. Vivimos en un mundo incierto, un mundo en donde pasan muchas cosas que están fuera de nuestro control. El Apocalipsis nos asegura que Dios está en control absoluto del futuro.

Es mi oración que la lectura de este libro le permita a muchos de ustedes ganar una nueva apreciación del que es uno de los más grandes libros de la Biblia. Mientras la Biblia en su totalidad es la Palabra inspirada por Dios, este es un libro de especial relevancia para nuestros tiempos. El Apocalipsis es un libro que debe de ser no sólo leído sino también sentido.

¿Cómo ve Dios Sus Iglesias?

¿Cómo vio Dios a Su Hijo Jesucristo cuando regresó al cielo

después de su muerte y resurrección en la tierra?

¿Qué tendrá que hacer Jesús, y cómo lo hará, para preparar a la

tierra para Su segunda venida?

¿Qué hará Dios para preparar a los creyentes para que ellos vivan

en Su presencia para siempre?

¿Dónde y cuándo pasaremos la eternidad?

Todas las preguntas anteriores serán contestadas cuando estudiemos juntos este libro de Apocalipsis.

Finalmente, quiero agradecer a los muchos autores de libros que he leído sobre Apocalipsis por su entendimiento. Los libros y sus respectivos autores están identificados en la sección de bibliografía, al final de este libro. A pesar de no haber tomado de manera específica la reseña o comentario de un autor, la naturaleza misma del hecho de que sólo hay una verdad, puede ser motivo de que existan algunas similitudes cercanas en ciertos pasajes de este libro con otros libros. Es mi esperanza que muchos de ustedes puedan encontrar esto, porque precisamente es cuando nosotros, como un cuerpo diverso de Cristianos, podemos ver el mismo mensaje de Dios y podemos estar seguros de que Dios está trabajando en nuestros corazones.

Guía para estudiar el libro de Apocalipsis de manera efectiva

Teólogos, pastores, escritores e individuos seglares de manera frecuente tienen opiniones fuertes sobre el libro de Apocalipsis. El problema es que sus puntos de vista generalmente entran en conflicto con los de los otros. Como resultado, muchos Cristianos evitan leer y estudiar el libro del todo. Sin embargo, el libro de Apocalipsis es el único libro en la Biblia que específicamente promete una bendición para todos aquellos que lo leen y atienden sus palabras. Por lo tanto, se nos aconseja que lo leamos, lo estudiemos y lo entendamos. Para entenderlo adecuadamente necesitamos establecer algunos principiosconstantes que hay que seguir:

Principios para el estudio de Apocalipsis

1. **Acérquese a este libro con una mente abierta yfresca.** No intente manipularlo para que se ajuste a una doctrina o una idea predeterminada, sino que deje que hable por sí mismo.

   A. Pedro nos dice que nos acerquemos a la palabra de Dios como bebés recién nacidos. Para un bebé cada experiencia es nueva y es una oportunidad para aprender. (1 Pedro 2:2 "*desead como niños recién* nacidos, la leche pura de la palabra, para que por ella crezcáis para salvación.")

   B. Olvide que otros han declarado que este libro es misterioso y está más allá de nuestro entendimiento. Apocalipsis 1:3 dice, "Bienaventurado el que lee y los que oyen las palabras de la profecía y guardan las cosas que están escritas en ella, porque el *tiempo está cerca*". Dios nos dio Su Palabra para nuestra edificación, no para presentarnos con un crucigrama al que sólo unos cuantos tienen poder de resolver.

C. Cuando el significado literal tenga sentido, muy probablemente es el significado correcto. En otras palabras, no lea algo que no está ahí. Siga la regla de oro: "cuando el sentido llano de la Escritura tiene sentido común, no busque ningún otro significado."

D. Cuando sea necesario interpretar para entender lo que está escrito, utilice las siguientes reglas:

1). Intente entender cada pasaje dentro de su propio escenario inmediato contextual. Lea el texto que le precede y el texto que le antecede para buscar pistas para su significado.

2). Compare el texto con textos similares en otros libros del Antiguo y del Nuevo Testamento. Recuerde que la Biblia es la palabra inequívoca de Dios y es un todo en su conjunto. Encontrará que muchas de las visiones y símbolos le serán claros cuando usted haga esto.

3). Interprete con medida. Es mejor equivocarse en el lado de una interpretación con medida, que equivocarse en el lado de una interpretación excesiva. Tenga en mente que uno no necesita poder identificar cada tipo de árbol que se encuentra en el bosque para poder entender y apreciar la belleza del bosque.

E. Finalmente y lo más importante, permita que Dios, a Través de la guía del Espíritu Santo, le hable por medio de las palabras de este libro.

2. **Reconozca al verdadero autor del libro de Apocalipsis.** (Apocalipsis 1:1: *"La revelación de Jesucristo, que Dios le* dio, para mostrar a sus siervos las cosas que deben suceder pronto; y la dio a conocer[j], enviándola por medio de su ángel a su siervo Juan."*)

A. El libro de Apocalipsis es único en el sentido de que su autor humano claramente especifica que él solamente está transcribiendolo que Dios, a través

> Dios es el autor del libro de Apocalipsis.

de Jesucristo y de ángeles que lo guían, le han dicho o le han mostrado.

B. Esto quiere decir que Juan, a fin de cuentas, está mirando las cosas como Dios las ve. Esta es la razón por la cual se utiliza mucha simbología en este libro. Dios no ve las cosas como nosotros las vemos. Dios ve las cosas en términos de cómo afectan éstas Su plan para la humanidad. Está más preocupado con el **porqué** de las cosas que con su apariencia física. Cuando Dios nos ve, no ve nuestra apariencia física, sino la condición de nuestros corazones. Él ve nuestra motivación del porqué actuamos como lo hacemos.

C. Que Dios es el autor material también quiere decir que algunas veces se le pide a Juan que describa aquello para lo cual no hay descripción. Por lo tanto, las descripciones de Juan son en su mayoría más impresionistas que literales. Piense en una persona que nunca ha estado fuera de la selva, en lo profundo del África y lejos de su gente. Transporte a esta persona con los ojos vendados a la mitad del aeropuerto con más tráfico en el mundo y quítele la venda de los ojos, ahora déjelo parado ahí por unas cuantas horas. Enseguida, nuevamente regréselo con los ojos vendados a su selva y a su gente. Piense en escuchar cómo trataría esta persona de describirles a su familia y a sus amigos lo que vio y lo que experimentó. No entendiendo claramente lo que vio, se ve forzado a utilizar lenguaje, vocabulario y experiencias con las que está familiarizado. En otras palabras, tendrá que usar lenguaje de apariencia. Las cosas serán "como" o "parecía ser" algo con lo que dicha persona está familiarizada.

3. **Entienda que lo importante no es el símbolo, sino la realidad que éste representa.** Cuando se logra entender la realidad que dicho símbolo representa, entonces el simbolismo puede ser entendido. Para ayudarnos a entender la simbología del libro de Apocalipsis debemos de considerar lo siguiente:

A. Fije su mente en descubrir la realidad del símbolo que Dios quiere representar. Por ejemplo, para representar a nuestro

Señor con una espada que sale de Su boca, el buscar en la tierra una apariencia de caballos con "cabeza de leones" y con "colas como de serpientes," para concebir al diablo atado con cadenas de metal es irreverente, grotesco y absurdo. Cuando, sin embargo, vemos de la realidad que los símbolos representan, entonces las visiones de las cuales son partes se hacen vívidas, aleccionadoras y reales. Algo paralelo el día de hoy pudieran ser las caricaturas políticas. Su propósito es el hacer llegar un mensaje relacionado a algún individuo, situación contemporánea o evento por medio del uso de símbolos. Para que sea efectivo, dichos símbolos tienen que ser fácilmente entendibles por las personas de esa época Por lo tanto, los símbolos utilizados generalmente reflejan características exageradas de personas o cosas a las cuales están asociadas. Recuerde, para alguien que no está familiarizado con esta asociación, las formas pueden resultar grotescas y vagas.

B. En la Biblia, los símbolos se pueden entender de mejor manera cuando un uso similar se puede encontrar en otro lugar en las Escrituras. Debemos de buscar pistas al mayor grado posible o a la mejor interpretación de una imagen o palabra en descripciones paralelas del Antiguo Testamento o de otros libros en el Nuevo Testamento.

C. Para poder apreciar en su totalidad el mensaje de Apocalipsis debemos de recordar que Dios está intentando decirnos algo, pero que Él no quiere que nos quedemos atrapados en detalles insignificantes. Al mirar este libro, piense en términos de pintura – las pinturas generalmente se ven mejor a distancia; ya que entre más se acerca a ella, los detalles se empiezan a ver borrosos. Si tratamos de identificar todo y cualquier detalle perderemos la impresión total que el pintor quiere alcanzar. Es la impresión total lo que generalmente representa la verdad que Dios nos quiere mostrar.

4. **No debe de olvidar la identidad cultural de las personas para quien originalmente esto iba dirigido.** Para poder entender

e interpretar la Escritura adecuadamente, ayuda mucho el proyectarnos en el tiempo y el escenario en el cual la misma se escribió. La Escritura tenía la intención de poder ser entendida por las personas que vivían en el tiempo en que la misma fue escrita. ¿Crees que si las personas que vivían en aquellos años hubieran compartido los diferentes y descabellados puntos de vista que hoy tenemos, el libro de Apocalipsis hubiera sido aceptado como una Escritura "sagrada"?. El libro de Apocalipsis fue escrito por un Judío, y en la fecha en la cual fue escrito, los Judíos seguían representando la mayoría de creyentes en la Iglesia. Al recordar su origen Judío cultural, encontraremos que muchos símbolos y descripciones serán más fáciles de entender.

5.   Debes entender que el libro de Apocalipsis no lleva un orden cronológico específico.

Obtener lo mejor de este libro

En las secciones anteriores recibió algunos principios básicos para ser seguidos que lo ayudarán a obtener un entendimiento del libro de Apocalipsis. Debido a que es menos importante lo que pienso que lo que sé y entiendo, he tratado de escribir este libro de manera que le hará a usted pensar y razonar en la validez de las interpretaciones que yo presento. No he intentado proporcionar una interpretación basada en los eventos actuales o en las capacidades. El libro de Apocalipsis era verdadero cuando fue escrito, cuando lo único que ellos tenían para guiar su entendimiento era el Antiguo Testamento y unas cuantas cartas manuscritas por los Apóstoles. Si ellos pudieron declarar sus verdades con tan sólo estos elementos como base, entonces nosotros también debemos poder ver estas verdades utilizando solamente la Biblia como la tenemos hoy. Como resultado, he tratado de explicar las verdades que Dios está representando utilizando únicamente Su Palabra y los entendimientos vigentes en la época en la cual fue escrito.

> Dios se propone que el libro de Apocalipsis sea revelado.

Cada capítulo inicia con un párrafo corto a manera de introducción. Lo siguiente que ustedes verán será una lista corta de preguntas. Y según vaya encontrando las respuestas a estas preguntas, usted tendrá un mejor entendimiento de lo que Dios está tratando de decir en ese capítulo. Un adecuado entendimiento de estas preguntas y sus respuestas es tan importante que cuando estoy dando un curso o seminario nunca he enseñado un capítulo a mis estudiantes hasta que hemos repasado todas las preguntas y sus respuestas juntos ellos y yo. Generalmente les doy las preguntas una semana antes de iniciar el estudio de cada capítulo y le pido a los estudiantes que traten de contestar todas en casa. Las preguntas y sus respuestas una vez que son entendidas, ayudarán a eliminar el misterio del libro de Apocalipsis.

Después de las preguntas está un comentario por cada versículo del capítulo que estamos estudiando. Este llenará muchos detalles del capítulo y también ayudará a nuestro entendimiento de las preguntas.

Al final de cada capítulo está un resumen corto personal. Este resumen tiene la intención de refrescar su memoria respecto a algunas verdades contenidas en el capitulo según las fui descubriendo.

Al concluir el libro, están varios apéndices. Tienen el propósito de tratar preguntas especificas que pueda usted tener respecto a la relación entre el libro de Apocalipsis y el estudio del final de los tiempos (Escatología).

Nuestro entendimiento de la Escritura está basado en muchas cosas: Cuanto tiempo pasamos en estudiar la Palabra de Dios; nuestra madurez personal como Cristianos; nuestra exposición al pensamiento de otros; nuestra habilidad para razonar por si solos. Todas estas cosas entrarán en este estudio y determinarán lo que usted obtenga de él. Sin embargo, es importante darnos cuenta que nuestra salvación no depende en saber toda la verdad que se nos presenta en el libro de Apocalipsis. Cuando usted estudie este libro y que usted se emocione cuando lea sobre nuestro Dios victorioso.

El Apocalipsis en Perspectiva

Entendiendo los tiempos

Una de las claves para entender cualquier libro de la Biblia es el tener un conocimiento y reconocimiento del periodo de tiempo en que dicho libro ha sido escrito.

Primero, veamos la situación política alrededor de la Iglesia en el tiempo cuando Juan escribió Apocalipsis. Hasta el año 50 de nuestro Señor, los Cristianos eran considerados una secta del Judaísmo. Debido a que la ley Romana reconocía y protegía a las religiones "nacionales", los Cristianos gozaban de cierto grado de protección bajo la ley romana debido a su identificación. Entre los años 50 – 70 de nuestro Señor, los Judíos ortodoxos empezaron a desasociarse de los Cristianos quejándose con las autoridades Romanas que los Cristianos estaban predicando un tipo de herejía. Para calmar a los Judíos (que tenían reputación de personas necias y rebeldes) y al mismo tiempo para encontrar un chivo expiatorio por muchas de las malas cosas que estaban sucediendo en Roma en este tiempo, se hizo políticamente necesario para los Cesares Romanos el declarar al Cristianísimo como un religión ilegal. Eventualmente, sin embargo, los Judíos se volvieron en contra de Roma y fueron subsecuentemente vencidos y destrozados sin piedad en el año 70 de nuestro Señor. En este tiempo los Romanos declararon la religión Judía anticonstitucional e ilegal.

Para el año 70 de nuestro Señor, Nerón, el último de los grandes Cesares, había muerto y el imperio Romano empezó a ser gobernado por hombres inferiores que se hacían llamar Emperadores. Aunque algunos de estos hombres eran capaces, a la mayoría les hacía falta carisma y una absoluta autoridad respecto a sus antecesores Los Cesares. Como resultado de esto, empezaron a buscar la aprobación pública de la gente común para aquietar su orgullo. La inseguridad de los Emperadores los guió a empezar a declararse divinos y a hacer estatuas de ellos mismos para que la gente los adoraran. Ellos usaban la voluntad de una persona para adorar estas estatuas como un método de determinar la alianza y la lealtad de las personas a Roma. Como resultado, la negativa de muchos Cristianos de adorar las estatuas del Emperador, los hizo a los ojos de las autoridades, como personas anti-Romanas, y por lo tanto, traidoras. Esto era un acto de rebeldía que no podía quedar sin castigo.

> El aumento de las persecuciones que se desarrolló por parte de las autoridades Romanas era para retar la existencia misma de la Iglesia Cristiana.

Así mismo, la negativa de los Cristianos de aceptar el adorar las imágenes de los Emperadores, causó que fueran acusados de ateos, ya que aquellos que eran fieles seguidores de los dioses ídolos no podían concebir que alguien pudiera alabar a un dios invisible.

Durante los veinte años que siguieron la derrota y destrucción de la nación Judía la Iglesia Cristiana empezó a aclarar y establecer su identidad como religión, no de una nación o raza en particular, sino de una religión cuyo mensaje iba dirigido a todos. No usaron ídolos como parte de su adoración. Ellos mantenían altos estándares morales. Aunque no se separaron completamente de los contactos sociales, si pusieron bastante énfasis en ayudarse unos a los otros, en su amor para con los demás y en ayudar a aquellas personas que eran menos afortunados que ellos. Sin embargo, su servicio de comunión les ganó un estigma que los marcó como caníbales a los ojos de muchos. La proclamación de que el vino representaba la sangre y el pan el cuerpo de Jesucristo, precipitó esta opinión, y desafortunadamente algunos de los Cristianos comían y bebían en exceso durante estos servicios, lo cual animaba a los espectadores a concluir que el servicio de comunión era un tiempo también para orgias. Así que, mientras la Iglesia estaba intentando mantener altos estándares morales, su negativa a aceptar los ídolos como imágenes para adoración, y la confusión que rodeaba al servicio de la comunión empezó a hacer que sus miembros se alejaran del flujo principal de la sociedad.

Mientras escribía esta sección, no pude evitar el comparar esta situación con el mundo que nos rodea hoy. Justo en estos últimos 100 años más o menos, hemos pasado de los hermanos Wright a la luna, al transbordador espacial y a aterrizar en Marte. Hemos pasado de carruajes jalados por caballos, a Ferraris, y del Pony Express[1] a CNN[2] y al ciberespacio. Sin embargo, basado en la falta presuposición humanista de que la ciencia moderna no aprueba la existencia de Dios y lo sobre natural, es un hecho que la persecución de la Iglesia y las creencias Cristianas incrementa en el mundo de hoy, casi igual que como aquella que sufrieron los Cristianos hace 2000 años.

> *– basado en la falta presuposición humanista de que la ciencia moderna no aprueba la existencia de Dios y lo sobre natural, es un hecho que la persecución de la Iglesia y las creencias Cristianas incrementan en el mundo de hoy.*

---

[1] *El Pony Express fue un servicio de correo rápido que cruzaba Estados Unidos. Empezaba en St. Joseph (Misuri) y llegaba hasta Sacramento (California). Estuvo operativo desde abril de 1860 a noviembre de 1861. Los mensajes se llevaban a caballo a lo largo de praderas, planicies, desiertos y montañas. Redujo el tiempo que tardaba el correo en llegar desde el océano Atlántico al océano Pacífico en diez días.*

[2] *Cadena de noticias por cable*

Sobre el libro de Apocalipsis

Su propósito:

Hay un propósito común en todos los libros y cartas del Nuevo Testamento. Tienen la intención de edificar y animar a los creyentes y, como resultado, también tienen la intención de ser leídos durante servicios de adoración en las iglesias (Colosenses 4:16 *"Cuando esta carta se haya leído entre vosotros, hacedla leer también en la iglesia de los laodicenses; y vosotros, por vuestra parte, leed la carta que viene de Laodicea")* El Apocalipsis fue escrito para animar a aquellos que se encontraban en peligro de abandonar su fe debido a las persecuciones o desastres latentes o debido a los atractivos de un mundo sin Dios. Fue escrito para satisfacer un doble desafío para la Iglesia de ese tiempo: la persecución por afuera y la herejía por dentro. El apocalipsis fue escrito para la gente de los días de Juan, para mostrarles la victoria final sobre Roma, y para la gente de este tiempo para mostrarle la victoria final de Dios sobre el mundo. No tiene como objetivo principal el juicio, ni tampoco su profesía. El Apocalipsis no es tanto una revelación de las cosas que están por venir, sino en cómo Jesucristo es revelado en relación a dichos eventos. En el Apocalipsis Cristo aparece como el apaciguamiento (ejemplo, el regalo que apacigua a Dios) que Dios requería para redimir la tierra y la humanidad. El libro de Apocalipsis es uno de los grandes regalos de Dios a Su Iglesia y a todos sus creyentes.

> *El Apocalipsis fue escrito para darle esperanza a los primeros creyentes en una época en donde se les daba de comer Cristianos a los leones, donde los Cristianos eran clavados en cruces, quemados en la hoguera y hervidos en brea.*

Su lenguaje:

Entre los años 400 - 300 antes de Cristo, cuando Alejandro Magno heredó el ejército de su padre, los hombres de su ejército hablaban cinco diferentes dialectos de Griego. Reconociendo que era esencial para la batalla tener una comunicación clara, Alejandro combinó los dialectos para crear un lenguaje común. Este nuevo dialecto fue nombrado Griego Koine, que quiere decir "Griego Común". Después de la muerte de Alejandro a sus 33 años, sus cuatro generales principales dividieron el imperio en cuatro reinos diferentes, uno para cada general. Los nuevos reinos circunscribieron los territorios alrededor de Egipto, Siria, Persia y Grecia. Sin embargo, ellos reconocieron el valor de tener un lenguaje común y así que adoptaron el Griego común como el lenguaje de negocios, intercambio, y comunicación internacional. Eventualmente, cuando estos reinos fueron conquistados por los Romanos, estos a cambio, adoptaron este lenguaje como el lenguaje de comercio. Este es el lenguaje en el cual se escribió el Apocalipsis, y era el vocabulario de este lenguaje que Juan uso para describir sus visiones.

Su Estilo de Escritura:

La llave para el estilo de escritura en Apocalipsis puede ser encontrada en el nombre del mismo libro "Apocalipsis" (en algunos idiomas se llama "revelación"), que es también la segunda palabra en el libro. En Griego la palabra es "Apokalupsis", de donde se deriva la palabra apocalipsis. Su significado literal es "un descubrimiento, una divulgación, o una revelación", y tiene la intención de identificar una iluminación espiritual, no necesariamente un descubrimiento intelectual.

Las escrituras apocalípticas estaban generalmente reservadas para escrituras Judías que clamaban revelar o develar el propósito de Dios en los últimos días de la historia. Este grupo de escrituras floreció en el mundo bíblico entre 200 A.C. – 100 D.C. Era un estilo de escritura en el cual el simbolismo era una parte muy importante.

No se puede negar la influencia del Antiguo Testamento en este libro.
El libro de Apocalipsis toma visiones
y descripciones de lo largo y ancho de
la Biblia y las coloca en un contexto
único unificado. La mente de Juan
estaba saturada con el Antiguo
Testamento, y él esperaba que

> El libro de Apocalipsis
> tiene más citas (pasajes)
> del Antiguo Testamento
> que cualquier otro libro en
> el Nuevo Testamento.

cualquier alusión a ello en sus escritos fuera entendida por sus lectores.

El Apocalipsis no está arreglado como una narración consecutiva, ni tampoco están los eventos descritos en orden cronológico. Dios ocasionalmente desanda sus pasos para describir con más detalle o de manera diferente, un incidente al cual se ha hecho una referencia previa.

El contenido principal del libro es fácil de analizar. Después de un capitulo de introducción siguen cuatro series de siete: siete cartas (2-3), siete sellos (5: 1-8:1), siete trompetas (8:2 – 11:19), y siete copas (15:1-16:21). Estas cuatro series son rotas por varios intervalos que brevemente interrumpen el flujo de la narrativa y no pertenecen a las cuatro series de siete. A menudo se describen juicios específicos en detalle en estos intervalos. El libro cierra con una imagen vivida de la vida eterna del creyente en la presencia de Dios y de Jesucristo.

Su aceptación por parte de la iglesia:

Debido a que el libro de Apocalipsis fue dirigido a siete iglesias diferentes, sería solamente natural que cada una de estas iglesias quisiera su propia copia, y por lo tanto se diera un buen comienzo a la circulación del libro completo. La iglesia occidental generalmente aceptó el libro de
Apocalipsis al final del segundo siglo,
y la iglesia oriental lo hizo un poco
tiempo después. El libro de
Apocalipsis fue aceptado en la lista
de cánones del Nuevo Testamento
del Tercer Concilio de Cartago en el
año 397 D.C.

> – a pesar de todas las
> imperfecciones de Juan,
> Jesús debió de haber
> visto algo especial en él.

El Autor Humano

En Apocalipsis, el autor humano dice las siguientes cosas de sí mismo. En capitulo 1, versículo 1, que es un siervo del Señor Jesucristo; en el capítulo 1, versículos 1, 4, 9 que su nombre es Juan; en capitulo 1, versículo 9, que era hermano eh Cristo y un compañero en la tribulación común a los lectores; y finalmente en capitulo 1, versículo 9, que se encontraba en la isla de Patmos a causa de la palabra de Dios y del testimonio de Jesús. El autor asumió que no había ninguna posibilidad de que se confundiera su identidad. Los padres de la iglesia antigua casi tenían la opinión universal que Juan el discípulo amado era el autor de este libro. La evidencia substancial para que fuera cualquier otra persona diferente de Juan el Apóstol, es insignificante.

Juan nació en Galilea, ente el año seis a cuatro A.C. Probablemente era de 4 a 6 años menor que Jesús. También es muy probable que fuera primo lejano de Jesús. Su madre fue Salome (Marcos 16:1 – *"Pasado el día de reposo, María Magdalena, María, la madre de Jacobo, y **Salomé,** compraron especias aromáticas para ir a ungirle"* y en Mateo 27:56, en donde las mismas mujeres son descritas, dice - *"entre las cuales estaban María Magdalena, María la madre de Jacobo y de José, y **la madre de los hijos de Zebedeo**"*). El padre de Juan fue Zebedeo. Eran una prospera familia de pescadores, y Juan creció como pescador. El se convirtió y se hizo discípulo de Juan el Bautista cuando tenía entre 24 a 26 años de edad. Poco después de esto, fue escogido por Jesucristo para ser uno de los más cercanos de Sus doce discípulos. No siempre fue un hombre de estándares altos. El se hizo de un nombre como uno de los "hijos del trueno" cuando le pidió a Jesús que llamara fuego del cielo para consumir una villa samaritana. También fue uno de los discípulos que rechazó al hombre que estaba sanando en el nombre de Jesús y no era un discípulo. La madre de Juan le pidió a Jesús un lugar ventajoso en el cielo para su hijo. Sin embargo, a pesar de tantas imperfecciones de Juan, él eventualmente se hizo conocido como "el discípulo amado de Jesús". El era tanto conocido como respetado por los sumos sacerdotes en Jerusalén, en donde él tenía una casa. Probablemente había hecho negocios con ellos por su padre. Santiago, el hermano de Juan, como el hijo mayor, habría recibido entrenamiento rabino; Juan como el segundo hijo, habría sido entrenado en el negocio familiar. A la fecha de la muerte de Jesús, Juan tendría aproximadamente 28 a 30 años. Jesús, mostrando su amor y respeto por Juan le dio la responsabilidad de cuidar a su madre, María, cuando Él estaba muriendo en la cruz.

Del año 30 al 60 D.C. Juan vivió en Jerusalén y se le consideró un pilar de la iglesia ahí. Alrededor del año 60 D.C., se movió a Efesio, donde fue designado obispo de todas las iglesias de esa área. Alrededor del año 90-93 D.C. se le sentenció a vivir en el exilio en la isla de Patmos por el Emperador Domiciano, aparentemente por alguna evidencia de su lealtad a Jesucristo. Mientras estaba en Patmos probablemente vivía en una cueva. Se le liberó del exilio durante los años 96-97 D.C.

De acuerdo a la tradición murió pacíficamente en Efesio, posiblemente en Septiembre 100 D.C. y ahí fue enterrado. Interesantemente la ubicación de su tumba es considerada como una de las tumbas mas autenticas de todas las tumbas de los apóstoles, sin embargo no hay reliquias o evidencia histórica que de manera inequívoca puedan apoyar este hecho.

> *En la fecha en que Juan escribió el Apocalipsis el tendría alrededor de noventa años.*

Fue mientras estaba en el exilio en la isla de Patmos que Juan recibió su revelación por parte de Dios, junto con las instrucciones de escribir y comunicar todo lo que estaba viendo y escuchando. Estas palabras de urgencia y de advertencia iniciaron cuando Juan estaba exiliado en Patmos y probablemente terminaron después de que fue liberado a Éfeso, en donde fueron copiadas y enviadas a las siete iglesias de Asia, tal y como habían sido instruidas. El hecho de que el Apocalipsis fue escrito por el Apóstol Juan alrededor del año 95-96 D.C, parece substanciado por el testimonio de Ireneo de Lyon (c. 170 D.C.), quien era pupilo de Policarpo, quien se sentaba a los pies del mismo Juan. Ireneo escribió que el Apocalipsis fue visto por Juan "hacia el final del reinado de Domitian" 81-96 D.C. (Irenaeus, en *Contra de la Herejía*, IV, xx; V, xxvi, xx.).

Para entender a Juan y su importante contribución al libro de Apocalipsis, necesitamos recordar tres cosas importantes sobre este hombre sobresaliente.

- Juan era un profeta. Los profetas mantenían la esperanza por el presente, esperanza de que el juicio de Dios pudiera ser retrasado si las personas se arrepentían y se volvían a Dios en fe y en obediencia.

- Juan era un evangelista, "uno que anuncia las buenas nuevas", en este caso, las buenas nuevas del Evangelio.

- Juan era pastor. Juan se preocupaba por su rebaño mientras escribía esta visión de un mundo (en donde reinaba la maldad) y el mundo que venía (en donde Dios restablece de nuevo la rectitud y la paz nuevamente). El Apocalipsis es la carta de un pastor para su rebaño.

Juan no buscó esto. Dios lo escogió y le dejó la carga de registrar de manera fiel lo que veía y lo que escuchaba. Desde el exilio de su isla aparentemente había muy poco que le podía hacer para propagar esta trascendental revelación

> *Que increíble responsabilidad fue colocada en las manos de Juan.*

Algunas Observaciones Personales

Las visiones pudieron, y sin duda así fue, haber tenido lugar durante un período de tiempo.

Todo lo que Dios siente que necesitamos saber sobre el futuro está aquí.

Este libro nos enseña a los creyentes que Dios espera que crezcamos según vayamos poseyendo conocimiento de la victoria final de Dios.

Era la verdad cuando fue escrito, y sigue siendo la verdad para nosotros ahora. La verdad es clara si el hombre la interpreta y la entiende de acuerdo a la palabra de Dios.

No es un libro sellado. El decir que el libro de Apocalipsis es imposible de entenderse, es sugerir que Dios no sabía lo que estaba haciendo cuando le dijo a Juan que escribiera todo lo que veía y se lo enviara a las iglesias.

Es una serie de visiones expresadas en símbolos que retratan una realidad.

Lo que nunca debe de perderse de vista es que a pesar de que el autor humano afirma que su libro es una revelación de Dios, es algo que se originó de su propia mente. El no dice que fue una investigación de varias fuentes. De hecho, Apocalipsis es la única porción del Nuevo Testamento en la cual se ha adjudicado de manera específica la autoría divina. El autor verdadero del Apocalipsis debe de ser considerado Dios mismo. *"La revelación de Jesucristo, que Dios le dio, para mostrar a sus siervos las cosas que deben suceder pronto; y la dio a conocer, enviándola por medio de su ángel a su siervo Juan"*, Apocalipsis 1: 1, Apocalipsis 22:16 nos dice *"Yo, Jesús, he enviado a mi ángel a fin de daros testimonio de estas cosas para las iglesias. Yo soy la raíz y la descendencia de David, el lucero resplandeciente de la mañana"*

Capítulo 1

Apocalipsis 1: 1-20
Ubicando el Escenario

Mientras estudiaba este capítulo, algo se me hizo muy claro e inclusive cambió la manera en la que debería de ver el simbolismo usado a lo largo de Apocalipsis. Cuando Dios usa simbolismo Él espera que seamos capaces de entenderlo. Esta verdad se tornó muy clara precisamente en este capítulo, ya que Dios mismo nos da la interpretación de la primera visión que le es presentada a Juan. Esta visión llena de símbolos no tenía la intención de ser un enigma o un rompecabezas sin ningún sentido. Los mensajes comunicados a través de las visiones de Dios tenían la intención de que fueran interpretados sin ningún conocimiento externo más allá del conocimiento de la palabra de Dios. Por lo tanto, depende de ti y de mí el poder descubrir lo que Dios nos esta diciendo al hacer uso de símbolos.

Para poder entender porque Dios inicia Apocalipsis de la manera que lo hace, vamos a tratar de ponernos en la posición de Dios y de Juan. Aquí tenemos a Juan, un hombre ya mayor, que está prisionero en una isla desolada. Cuando mi esposa y yo visitamos esta isla, quedamos sorprendidos por la manera en cómo aquellos que estuvieron en esta isla se han de haber sentido totalmente abandonados. Sin embargo, Juan, abandonado y aislado completamente, siguió en comunicación con Dios y Dios escogió darle a él esta revelación profética para todos los tiempos por venir. Primero, se le pidió a Juan que escribiera todo lo que escuchaba y lo que le sería mostrado. Así que, ¿Cómo empezó Dios su revelación con Juan, el obispo de Éfeso? Mostrándole a Juan que Él también estaba preocupado por aquellos que eran la mayor preocupación en la mente de

Juan cuando oraba: el cuerpo de creyentes que componían las iglesias que estaban bajo el cuidado de Juan.

— — — — — — — —

Preguntas importantes para meditar
mientras se estudia este Capítulo

1. ¿A quién identifica Juan como la fuente original de esta revelación? (*reflexione sobre el versículo 1*). ¿Hay algún otro libro en la Biblia en donde el autor humano hace una declaración similar?

2. ¿Cuál es el rol de Juan en la comunicación de esta revelación? (*reflexione sobre los versículos 1, 11, 19*).

3. ¿Qué tiene que decir Dios sobre aquellos que estudian y aceptan las revelaciones mostradas en este libro? (*reflexione sobre el versículo 3*). ¿Por qué cree usted que Dios hizo esto?

4. ¿Cuál es la primera visión que Juan ve? (*reflexione sobre los versículos 12-16*)

5. ¿Qué instrucciones específicas recibe Juan de Dios relacionadas con esta visión? (*reflexione sobre el versículo 19 y después sobre el versículo 11*).

6. ¿Cuál cree usted que fue la intención de Dios al mostrarle a Juan esta visión? (*reflexione sobre la relación física que tenía Juan con las iglesias de Asia menor y la interpretación de Dios del simbolismo de la visión que Juan ve*).

7. ¿Por qué cree usted que Dios de manera específica escogió a las siete iglesias que se indican en este capítulo? (*reflexione sobre el mensaje tanto de acuerdo a la fecha en la cual fue escrito, como el mensaje eterno*).

8. ¿Cree usted que existe algún simbolismo en el número escogido? Si es así, ¿De qué otra parte de la Biblia se origina este simbolismo?, ¿Qué vemos primero, el símbolo o aquello que el símbolo pretende representar?

Un Comentario Sobre el Capítulo

Versículo 1 - La revelación de Jesucristo, que Dios le dió, para mostrar a sus siervos las cosas que deben suceder pronto; y la dió a conocer enviándola por medio de su ángel a su siervo Juan,

Versículo 2 - el cual dió testimonio de la palabra de Dios, y del testimonio de Jesucristo, y de todo lo que vió.

En estos dos versículos Juan identifica la autoridad y la fuente del material que iba a seguir. Se define que la revelación viene de Dios, quien se la dió a Jesucristo, la cual fue a su vez comunicada por medio de Sus ángeles a Juan. De manera muy clara observamos que no es una revelación de Juan, sino de Dios dada a conocer a través de Jesucristo. No conozco ningún otro libro en la Biblia en donde se identifica a Dios de manera específica como el originador de todo aquello que se iba a escribir en dicho libro.

Vemos que el mensaje de este libro no es para todos. *"Para mostrar a sus siervos"* nos indica que esta revelación está dirigida a aquellos que de manera voluntaria se declararon "siervos" de Cristo. Esto quiere decir que será mejor entendido por aquellos para quienes va dirigido, es decir, los creyentes. Probablemente también indica que aquellos que no son verdaderos creyentes en cierto modo tendrán dificultad para entenderlo.

En el versículo 1 nos vemos confrontados con el tiempo desde la perspectiva de Dios. En la mente de Dios, cuando ha decretado algo, es como si en cierta manera esto ya hubiera sucedido. Por lo tanto, en la frase de este verso *"las cosas que deben suceder pronto"* aunque menciona la inmediatez de las cosas, la intención mayor es de mostrar la certeza de que esto va a suceder.

En el versículo dos Dios identifica la razón por la cual Él decide que sea Juan quien reciba Su revelación. El fue un testigo fiel de *"la palabra de Dios"* y *"del testimonio de Jesucristo"* para todo aquel que él vió. Obviamente Dios sintió que Juan haría fielmente lo mismo con esta revelación.

Juan quería dejar bien claro en estos dos versículos que todo aquello que él fuera a escribir venía de la autoridad más alta, de Dios mismo.

No representa interpretación humana o especulación. Debido a esto, mucho de aquello que Juan iba a escuchar o a ver, iba a desafiar sus poderes descriptivos. Quizás en cierto modo Juan estaba diciendo "No me culpen por lo que están a punto de leer".

Versículo 3 - Bienaventurado el que lee y los que oyen las palabras de la profecía y guardan las cosas que están escritas en ella, porque el tiempo está cerca.

En este versículo se encuentra otra de las marcas distintivas que separan a este libro de todos los demás libros de la Biblia. *"Bienaventurado"* se pronuncia para todos aquellos quienes estudian y entienden las palabras de las profecías registradas en este libro. Esto es significativo, ya que en ningún otro libro en la Biblia promete Dios una bendición específica para aquellos que estudian y obedecen el mensaje de dicho libro.

Esta bendición especial también deja en claro que Dios espera que los lectores entiendan el libro de Apocalipsis. Esto es contrario al pensamiento teológico moderno de nuestros días que parece distinguirse en producir muchas interpretaciones de este libro que pueden ser conflictivas y difíciles de entender – interpretaciones las cuales tienen en su mayoría la intención de vender el libro de un autor o confirmar puntos de vista doctrinales, en lugar de alumbrar y dar un claro entendimiento de las Escrituras.

Observe cómo los tres participios (lee, oyen, guardan) se encuentran en el tiempo presente. Esto quiere decir que fue escrito para lectores de todos los tiempos. Este no es un libro que Dios quiere que ignoremos o descuidemos. Dios estaba diciendo que si queremos ser bendecidos, necesitamos estudiar y seguir las profecías de este libro. La expectativa de que nosotros guardemos las palabras de esta profecía indica que esta profecía tenía la intención de no solamente predecir eventos futuros, sino también de ser una fuente de ánimo para todo aquel que lea y viva de acuerdo a su mensaje.

Para enfatizar más lo especial de este libro, dese cuenta que este versículo contiene una de las siete bienaventuranzas o bendiciones especiales que Dios manifiesta a los lectores de este libro (ver también 14:13, 16:15; 19:9, 20:6; 22:7, 14). Obviamente la intención de Dios es que el libro Apocalipsis sea una fuente de bendición para Su pueblo.

Versículo 4 - Juan, a las siete iglesias que están en Asia: Gracia a vosotros y paz, de Aquel que es y que era y que ha de venir, y de los siete Espíritus que están delante de su trono,

Versículo 5 - y de Jesucristo, el testigo fiel, el primogénito de los muertos y el soberano de los reyes de la tierra. Al que nos ama y nos libertó de nuestros pecados con su sangre

Versículo 6 - e hizo de nosotros un reino y sacerdotes para su Dios y Padre, a Él sea la gloria y el dominio por los siglos de los siglos. Amén

En estos versículos Juan escribió un saludo a las siete iglesias que están en Asia, a las cuales él fue dirigido específicamente para comunicar esta profecía. Se encuentra implícito en este saludo el reconocimiento de que este libro está pensando como una epístola. Este libro está dirigido a un grupo específico de personas reales que vivieron en el primer siglo.

En el versículo 4 se nos presenta el primero de nuestros símbolos, el número siete. En siete días Dios creó el mundo, siete días forman una semana, siete notas forman la escala musical y se necesitan siete colores para completar el arcoíris. La idea de completa unidad esta inherente en este número. De esto podemos concluir que se escogieron siete iglesias como una representación de la iglesia completa como una unidad. Mientras las siete iglesias son representación simbólica de la iglesia es su totalidad, veremos que todas ellas en su momento son el objeto mismo del simbolismo.

En los versículos 4 – 5, vemos que Juan incluyó a alguien más, quien también mandó sus saludos: *"aquel que es, y que era, y que ha de venir"*, esto es un indicativo de Dios Padre. Aunque esto era algo también utilizado por los Judíos como un titulo para el Mesías, vemos en el versículo 5 que el Mesías (Jesucristo) se menciona de manera específica siguiendo a una conjunción, indicando que Él también está incluido en la salutación, adicionalmente de quien le precedía. También incluido en esta salutación están *"los siete Espíritus que están delante de Su trono"*. Claramente estos siete espíritus están considerados como una entidad independiente. Que ellos están *"delante de su trono"* indica que son espíritus ministradores. Vamos a volvernos a encontrar con estos siete espíritus, así que tenemos que tomar un tiempo aquí para entender lo que significa el simbolismo de los siete espíritus. Para los Judíos quienes estaban familiarizados con el Antiguo Testamento este simbolismo les hace mucho sentido. Vamos a ver porque. En Zacarías 4:6 dice que Dios trabaja *"….. No por el poder ni por la fuerza, sino por mi Espíritu, dice el Señor de los ejércitos."* Para ayudarnos a entender entonces cómo trabaja el espíritu de Dios, puede ayudarnos darle un vistazo a Isaías 11:2: *"Y reposará sobre Él el espíritu del SEÑOR, espíritu de sabiduría y de inteligencia, espíritu de consejo y de poder, espíritu de conocimiento y de temor del Señor."* En este versículo se encuentran identificados no siete espíritus santos, sino siete ministerios del Espíritu Santo.

- El Espíritu del Señor
- Espíritu de sabiduría
- El Espíritu de inteligencia
- El Espíritu de consejo
- El Espíritu de poder
- El Espíritu de conocimiento
- El Espíritu de temor del Señor

> *Los siete espíritus delante del trono no son siete espíritus diferentes, sino siete ministerios del Espíritu Santo.*

Aquí se nos presenta un cuadro poderoso de las actividades del Cristo resucitado ministrando a través del Espíritu Santo a sus seguidores en la tierra. Por lo tanto hemos identificado en los versículos 4 - 5 a Dios Padre, Jesucristo y el Espíritu Santo.

La descripción de Jesucristo en el versículo 5 es muy interesante. Se le describe utilizando cuatro títulos que son únicamente Suyos: *"Jesucristo, el testigo fiel, el primogénito de los muertos, y el soberano de los reyes en la tierra."* El que Cristo sea identificado como el primogénito de los muertos quiere decir que Él fue el primero en ejercer el control soberano sobre la muerte. En el Judaísmo a los primogénitos se les daba doble porción de la herencia y la autoridad sobre la familia después de que el padre fallecía.

Asimismo, en los versículos 5 - 6, se nos recuerda de cuatro cosas importantes que Jesucristo ha hecho por nosotros:

1. El que *"nos ama"*

2. El que *"nos libertó de nuestros pecados con sus sangre"*

3. El que *"hizo de nosotros un reino"*

4. El que nos hizo "**sacerdotes para su Dios y Padre**"

Qué imagen tan reconfortante es ésta para todos aquellos que creen en Su nombre. ¡Se nos va a permitir servir a Dios!

Finalmente, vemos una percepción fascinante en la teología del reino del Nuevo Testamento, un reino que no está definido por territorio, sino por relaciones. No importa a donde vayamos en este mundo, podemos encontrar miembros de este reino, miembros que están incluidos en el reino no por el lugar en donde viven, sino por lo que creen respecto a Jesucristo.

Versículo 7 – HE AQUÍ, VIENE CON LAS NUBES y todo ojo le verá, aún los que le traspasaron; y todas las tribus de la tierra harán lamentación por El; sí. Amén.

Versículo 8 - Yo soy el Alfa y la Omega—dice el Señor Dios— el que es y que era y que ha de venir, el Todopoderoso.

En los tres versículos anteriores vimos lo que Dios hizo por nosotros en la tierra y lo que está haciendo por nosotros en el cielo, hasta ese día glorioso y triunfante cuando Él regrese de nuevo.

El versículo 7 nos da una imagen del retorno de Cristo a la tierra como un rey victorioso. Esta es la manera en que los Judíos visualizaban la llegada del Mesías, y es la manera en que Dios quiere que los lectores de este libro visualicen el regreso de Jesús. Ese se pudiera decir que es el tema del libro de Apocalipsis. Jesucristo regresará de nuevo, y cuando lo haga cumplirá el plan de Dios para la humanidad. De esta información en particular Juan no necesitaba revelación de Dios. Juan ya había escuchado esto antes de los mismos labios de Jesucristo. En Mateo 24:30 Jesús dijo, "Entonces aparecerá en el cielo la señal del Hijo del Hombre; y entonces todas las tribus de la tierra harán duelo, y verán al hijo del hombre que viene sobre las nubes del cielo con poder y gran gloria." Será solamente hasta que Cristo regrese a la tierra de esta manera que cumplirá el entendimiento que los Judíos tienen sobre la venida de su Mesías. Esta será una aparición pública ya que "todo ojo le verá". Juan continúa para de manera específica incluir "aún los que le traspasaron." Esto no es limitado solo para los que estuvieron presentes en Su muerte en la cruz, sino que se extiende para incluir a todos aquellos a través de los años quienes le han rechazado de alguna manera, y al hacer esto comparten en el "traspasarlo". La frase ***"todas las tribus de la tierra harán lamentación por El"*** nos dice que muchas personas reconocerán en este evento una predicción del juicio inminente sobre ellos.

> No todos se alegrarán de ver a Jesus.

En el versículo ocho se encuentran las primeras palabras que Juan escribió que vinieron del cielo. Como una continuación del tema de los versículos precedentes, esta es una declaración de la eternidad de Jesucristo y de los atributos que comparte con Dios, Su Padre. Es muy probable que esta declaración sea de Jesús mismo (observe el uso del pronombre en primera persona). El significado de la descripción de ser el Alfa y la Omega, la primera y la última letra del alfabeto Griego, se destaca aún más cuando se considera la expresión Hebrea "de Aleph a tau" (la primera y última letra del alfabeto Hebreo) la cual era usada por los rabíes Hebreos cuando hacían referencia a algo completo o perfecto. Estos dos versículos fueron diseñados para reflejar la imagen de Jesucristo de la manera como Dios quiere que pensemos en Él.

Versículo 9- Yo, Juan, vuestro hermano y compañero en la tribulación, en el reino y en la perseverancia en Jesús, me encontraba en la isla llamada Patmos, a causa de la palabra de Dios y del testimonio de Jesús.

Versículo 10 – Estaba yo en el Espíritu en el día del Señor, y oí detrás de mi una gran voz, como sonido de trompeta.

Versículo 11 - que decía: Escribe en un libro lo que ves, y envíalo a las siete iglesias: a Efeso, Esmirna, Pérgamo, Tiatira, Sardis, Filadelfia y Laodicea.

En estos versículos Juan fija el escenario para lo que ha de seguir. Primero, en el versículo 9 Juan se identifica a sí mismo con sus lectores en cuatro maneras:

1. ***"Yo, Juan"*** – Su nombre era Juan y él era el autor de lo que estaban leyendo.

2. ***"vuestro hermano"*** - Probablemente Juan era el Cristiano más reverenciado en esos días, sin embargo, de manera no presuntuosa, simplemente se identificó como un hermano creyente. Claramente el dió por hecho que a quienes esta carta iba dirigida sabrían quién era él. Aquí hay una lección para muchos líderes Cristianos de nuestros días quienes piensan que debido a la posición que tienen en la iglesia necesitan una identidad por encima del creyente común y corriente.

3. ***"compañero en la tribulación"***- En esos días no era fácil ser Cristiano. Juan dejó muy en claro que cualquier tribulación que pudiera él estar experimentando era simplemente la misma tribulación que experimentaban todos. Tribulación ha sido y seguirá siendo, la herencia común del pueblo de Dios a travésdelos tiempos.

4. ***"la perseverancia en Jesús"*** – esto fue escrito como una persona que se estaba aferrando a la Fe. Dentro de estas palabras existe una manera de identificarse que Juan sintió lo unirían con sus lectores.

Posteriormente Juan identificó su situación personal. Primero identificó en donde se encontraba cuando recibió esta profecía: ***"me encontraba en la isla llamada Patmos"***. Patmos es una isla pequeña de 12.87 kilómetros de largo por 6.43 kilómetros de ancho que se encuentra en la Costa de Turquía y es una de las Islas del Dodecaneso. Durante la época de Juan Patmos era utilizada por los Romanos como una Colonia de castigo. Se esperaba que los que eran desterrados a dicho lugar vivieran por sí mismos. Ellos tenían que sembrar su propia comida y vivían en casas que ellos mismos tenían que construir. El gobierno Romano solo proporcionaba guardias para que remaran en embarcaciones alrededor de la Isla para asegurarse que nadie se escapara. Note el uso del tiempo pasado cuando Juan escribe "me encontraba". Esto nos indica que Juan ya no se encontraba en Patmos a la hora de escribir este libro. Eusebio menciona que el emperador Domiciano fue quien desterró a Juan a la isla en al año 95 A.D. y fue liberado 18 meses después por Nerva (Historia de Eclesiastés 3.30. 8-9).

Despúes Juan identifica porqué se encontraba en dicho lugar: *"a causa de la palabra de Dios y del testimonio de Jesús."* La ofensa de Juan era exactamente por lo que se le había declarado "culpable" de hacer por más de 60 años. Aparentemente aun a la edad aproximada de casi 90 años, Juan se había negado a comprometer su fiel predicación sobre Cristo.

Finalmente Juan describe su actitud mental: *"Estaba en el Espíritu en el día del Señor".* Cuando estás lleno del Espíritu, no te quedas sentado sintiendo lástima por ti mismo y quejándote de las circunstancias. Juan estaba en el espíritu correcto. Él tenía la actitud correcta requerida para recibir la revelación de parte de Dios.

> *Estar "en el Espíritu" significa tener una actitud en donde nuestra mente está abierta a la comunión y comunicación con Dios.*

Juan dijo que él se encontraba en este estado mental en el día del Señor. La expresión *"el día del Señor"* no aparece en ningún otro lado en el Nuevo Testamento. Ya que éste es el único lugar en el Nuevo Testamento en donde se usa esta expresión, se dificulta su identificación. La mayoría de los comentaristas, tanto antiguos como modernos, han interpretado esta expresión con el significado del día domingo, el primer día de la semana. Tal referencia significaría que el apóstol exiliado estaba compartiendo mentalmente la comunión cristiana con aquellas iglesias de Asia de las cuales él era responsable. Sin embargo, realmente el saber de qué día se trata con exactitud carece de importancia. De esta declaración podemos decir con certeza que Juan tenía el hábito de apartar un día a la semana para adorar en mente y en espíritu a su Señor y Salvador, aún al estar aprisionado en esta Isla. Sin embargo, este día era totalmente diferente a los otros días de adoración o culto. Juan iba a recibir una comunicación personal de parte del Señor.

La atención de Juan fue avivada de su espíritu de adoración cuando escuchó una voz fuerte detrás de él. Esta voz le dió dos órdenes: (1) *"escribe en un libro lo que ves"* y (2) *"envíalo a las siete iglesias: a Éfeso, Esmirna, Pérgamo, Tiatira, Sardis, Filadelfia y Laodicea".* Juan tuvo que haber sentido un poco de miedo al escuchar una voz del cielo. Las palabras fueron totalmente claras; sin embargo Juan también tuvo que haberse preguntado qué era aquello que estaba a punto de ver y de oír.

Los Judíos seguramente se dieron cuenta rápidamente que el haberse escogido siete iglesias era simbólico y Dios lo había decidido así para mostrar que la suma de la situación individual de cada una de estas iglesias representaba todo lo que era necesario para que Dios pudiera comunicar la situación general de toda la Iglesia. Esto será confirmado cuando se estudien los Capítulos 2 y 3 de Apocalipsis y cuando veamos que la condición espiritual de las siete iglesias de Asia representan prácticamente todo problema y dificultad que la iglesia de Dios ha confrontado a través de la historia.

Hay bastantes explicaciones complejas dadas por comentaristas que definen el porqué Dios escogió a estas siete iglesias en particular. Está bastante claro que dichas iglesias representan problemas universales en la Iglesia a través de los años; sin embargo estoy seguro que hay otras iglesias que también hubieran podido ser representativas de este hecho. Para mí no es una razón que requiera o exija interpretaciones elaboradas, sino una razón bastante simple. Estas eran Iglesias con las que Juan estaba bastante familiarizado y por las cuales él era probablemente responsable. Cuando Dios describió estas iglesias a Juan, el apóstol entendió sus situaciones muy claramente porque las conocía de manera personal.

> *Estas eran Iglesias con las que Juan estaba bastante familiarizado y por las cuales seguramente se sentía responsable.*

Versículo 12 - Y me volví para ver de quién era la voz que hablaba conmigo. Y al volverme, ví siete candeleros de oro;

Versículo 13 - y en medio de los candeleros, ví a uno semejante al Hijo del Hombre, vestido con una túnica que le llegaba hasta los pies y ceñido por el pecho con un cinto de oro.

Versículo 14 - Su cabeza y sus cabellos eran blancos como blanca lana, como nieve; sus ojos eran como llama de fuego;

Versículo 15 - Sus pies semejantes al bronce bruñido cuando se le ha hecho refulgir en el horno, y su voz como el ruido de muchas aguas.

Versículo 16 - En su mano derecha tenía siete estrellas, y de su boca salía una aguda espada de dos filos; su rostro era como el sol cuando brilla con toda su fuerza.

Versículo 17 - Cuando lo ví, caí como muerto a sus pies. Y El puso su mano derecha sobre mí, diciendo: No temas, yo soy el primero y el último,

Versículo 18 - y el que vive, y estuve muerto; y he aquí, estoy vivo por los siglos de los siglos, y tengo las llaves de la muerte y del Hades.

Cuando Juan voltea para ver de dónde proviene la voz, él vió siete candeleros de oro. En aquellos días los candeleros no eran para que sirvieran de apoyo a las velas que eran de cera o de algún otro material; sino que sus brazos sostenían unos recipientes que contenían aceite y un pabilo en la cual se quemaba el aceite. Los candeleros que Juan vió muy probablemente eran similares a los candeleros que existían en el Tabernáculo Judío antiguo. Su propósito era iluminar los implementos usados en la alabanza para que pudieran ser vistos por los ministros sacerdotales. Sin embargo, en este caso había siete candeleros separados y no candeleros con siete brazos como los que se describen en el Antiguo Testamento. Lo que debió de haber llamado la atención de Juan no fue tanto los candeleros, sino el personaje que estaba parado en medio de los mismos. A continuación la descripción que Juan hizo de este personaje.

1. El es *"semejante al Hijo del Hombre"* – es decir, tenía forma humana.

2. Estaba *"vestido con una túnica que le llegaba hasta los pies"* – estaba vistiendo ropa formal.

3. La túnica estaba *"ceñida por el pecho con un cinto de oro"*— este cinto de oro indicaba que dicha persona tenía la autoridad de sacerdote y de juez.

4. *"Su cabeza y sus cabellos eran blancos como blanca lana, como nieve;"*—La descripción de esta persona ahora empieza a tomar atributos de personajes divinos del Antiguo Testamento. Vemos esta misma descripción usada para el "Anciano de Días" en Daniel

7:9 *"Seguí mirando hasta que se establecieron tronos,* y el Anciano de Días se sentó. Su vestidur*a era blanca como la nieve, y el cabello de su cabeza como lana pura, su trono, llamas de fuego, y sus ruedas, fuego abrasador."* En esos tiempos el cabello blanco en una persona mayor también era visto como una clara señal de sabiduría.

5. *"Sus ojos eran como llama de fuego;"* Aquí vemos parte de la descripción del personaje divino que vemos en Daniel 10:6 (*"… sus ojos eran como antorchas de fuego,…"*). Es claro que el personaje visto por Juan era de origen divino. Hoy en día identificamos a alguien de "ojos de fuego" cuando parece ser que ve a través de nosotros, o cuando dicha persona tiene mucho coraje.

6. *"Sus pies semejantes al bronce bruñido cuando se le ha hecho refulgir en el horno,"* De nueva cuenta vemos una similitud con la descripción del "Anciano de Días" que se encuentra en Daniel 10:6 *"Su cuerpo era como de berilo, su rostro tenía la apariencia de un relámpago, sus ojos eran como antorchas de fuego, sus brazos y pies como el brillo del bronce bruñido, y el sonido de sus palabras como el estruendo de una multitud."* Observe que en la descripción que Juan hace de los pies del personaje indica no sólo que eran de bronce bruñido, sino que éstos refulgían. Esto era para que dichos pies fueran observados. Este personaje exudaba poder en cada parte de Su ser.

7. *"Su voz como el ruido de muchas aguas.".* Otra vez la similitud del "Anciano de Días" de Daniel 10:6. El sonido de Su voz dominaba todo lo que le rodeaba.

8. *"En su mano derecha tenía siete estrellas;"* En el Salmo 17:7 leemos que encontramos protección de nuestros enemigos en la diestra (mano derecha) de Dios: *"Muestra maravillosamente tu misericordia, tú que salvas a los que se refugian a tu diestra de los que se levantan contra ellos."* En Juan 10:28 vemos que cuando estamos en la mano de Cristo estamos a salvo: *"y yo les doy vida eterna y jamás perecerán, y nadie las arrebatará de mi mano.".* El hecho de que las estrellas estén en su mano derecha indica que tiene el control sobre ellas, las protege y nadie se las puede arrebatar.

9. ***y de su boca salía una aguda espada de dos filos;*-** No creo que vayamos a ver alguna vez a un personaje divino al cual le sale una espada de la boca. Sin embargo, sin realizar mucho esfuerzo podemos entender cuál es el simbolismo de estas palabras. En Isaías 49:2 nos dice *"Ha hecho mi boca como espada afilada,…."* Y en Hebreos 4:12 *"Porque la palabra de Dios es viva y eficaz, y más cortante que cualquier espada de dos filos; penetra hasta la división del alma y del espíritu, de las coyunturas y los tuétanos, y es poderosa para discernir los pensamientos y las intenciones del corazón."* Esta imagen tiene la intención de mostrar que este ser posee la palabra final autoritativa.

10. *"su rostro era como el sol cuando brilla con toda su fuerza".* - claramente Juan se encontraba en la presencia no sólo de un personaje divino, sino de un personaje que brillaba con gloria interna.

Mientras he intentado ayudarles a entender los atributos individuales de este personaje, no debemos de olvidar que lo importante no es tanto la descripción de Juan, la cual es reflejo de la familiaridad que tiene Juan con descripciones similares usadas en el Antiguo Testamento, sino el impacto la autoridad y majestuosidad que esta figura proyecta.

Juan *"cayó como muerto a sus pies."* Juan sabía que se encontraba en la presencia de un ser divino, y esto lo llenó de temor. Cada vez que un hombre se encuentra en la presencia de un personaje divino, de manera natural se siente indigno.

Con estas siguientes palabras la identificación de este personaje se hace clara. Este ser anima a Juan; note que Él pone Su mano derecha en Juan y expresa estas palabras sobre sí mismo: *"No temas, yo soy el primero y el último, y el que vive, y estuve muerto; y he aquí, estoy vivo por los siglos de los siglos, y tengo las llaves de la muerte y del Hades"* Claramente, Juan está en la presencia de Jesucristo resucitado. Ningún ser divino, con la excepción de Jesucristo, puede decir *"estuve muerto; y he aquí, estoy vivo por los siglos de los siglos".* Las descripciones que acabamos de leer no son otra cosa que la representación simbólica de los atributos de Cristo, atributos que juegan un papel importante en las revelaciones que han de seguir. Esto no era una visión de Cristo mostrando ternura y piedad, sino de un Cristo que va a juzgar. No es de sorprenderse que Juan cayera como muerto a sus pies. Recuerde, este era el Juan que tenía familiaridad con Cristo mientras estuvo en la tierra, pero cuando Juan vió el Cristo glorificado en la Isla de Patmos no corrió hacia Él y le abrazó. Ni siquiera intentó comenzar una conversación. Quizá Juan ni siquiera reconoció esta imagen simbólica de su Maestro, Jesucristo resucitado, esta figura gigante y resplandeciente.

Observe la declaración que este personaje hace cuando dice: "tengo las llaves de la muerte y del Hades." Como el primogénito resucitado de la muerte ahora posee las llaves (autoridad) sobre la muerte y el Hades. Es muy importante que entendamos la diferencia entre la muerte y el Hades, ya que veremos esta distinción varias veces durante nuestro estudio de Apocalipsis. La muerte significa la muerte física de nuestros cuerpos mortales. Esto es algo que ningún humano puede prevenir, excepto por aquellos afortunados vivos en el rapto

Únicamente Cristo …. determinará quién es digno de estar ante Su presencia.

de la Iglesia, y por supuesto Enoc y Elías. La palabra Hades es la palabra usada en el Nuevo Testamento para la palabra "seol" que se usa en el Antiguo Testamento. Son lo mismo. Este es el lugar a donde van a dar las almas de los no creyentes. (Ver Salmo 6:5 y Eclesiastés 9:5, 10). Únicamente Cristo tiene las llaves de la muerte y de las almas de los perdidos. Únicamente Él determinará quién es digno de entrar ante Su presencia.

***Versículo 19** – "Escribe, pues, las cosas que has visto, y las que son, y las que han de suceder después de éstas".*

***Versículo 20** –"En cuanto al misterio de las siete estrellas que viste en mi mano derecha y de los siete candeleros de oro: las siete estrellas son los ángeles de las siete iglesias, y los siete candeleros son las siete iglesias".*

El versículo 19 le proporciona al lector una división natural tripartita del libro de Apocalipsis y de sus profecías, (1) Las cosas que Juan de manera personal ha visto. Esto representaría estas cosas que ya han tenido lugar. (2) Las cosas que son, lo cual tiene que ver con las cosas de lo presente. (3) Las cosas que han de suceder, literalmente "después de estas". Aparentemente Juan iba a estar expuesto a eventos que tomarían lugar en un tiempo futuro.

A continuación Dios reveló el significando de la visión. Observe, Él no hizo ningún intento para identificar al personaje divino. Él asumió que Juan ya sabía quién era Él. En el versículo 20 dijo *"las siete estrellas son los ángeles de las siete iglesias"*. La palabra traducida aquí como "ángeles" está traducida de la misma manera en otros sesenta lugares del Apocalipsis. En ninguno de estos lugares puede ser explicado como otra cosa más que un ser celestial. Si este es el caso, entonces el simbolismo en esta visión es que cada iglesia tiene un ángel que representa ese cuerpo, y Dios nos está diciendo que Su hijo, Jesucristo, mantiene a los ángeles guardianes de las iglesias en Sus manos. Sin embargo, es importante reconocer que la división de los capítulos y de los versículos llegó mucho tiempo después de que este libro fuera escrito. Si leemos el capítulo 2, versículo 1, inmediatamente siguiente a este capítulo, leeríamos que Jesús instruyó a Juan a escribirle al "ángel de la Iglesia en Éfeso". Ahora bien, seria muy extraño que Jesús le diera instrucciones a Juan de escribirle a un ser celestial. Es mucho más razonable pensar que Jesús le pediría a Juan que le escribiera a un ser terrenal. Si asumimos que este es el caso, entonces una mejor interpretación de los ángeles de las siete iglesias sería que eran un simbolismo de los Pastores o líderes escogidos de una iglesia en particular. Si esta interpretación es la más correcta, entonces el simbolismo se hace más personal en cuanto a que Dios estaba diciendo que Jesús tenía un interés especial en proteger y cuidar a esos individuos escogidos por Él. Cualquiera de las dos interpretaciones puede ser la correcta, pero a mi me favorece la última por ser más consistente en preservar la unidad de este libro.

Juan continuó diciendo *"los siete candeleros son las siete iglesias"*. Es interesante reconocer que la Iglesia no es la luz; es quien sostiene la luz. Esta es una imagen clara de cómo debe de funcionar cada Iglesia. Cristo mismo es la luz, pero Él usa la Iglesia (Su cuerpo

> La Iglesia no es la luz; es quien sostiene la luz.

de creyentes) para transmitir esta luz a otros. El tabernáculo del Antiguo Testamento tenía un candelero con siete brazos. Aquí vemos siete lámparas. Bajo la ley del Antiguo Testamento sólo había una sola Iglesia, el Tabernáculo. Todos los demás lugares de adoración eran considerados abominación. Bajo la gracia del Nuevo Testamento existen muchos lugares separados de adoración; todos ellos sin embargo, son considerados parte de un solo cuerpo. Esta visión simbólicamente nos presenta una imagen de Cristo protegiendo y vigilando sobre cada lugar donde se le alaba a Él y en donde su luz brilla constantemente.

Algunas Observaciones Personales

Según fuimos estudiando este Capítulo vimos que el autor verdadero de esta revelación, Apocalipsis, fue Dios y también se nos presentó al secretario de Dios; Juan. Finalmente, compartimos la primera visión de Juan con él. Era una imagen de Jesucristo parado en medio de Sus Iglesias y tomando a sus guardianes en Su mano derecha. Esta imagen tenía la intención de asegurarle a Juan que Jesucristo cuidaba personalmente de Sus Iglesias. Esto tiene una importancia especial porque en los siguientes dos capítulos Juan ve siete de las Iglesias, con las cuales está familiarizado, de la manera en que Dios las ve, y esto no siempre es una imagen agradable.

También hay otros pensamientos importantes que se revelan en este Capítulo. Primero, los últimos versículos de este Capítulo dejan claro que el simbolismo utilizado en este libro no tiene la intención de ser obscuro o confuso, sino de que sea entendible para el lector. De hecho, en esta primera visión, Dios mismo deja muy en claro que Sus visiones deben de ser interpretadas como una representación de la realidad que puede ser entendida por todos. En segundo lugar, podemos tener la expectativa de que Jesucristo tiene un papel central en este libro. La primera visión mostró que en los ojos de Dios, Jesucristo iba a tener un papel central en la redención del hombre y Su creación. Manteniendo estos pensamientos ante nosotros, nos ayudará en el entendimiento de las revelaciones que siguen.

> *Juan ve siete de las Iglesias, con las cuales está familiarizado, de la manera en que Dios las ve, y esto no siempre es una imagen agradable.*

Capítulo 2

Se hace aparente en estos siguientes dos capítulos que Jesús ve a Su Iglesia en vista de si las acciones de éstas son para complacerle a Él y en obediencia a Él. Desafortunadamente, muchas de las acciones de algunas iglesias se preocupan más en complacer, o a lo menos de no ofender, al prójimo en lugar de complacer a Jesús.

Las cartas dirigidas a las siete iglesias deben de ser tomadas como un mensaje personal a las iglesias de hoy en día. Estas cartas representan las únicas palabras que Jesús jamás hubiera hablado directamente a, y sobre la Iglesia en la tierra. Son una advertencia urgente a la Cristiandad – una llamada para asegurar la salvación de cada uno de nosotros (2 Pedro 1:10: *"Así que, hermanos, sed tanto más diligentes para hacer firme vuestro llamado y elección de parte de Dios; porque mientras hagáis estas cosas nunca tropezaréis;"*), y una llamada a ser vencedores.

Las condiciones espirituales de las siete iglesias de Asia que se presentan en los Capítulos dos y tres prácticamente representan cada problema y dificultad que la Iglesia de Dios ha confrontado a lo largo de su historia. Veremos ejemplos de cada tipo de miembros de la Iglesia que existía en el tiempo de Juan y a través de la historia eclesiástica. Estas siete iglesias presentarán una imagen compleja de todas las iglesias de la tierra en cualquier tiempo particular.

Hay muchas explicaciones emitidas por comentaristas de la Biblia del porqué ellos creen que Cristo escogió estas siete iglesias de manera particular. Algunos creen que estas iglesias fueron escogidas para representar toda la historia de la Iglesia, teniendo a cada una de dichas iglesias como representativa de un período de tiempo sucesivo. La verdad es que tal interpretación debe de ser forzada en el texto ya que no hay nada en el texto bíblico como para si quiera dar una pista de que siete iglesias representan a siete periodos distintos de la historia de la Iglesia. Así mismo, esta interpretación no reúne el criterio estándar de las Escrituras que dice que aquellos para quien este libro fue escrito deben de poder entender el mensaje inmediato y el mensaje eterno. Cuando Jesús describió estas iglesias a Juan, el apóstol entendió lo que Jesús estaba diciendo, ya que Juan conocía estas iglesias de manera personal. El mensaje era relevante para las iglesias para las cuales iba dirigido. Al mismo tiempo es claro que Dios también estaba usando

> *Jesús probablemente escogió estas siete iglesias porque Juan estaba familiarizado con ellas.*

sus situaciones particulares como una lección para todas las iglesias.

Estas siete iglesias estaban geográficamente ubicadas en un radio de aproximadamente 100 millas iniciando en Éfeso y continuando en el sentido de las manecillas del reloj.

En estos siguientes dos capítulos no habrá una lista de preguntas, en su lugar, vamos a ver algunas de las cosas que podemos esperar encontrar en cada carta. Cada carta está dirigida al ángel específico de cada iglesia, el cual es simbólico del liderazgo de dicha iglesia. Cada carta inicia identificando la ciudad de la iglesia a la cual la carta va dirigida. Veremos una relación entre el carácter de cada iglesia y la ciudad en la cual la misma está ubicada. Sin embargo, no debemos exagerar la importancia de esta relación. Después veremos a Cristo de la manera en que Él se presentó a si mismo utilizando una de las descripciones del personaje que fueron mostradas respecto de Él en la visión que Juan tuvo en el día del Señor en la Isla de Patmos, conforme al Capítulo 1 anterior, una característica que será aplicable a la condición de cada una de las iglesias de manera específica. Posteriormente habrá una sección que trate de la condición física y espiritual de cada iglesia de la manera en que Dios la vió. Cualquier logro especial será resaltado, los enemigos que tuvo su ministerio serán anotados y cualquier debilidad que Jesús vió en la iglesia serán señalados. Esta información irá seguida de una sección que reflejará el consejo de

Jesucristo. Él advertirá a la iglesia respecto a lo que debe evitar; Él les dará un reto; y finalmente Él les dará una promesa sobre las recompensas para aquellos que sean fieles vencedores.

Tomados de manera conjunta, estos mensajes a las iglesias contienen tanto una revelación divina como un exhorto. Constituyen algunos de los exhortos más importantes, o de las llamadas de atención más importantes que existen en el Nuevo Testamento en relación a la doctrina de la Iglesia y a la vida Cristiana.

Muchas de las maldades y fallas que existen ahora en las iglesias son una consecuencia directa de haber sido negligentes respecto a las instrucciones solemnes que fueron entregadas a estas siete iglesias.

El Mensaje a la iglesia de Éfeso

Versículo 1- "Escribe al ángel de la iglesia en Éfeso: El que tiene las siete estrellas en su mano derecha, el que anda entre los siete candeleros de oro, dice esto:"

Versículo 2 - "Yo conozco tus obras, tu fatiga y tu perseverancia, y que no puedes soportar a los malos, y has sometido a prueba a los que se dicen ser apóstoles y no lo son, y los has hallado mentirosos."

Versículo 3 – "Tienes perseverancia, y has sufrido por mi nombre y no has desmayado."

Versículo 4 – "Pero tengo esto contra ti: que has dejado tu primer amor."

Versículo 5 - "Recuerda, por tanto, de dónde has caído y arrepiéntete, y haz las obras que hiciste al principio; si no, vendré a ti y quitaré tu candelero de su lugar, si no te arrepientes."

Versículo 6 – "Sin embargo tienes esto, que aborreces las obras de los nicolaítas, las cuales yo también aborrezco."

Versículo 7 – "El que tiene oído, oiga lo que el Espíritu dice a las iglesias. Al vencedor le daré a comer del árbol de la vida, que está en el paraíso de Dios."

En la fecha en que se escribió esto Éfeso estaba localizado en la costa de Asia menor (hoy en día Turquía) y era uno de los puertos más importantes del área. Partiendo del puerto hacia el centro de la ciudad había una calle de casi 11 metros de ancho, pavimentada de mármol y rodeada en ambos lados

> Lo más famoso de Éfeso es que era un centro religioso pagano.

por negocios prósperos. La ciudad era también el final de un gran sistema de caminos romanos que constituían rutas para el comercio terrestre al oeste hacia Asia Menor. Como resultado de esta ubicación creció hasta convertirse en una ciudad rica y próspera de más de 250,000 personas. Tenía una de las mejores bibliotecas de los tiempos antiguos, la cual se albergaba en un edificio magnífico de dos pisos construido en mármol. Al final de la calle principal, emanando del puerto, había un teatro con capacidad para 24,000 personas. Fue en este teatro que Pablo fue puesto ante los magistrados romanos, según se registra en Hechos 19:29. Más de 300 años atrás Alejandro Magno construyó en la ciudad un templo magnífico para la diosa de la fertilidad Diana (Artemisa). Fue el templo Griego más grande jamás construido, cuatro veces más grande que el Partenón de Atenas. Medía más de 120 metros de largo y 68 metros de ancho. El techo era soportado por 120 columnas de 18 metros de alto, construidas en mármol, y 36 de dichas columnas estaban cubiertas de oro y joyas. Este templo se convirtió en una de las siete maravillas del mundo antiguo. Debido a los muchos visitantes que este templo atrajo, se construyeron muchos otros templos de menor importancia en la ciudad, y como resultado de esto Éfeso se convirtió en un centro de alabanza pagana y en la inmoralidad que rodeaba a estas religiones.

"El que tiene las siete estrellas en su mano derecha, el que anda entre los siete candeleros de oro,", en este pasaje Cristo es presentado como el protector de la Iglesia. Lo que hace aún más vívida esta imagen es que el verbo griego (κρατέω - krateō) que se usa en este versículo para "tiene" difiere del verbo (ἔχω - echō) utilizado en el capítulo 1, versículo 16. Este es un verbo más fuerte, indicando que es un agarre firme. Cristo le está asegurando a Juan que Él está firmemente en control. Esto sería significativo para Juan, ya que Éfeso era el centro de su ministerio. Como el obispo de esta área, él era responsable de literalmente docenas de iglesias en su jurisdicción.

Lo que sigue es la evaluación personal de Dios del ministerio de la iglesia en Éfeso. Él identifica cuatro logros importantes:

1. **"Yo Conozco tus obras, tu fatiga y tu perseverancia",** Ellos aparentemente tenían fama de laborar largo y duro en el servicio del Señor. En este tiempo la iglesia ya tenía casi cincuenta años de existencia.

2. **"que no puedes soportar a los malos, y has sometido aprueba a los que se dicen ser apóstoles y no lo son, y los has hallado mentirosos."** La iglesia no tenía paciencia con los falsos maestros. Este era un problema recurrente con las iglesias de ese tiempo. Después de la muerte de Jesús, muchos clamaron ser apóstoles de Jesucristo y se convirtieron en pastores ambulantes. El problema era que muchos de éstos solamente enseñaban parte del evangelio, en parte por su ignorancia y en parte por un esfuerzo de incrementar su importancia personal. Ya que había muy pocas escrituras disponibles, era dejado a consideración de la iglesia local el juzgar el mensaje y poner a prueba a los mensajeros. En esto la iglesia de Éfeso tenía reputación de ser diligente. Esta iglesia de Éfeso era la única iglesia de las siete que tenía claramente identificados a los falsos apóstoles como un problema. Yo supongo que esto se debe a que era la iglesia cristiana más grande y más prospera. El que hayan estado alertas y hayan podido discernir lo suficiente para r econocer la amenaza y guardarse de ella habla mucho de los miembros y los líderes de la iglesia de Éfeso.

3. **"Tienes perseverancia, y has sufrido por mi nombre y no has desmayado".** Su paciente resistencia e identidad consistente con el nombre de Cristo sugiere que el problema de los falsos maestros con los que estaba lidiando la iglesia no era una crisis

temporal, sino que de manera continua había puesto a prueba en repetidas ocasiones su adherencia con el evangelio. Ellos estaban preocupados que su identidad con el nombre de Jesucristo no reflejara ningún tipo de asociación con falsas enseñanzas.

4. *"sin embargo tienes esto, que aborreces las obras de los nicolaitas, las cuales también yo aborrezco."* La palabra "nicolaitas" viene de la palabra Griega "nikao" que quiere decir "conquistar" y de la palabra "laos" que quiere decir "gente". Es de la palabra "laos" de la cual sacamos nuestra palabra "laico". El origen de este término probablemente desciende de un hombre de nombre Nicolas de Antioquía, quien apostató el mensaje de Cristo y formó un culto gnóstico antinomiano. Sus seguidores sostenían dos puntos de vista heréticos serios: practicaban la sensualidad separando completamente de la naturaleza espiritual y física; y ellos intentaron establecer un orden eclesiástico. Sin embargo, debido a que la inmoralidad no era uno de los problemas aparentes de esta iglesia, es muy probable que el término "Nicolaitas" era un nombre aplicado a un grupo de individuos que plagiaron la iglesia del primer siglo con sus pretensiones de autoridad divina, creyendo que los hacía superiores al laicado de la Iglesia. Tal vez esto también explique el punto dos de la lista de logros de esta iglesia. Sin embargo recuerde que se condenó a las obras no a los hacedores de las obras.

Esta lista de logros fue un gran elogio para la iglesia, especialmente cuando se tiene en consideración que el Señor mismo lo mencionó. Esta iglesia trabajaba arduamente y era diligente en la protección de la pureza de la doctrina, y era paciente cuando enfrentaba tribulaciones debido a su identificación con Cristo. Es solamente después de haber recibido este elogio tan importante por parte de Cristo, que se le recuerda a la iglesia que Él tiene un área de preocupación en lo que concierne a la iglesia misma.

"Pero tengo esto contra ti: que has dejado tu primer amor." Existen dos posibles interpretaciones. Habían perdido su primer amor por Cristo, o habían perdido su primer amor los unos por los otros. Muy posiblemente ambas interpretaciones son igual de válidas. La iglesia de Éfeso tenía más de

40 años cuando Dios dictó esta epístola a Juan. Se había levantado de entre los primeros convertidos una nueva generación de creyentes. No habían experimentado ese intenso entusiasmo espontáneo y ese fervor que sobrellena a uno cuando se está en primer contacto con el evangelio y experimenta los cambios que esto produce en la vida de uno. Posiblemente en su punto de vista habían sobrepasado dicha experiencia primitiva emocional, y en su "progreso" se habían movido hacia verdades teológicas "más profundas". Esto generalmente sucede por un cambio quieto, gradual e imperceptible en la iglesia y sus miembros. El amor es más que un sentimiento es un compromiso, y no es que pierdas el amor, sino que pierdes tu compromiso hacia él. Cuando el amor cristiano comienza a disminuir, es evidente que alguna otra atracción ha substituido a Dios en el corazón.

Un pastor alguna vez lo puso de esta manera. Has perdido tu primer amor por Cristo:

- Cuando tu gozo en el Señor ya no es tan grande como tu gozo hacia otro persona.

- Cuando ya no tienes tiempo para la palabra de Dios o para orar.

- Cuando tus pensamientos durante tus tiempos de descanso no son enfocados al Señor.

- Cuando dices que sólo eres un humano (una razón para la grandeza, pero no una excusa para el fracaso).

- Cuando no te das con alegría para la obra de Dios y a la necesidad de otros.

- Cuando dejas de tratar a todo hermano cristiano como tratarías al Señor.

- Cuando ves los mandamientos de Cristo como una forma de restringir tu felicidad, en lugar de verlos como una expresión de Su amor por ti.

- Cuando buscas la aprobación de este mundo, en lugar de buscar la aprobación del Señor.

- Cuando no puedes dar testimonio a otros por temor a recibir su rechazo.

- Cuando te niegas a dejar una actividad que tú sabes que está ofendiendo a un hermano débil.

- Cuando te vuelves complaciente ante condiciones pecaminosas que te rodean.

- Cuando no puedes perdonar a alguien que te ha ofendido.

Aparentemente Jesús estaba preocupado que la iglesia de Éfeso, con todo el énfasis que tenía en las obras y la pureza de la doctrina, perdió de vista su compromiso hacia el amor ágape.

A este punto, Jesús le dió a la iglesia un consejo muy específico. Inició por darles a ellos una advertencia y un reto: *"Recuerda, por tanto, de dónde has caído y arrepiéntete, y haz las obras que hiciste al principio; si no, vendré a ti y quitaré tu candelero de su lugar -- si no te arrepientes."* La advertencia es muy clara. Si no cambiaban sus caminos Él quitaría su candelero. Recuerda, Dios en el capitulo uno había interpretado los candeleros como las iglesias. Cuando el testimonio de amor del Espíritu Santo es abandonado por un grupo, también se va la habilidad de compartir luz en un mundo de tinieblas. Jesús estaba diciendo que a menos de que se arrepintieran de sus caminos, Él quitaría la iglesia. Esta es una advertencia que no puede ser ignorada. Sin embargo, también les dijo que esto se podía evitar. Para poder evitar esto, ellos tenían que arrepentirse y regresar a las cosas que hacían cuando por vez primera aceptaron su identidad con Cristo. La mayoría de nosotros puede recordar cuando fuimos salvos por primera vez. Compartíamos esta experiencia rápidamente con todo el que quisiera escucharnos. A medida que pasa el tiempo, con frecuencia perdemos este deseo y rápidamente minimizamos la importancia de esta experiencia y la ponemos en el mismo lugar que cualquier otro evento de nuestra vida. Este recordatorio a la iglesia de Éfeso es un reto para nosotros también. Una iglesia o un individuo que no tenga la luz evidente del amor no puede de manera efectiva representar a Cristo en el mundo.

Finalmente, Jesús cerró esta carta a la iglesia de Éfeso haciendo una hermosa promesa para aquellos que permanecen fieles. *"El que tiene oído, oiga lo que el Espíritu dice a las iglesias. Al vencedor le daré a comer del árbol de la vida, que está en el paraíso de Dios."* ¿Escuchas tú a Dios? Este mensaje es para aquellos que están dispuestos a escuchar lo que Dios les quiere decir. Dese cuenta que este mensaje está dirigido a las "iglesias" (plural). Estas palabras no solo iban dirigidas a la iglesia de Éfeso, sino para todas las iglesias. Cuando Adán comió del árbol del conocimiento del bien y del mal, Dios lo expulsó del Jardín. Dios colocó querubines a la entrada del Jardín del Edén, con una espada en llamas para protegerlo y evitar que los hombres pudieran regresar a comer del árbol de la vida y vivir siempre en pecado. Ahora Jesús está prometiendo que a todos los que vencen al mundo en Su nombre se les permitirá comer de la fruta del árbol de la vida, un árbol que ahora se encuentra en el paraíso con Dios.

— — — — — — — — —

Algunas observaciones personales sobre la Iglesia de Éfeso

No puedo evitar pensar que el pulso de Juan debió de haberse acelerado cuando escuchó que la primera de las siete cartas era dirigida a la iglesia de Éfeso. El Apóstol Pablo había fundado esta iglesia. Le siguió Timoteo y otros hasta que finalmente el Apóstol Juan tuvo en esa iglesia su ministerio como obispo en sus últimos años. La tradición dice que fue en Éfeso en donde María, la madre de Jesús, murió mientras estaba bajo el cuidado de Juan. El carácter de los líderes de la iglesia estaba firmemente comprometido a la verdad bíblica, y el carácter de la iglesia en sí, por lo tanto, era un reflejo de esto. La iglesia era rápida en separar a aquellos que pudieran haber enseñado una verdad de su propia creación. Entendían que era su responsabilidad proteger a aquellos miembros de la iglesia quienes todavía no estuvieran lo suficientemente maduros en su conocimiento espiritual, y por lo tanto no pudieran identificar los errores de dichas enseñanzas. Hoy en día hay una tendencia en la iglesia moderna de evitar confrontaciones con este tipo de individuos, en el nombre de mantener la paz con todos.

Hay otro principio en esta carta que no queremos olvidar. El principio es este: Puedes perder tu primer amor, si no haces de él un compromiso diario. Se puede comparar con el hombre que llega a su casa en la tarde, abre la puerta, y escucha una voz proveniente del cuarto o de atrás de la casa diciendo: "¿Eres tú?" En este momento él sabe que la florescencia del primer amor se acabó. Nuestro compromiso de amar a Cristo es más importante que todo nuestro servicio a Él. El precio que pagaron los efesios por mantener un alto nivel de servicio exterior a Dios y la conservación de una doctrina cristiana pura fue la pérdida de éste primer amor. ¿Cómo se encuentra tu relación de amor con Cristo? Cuando llega, ¿necesita ir a buscarte porque estás ocupado u ocupada en otro lado, o estas esperándolo? Cristo nos advierte en estos versículos que si no somos cuidadosos, un día Él regresará.

> *El "legalismo" en defensa de la doctrina no sustituye el amar a Jesucristo. Si deseamos ser dadores de luz en un mundo de tinieblas, necesitamos regresar a nuestro entusiasmo y amor original por Dios.*

El Mensaje a la iglesia de Esmirna

Versículo 8 - Y escribe al ángel de la iglesia en Esmirna: "El primero y el último, el que estuvo muerto y ha vuelto a la vida, dice esto:

Versículo 9 - 'Yo conozco tu tribulación y tu pobreza (pero tú eres rico), y la blasfemia de los que se dicen ser judíos y no lo son, sino que son sinagoga de Satanás.

Versículo 10 - 'No temas lo que estás por sufrir. He aquí, el diablo echará a algunos de vosotros en la cárcel para que seáis probados, y tendréis tribulación por diez días. Sé fiel hasta la muerte, y yo te daré la corona de la vida.

Versículo 11 - 'El que tiene oído, oiga lo que el Espíritu dice a las iglesias. El vencedor no sufrirá daño de la muerte segunda.'"

Esmirna está ubicada aproximadamente cuarenta millas al norte de Éfeso, a lo largo de la costa. En Asia Menor Esmirna tenía el segundo lugar en importancia, siendo sólo sobrepasada por Éfeso, y también era un puerto. Era una de las ciudades más hermosas de Asia Menor. En el

> *Esmirna fue ampliamente recoincida como un centro de adoración al emperador.*

centro de la ciudad había una acrópolis que era visible desde muchas millas.

La colina sobre la cual estaba ubicada estaba cubierta de flores y árboles de mirto. Esmirna también fue reconocida como el lugar donde nació Homero, el poeta épico Griego. En el año 600 A.C., Esmirna fue capturada y destruida por los habitantes de Lidia, y el nombre de Esmirna fue totalmente removido de todos los mapas oficiales de ciudades por casi 400 años. Eventualmente se pudo reconstruir, pero desafortunadamente sólo para volver a ser destruida, en esta ocasión por un terremoto. Nuevamente la ciudad fue reconstruida. Creció (su población excedía los 100,000 habitantes en el tiempo de Juan) y se convirtió en un rico centro mercader y un aliado fiel de Roma. En al año 23 D.C. ganó el honor de recibir permiso para construir el primer templo en honor a César Tiberio.

Era una rica ciudad mercante y muchos Judíos vivían ahí. Para que los Judíos pudieran mantener un estatus prominente en una ciudad que era conocida como centro de adoración al emperador tenían que estar activamente involucrados en desviar la atención de los oficiales lejos de ellos. Esto lo lograban llamando la atención de los oficiales hacia los cristianos y hacia la negativa de éstos últimos a involucrarse en los ritos de adoración al emperador, por lo cual esto fue la causa de amargas persecuciones hacia los cristianos.

Esmirna prospera hoy como Izmir, la segunda ciudad más grande en Turquía asiática. Probablemente Pablo fue el fundador de la primera iglesia en esta ciudad durante su tercer viaje misionero. A través de los siglos ha mantenido un fuerte testimonio cristiano y se considera uno de los grandes centros de devoción y de enseñanza de la iglesia Oriental Ortodoxa. Los musulmanes la llaman "la ciudad infiel" por su falta de testimonio musulmán.

"El primero y el último, el que estuvo muerto y ha vuelto a la vida, dice esto," En el versículo 8 vemos una imagen de Jesucristo que identifica tanto su naturaleza eterna como su victoria sobre la muerte. Como veremos más adelante, ambas características fueron mencionadas para dar ánimo a una iglesia que se encontraba bajo tal grado de persecución que los empujaba a cuestionar su fe.

La evaluación de Cristo sobre esta iglesia es con propósito de enseñanza. Comienza diciendo *"Yo conozco tu tribulación y tu pobreza (pero tú eres rico),".* ¿Porqué, en esta ciudad que era conocida por sus habitantes prósperos, la iglesia era conocida por su pobreza? Tal vez la respuesta pueda ser encontrada en la estructura de la misma ciudad. Esmirna también era conocida por sus comerciantes. Los gremios locales regulaban de manera muy estricta a los artesanos del día, algo así como los sindicatos en la actualidad. Cada gremio tenía su propio dios. Consecuentemente aquellas personas que se convertían al Cristianismo tenían muy pocas oportunidades de prosperar económicamente. Cuando un hombre tomaba su posición en Jesucristo, su negocio era boicoteado o terminado. Otra razón por su pobreza evidente era la persecución que se originó por la presencia de judíos en la Ciudad.

Vamos a ver que dijo Cristo a continuación: *"pero tú eres rico"*. Claramente a la vista de Cristo su condición espiritual se encontraba en contraste con su condición económica. Ellos eran ricos, no solamente porque tenían a Cristo con ellos, sino porque habían permanecido fieles a su identidad con Cristo aún y enfrentando circunstancias difíciles. De hecho, esta es la única iglesia de las siete a la cual Jesús no le identifica una debilidad.

Después, al examinar la segunda parte del versículo 9, vemos otra razón razón a la que se debía su situación económica tan pecaminosa. Jesús dijo que estaban siendo afectados por *"la blasfemia de los que se dicen ser judíos y no lo son, sino que son sinagoga de Satanás"*. Mientras la iglesia de Éfeso tenía problemas con apóstoles que traían su propio estilo, la iglesia de Esmirna tenía problemas con los israelitas que se autoproclamaban. Vamos a ver lo que esto quiere decir en Romanos 2:29 y veamos cómo definió Pablo a un verdadero Judío: "sino que es judío el que lo es interiormente, y la circuncisión es la del corazón, por el Espíritu, no por la letra; la alabanza del cual no procede de los hombres, sino de Dios". Aparentemente el problema en Esmirna era que había muchos Judíos incircuncisos de corazón que vivían en esta ciudad. Para un judío devoto el adorar a otra persona que no fuera Jehová era impensable; sin Embargo, al hacer esto eran forzados a negar la divinidad de los Césares, lo cual entonces los exponía a una posible persecución por parte de los oficiales (autoridades). Como se dijo anteriormente, para poder lograr que la atención no estuviera enfocada en ellos, algunos de los Judíos evidentemente atraían la atención de los oficiales hacia los cristianos y los reportaban como "traidores" (personas que no adoraban la imagen del emperador). Las autoridades romanas recompensaban a aquellas personas que entregaban a estos "traidores", y les daban el diez por ciento de la propiedad de aquel a quien consideraban "hereje". Este era un incentivo atractivo para algunos Judíos, pero en los ojos de Cristo, esto los convertía en una sinagoga de Satanás.

En el versículo diez vemos el consejo de Cristo a la iglesia: "No temas lo que estás por sufrir.". Mientras Cristo no identificó ninguna debilidad de manera específica en la iglesia, considero que estaba preocupado de que no tuvieran temor del sufrimiento que pudieran experimentar en el presente y en el futuro. Esta es comúnmente una de las debilidades más grandes que tenemos como Cristianos. Estamos tan preocupados por lo que otras personas van a pensar, o de lo que pudiera pasar como resultado de nuestro testimonio, que lo que hacemos es comprometer nuestro testimonio ante la amenaza de este temor. Mientras en la iglesia de Esmirna la persecución era algo muy real, Cristo quería que se dieran cuenta que Sus recursos eran adecuados para cubrir sus necesidades.

Les advirtió, *"He aquí, el diablo echará a algunos de vosotros en la cárcel para que seáis probados, y tendréis tribulación por diez días."* Para esta iglesia la persecución era personal. De hecho en el año 155 D.C., unos cuantos años después de que esta carta fuera redactada, Policarpo, quien había sido un discípulo de Juan y se había convertido en obispo de la iglesia de Esmirna, fue quemado en la hoguera

> *Al cabo del periodo de prueba se encontrarían mejor y más fuertes que antes.*

por las autoridades romanas. Se reportó que los Judíos de Esmirna estaban tan entusiastas con su ejecución que ellos mismos ayudaron a reunir la madera para prender el fuego en el Sabbat. Si interpretamos "los diez días" como una expresión simbólica que tiende a contrastar la brevedad del sufrimiento, comparado con los beneficios, ¿habrá alguna razón por la cual se mencionan "diez días" en lugar de decir "siete días" o cualquier otro número más pequeño? El paralelo más interesante para esto en la Biblia se encuentra en el libro de Daniel. Daniel y tres de sus amigos Judíos ofrecieron padecer "diez días" lo que pudo haber parecido para otros como un sacrificio y abstención total (Daniel 1:12 *Te ruego que pongas a prueba a tus siervos por diez días, y que nos den legumbres para comer y agua para beber"* y Daniel 1:14 *"Los escuchó, pues, en esto y los puso a prueba por diez días."*) en una dieta que consistía sólo de vegetales y de agua. En lugar de que estos diez días de prueba los dañaran, fue al contrario, y les produjeron resultados benéficos (Daniel 1:15: *"Al cabo de los diez días su aspecto parecía mejor y estaban más rollizos que todos los jóvenes que habían estado comiendo los manjares del rey"*). Para los Judíos estos diez días mencionados en este versículo les recordaría de la metáfora de Daniel y entenderían el mensaje que Dios tenía la intención de enviarles. Recuerden, esta es la única de las siete ciudades que se identifican en Apocalipsis en donde un testimonio cristiano sigue vivo inclusive hasta nuestros días.

A continuación la primera promesa de Cristo para los vencedores. *"Sé fiel hasta la muerte, y yo te daré la corona de la vida."* La corona de vida no se refiere a la vida eterna, puesto que como cristianos ya tenían esta promesa de vida eterna. La corona que Cristo promete a los creyentes es una corona de Victoria. No puedo pensar de ninguna otra experiencia que es tan humilde pero a la vez tan gratificante que el tener a Cristo mismo colocando la corona de victoria en nuestra cabeza por la fidelidad de nuestro servicio. Nada nunca se podrá comparar con esto.

Después Cristo continuó con su segunda promesa para los vencedores: "El que tiene oído, oiga lo que el Espíritu dice a las iglesias. El vencedor no sufrirá daño de la muerte segunda." Uno debe de entender el significado de la muerte según la Biblia. La "primera muerte" es la muerte natural, la muerte física, la que lo separa a uno de su vida física y de la existencia continua de la vida física. La segunda muerte es el estado en el que los hombres que han muerto sin creer resucitan y son enviados vivos a un estado eterno de separación de Dios, la fuente de vida, a un lugar llamado el lago de fuego. Como vencedores, a aquellos que son fieles hasta el final, Cristo les asegura que nunca van a experimentar la segunda muerte, es decir la muerte de eterna separación de Dios.

— — — — — — — — — —

Algunas observaciones personales sobre la Iglesia de Esmirna

Aquí está una iglesia que se encuentra enfrentando tribulaciones, pobreza y aflicción. Y frente a todo esto, Cristo no pudo encontrar ninguna falla en ellos. Muchos de sus miembros eran Judíos, y aún así la iglesia contaba a algunos de sus Judíos fuera de la iglesia como sus mayores enemigos. Solamente podemos imaginar el efecto que esto tenía en las familias que se habían dividido por esta situación. Para el Judío como en muchas culturas, la familia es muy importante para sus miembros. Sin embargo, a pesar de todo esto y de las persecuciones que sufrieron, esta iglesia perduró. ¿No es interesante observar cómo aún y a pesar de todas las pruebas, la Iglesia no sólo perdura que solamente cuando somos amenazados nos hacemos conscientes de lo que es importante para nosotros. Aquí esta una iglesia que permaneció fiel ante el sufrimiento y la persecución. Como resultado de esto, dicha iglesia continua existiendo en nuestros días de una u otra forma.

> *¿No es interesante cómo aún y a pesar de todas las pruebas, la iglesia no sólo perdura sino que crece?*

El Mensaje a la iglesia de Pérgamo

Versículo 12 - ¨*Y escribe al ángel de la iglesia en Pérgamo: "El que tiene la espada aguda de dos filos, dice esto:*

Versículo 13 - "Yo sé dónde moras, donde está el trono de Satanás. Guardas fielmente mi nombre y no has negado mi fe, aún en los días de Antipas, mi testigo, mi siervo fiel, que fue muerto entre vosotros, donde mora Satanás."

Versículo 14 - ¨*Pero tengo unas pocas cosas contra ti, porque tienes ahí a los que mantienen la doctrina de Balaam, que enseñaba a Balac a poner tropiezo ante los hijos de Israel, a comer cosas sacrificadas a los ídolos y a cometer actos de inmoralidad."*

Versículo 15 - ¨*Así tú también tienes algunos que de la misma manera mantienen la doctrina de los nicolaítas."*

Versículo 16 - "Por tanto, arrepiéntete; si no, vendré a tí pronto y pelearé contra ellos con la espada de mi boca."

Versículo 17 - *"El que tiene oído, oiga lo que el Espíritu dice a las iglesias. Al vencedor le daré del maná escondido y le daré una piedrecita blanca, y grabado en la piedrecita un nombre nuevo, el cual nadie conoce sino aquel que lo recibe."*

Pérgamo estaba localizado al noreste de Esmirna, aproximadamente 32 kilómetros tierra adentro del Mar Mediterráneo. Si Éfeso era el Nueva York de Asia, Pérgamo era su Washington, ya que fue aquí en donde las autoridades del imperio romano tenían su silla de gobierno asiática. Los romanos hicieron de esta ciudad la capital de Asia menor. La ciudad era una mezcla de poder político, adoración pagana y sofisticación académica. Era un centro de adoración de cuatro de sus más importantes cultos paganos del día – Zeus, Atenea (la diosa patrona), Dionisio (el dios de los reyes) y Esculapius (el dios de la salud, cuyo símbolo era una serpiente enrollada alrededor de un palo). El altar para Zeus que se construyó en este lugar, fue el altar religioso más alto en el mundo en ese tiempo. Una de las grandes universidades de la era estaba ubicada en este lugar y su centro médico *El altar a Zeus que fue construido en este lugar, fue una de las Siete Maravillas del Mundo.* era considerado uno de las clínicas médicas más grandes de sus días.

La ciudad obtuvo su nombre del pergamino (pergamena) que se originó aquí. Pérgamo tuvo una librería con más de 200,000 volúmenes. Era esta librería la que Marco Antonio dió a su novia Cleopatra. Ella movió todo el contenido de esta librería a Alejandría en Egipto, y esa librería eventualmente fue considerada la librería más grande del mundo jamás vista –y mucho de esto originalmente vino de Pérgamo.

Pérgamo era una ciudad a la cual Roma había dado el extraño poder de pena capital (ius gladii), cuyo símbolo era la espada. En el gobierno romano el poder de la espada era considerado el símbolo más grande de aprobación oficial. El "derecho a la espada" jus gladii era aproximadamente equivalente al poder de la vida y de la muerte. A muy pocas ciudades y sus gobernantes les fue dado este privilegio. Esto dice mucho de cómo el gobierno central de Roma veía la importancia de esta ciudad.

"El que tiene la espada aguda de dos filos, dice esto:" Vamos a ver lo que dice Hebreos 4:12 "Porque la palabra de Dios es viva y eficaz, y más cortante que cualquier espada de dos filos; penetra hasta la división del alma y del espíritu, de las coyunturas y los tuétanos, y es poderosa para discernir los pensamientos y las intenciones del corazón." En una ciudad que sostenía "el poder de la espada" de Roma y era famosa por su centro de aprendizaje, esta es una imagen apropiada de Cristo para los miembros de esta iglesia. La palabra de Dios puede ser tanto un instrumento de muerte como de salvación, dependiendo en los intenciones del corazón.

En estos siguientes versículos veremos una extensa evaluación de esta iglesia tal y como es vista a través de los ojos de Cristo. *"Yo sé dónde moras, donde está el trono de Satanás;"* El trono de Satanás muy probablemente se refiere al hecho de que Pérgamo se había convertido en el centro más grande de religiones paganas en el mundo en esos tiempos. Sin embargo, creo que existe otra posibilidad aceptable. La adoración a Satanás inició en Babilonia, muchos años atrás bajo Nimrod, cuando los hombres se rebelaron en contra de la autoridad de Dios. Cuando el ejército Medopersa capturó a Babilonia, el sumo sacerdote de los antiguos misterios de la religión babilónica huyó de la ciudad y transfirió su sede de Babilonia a Pérgamo. Aquí existió por varios siglos como parte de un gran centro de paganismo panteístico evolucionario, Pérgamo. Inclusive al rey de la ciudad se le dió el título de Máximo Pontífice por esta religión. Claramente en los ojos de Cristo tal lugar bien merece el titulo del lugar en donde está el trono de Satanás.

"Guardas fielmente mi nombre y no has negado mi fe, aún en los días de Antipas, mi testigo, mi siervo fiel, que fue muerto entre vosotros, donde mora Satanás." A pesar de la adoración pagana que los rodeaba, Cristo tuvo fuertes palabras de elogios para esta iglesia. No estaban avergonzados de ser identificados con Cristo aún y enfrentando graves persecuciones, y no negaron su relación con Él—esto, aún y a pesar de ser testigos de cómo uno de sus miembros, Antipas, fuera martirizado al ser colocado dentro de un toro de bronce que era calentado con fuego hasta morir rostizado. Esto habla mucho de su fe ante la persecución.

"Pero tengo unas pocas cosas contra ti, porque tienes ahí a los que mantienen la doctrina de Balaam, que enseñaba a Balac a poner tropiezo ante los hijos de Israel, a comer cosas sacrificadas a los ídolos y a cometer actos de inmoralidad. ˮAsí tú también tienes

a algunos que de la misma manera mantienen la doctrina de los nicolaítas." Aparentemente la iglesia tenía un problema que comprometía su testimonio. La iglesia era fiel en la fe, pero toleraba falsas opiniones que se enseñaban en la iglesia. La doctrina de Balaam ganó control sobre la gente de Dios seduciéndolos a transigir con el mundo, haciendo que se casaran con paganos y después convenciéndolos que acompañaran a sus cónyuges a adorar dioses falsos. La combinación de "comer cosas sacrificadas" y "actos de inmoralidad" se puede referir a la práctica común de participar en comidas de cosas sacrificadas para los dioses paganos y entregarse a prácticas sexuales con la sacerdotisa del templo en cultos de prostitución. En una ciudad en donde esto era "la norma", algunas personas aparentemente empezaron a razonar que uno podía asistir a estos banquetes y compartir de la carne ofrecida a los ídolos, siempre y cuando se tuviera en mente – una especie de reserva mental – que dicho ídolo no significaba nada. También es importante recordar que prácticamente toda la carne que se vendía en el mercado originalmente había sido parte de una bestia ofrecida en sacrificio a algún dios pagano, haciéndolo aún más difícil el comer carne que no hubiera sido sacrificada a los dioses paganos.

Para complicar las cosas, la iglesia también tenía miembros que se estaban aferrando a las enseñanzas de los Nicolaitas. En el argumento de la iglesia de Éfeso, escribí acerca de la doctrina Nicolaita de colocar el liderazgo de la iglesia por encima del laico. Sin embargo, era la otra parte de su doctrina, la separación de lo físico de lo espiritual, lo que aparentemente aplicó aquí. Ellos creían que la parte espiritual de un hombre es intrínsecamente buena y la parte material es intrínsecamente mala, y que éstas pueden ser separadas. Ellos razonaban que ya que estos estaban separados, la indulgencia de un hombre con su cuerpo, no profanaba al espíritu. Esto quiere decir que podían practicar la inmoralidad en la carne sin afectar su relación espiritual con Dios. Este tipo de razonamiento le daba autorización religiosa a los mujeriegos de esos días.

Cristo le estaba recordando a la iglesia que lo que Dios aborrece, nosotros como cristianos también debemos aborrecer.

En el versículo 16 vemos el consejo de Cristo para la iglesia: *"Por tanto, arrepiéntete; si no, vendré a ti pronto y pelearé contra ellos con la espada de mi boca."* Inició con el familiar llamado al arrepentimiento que Dios le hace a cada iglesia. En este caso Él enfatizó que si no se arrepentían de sus caminos, Él sería pronto para juzgarlos. Necesitaban cambiar su actitud de transigencia a una de insistencia en la pureza doctrinal y moral. Si podían hacer esto, Cristo siguió diciendo, *"El que tiene oído, oiga lo que el Espíritu dice a las iglesias. Al vencedor le daré del maná escondido y le daré una piedrecita blanca, y grabado en la piedrecita un nombre nuevo, el cual nadie conoce sino aquel que lo recibe."* En este versículo se prometen dos recompensas para los vencedores – recibirán del maná escondido y una piedrecita blanca con su nombre escrito en ella. Para ayudarnos a comprender lo que esto quiere decir, vamos a leer Juan 6:51 *"Yo soy el pan vivo que descendió del cielo; si alguno come de este pan, vivirá para siempre; y el pan que yo también daré por la vida del mundo es mi carne."* Es claro que el maná escondido no es otro que Cristo mismo. Para aquellos vencedores, Cristo se dará asimismo. Como sucede esto puede verse en la segunda recompensa, una piedrecita blanca con un nuevo nombre escrito en ella, un nombre que nadie conoce sino aquel que lo recibe. La interpretación mas natural de esta piedra es que es un símbolo de la tessera, o piedra blanca, que se le da a aquellos que son invitados a participar, dentro de los recintos de los templos paganos, en la fiesta sagrada que naturalmente consistía de carnes ofrecidas a sus ídolos. Esta piedra lleva el nombre sagrado de la deidad representada por el ídolo, y este nombre sólo era sabido por aquel que la recibía. Aquí Cristo está prometiendo que si ellos se negaban a tener comunión con el ídolo y rechazaban su piedra, el Señor declaraba que les iba a conceder una piedra que les iba a dar entrada al templo verdadero, y de ahí a la fiesta en los confines del paraíso.

— — — — — — — —

Algunas observaciones personales sobre la iglesia de Pérgamo

La religión era una parte importante para esta ciudad. Era un centro de gobierno romano que tenia la autoridad de la vida y la muerte. En este ambiente la iglesia de Cristo se estaba esforzando para mantener su testimonio. En muchas maneras fue exitoso. Sin embargo, a la vez parecía que estaba dispuesta a incluir a individuos en la iglesia de Pérgamo, quienes estaban enseñando doctrinas totalmente incompatibles con el mensaje de Jesucristo. ¿Porqué lo hacían? Posiblemente era un intento de no ofender a las otras religiones que había en la ciudad. Desafortunadamente muchas iglesias de hoy parece ser que han adoptado la metodología de la iglesia de Pérgamo como la suya propia.

> *El enemigo más grande de la iglesia es de estar*
> *dispuesta a comprometer sus principios ante*
> *presiones sociales. En los ojos de Dios no hay*
> *lugar para medidas a medias. O se está con Cristo*
> *o se está en contra de Él.*

El Mensaje a la iglesia de Tiatira

Versículo 18 - Y escribe al ángel de la iglesia en Tiatira: "El Hijo de Dios, que tiene ojos como llama de fuego, y cuyos pies son semejantes al bronce bruñido, dice esto:

Versículo 19 - 'Yo conozco tus obras, tu amor, tu fe, tu servicio y tu perseverancia, y que tus obras recientes son mayores que las primeras.

Versículo 20 - 'Pero tengo esto contra ti: que toleras a esa mujer Jezabel, que se dice ser profetisa, y enseña y seduce a mis siervos a que cometan actos inmorales y coman cosas sacrificadas a los ídolos.

Versículo 21 - 'Le he dado tiempo para arrepentirse, y no quiere arrepentirse de su inmoralidad.

Versículo 22 - 'Mira, la postraré en cama, y a los que cometen adulterio con ella los arrojaré en gran tribulación, si no se arrepienten de las obras de ella.

Versículo 23 - *'Y a sus hijos mataré con pestilencia, y todas las iglesias sabrán que yo soy el que escudriña las mentes y los corazones, y os daré a cada uno según vuestras obras.*

Versículo 24 - *'Pero a vosotros, a los demás que están en Tiatira, a cuantos no tienen esta doctrina, que no han conocido las cosas profundas de Satanás, como ellos las llaman, os digo: No os impongo otra carga.*

Versículo 25 - *'No obstante, lo que tenéis, retenedlo hasta que yo venga.*

Versículo 26 - *'Y al vencedor, al que guarda mis obras hasta el fin, LE DARÉ AUTORIDAD SOBRE LAS NACIONES;*

Versículo 27 *Y LAS REGIRÁ CON VARA DE HIERRO, COMO LOS VASOS DEL ALFARERO SON HECHOS PEDAZOS, como yo tambi*én he recibido autoridad de mi *Padre;*

Versículo 28 - *y le daré el lucero de la mañana.*

Versículo 29 - *'El que tiene oído, oiga lo que el Espíritu dice a las iglesias.'"*

Tiatira era comparativamente una ciudad no muy importante. Esta ciudad fue probablemente fundada por Alejandro Magno unos 300 años antes de Cristo. Esta ciudad originalmente fue fundada como una ciudad militar, custodiada por soldados macedonios (griegos) y establecida para salvaguardar un pasaje local por la montaña. La deidad que esta ciudad escogió era Tyrimnas, un dios sol, que generalmente lo pintan como un guerrero a caballo en batalla, armado con una hacha de batalla de doble filo, el símbolo de tremendo poderío militar. En esta ciudad se encontraban los gremios comerciales habituales: trabajadores de lana, trabajadores de lino, fabricantes de prendas de vestir, tintoreros, peleteros, curtidores de pieles, alfareros, etc. Lidia, la distribuidora de telas de púrpura, provenía de esta ciudad, (Hechos 16:14 *"Y estaba escuchando cierta mujer llamada Lidia, de la ciudad de Tiatira, vendedora de telas de púrpura, que adoraba a Dios; y el Señor abrió su corazón para que recibiera lo que Pablo decía."*) Tiatira también era el centro de la fabricación de bronce. Esto era particularmente importante para el uso militar. Mientras por un lado era la ciudad más pequeña y menos importante de las siete ciudades a las que se refiere Apocalipsis, la carta para esta iglesia fue la más larga.

Cristo se identificó ante esta iglesia como *"El Hijo de Dios, que tiene ojos como llama de fuego, y cuyos pies son semejantes al bronce bruñido,"* En ningún otro lado del Apocalipsis se utiliza este título para referirse a Jesucristo. Él se presenta a Sí mismo como Aquel que mira hacia lo más interno del hombre e imparte su juicio. Sus pies son como de bronce bruñido. En una ciudad que fabricaba equipo de bronce para la armada, los ciudadanos pudieran entender esto. No me es posible recordar toda la canción, pero recuerdo que

> *De inmediato sabemos que es mejor que pongamos atención, porque Cristo inicia esta carta identificándose a Sí mismo con su título real: "El Hijo de Dios"*

cuando era joven había una canción que tenía una línea que decía algo sobre que las botas hechas para caminar un día iban a caminar sobre tí. Así pues, la iglesia entendió que aquí había una imagen de un Cristo con juicio justo.

Después viene la parte en donde Cristo revisó el ministerio y testimonio de la iglesia. Inició como usualmente lo hacía, es decir, dando algunos elogios. *"Yo conozco tus obras, tu amor, tu fe, tu servicio y tu perseverancia, y que tus obras recientes son mayores que las primeras"*. Mencionó cinco áreas de elogio: obras (trabajo), amor, fe, servicio, perseverancia (paciencia). Cristo inclusive dijo que sus obras más recientes eran mayores que las que habían hecho en el pasado. Ciertamente esto parece ser buenas noticias. Además los felicitó por su amor, algo que no había hecho en las otras tres iglesias.

Sin embargo, creo que vienen las malas noticias porque veo la palabra "pero": *"Pero tengo esto contra ti: que toleras a esa mujer Jezabel, que se dice ser profetisa, y enseña y seduce a mis siervos a que cometan actos inmorales y coman cosas sacrificadas a los ídolos"*. Vaya que es un gran "pero". El problema en Tiatira era que la iglesia parecía ser demasiado tolerante. Aceptaban la presencia de una falsa profetisa entre ellos; probablemente inclusive reconocían los errores de su enseñanza, pero de todos modos la toleraban. Su nombre real probablemente no era Jezabel, pero en los ojos de Dios sus enseñanzas les recordaba la Jezabel del antiguo testamento, la esposa de un rey israelita llamado Acab. Esa Jezabel se había opuesto amargamente a los profetas de Dios y convenció a su esposo a racionalizar que era aceptable adorar al dios extranjero Baal, tanto como al Dios de sus padres. Esta Jezabel de Tiatira probablemente era una mujer importante dentro de la iglesia quien, como su contraparte del antiguo testamento, estaba influenciando a las personas de la iglesia para que abandonaran su lealtad absoluta a Dios promoviendo tolerancia a la participación de prácticas aprobadas de las religiones locales paganas (estas incluían la prostitución religiosa y las orgías con amigos en el templo). Indudablemente Jezabel había persuadido a la iglesia que como compañera "Cristiana" el Espíritu Santo le había otorgado el don de "profetiza".

Cristo, para poder exponer su verdadero carácter la llamó "Jezabel". El problema era aún peor, cuando Cristo dice, *"Le he dado tiempo para arrepentirse, y no quiere arrepentirse de su inmoralidad.".* Aparentemente el Señor, posiblemente a través de Juan o de la voz de algún otro Cristiano había ya advertido a la profetisa del error de sus caminos y la llamó al arrepentimiento. Así que este no es un caso de una mujer sincera que estaba mal informada y que pensaba que tenía inspiración divina, sino era el caso de una mujer que sabía que estaba haciendo lo incorrecto, pero de intencional rechazó las advertencias de Dios y se negó a cambiar.

Como resultado de su rebeldía, Cristo continuó diciendo, *"Mira, la postraré en cama, y a los que cometen adulterio con ella los arrojaré en gran tribulación, si no se arrepienten de las obras de ella".* Cristo iba a hacer que se enfermara de tal manera que iba a terminar en cama. Después continúa diciendo que aquellos que cometieron adulterio con ella sufrirían gran tribulación. El uso de la palabra adulterio en relación con estos individuos es interesante. El adulterio solo puede tener lugar entre dos personas que están casados con diferentes cónyuges. Así que aquí está muy claro que Cristo estaba hablando de miembros de la iglesia que estaban dispuestos a participar en sus enseñanzas. Recuerden, los miembros de la Iglesia son considerados como la novia de Cristo mismo.

Posteriormente Cristo da una severa advertencia a la iglesia. *"Y a sus hijos mataré con pestilencia, y todas las iglesias sabrán que yo soy el que escudriña las mentes y los corazones, y os daré a cada uno según vuestras obras".* El Señor advirtió a los creyentes de Tiatira que si no removían el pecado en medio de ellos, Él los removería. Aquellos que mezclan ocultismo con las enseñanzas de la Biblia y el Cristianismo seguramente serán severamente juzgados por Dios por sus obras. Recuerden la visión de Cristo en el Capitulo uno que describía a Cristo como ojos con llamas de fuego. Él escudriñará y juzgará a cada uno de nosotros basado en nuestros pensamientos más íntimos. También nos indica que lo hará de una manera que todos los creyentes sabrán que fue obra de Él.

"Pero a vosotros, a los demás que están en Tiatira, a cuantos no tienen esta doctrina, que no han conocido las cosas profundas de Satanás, como ellos las llaman, os digo: No os impongo otra carga." "Las cosas profundas de Satanás", es la frase actual que Jezabel utilizó. El razonamiento de algunos en la iglesia primitiva (entre ellos los Nicolaitas) era el siguiente: la única manera efectiva para confrontar a Satanás era entrar en su fortaleza; la naturaleza real del pecado sólo podía ser aprendida por medio de la experiencia, y por lo tanto solamente aquellos que realmente habían experimentado el pecado tenían la capacidad de apreciar la gracia. Así que al experimentar la profundidad del paganismo ("las cosas profundas de Satanás"), uno estaría mejor equipado para servir a Cristo como ejemplo de libertad para su hermanos. Vemos que esta misma filosofía está siendo enseñada en nuestro días por cultos y por algunos teólogos mal informados, cuya misión es alejar a la los cristianos de la verdadera Iglesia. Pero Cristo prometió que aquellos que no se habían involucrado en las enseñanzas de Jezabel no estarían expuestos a tribulación innecesaria.

Finalmente Cristo le recordó a sus fieles *"No obstante, lo que tenéis, retenedlo hasta que yo venga."* Su única responsabilidad era aferrarse a la verdad que habían recibido de Dios y esperar Su regreso. Esto es seguido por Su promesa a los vencedores, *"Y al vencedor, al que guarda mis obras hasta el fin, LE DARÉ AUTORIDAD SOBRE LAS NACIONES; Y LAS REGIRÁ CON VARA DE HIERRO, COMO LOS VASOS DEL ALFARERO SON HECHOS PEDAZOS, como yo también he recibido autoridad de mi Padre; y le daré el lucero de la mañana."* La promesa

> La prueba de una auténtica fe en Jesús no es solamente una inmutable creencia, sino una inmutable creencia acompañada de buenas obras.

a los vencedores contiene una modificación importante respecto a la formula regular que se da a los vencedores en las cartas anteriores. Añadidas a las palabras "a los vencedores" existen ahora las palabras "al que guarda mis obras". El que el vencedor ahora tendrá autoridad sobre las naciones, ciertamente implica que habrá naciones sobre las cuales se tendrá autoridad mientras se sirve a Cristo. Que esta regla será con "vara de hierro", hace aparente que esto sucederá cuando Cristo establezca Su reino en la tierra (e.i. el Reino del Milenio).

Finalmente Cristo deja para el final lo más emocionante: *"y le daré el lucero de la mañana"*. ¿Qué es el lucero de la mañana?. Es la última estrella que vemos en el amanecer. La vemos porque es la más brillante y por lo tanto es la última en desaparecer. También es el último aviso de que un nuevo día ha llegado. El hecho de que Cristo se considerara así mismo como el lucero de la mañana es claro cuando vemos el Capitulo 22 Versículo 16: *"Yo, Jesús, he enviado a mi ángel a fin de daros testimonio de estas cosas para las iglesias. Yo soy la raíz y la descendencia de David, el lucero resplandeciente de la mañana."* Como creyentes vemos en estas palabras la tranquilidad de que la llegada de Cristo es el inicio de un glorioso nuevo día, un día lleno con la promesa de nuestra salvación y de vida eterna, y con la esperanza de nuestra presencia eterna en Su presencia. En el caso de su Segunda Venida, es el inicio del reino milenario, en donde podremos reinar con Él tal y como nos promete en los versículos anteriores.

"El que tiene oído, oiga lo que el Espíritu dice a las iglesias.". Este exhorto tan común ha aparecido en las tres cartas anteriores antes de la promesa a los vencedores; sin embargo en las epístolas a las últimas cuatro iglesias, incluyendo ésta, este exhorto viene después de la promesa y concluye la epístola. No existe una razón obvia para este cambio, pero también es cierto que cada una de las últimas cuatro epístolas contienen exhortaciones específicas relacionadas al inminente regreso de Cristo. Por lo tanto, parece que representan cuatro tipos de iglesias que necesitarán una exhortación final del Espíritu Santo para estar listos para la bendición prometida del tiempo venidero.

— — — — — — — —

Algunas observaciones personales sobre la iglesia de Tiatira

Sospecho que esta era un iglesia sobre la cual Juan había agonizado en el pasado. En esta pequeña iglesia en una ciudad relativamente pequeña, existía un problema que sería una plaga para la Iglesia a través de los años. He aquí una iglesia que toleraba la influencia de falsas enseñanzas debido a la indiferencia de muchos de sus miembros. La iglesia aparentemente era muy activa en la comunidad y era reconocida por sus obras, obras que crecían en importancia. Sin embargo, dentro de la misma iglesia se estaban enseñando falsas doctrinas, doctrinas que involucraban la aceptación de la inmoralidad y el comer comida prohibida por los fundadores de la Iglesia. La mujer responsable de estas enseñanzas había sido advertida, y ella había decidido ignorar las advertencias hechas. Como resultado de todo esto, Cristo prometió que iban a pasar cosas malas. Esta es una clara advertencia para la Iglesia de hoy.

> *Una iglesia que está llena de gente y tiene un ministerio dinámico de servicio social no es automáticamente una representante del mensaje de Cristo. Muchas iglesias están llenas porque son muy exitosas en entretener y amenizar gente y dar una predicación del evangelio lleno de concesiones, en lugar de una predicación llena de retos que cause que sus miembros tomen decisiones que les cambie la vida.*

Una iglesia como la que se describe arriba, es igual a una organización religiosa o a un club social que provee beneficios generosos a sus miembros en lugar de ser una verdadera iglesia. Dios promete que malas cosas sucederán a una iglesia que funciona bajo estas condiciones.

Capítulo 3

Apocalipsis 3:1 - 22
La Descripción de Dios de tres de las siete Iglesias de Asia

Al estudiar estas Iglesias necesitamos tomar un momento y distinguir entre la iglesia profesante y la Iglesia verdadera. La iglesia profesante es una organización, mientras que la Iglesia verdadera es el cuerpo colectivo de personas quienes profesan y mantienen una relación personal con Cristo. La Iglesia verdadera puede ser compuesta por todos o por una parte de los miembros de una iglesia profesante, y puede aún incluir personas que no son parte una iglesia profesante. Aunque estas cartas están siendo escritas a una iglesia profesante, su mensaje está dirigido a la Iglesia verdadera. Puede ser que algunos de los mensajes se apliquen más a algunas iglesias que a otras, e inclusive pueda parecer más evidente en algunos períodos que en otros. Sin embargo, una lección importante que obtenemos de estas siete cartas a las iglesias es la individualidad de congregaciones locales.

Se hace especialmente aparente que estas cartas llevan un mensaje eterno, cuando vemos que las cartas a Tiatira, Sardis, Filadelfia y Laodicea mencionan el inminente regreso de Cristo. En este capítulo se estudiarán las cartas de estas tres últimas iglesias.

De la misma manera que se hizo en el capitulo anterior, les voy a platicar un poco sobre los antecedentes de la ciudad en donde se encontraba la iglesia. Después veremos cómo Cristo se describió a cada una de estas iglesias, utilizando uno de los atributos de la personalidad que se le dieron en la visión original en Patmos, una característica que vamos a ver particularmente aplicable a la condición especifica de cada iglesia. Posteriormente vamos a ver una sección que trata de la condición de cada iglesia de la manera en que Dios la veía; se va a resaltar cualquier logro especial, enemigos del ministerio y debilidades. La última sección de cada carta refleja la recomendación de Jesucristo. Él advertirá a la iglesia en cuanto a lo que se tiene que evitar y les va a dejar un reto; finalmente, Él les dará una promesa sobre las recompensas que aguardan para todos aquellos que resulten vencedores, literalmente para aquel que permanece fiel hasta el final.

Ya es momento de que muchos de nosotros dejemos de jugar a la iglesia y aprendamos las lecciones que Cristo está tratando de enseñarnos en las cartas a estas siete iglesias; si no lo hacemos, vamos a caer en el error de volver a repetir las mismas fallas y enfrentarnos al juicio que Jesús les dijo a estas iglesias tendrían que enfrentar si fallaban en hacer caso a Sus advertencias.

El Mensaje a la iglesia de Sardis

Versículo 1 - "Y escribe al ángel de la iglesia en Sardis: "El que tiene los siete Espíritus de Dios y las siete estrellas, dice esto: 'Yo conozco tus obras, que tienes nombre de que vives, pero estás muerto.

Versículo 2 - "Ponte en vela y afirma las cosas que quedan, que estaban a punto de morir, porque no he hallado completas tus obras delante de mi Dios.

Versículo 3 - "Acuérdate, pues, de lo que has recibido y oído; guárdalo y arrepiéntete. Por tanto, si no velas, vendré como ladrón, y no sabrás a qué hora vendré sobre tí.

Versículo 4 - "Pero tienes unos pocos en Sardis que no han manchado sus vestiduras, y andarán conmigo vestidos de blanco, porque son dignos.

Versículo 5 - "Así el vencedor será revestido de vestiduras blancas y no borraré su nombre del libro de la vida, y reconoceré su nombre delante de mi Padre y delante de sus ángeles.

Versículo 6 - "El que tiene oído, oiga lo que el Espíritu dice a las iglesias."

Quinientos años antes de que Juan escribiera esta carta, Sardis era una de las ciudades más ricas y ponderosas en el mundo. En el siglo sexto antes de Cristo, Sardis era la capital del reino de Lydia, y posteriormente se convirtió en el centro del gobierno Persa. Fue en este lugar en donde vivía el famoso Rey Croesus (según se cree el hombre más rico en la historia), y fue en este lugar en donde Esopo dijo sus fabulas políticamente significativas. Se descubrió oro en un pequeño arroyuelo que fluía hacia la ciudad, y fue aquí en donde por primera vez se acuñaron el oro y la plata para hacer monedas. Los habitantes de Sardis reclamaron la distinción de ser los primeros en descubrir el arte de teñir la lana, y como resultado de esto la ciudad se convirtió en el centro de la industria de las alfombras en Asia Menor. Sardis fue una ciudad comercialmente próspera y estratégicamente militar a través de la historia antigua. En cuanto a su religiosidad, la gente de Sardis eran idólatras – adoraban a la diosa madre Cibeles. Su adoración era del más corrompido carácter que pudiera haber y en los festivales que se hacían en su honor se practicaba de manera regular las orgías sexuales. En la fecha que Juan escribió esta carta, la importancia de esta ciudad había disminuido en gran manera. De hecho, su principal atracción era su impresionante cementerio. Se le conocía como la necrópolis o cementerio de "las mil colinas", debido a los cientos de montículos sobre las tumbas que eran visibles desde la línea del horizonte, tan lejos como siete millas a lo lejos de Sardis. Durante el tiempo de Juan, las personas que quedaban en la ciudad eran conocidas por su forma de vivir lujosamente y de manera despreocupada. Hoy en día la ciudad ha estado en ruinas por más de 500 años, con muy poca evidencia de su existencia anterior.

"El que tiene los siete Espíritus de Dios y las siete estrellas." La descripción de Cristo en este versículo, enfatiza los trabajos de Cristo a través de los ministerios del Espíritu Santo (revisar los comentarios que se hacen en el Capitulo 1, versículo 4 para poder entender estos ministerios) y a través de los ángeles guardianes (pastor/guía) de cada iglesia. Según estudiemos los comentarios de Cristo en esta iglesia veremos que Él les estaba comunicando la idea de que aunque Cristo sea dejado fuera de la iglesia, el Espíritu Santo y los líderes de la iglesia pueden continuar ministrando los miembros de la misma.

"Yo conozco tus obras, que tienes nombre de que vives, pero estás muerto." Cristo reconoció sus muchos logros y la reputación que tenían de estar espiritualmente vivos, pero en Sus ojos ellos estaban muertos. La iglesia de Sardis se seguía identificando a sí misma con Cristo, y exteriormente era una iglesia de Cristo; sin embargo, de manera interior toda relación real con Dios se había esfumado. Evidentemente mientas la mayoría de sus miembros eran cristianos profesantes, solamente cumplían con la religiosidad. En los ojos de Cristo su buena reputación no era merecida. Esta es la única Iglesia con la distinción de no recibir ningún cumplido de parte de Cristo en relación a ningún aspecto de su ministerio.

Después Cristo inició Sus palabras de recomendación a ellos: *"Ponte en vela y afirma las cosas que quedan, que estaban a punto de morir, porque no he hallado completas tus obras delante de mi Dios."* Las formas estaban ahí: las ceremonias, las costumbres religiosas, las tradiciones, los servicios; pero el significado real estaba ausente. En los ojos de Cristo, Sardis era una iglesia dormida, en donde aún las cosas que ya tenían estaban a punto de perderse, no por acciones de Cristo, sino a través de la negligencia de la iglesia. La muerte de los ministerios de la iglesia fue un reflejo directo de su relación personal con Cristo: no había ninguna. Ellos eran sus propios peores enemigos. La iglesia era como la ciudad en sí misma, viviendo en paz, viviendo en el pasado, y viviendo el hoy, sin ninguna persecución real o adversidades para vencer. Después Cristo identificó cinco pasos que la iglesia tenía que tomar si querían establecer una relación correcta con Él. Dos de estos pasos se encuentran en el versículo 2:

1. *Ponte en vela*

2. *afirma las cosas que quedan.*

Las otras tres se encuentran en el versículo 3:

3. *Acuérdate pues, de lo que has recibido y oído;*

4. ***guárdalo,***

5. ***arrepiéntete.***

Este es un reto que aplica aún para las iglesias y los creyentes de hoy en día.

Después Cristo les da una advertencia específica: ***"Por tanto, si no velas, vendré como ladrón, y no sabrás a qué hora vendré sobre ti."*** Este lenguaje figurativo probablemente fue tomado de una práctica militar de esos días. Si un centinela se quedaba dormido en su puesto y era descubierto por su superior en

> *Para los cristianos de hoy, no hay mayor reto que vivir cada día en la espera de la segunda venida de Cristo.*

su rutina de inspección, el oficial superior sigilosamente se acercaría al centinela y sacando su espada le cortaría una pieza de su ropa. Al despertar, el centinela se daría cuenta de que había sido descubierto y sabría que estaba a punto de ser castigado. El problema es que como Cristo no vino ayer, empezamos a pensar que ya se le olvidó, y volvemos a vivir sin considerarlo a El en nuestras vidas, de la misma manera que esta iglesia lo hizo.

Cristo le dijo a la iglesia que no todo estaba perdido: ***"Pero tienes unos pocos en Sardis que no han manchado sus vestiduras, y andarán conmigo vestidos de blanco, porque son dignos"*** Había algunos en Sardis que estaban intentando vivir sus vidas justamente y no habían manchado sus vestiduras con adoración pagana alrededor de ellos. En los ojos de Cristo ellos eran dignos de caminar junto a Él vestidos de blanco. A lo mejor estas palabras hacen también referencia a la atmósfera de festividad que rodeaba la celebración de un gran triunfo romano. En ese día todo el trabajo era dejado de lado, y todos los ciudadanos romanos se vestían de togas de blanca pureza. A unos pocos privilegiados -- autoridades cívicas o posiblemente parientes o amigos de la persona responsable del triunfo – se les daba oportunidad de participar en la procesión triunfal caminando al lado de la persona que estaba siendo honrada. Jesús estaba diciendo que, vestidos de blanco, estos creyentes de Sardis que no había manchado sus vestiduras iban a caminar triunfantes con Cristo.

Finalmente Cristo cerró su promesa para los vencedores: ***"Así el vencedor será revestido de vestiduras blancas y no borraré su nombre del libro de la vida, y reconoceré su nombre delante de mi Padre y***

delante de sus ángeles. *"* En este versículo se le prometen al vencedor tres bendiciones:

1. Serán revestidos de vestiduras blancas. Esto indica que estarán vestidos de manera tal que son considerados dignos de pararse delante de la presencia de Dios.

2. Su nombre no será borrado del libro de la vida. El libro de la vida es una lista de nombres de todos aquellos por quienes Cristo murió. La lista original incluía los nombres de toda la humanidad que en algún tiempo tuvo vida física. Una vez que empezaron a madurar y enfrentaron la responsabilidad de aceptar o de rechazar a Cristo en sus vidas, sus nombres fueron borrados si no aceptaron a Jesucristo como Salvador; mientras aquellos que si aceptaron a Jesucristo como Salvador, tienen sus nombres escritos en el libro de la vida permanentemente. Este concepto era muy familiar para las personas de aquella época. Prácticamente cada ciudad mantenía un registro o una lista de nombres de sus ciudadanos. En dicho registro se escribía el nombre de cada niño que nacía en la ciudad. Si uno de los ciudadanos era encontrado culpable de traición o de falta de lealtad, se hacía merecedor a deshonra pública, borrando su nombre del registro de ciudadanos. Por otro lado, si alguna persona realizaba una gran proeza se hacía merecedor de distinción pública y se escribía su nombre permanentemente con letras de oro en el registro de ciudadanos. En el tiempo cuando llegue el día del juicio final de la humanidad, el libro de la vida de Dios solamente contendrá los nombres de los vencedores, aquellos que no tienen temor de confesar que Cristo es su Salvador.

3. Cristo mismo confirmará su merecimiento. Cuando Cristo respalda tu merecimiento, tu valor, no hay duda de que Dios te ha aceptado.

— — — — — — — — —

Algunas observaciones personales sobre la Iglesia de Sardis

He aquí una iglesia que literalmente solo existía de nombre. No puedo evitar comparar esta iglesia con otras iglesias el día de hoy que prácticamente son clubes sociales, en donde uno puede ir a entretenerse y que se le confirme la importancia que uno tiene ante la sociedad.

> *El deseo de muchos miembros de la iglesia es vivir una vida sin problemas y no ser confrontados por las exigencias de Jesucristo y el pecado en sus vidas.*

Sardis era el modelo perfecto de Cristiandad inofensiva. Su paz no era una paz que fuera ganada a través de victoria en batallas, sino la paz que viene de evitar cualquier tipo de conflicto. Esto sucede cuando una iglesia empieza a adorar su propio pasado; cuando está más preocupada con las ceremonias que con confrontar a la vida; cuando ama más la organización que lo que ama a Jesucristo —cuando está más preocupada con las cosas materiales en lugar de las espirituales; y finalmente cuando dicha iglesia se hace famosa por su adherencia a la doctrina, "nunca lo hemos hecho de esta manera antes." En dicha iglesia la preocupación de la mayoría de sus miembros es que sus nombres aparezcan en el registro de la iglesia, sin realmente importarles de asegurarse que sus nombres sean escritos de manera permanente en el libro de la vida del Cordero. Vendrá el tiempo cuando estas personas descubrirán, muy a su pesar, que su registro en el libro de dicha iglesia no es suficiente para que entren en el reino de los cielos.

Sin embargo, esta carta también tiene palabras de aliento y esperanza para tal persona o iglesia; siempre hay la posibilidad de que exista en tal iglesia gente fiel que pueda redimir la situación. Recuerda, si te encuentras en tal iglesia, Cristo sólo desea que tú permanezcas fiel. A lo mejor tú serás la persona que haga que dicha iglesia regrese a vivir su relación con Cristo.

El Mensaje a la iglesia de Filadelfia

Versículo 7 - "Y escribe al ángel de la iglesia en Filadelfia: "El Santo, el Verdadero, el que tiene la llave de David, el que abre y nadie cierra, y cierra y nadie abre, dice esto:

Versículo 8 - "Yo conozco tus obras. Mira, he puesto delante de tí una puerta abierta que nadie puede cerrar, porque tienes un poco de poder, has guardado mi palabra y no has negado mi nombre.

Versículo 9 - "He aquí, yo entregaré a aquellos de la sinagoga de Satanás que se dicen ser judíos y no lo son, sino que mienten; he aquí, yo haré que vengan y se postren a tus pies, y sepan que yo te he amado.

Versículo 10 - "Porque has guardado la palabra de mi perseverancia, yo también te guardaré de la hora de la prueba, esa hora que está por venir sobre todo el mundo para probar a los que habitan sobre la tierra.

Versículo 11 - "Vengo pronto; retén firme lo que tienes, para que nadie tome tu corona.

Versículo 12 - "Al vencedor le haré una columna en el templo de mi Dios, y nunca más saldrá de allí; escribiré sobre él el nombre de mi Dios, y el nombre de la ciudad de mi Dios, la nueva Jerusalén, que desciende del cielo de mi Dios, y mi nombre nuevo.

Versículo 13 - "El que tiene oído, oiga lo que el Espíritu dice a las iglesias."

Filadelfia probablemente era la ciudad más nueva de las siete ciudades. Era una ciudad pequeña localizada aproximadamente unas 28 millas (45 kilómetros) al sureste de Sardis. Fue fundada en el siglo segundo (alrededor de 150 A.C.) por Attalus II, a quien también se le llamaba Filadelfio, por ello el nombre de la ciudad. La intención de su fundador era convertirla en el centro de la civilización Greco-Asiática, un lugar para propagar el lenguaje Griego y sus costumbres a las tribus barbáricas que vivían en las partes del este de Lidia y Frigia. La ciudad se encontraba en la ruta directa a las tierras altas de Asia menor central, y por lo tanto tenía oportunidades poco usuales de propagar la cultura Griega a las provincias interiores. Se encontraba en el centro de un distrito grande en donde sembraban uva, y como resultado de esto tenía una próspera industria vinícola. Esto, conjuntamente con una industria importante de textiles y de pieles, contribuyó a hacerla una ciudad próspera. Debido a la disponibilidad de encontrar vino barato, el alcoholismo era un problema social crónico en el distrito. El dios del vino, Dionisio (Baco) tenía a muchos devotos en esta ciudad. La ciudad tenía tantos dioses y era tan bien conocida por sus muchos templos y festividades religiosas, que algunas veces era llamada "Pequeña Atenas".

Desafortunadamente toda la región era zona de riesgo por sismos pues era propensa a ellos. En el año 17 A.C., hubo un sismo que destruyó diez ciudades en Asia menor, incluyendo Filadelfia. Como consecuencia de ello, muchas personas prefirieron vivir en las áreas rurales alrededor de la ciudad. El temor a los sismos causó que aquellos que vivían en la ciudad la abandonaran a la menor señal de un sismo. Aún y a pesar de esto, la ciudad al día de hoy sobrevive, y es el pueblo turco conocido como Alasehir. Los turcos piensan que su vista es tan hermosa, ya que mira desde lo alto el valle que se encuentra debajo, con sus numerosas villas y regado por el río Pactilus, que por ello han llamado a esta ciudad Alah Shahar o "Ciudad de Dios."

"El Santo, el Verdadero, el que tiene la llave de David, el que abre y nadie cierra, y cierra y nadie abre, dice esto:" Por primera vez, el saludo de Cristo a la iglesia no se refiere a la visión que Juan tuvo de Cristo en Apocalipsis Capitulo 1. Esto sugiere que lo que sigue es un mensaje que requiere atributos específicamente distintivos apropiados para esta iglesia de manera particular. En este versículo se revelan cuatro aspectos del carácter de Cristo:

- Él es Santo
- Él es Verdadero, es decir, Él es el artículo genuino.
- Él tiene la llave de David, la cual es la llave de la casa de David, la casa real, en este caso el reino Mesiánico que había de llegar proveniente de la casa de David.
- El único que puede abrir y cerrar la puerta del prometido reino Mesiánico.

El motivo por el que se mencionan estas dos últimas características se hace evidente según progresa la carta.

Después Cristo describe las condiciones que existían alrededor del ministerio de esta iglesia: *"Yo conozco tus obras. Mira, he puesto delante de ti una puerta abierta que nadie puede cerrar, porque tienes un poco de poder, has guardado mi palabra y no has negado mi nombre."* Note que las obras no están

> Ha de haber sido una pequeña congregación en un área en donde el paganismo tenía mucha fuerza, y sintieron que su ministerio era insignificante.

descritas en ninguna forma; sin embargo, es evidente que cualesquiera que éstas hubieran sido, las mismas agradaban al Señor. Aquí Él hizo una promesa a la iglesia y explicó por qué, *"he puesto delante de ti una puerta abierta que nadie puede cerrar"*, Cristo les estaba asegurando que ya que ellos habían sido fieles a Su palabra y porque nunca habían negado su relación con Él, ellos tendrían siempre la oportunidad de testimoniar y de evangelizar. Este es un enorme cumplido y recomendación que venía directamente del Señor.

No solamente garantiza una puerta abierta para su ministerio, sino que dice que sus enemigos eventualmente van a reconocer su superioridad religiosa. *"He aquí, yo entregaré a aquellos de la sinagoga de Satanás que se dicen ser judíos y no lo son, sino que mienten; he aquí, yo haré que vengan y se postren a tus pies, y sepan que yo te he amado"* Anteriormente vimos que la *"sinagoga de Satanás"* estaba compuesta por aquellos que clamaban ser judíos, pero quienes de hecho no se habían sometido a Dios (e.i., circuncidados en sus corazones), muy parecidos a aquellos que claman ser miembros de la iglesia, pero no practican sus creencias. En los ojos de Dios literalmente ellos eran miembros de la iglesia de Satanás, porque estaban engañándose tanto a ellos mismos como al mundo en relación a su religiosidad. En este caso, aparentemente eran un elemento judío que de manera vehemente negaban a Jesús como el Mesías, y que de manera activa perseguían a los demás quienes profesaban esta creencia. En los ojos de Dios, una vez que Su hijo llegó a escena, un "verdadero judío" era aquel que no rechazaba a Su hijo. El hacer esto era considerado por Dios como colocarse uno mismo en la sinagoga de Satanás.

1 Juan 2: 22-23 dice: *"¿Quién es el mentiroso, sino el que niega que Jesús es el Cristo? Este es el anticristo, el que niega al Padre y al Hijo. Todo aquel que niega al Hijo tampoco tiene al Padre; el que confiesa al Hijo tiene también al Padre"*. Los judíos sentían que ellos eran los escogidos de Dios y, como tales, la única manera de acercarse a Dios era a través de ellos, y ahora estaban siendo confrontados por el mensaje del evangelio que decía que el único camino para llegar a Dios era a través del hijo de Dios. Para que los judíos aceptaran este mensaje, significaba que ellos tenían que reconocer la validez de todo el mensaje de la Cristiandad y admitir que Dios amaba a los "gentiles" del mundo también. Esto requeriría una humildad bastante considerable de sus sentimientos de superioridad que sentían hacia el resto del mundo. Y es debido a esta dificultad en aceptar esto, que Dios reconoce que solamente un remanente de Su gente lo aceptará como su Dios y se ganará la entrada al reino de los cielos.

Después Cristo inició su recomendación a ellos encomendándoles que perseveraran en su fe. *"Porque has guardado la palabra de mi perseverancia, yo también te guardaré de la hora de la prueba, esa hora que está por venir sobre todo el mundo para probar a los que habitan sobre la tierra."* Debido a su fidelidad, Él les prometió protegerlos de una hora en que Él pondría a prueba a todos los que moran en la tierra. El hecho de que Él esta instigando sobre la hora de la prueba indica que será un tiempo de juicio. Él no estará poniendo a su Iglesia a prueba y Él explicó porqué los creyentes recibirán protección. Esta promesa es consistente con la oración de Jesús, *"No te ruego que los saques del mundo, sino que los guardes del maligno"* (ver Juan 17:15). Debido a Su protección que cae sobre los creyentes podemos concluir que la prueba es para determinar si existe gente fuera de la Iglesia que esté dispuesta a reconocer a Cristo durante este periodo de prueba. Observe que la prueba involucra un tiempo específico y limitado (*la hora de la prueba*). Se encuentra en futuro (*esa hora que está por venir*). Finalmente, tiene que ser algo a nivel mundial (*sobre todo el mundo*). Solamente hay un periodo de tiempo que reúne todos estos requisitos – los tres años y medio antes de la segunda venida de Cristo a la tierra, un tiempo que Cristo describe en Mateo 24 como la "gran tribulación".

Después Cristo procedió a darle a la iglesia una advertencia: ***"Vengo pronto; retén firme lo que tienes, para que nadie tome tu corona."*** La expresión "pronto" debe de ser entendida como algo que va a pasar de manera rápida e inadvertida, no necesariamente que va a suceder inmediatamente. Mientras tanto, ellos tenían que aferrarse a su fe ***(para que nadie tome tu corona)***.

> Aquellos que intentaran llevarse la corona de los creyentes no están interesados en ganársela.

La corona que se identifica en este pasaje, era la guirnalda que se colocaba en la cabeza (stefanos, e.i, una insignia de victoria) del ganador de una competencia atlética o de alguna gran victoria. Aquellos que intentaran tomar su corona no estaban compitiendo para ganarla, sino que querían prevenir que alguien lograra alcanzarla seduciendo a los creyentes a la infidelidad. Es interesante observar que se hace el reto basándose en que los creyentes estarán existiendo a Su venida.

Finalmente hace una promesa a los vencedores. ***"Al vencedor le haré una columna en el templo de mi Dios, y nunca más saldrá de allí; escribiré sobre él el nombre de mi Dios, y el nombre de la ciudad de mi Dios, la nueva Jerusalén, que desciende del cielo de mi Dios, y mi nombre nuevo."*** Durante el periodo histórico cuando esto fue escrito, no era inusual que se pusiera el nombre en las columnas de los templos como una manera de honrar a los hombres que habían sido benefactores especiales del templo o que habían hecho algo memorable para el estado. Hoy en día lo seguimos haciendo, sólo que nombramos escuelas, parques o calles en honor a ciertos individuos. El ejemplo más conocido de esto en dicha fecha es el Templo Judío en Jerusalén en donde las columnas principales del templo fueron nombradas Jachin y Boaz. Sin embargo, considero que Cristo tenía en mente un tipo de columna diferente. Esto se puede entender mejor si se repasa Gálatas 2:9 *"y al reconocer la gracia que se me había dado, Jacobo, Pedro y Juan, que eran considerados como columnas, nos dieron a mí y a Bernabé la diestra de compañerismo, para que nosotros fuéramos a los gentiles y ellos a los de la circuncisión"*. Aquí se reconoce a Jacobo, Pedro y Juan como "columnas" en la Iglesia. Continuamente nosotros usamos esta misma idea cuando hablamos de personas que han mostrado su dedicación a Dios y al ministerio de la iglesia. Creo que esta interpretación puede ser apoyada cuando vemos el versículo en el que

Cristo dice que Él va a escribir en "él", no en una columna física. Cristo en estas palabras les estaba diciendo a aquellos vencedores que Él los haría columnas de Su templo. En otras palabras, otros podrán reconocer la importancia y la autoridad de ellos en el servicio de Dios. Es emocionante pensar que Cristo nos pueda recompensar en tal manera que asegurará que otras personas nos reconozcan por nuestra fidelidad.

— — — — — — — — —

Algunas observaciones personales sobre la iglesia de Filadelfia

He aquí una iglesia sobre la que Cristo tenía mucho que alabarle y nada que condenarle. Lo que sea que fuera que ésta iglesia estaba haciendo, lo estaba haciendo bien en los ojos de Cristo. Su recomendación a ellos fue continuar su ministerio y permanecer fieles a El. Si lo hicieren, les prometió una puerta abierta para el ministerio. De hecho, su mensaje iba a ser primeramente despreciado por los Judíos, quienes eran el pueblo de Dios; sin embargo al final dicho mensaje sería aceptado por algunos, trayendo como resultado que estos mismos Judíos vinieran en humildad a quienes compartían dicho mensaje para aprender sobre él. En la condenación que hizo el Señor respecto al legalismo Judío, transfirió la autoridad del portero a la Iglesia apostólica. Así que Pedro y sus asociados tuvieron el privilegio de admitir en el reino de Dios no nada más a los Judíos, sino también a samaritanos y gentiles (ver Hechos capítulos 2, 8, 10). En esta carta Cristo alabó a la iglesia por la fidelidad y el testimonio que estaban dando de Él. Terminó la carta con una promesa que debiera ser tomada muy en serio por cada uno de nosotros: A aquellos que permanezcan fieles hasta el final, los guardará de la hora cuando Él ponga a prueba a toda la tierra. Sin embargo, si perseveramos no tendremos que enfrentar las pruebas y los juicios de Cristo sobre una humanidad sin arrepentimiento y sobre la tierra. Para el creyente este es un tremendo consuelo.

Como creyentes estamos sujetos a las pruebas
y tribulaciones de esta tierra, son pruebas y
tribulaciones de Satanás que están diseñados para
poner a prueba los límites de nuestra fe.

El Mensaje a la iglesia de Laodicea

Versículo 14 - "Y escribe al ángel de la iglesia en Laodicea: "El Amén, el Testigo fiel y verdadero, el Principio de la creación de Dios, dice esto:

*Versículo 15 - "Yo conozco tus obras, que ni eres frío ni caliente. ¡Ojalá fueras frío o **caliente**!*

Versículo 16 - "Así, puesto que eres tibio, y no frío ni caliente, te vomitaré de mi boca.

Versículo 17 - "Porque dices: "Soy rico, me he enriquecido y de nada tengo necesidad"; y no sabes que eres un miserable y digno de lástima, y pobre, ciego y desnudo,

Versículo 18 - "te aconsejo que de mí compres oro refinado por fuego para que te hagas rico, y vestiduras blancas para que te vistas y no se manifieste la vergüenza de tu desnudez, y colirio para ungir tus ojos para que puedas ver.

Versículo 19 - "Yo reprendo y disciplino a todos los que amo; sé, pues, celoso y arrepiéntete.

Versículo 20 - "He aquí, yo estoy a la puerta y llamo; si alguno oye mi voz y abre la puerta, entraré a él, y cenaré con él y él conmigo.

Versículo 21 - "Al vencedor, le concederé sentarse conmigo en mi trono, como yo también vencí y me senté con mi Padre en su trono.

Versículo 22 - "El que tiene oído, oiga lo que el Espíritu dice a las iglesias.'

Esta ciudad había sido fundada en el año 250 antes de Cristo por Antíocho (Seleucid) y fue nombrada Laodicea en honor a su esposa. Estaba ubicada aproximadamente a cuarenta millas (sesenta y cuatro kilómetros) al este de Éfeso. Laodicea fue fundada por judíos que fueron traídos de Babilonia. Josefo reportó que Antíocho III trajo a 2000 familias judías a Lidia y Frigia de Mesopotamia (Ant. Xii 3.4). La ciudad estaba ubicada en la intersección de las tres rutas de trueque imperiales. En los tiempos romanos fue la ciudad más rica en su estado. De hecho, su riqueza causaba tal orgullo que sus habitantes rechazaron la ayuda de apoyo por parte de Roma después de que la ciudad fuera parcialmente destruida por un sismo.

Esta ciudad era conocida por tres cosas: sus bancos, su industria de lana y lino, y su ampliamente famosa medicina para los ojos. Mucha de la riqueza de la ciudad se obtenía de la producción de una fina lana negra brillante de alta calidad que se hizo famosa, proveniente de la oveja del valle, la cual era tejida para hacer ropa. Asimismo las colinas alrededor de la ciudad eran de un extraño color. La gente tomó el barro de esas colinas, lo mezcló con nardo y la convirtió en una pomada (ungüento). Fue conocida en el mundo Romano como el talco frigio, una pomada para los oídos y los ojos. Como resultado de esto, creció en la ciudad una famosa escuela de medicina que se especializó en debilidades de los ojos. Adicionalmente, esta ciudad era conocida por sus aguas termales que se encontraban cerca. La gente viajaba grandes distancias solamente para bañarse en esas aguas y probar sus poderes tranquilizantes.

> *Las aguas termales por las que la ciudad era famosa, también eran su mayor debilidad.*

La ubicación de la ciudad había sido determinada por el sistema de rutas (caminos) romanos y no por la ubicación de agua potable. Como resultado de esto, su agua potable provenía de un acueducto de seis millas (9.65 kilómetros) de largo, de aguas termales que se encontraban en el sur. Cuando el agua por fin llegaba a la ciudad todavía estaba tibia. Así que para toda la riqueza que tenían, la ciudad tenía un deficiente sistema de agua potable.

Lo que sigue a continuación en el versículo 14 es una imagen interesante de Cristo: *"El Amén, el Testigo fiel y verdadero, el Principio de la creación de Dios, dice esto:"* *"El Amén"* es una palabra hebrea traducida que significa "algo que está establecido", "algo que es seguro y positivo". La segunda parte de la descripción *"el Testigo fiel y verdadero"*, en realidad es el equivalente griego del primero, el "Amén" hebreo, *"el Principio de la creación de Dios."* en el lenguaje griego no significa que Jesús es un ser humano creado, sino que Él es la causa original de la creación. En otras palabras, la creación existe para que Jesucristo pueda probarse a Sí mismo ser el Hijo obediente de Dios. La imagen que nos es presentada aquí, es la de un Cristo que es visto por Dios como la máxima razón para la creación. Para esta iglesia encontraremos que esto era algo de lo que tenían que ser recordados.

Ahora, Jesús describe el ministerio de la iglesia *"Yo conozco tus obras, que ni eres frío ni caliente. ¡Ojalá fueras frío o caliente!.* Esta descripción fue hecha para dejar claro en la iglesia que Cristo no nada más sabia lo que ellos estaban haciendo, sino que también conocía

> Jesús no estaba pasando por alto las virtudes de la Iglesia; simplemente no las había.

sus motivos internos y sus propósitos. La gente de Laodicea estaban ocupados haciendo servicio Cristiano, pero aparentemente este servicio no era para agradar a Dios. He aquí una iglesia que había tomado la identidad de una iglesia cristiana pero carecía de cualquier compromiso emocional con Cristo. Simplemente estaban cumpliendo con el requisito *"Así, puesto que eres tibio, y no frío ni caliente, te vomitaré de mi boca".* La tibieza espiritual es una condición en donde la convicción de una persona no afecta su conciencia, su corazón o su voluntad. Los que se sienten justos son duros para despertar a la realidad de su pecado y a su necesidad de salvación. En su intento de montar el cerco entre Cristiandad y conciencia social no pueden satisfacer los requisitos de ninguna. Una Cristiandad de nombre es una cristiandad que tiene indiferencia casual hacia las cosas que realmente importan, se encuentra indefensa para Dios e inútil para el hombre. Como resultado, se le atribuye una emoción al Señor que no está descrita en ningún otro lugar de la Biblia: está asqueado y completamente nauseabundo.

Los laodiceos sentían que tenían una buena razón para sentirse y actuar como lo que eran: "Porque dices: "Soy rico, me he enriquecido y de nada tengo necesidad"; y no sabes que eres un miserable y digno de lástima, y pobre, ciego y desnudo.". Eran ricos, y porque eran ricos se creyeron que no necesitaban a Dios y que eran independientes. Probablemente sintieron que su riqueza era de ellos por virtud de su arduo trabajo. Estaban llenos de orgullo sobre su situación económica y hasta presumían de ella. Sentían que podían comprar todo lo que necesitaban. ¿le suena esto familiar? La iglesia que prospera en lo material, puede fácilmente caer en el autoengaño de creer que su prosperidad exterior es la medida de su prosperidad espiritual. Los estándares del hombre no son los estándares bajo los cuales nos vamos a juzgar a nosotros mismos; Jesucristo es el estándar de referencia. En este caso Jesús veía las cosas de

> **La única cosa buena que tenia la Iglesia era la opinión que tenia de sí misma –y esta opinión era equivocada.**

manera diferente a como ellos lo hacían. Cristo les señaló utilizando referencias contrastantes de la manera en que la ciudad se había enriquecido, que en realidad eran pobres, que tenían ojos y no podían ver, y que estaban desnudos. Aquí la iglesia había sido claramente afectada por lo que la rodeaba. El problema no era simplemente la indiferencia, sino su total ignorancia sobre su condición real en la que se encontraba.

Esto nos recuerda de una inscripción que existe en la Catedral de Lübeck, Alemania:

Ustedes me llaman maestro y no me obedecen.

Ustedes me llaman Luz y no me ven.

Ustedes me llaman camino y no me recorren.

Ustedes me llaman vida y no me desean.

Ustedes me llaman sabio y no me siguen.

Ustedes me llaman justo y no me aman.

Ustedes me llaman rico y no me piden.

Ustedes me llaman eterno y no me buscan.

Ustedes me llaman noble y no me sirven.

Ustedes me llaman compasivo y no confían en mí.

Ustedes me llaman poderoso y no me honran.

Ustedes me llaman justo y no me temen.

Si Yo los condeno, no me culpen a mí.

Después Cristo les dió algunas palabras de consejo *"te aconsejo que de mí compres oro refinado por fuego para que te hagas rico, y vestiduras blancas para que te vistas y no se manifieste la vergüenza de tu desnudez, y colirio para ungir tus ojos para que puedas ver"* A los ojos de Dios los Laodiceos estaban caminando desnudos espiritualmente, sin entender su humillación. Ellos necesitaban las vestiduras blancas de justicia que no podían ser compradas a ningún precio, excepto por el reconocimiento de su condición vergonzosa. El oro refinado por fuego viene de la satisfacción de hacer esos actos que se mantienen firmes ante el fuego de la revisión de Dios. No existe mayor satisfacción que conocer que tu servicio hacia Dios le complace. Solamente entonces podemos pararnos delante de Dios vestidos con nuestra vestimenta de justicia y de júbilo en el conocimiento que Él nos ha dado riquezas inconmensurables para disfrutar.

A continuación, Cristo les da una advertencia: *"'Yo reprendo y disciplino a todos los que amo; sé, pues, celoso y arrepiéntete."* He aquí una lección para todos nosotros: Dios solamente reprende a Sus hijos. ¡esto es realmente emocionante! Así que no se sienta mal cuando Dios lo reprende, al contrario, ¡regocíjate!. Esto prueba que eres Su hijo. También es cierto que en todo momento de la historia cuando la Iglesia es fiel a su llamado y lleva el testimonio respecto a la verdad de Cristo, inmediatamente viene la persecución, y es durante estos tiempos tan difíciles que la fe crece. La persecución nos hace darnos cuenta de lo que realmente es importante en la vida y nos obliga a enfrentar a Dios.

En este versículo Cristo estaba diciéndoles que en sus tribulaciones deben de afanarse y arrepentirse. Para aquellos que tienen poca fe, las pruebas hacen que se alejen de Dios; pero para aquellos cuya fe es fuerte les hace que se humillen delante de Dios y se arrepientan. Aquí Cristo le estaba advirtiendo a la iglesia que fueran "calientes", no tibios.

A continuación viene uno de los versículos más hermosos de la escritura: *"He aquí, yo estoy a la puerta y llamo; si alguno oye mi voz y abre la puerta, entraré a él, y cenaré con él y él conmigo",* Advierta la frase *"si alguno oye mi voz".* No es la persona que está adentro quien toma la iniciativa, es Cristo. El Señor

> La única cura para la tibieza es la admisión del Cristo excluido.

se dirige así mismo hacia las personas. La salvación es un asunto personal. Es la persona, o en este caso, la iglesia, la que le cierra la puerta al Salvador. Aparentemente en su ciega autosuficiencia, pareciera que los miembros de la iglesia auto-engañados habían excluido al Señor resucitado de su congregación. En un acto de increíble humildad Él les pide permiso para entrar y restablecer la comunión con ellos. Aquí podemos ver la referencia a tres puertas diferentes: ***"He aquí, yo estoy a la puerta*** (la puerta de nuestro corazón*) **y llamo*** (la puerta de oportunidad*); **si alguno oye mi voz y abre la puerta***, (la puerta de la decisión) ***entraré a él, y cenaré con él y él conmigo."***

Finalmente, Cristo termina la carta con otra promesa para los vencedores "Al vencedor, le concederé sentarse conmigo en mi trono, como yo también vencí y me senté con mi Padre en su trono". Este versículo describe el último y final privilegio del vencedor, el privilegio de sentarse con Cristo en el trono. El derecho al trono pertenece al primogénito. Mientras Jesús es el primogénito, nosotros como herederos conjuntos con Él, compartimos de Su herencia. Leemos en 2 Timoteo 2:12 "si perseveramos, también reinaremos con El; si le negamos, Él también nos negará". Vamos todos a perseverar!

- - - - - - - - -

Algunas observaciones personales sobre la iglesia de Laodicea

Que ejemplo más triste de una iglesia vemos aquí. En este ejemplo, una persona fría es aquella que no está interesada en descubrir la verdad sobre Cristo. Una persona caliente es aquella que está llena del deseo de servir a Cristo. Cristo dice que los miembros de esta iglesia no eran ni fríos ni calientes. Ellos eran totalmente indiferentes a su Cristiandad. Lo que hizo peor el problema es que tenían la suficiente religión para permitirles disfrazar su situación real. Una iglesia tibia es una desgracia al nombre de Cristiandad.

Esta iglesia es un ejemplo de una iglesia cuyos miembros participaron en las formas de adoración sin la realidad interna de Cristo. Estaban confundiendo su abundancia en las cosas del mundo como una medida de su espiritualidad. Las iglesias pueden tener hermosos edificios para mantener a sus miembros dentro, y música hermosa que los entretenga, pero al mismo tiempo pueden estar dejando que las almas de los miembros se vayan al infierno por no presentarles la verdad de Cristo.

Debemos darnos cuenta que llegará el día cuando Cristo venga con todo su poder, comandando al ejército de los cielos, sin esperar más a que el hombre tome decisiones para infundir su juicio.

Hay un cuadro que es muy popular en las casas cristianas y aún en algunas iglesias. Es un cuadro (imagen) de Cristo tocando a la puerta. El impacto de esta imagen en muchas ocasiones se pierde porque la mayoría de las personas no se detienen a observarla el tiempo suficiente. Si realmente observaran la imagen se darían cuenta que no hay una perilla del lado de la puerta donde Cristo está parado. Solamente puede ser abierta por la parte de adentro. Dios no se mete a la fuerza en casa de nadie. Nadie es salvado en contra de su voluntad. Deben de invitar a Cristo a pasar.

Algunas observaciones personales sobre las Iglesias en General

Cada una de las cartas de los capítulos 2 y 3 terminan con las mismas palabras "El que tiene oído, oiga lo que el Espíritu dice a las Iglesias." Somos una cultura que generalmente nos quedamos cortos en escuchar las lecciones de otros. Sentimos la necesidad de vivir la experiencia en carne propia. Como resultado de esto repetimos los mismos errores una y otra vez.

Esta misma actitud tiene lugar en nuestras iglesias. Cuando se enfrentan con dificultades, tienden a pensar que son las únicas. Generalmente no lo son. Simplemente están experimentando algunas de las mismas dificultades que experimentaron las siete iglesias de Asia sobre las que acabamos de leer.

Para resumir y repasar las lecciones que se nos presentaron en estas siete cartas, quiero citar a John Walvoord, ex presidente del Seminario Teológico de Dallas. Creo que él lo dijo bastante bien:

"Tomado en su totalidad, el mensaje a las siete iglesias de Asia constituye una tremenda advertencia de parte de Cristo mismo, como se expresa en los exhortos que hace a cada una de estas iglesias. Advierte a las iglesias de hoy en día "escucha lo que el Espíritu tiene que decir de las iglesias".

"la Iglesia de Éfeso representa el peligro de perder nuestro primer amor (2:4), ese fresco ardor y devoción a Cristo que caracterizaba a la Iglesia primitiva"

"La Iglesia de Esmirna representa el peligro del miedo al sufrimiento (2:10). Ellos fueron exhortados por Cristo a "no temer ninguna de las cosas que debían de sufrir". En nuestros días, cuando la persecución de los santos ha sido revivida en muchos lugares, la Iglesia bien puede necesitar esta exhortación"

"La iglesia de Pérgamo ilustra el peligro constante de hacer concesiones con la doctrina (2:14-15), lo cual generalmente es el primer paso para la apostasía de la fe. La Iglesia moderna, la cual ha olvidado tantos fundamentos de la fe bíblica, sí que necesita atender esta advertencia"

"La Iglesia de Tiatira es un monumento al peligro de hacer concesiones morales (2:20). La Iglesia de hoy no solamente ha tolerado las componendas de los estándares morales bíblicos, sino que también los ha alentado"

"La Iglesia de Sardis es una advertencia al peligro de la muerte espiritual (3:1.2), de la ortodoxia sin vida, de una simple apariencia exterior pero sin ninguna realidad interior"

"La Iglesia de Filadelfia es exhortada a seguir perseverando en el camino con paciencia, y del peligro de no aferrarse a su corona (3:11), y de mantener poca fuerza en lo que esperan pacientemente por la venida del Señor"

"El mensaje final a la iglesia de Laodicea es la coronación de la recusación, una advertencia sobre el peligro de ser tibios (3:15-16), de la autosuficiencia, de no estar conscientes de la necesidad espiritual desesperada"

"La invitación que fue dada hace mucho tiempo a las siete iglesias de Asia, de escuchar lo que el Espíritu dice, se extiende a todos los hombres y a las iglesias de hoy. Un Dios amoroso hace que los hombres escuchen y crean, se vuelvan en contra de sus ídolos de pecado y egoísmo, y quienes verán en la fe al Hijo de Dios, El cual los amó y se dió a Sí mismo por ellos"[3]

---

[3] extraído del libro "La revelación de Jesucristo" por John F. Walvoord. Moody Press; Chicago, Illinois.

Capítulo 4

Apocalipsis 4: 1 - 11
Escena del Trono de Dios

Los tres capítulos anteriores reflejaron la situación que prevalecía en la tierra cuando Juan estaba en la isla de Patmos. En estos tres capítulos Jesús le describió a Juan la existencia de las condiciones de la Iglesia en la tierra, según era visto por Él. De este punto en adelante, la Iglesia como un cuerpo, ya no será mencionada de nueva cuenta, ya que Dios a partir de ahora visualiza a la Iglesia no como una ubicación geográfica en la tierra, sino como un cuerpo de creyentes, quienes han puesto su fe y su confianza en Su hijo, Jesucristo.

> *Visualizar los capítulos 4, 5 y 6 como formando una obra de tres actos.*
> *El título de esta obra es "La coronación de un Rey".*

Los capítulos del 4 al 6, conjuntamente forman una de las escenas más emocionantes que se describen en la Biblia. En estos capítulos Dios revela Su percepción de un evento muy especial dentro de Su plan para la humanidad, y de manera individual cada uno de estos capítulos son una escena dentro de una obra de teatro, por decirlo así. Según se inicia el capitulo 4, nos hacemos conscientes de que hay un cambio en el escenario y en el tiempo comparándolo con los tres capítulos anteriores. El capítulo inicial ha cambiado el escenario ahora al cielo. En este capítulo veremos de manera específica cómo se revela el carácter de Dios Padre, como el Creador, la última fuente de y el Soberano de toda la creación. Sin embargo, ya que Juan está siendo testigo de este evento a través de los ojos de Dios, solamente nos puede describir lo que él ve, y esto lo hace refiriendo hacia escenas similares que le son conocidas de los profetas del Antiguo Testamento.

> *El entender el momento en el tiempo de los eventos que están sucediendo, es esencial para alcanzar una adecuada interpretación de estos capítulos. Este capítulo nos ayudará a entender cuál es el momento correcto en el tiempo y espacio.*

A pesar de que hay una variedad de opiniones respecto al orden de los eventos en estos capítulos, una lectura cuidadosa de los mismos nos mostrará que al parecer ser hay una interpretación que se adecua mejor a las condiciones descritas. Recuerde, la mejor interpretación es aquella que toma el significado literal de las palabras escritas y la señala como la interpretación más correcta. Con esto en mente, por favor considere la siguiente lista de preguntas.

— — — — — — — — —

Preguntas importantes para meditar mientras se estudia este Capitulo

1. En esta visión, ¿quién está sentado en el trono? (Considere versículos 9 y 11)

2. ¿A quién se identifica que está compartiendo este trono con Él? (Considere versículo 2)

> *In preguntas 3 y 4, cuidadosamente observe las palabras que usan para adorar a Dios*

3. ¿A quién cree que representan los 24 ancianos?

4. ¿A quién cree que representan los seres vivientes?

5. Lea Salmos 110:1; Lucas 22:69; Hechos 7:56; Marcos

14:62. ¿Qué nos dicen estos versículos sobre Jesucristo? ¿Qué nos sugiere esto sobre la época o el momento en el tiempo de este capítulo en relación al plan general que Dios tiene para la humanidad?

Un Comentario Sobre el Capitulo

Versículo 1 – *"Después de esto miré, y vi una puerta abierta en el cielo; y la primera voz que yo había oído, como sonido de trompeta que hablaba conmigo, decía: Sube acá y te mostraré las cosas que deben suceder después de éstas."*

Lo primero que vamos a tratar en este versículo es la frase "después de esto". Dicha frase inicia y cierra este versículo. En el idioma griego original esta frase aparece en Apocalipsis 1:19. En cualquier otro lugar en donde esta frase se utiliza simplemente significa "los eventos de ahora en adelante". Para ser consistentes con nuestra interpretación, es mejor entender su uso en este versículo, significando que esta visión continúa después de las experiencias de Juan asociadas con los capítulos uno al tres.

Juan fue confrontado por una puerta abierta en el cielo. En Apocalipsis se mencionan 3 puertas abiertas:

1. La puerta abierta del Evangelio, Apocalipsis 3:8;

2. La puerta abierta del corazón del hombre; Apocalipsis 3:20;

3. La puerta abierta del cielo, como se ve en este versículo 3:1

Advierta cómo la atención de Juan progresa en este versículo. Primero Juan ve una puerta que aparentemente está abierta y lleva al cielo. Después él se da cuenta que hay una voz que reconoce como la misma voz que había escuchado anteriormente (ver Apocalipsis 1:10). Esta voz lo llama y le dice que venga a ver las cosas que Dios quiere mostrarle. Es obvio que Dios está a punto de darle a Juan una mayor perspectiva de los asuntos espirituales en el cielo. No hay una razón real para leer esta invitación como algo más que lo que realmente dice. Para leer en esta invitación como si fuera el "Rapto de la Iglesia" es forzar una interpretación que no es necesaria ni prudente, especialmente si contradice el significado del versículo 2, y es inconsistente con los eventos que toman lugar en el siguiente capítulo.

Versículo 2 – "Al instante estaba yo en el Espíritu, y vi un trono colocado en el cielo, y a uno sentado en el trono".

Probablemente Juan estaba físicamente en la Isla de Patmos cuando vió esta visión. Advierta que no dice que Juan fue físicamente al cielo, pero que fue al cielo "en el Espíritu." Lo que está a punto de experimentar es una realidad espiritual divina. Mientras que lo que Juan estaba viendo era también una realidad, estas cosas las vió a través de una visión que Dios plantó en los ojos de su mente. El entender y comprender esto nos va a ayudar a entender las dificultades que Juan tuvo al tratar de describir todo lo que estaba viendo.

Juan inmediatamente vió un trono. Tome nota de la descripción que se hace del personaje que estaba en el trono. Fue descrito como *"uno"*. Hay un significado en esta descripción. Cuando leemos los versículos identificados en la pregunta 5 que se encuentra al inicio de esta sección, vemos que de la descripción de este versículo es obvio inferir que estamos viendo la escena del trono celestial antes de que Cristo llegara al cielo después de Su resurrección. Según

> *La escena del trono que fue descrita debió de haber sido como apareció antes de la ascensión de Cristo.*

vayamos continuando con la lectura de los siguientes versículos y el siguiente capítulo descubriremos la validez de esta interpretación.

Versículo 3 – "Y el que estaba sentado era de aspecto semejante a una piedra de jaspe y sardio, y alrededor del trono había un arco iris, de aspecto semejante a la esmeralda."

El personaje que estaba sentado en el trono no podía ser descrito por forma o figura porque es Dios Padre. Lo que vió Juan fue la Gloria de la presencia de Dios Padre sentado en el trono. Por lo tanto, para describir lo que Juan vió, tuvo que regresarse y tomar un "lenguaje de apariencias". Juan tuvo que usar descripciones de cosas que le eran familiares y similares en apariencia a aquello que estaba viendo. Las dos piedras que Juan usa en esta descripción son de interés especial. No podemos decir con absoluta certeza cómo eran esas piedras, pero hay un consenso general de opinión en varias áreas. La piedra de jaspe que se menciona primero, era una piedra transparente que iba de claro a verde opaco en apariencia. La piedra sardio también era translúcida y se cree que es roja oscura (posiblemente muy similar a lo que hoy conocemos como el rubí). Como ya sabemos que Dios es luz, por lo tanto, lo que Juan vió fue una luz brillante, que apareció brillando a través de estas piedras coloridas translúcidas.

En este punto es importante recordar que muchos de aquellos que por primera vez leyeron el libro del Apocalipsis fueron judíos convertidos, así como Juan. Entonces es válido preguntarnos si estas piedras tenían un significado especial para los judíos. Cada judío religioso recordará que estas piedras eran la primera y la última de las piedras en el pectoral del juicio del sumo sacerdote (ver Éxodo 28: 17-20). Las doce piedras en esta pechera llevaban el nombre de las Tribus de Israel, acomodadas de acuerdo al nacimiento de los doce patriarcas. La primera piedra era una piedra Sardio que llevaba el nombre de la Tribu de Rubén "he aquí un hijo", ya que fue el primogénito. La última piedra era una piedra jaspe y llevaba inscrito el nombre de la Tribu de Benjamín "hijo de mi mano derecha", como era lo adecuado pues Benjamín fue el último en nacer. Mientras esto es interesante, debemos de tener mucho cuidado en no sobreanalizar el simbolismo de cada elemento de la visión. Al hacer esto podemos tender a olvidar el impacto sobrecogedor de la escena de Juan.

La aparición del arcoíris alrededor del trono también es interesante, "la ley de la primera mención", la primera vez que una palabra, incidente, o frase toma lugar en la Biblia nos da una pista de su significado cuando vuelve a aparecer en otro lugar en las Escrituras. El primer suceso en donde se ve un arcoíris es en Génesis 9 (versículos 13, 14, 16). En estos versículos vemos que Dios establece el arcoíris después del diluvio y manifestó que éste era la señal del pacto entre Dios y "toda carne". El arcoíris, entonces, es un símbolo visible del pacto de Dios con el hombre de no volverlo a destruir, y un recordatorio para la humanidad de la misericordia de Dios. Después, más adelante en el Antiguo Testamento, se vuelve a mencionar en Ezequiel 1:28, en donde Ezequiel tuvo una visión similar de la gloria de Dios. En el Nuevo Testamento solamente se menciona en el Apocalipsis, en este versículo y en el capítulo 10 versículo 1. La imagen de un arcoíris alrededor del trono de Dios puede ser interpretada como un recordatorio visible y constante de la promesa de misericordia que Dios hizo a la humanidad. Esto es interesante de manera particular cuando consideramos la descripción del Gran Trono Blanco del Juicio del que se habla en Apocalipsis Capitulo 20, versículos 11 al 15, y advierte que en este trono el arcoíris está ausente, una evidencia aparente de que la misericordia de Dios ya no estaba presente en dicho tiempo.

Versículo 4 - Y alrededor del trono había veinticuatro tronos; y sentados en los tronos, veinticuatro ancianos vestidos de ropas blancas, con coronas de oro en la cabeza.

Para poder entender este versículo, es importante que mencione una vez más que no debemos de tratar de forzar una interpretación del mismo, sino que consideremos con mucho cuidado lo que dice. Primero, debemos de considerar la pregunta de ¿por qué hay veinticuatro tronos?. Aquí hay un ejemplo de la realidad atrás de los símbolos, la cual se hace más obvia cuando pensamos en términos de la tradición judía. Para los judíos de aquella época el número veinticuatro simbolizaba el sacerdocio y la adoración. En 1 Crónicas 24:7-18 leemos que David organizó a los Levitas en grupos de veinticuatro personas. Cada grupo tenía que servir en el templo por un tiempo específico, un mes, e iban rotando. Sus deberes incluían todos los servicios que se requerían en el Templo para poder tener una atmósfera de adoración. Al mismo tiempo, David dividió a los cantores en grupos de veinticuatro, cada uno sirviendo en los servicios de adoración del Templo en su rotación (ver 1 Crónicas 25:9-31). Cuando estos grupos de hombres servían su período en el Tabernáculo eran considerados representantes de todos los judíos ante Dios. Por lo tanto, para los judíos, ellos verían en este número una imagen simbólica de la representación del pueblo de Dios, sirviendo en la presencia de Dios. Qué imagen más clara es ésta para el simbolismo de los veinticuatro ancianos. Este punto de vista es confirmado aun más por los títulos que llevan. Son llamados ancianos. Tanto en el Antiguo como en el Nuevo Testamento, los ancianos eran escogidos como representantes del pueblo de Dios, teniendo autoridad para representarlos en materias de autoridad espiritual y de organización dentro de la iglesia.

El que los veinticuatro ancianos no sean ángeles puede ser visto considerando dos cosas: Primero, están sentados. En ninguna parte de la

Biblia encontramos una descripción de ángeles que estén sentados en la presencia de Dios. Segundo, llevan puestas coronas (en griego "stefanos") que fueron otorgadas en base a un servicio importante o a un logro. De nueva cuenta, en ningún lugar de la Biblia encontramos ángeles que hayan sido recompensados por Dios con coronas. La interpretación más lógica entonces es que estos veinticuatro ancianos fueron hombres escogidos como representantes ante Dios, por Dios, de entre Sus seguidores, basado en algún mérito especial que obtuvieron por su servicio a o para Dios. El hecho de que ellos están sentados en la presencia de Dios indica que su servicio ha terminado.

Podemos ver otras dos cosas que nos pueden ayudar a identificar a los veinticuatro ancianos. Primero, aparentemente Juan no los reconoce. Se me hace muy difícil creer que Juan hubiera reconocido a sus viejos amigos (los apóstoles), incluyendo a sí mismo, y que no hubiera mencionado nada. Segundo, su presencia en el trono es en un momento cuando Dios está solo en el trono, ya que Jesucristo todavía no aparece en esta escena. De hecho, Jesucristo no aparece hasta el siguiente capítulo. Este hecho, combinado con el hecho que de manera posterior veremos que su alabanza ante Dios no incluye alabanza por su salvación, parece excluirlos de que sean nuevos creyentes del Nuevo Testamento.

> *Basado en lo anterior, podemos concluir que los veinticuatro ancianos fueron escogidos por Dios para adorarle y honrarle como representantes de todos los santos del Antiguo Testamento.*

Abundan muchas otras interpretaciones relacionadas con este versículo. La más popular de ellas es que ellos representan las doce tribus y los doce apóstoles. El argumento expuesto en los párrafos anteriores hace esta interpretación poco probable. El tiempo de esta escena también pudiera excluir esta interpretación como una posibilidad. Si Dios está solo en el trono y Cristo aun no ha aparecido, ¿entonces cómo pueden estar presentes los apóstoles? Adicionalmente, tal punto de vista indicaría que la adoración en la presencia de Dios estaba reservada para los judíos y la Iglesia. Si este fuera el caso, había multitudes incalculables tan sólo en el periodo del Antiguo Testamento que eran adoradores y seguidores del Dios verdadero que no estarían representadas aquí. Debemos tener cuidado que nuestras interpretaciones no sean hechas para justificar un punto de vista, sino para tratar de entender las palabras como hubieran sido entendidas por la Iglesia en los días de Juan.

Versículo 5 – *"Del trono salían relámpagos, voces y truenos; y delante del trono había siete lámparas de fuego ardiendo, que son los siete Espíritus de Dios;"*

Truenos y relámpagos llenaban el aire. Éxodo 19:16: *"Y aconteció que al tercer día, cuando llegó la mañana, hubo truenos y relámpagos y una densa nube sobre el monte y un fuerte sonido de trompeta; y tembló todo el pueblo que estaba en el campamento."* Aquí tenemos una descripción simbólica de la eminente presencia de Dios. Más adelante en Apocalipsis veremos esta misma atmósfera presente cuando Dios está a punto de emitir sus juicios.

Siete lámparas de fuego ardiendo ante el trono. Están definidas como los siete Espíritus de Dios. Los judíos devotos entienden esta simbología. Isaías 11:2 dice *"Y reposará sobre Él el Espíritu del Señor, espíritu de sabiduría y de inteligencia, espíritu de consejo y de poder, espíritu de conocimiento y de temor del Señor."* Hay siete espíritus en este versículo:

El espíritu del Señor

El espíritu de sabiduría

El espíritu de inteligencia

El espíritu de consejo

El espíritu de poder

El espíritu de conocimiento

El espíritu de temor del Señor

Los siete Espíritus identificados que están ante el trono representan: los siete ministerios del Espíritu Santo en la tierra para la humanidad.

Cuando observas de manera detenida estas descripciones, podrás darte cuenta que todas son características o ministerios del Espíritu Santo según se encuentran identificadas tanto en el Antiguo como en el Nuevo Testamento. Muchas pueden ser vistas en descripciones que Jesús mismo atribuyó al Espíritu Santo, quien iba a seguirle.

Versículo 6 – "Delante del trono había como un mar transparente semejante al cristal; y en medio del trono y alrededor del trono, cuatro seres vivientes llenos de ojos por delante y por detrás"

La descripción de "un mar transparente semejante al cristal", denota su apariencia (advierta la expresión "semejante") y no necesariamente significa el material del cual estaba hecho. En los días de Juan, el cristal era utilizado desafilado y semi-opaco. El hecho de que este cristal pareciera tan claro y transparente realmente era muy raro. Toda vez que Juan por necesidad está escribiendo en lenguaje de apariencias, el pensamiento de que Dios posiblemente esté intentando comunicar a Juan es Su santidad (la Santidad de Dios). Los versículos cinco y seis presentan una imagen impresionante de la atmósfera que había alrededor del trono de Dios. Emanando de su trono es el sonido y apariencia de truenos y relámpagos. Si esto no es suficiente, hay siete lámparas de fuego ardiendo enfrente de dicho trono. Después finalmente tenemos una imagen de aislamiento divino cuando el trono está rodeado por un mar transparente semejante al cristal. Piense como debió de haber parecido todo esto a Juan. Los restallidos del trueno acompañados de destellos luminosos de luz, la apariencia de luces brillantes coloridas emanando del trono, el arcoíris, y los reflejos del mar transparente como cristal debieron de haber presentando una imagen impresionante de un Dios Santo en Su trono.

Después se nos presentan cuatro seres vivientes alrededor del trono, quienes aparecen cubiertos de ojos. ¿Quiénes son y qué representan? Recuerden portar sus gorras de pensar como Judíos y vayamos a Ezequiel 10. Este capítulo describe un momento muy triste de la historia del Judaísmo. Describe una imagen de la gloria del Señor partiendo del Tabernáculo. Descritos en esta partida había cuatro seres, definidos como querubines. Veamos Ezequiel capitulo 10, versículo 12: *"Y todo su cuerpo, sus espaldas, sus manos, sus alas y las ruedas estaban llenos de ojos alrededor, las ruedas de los cuatro."* ¿Suena familiar?

Versículo 7 – El primer ser viviente era semejante a un león; el segundo ser era semejante a un becerro; el tercer ser tenía el rostro como el de un hombre, y el cuarto ser era semejante a un águila volando."

Advierta como Juan describe a estos seres utilizando lenguaje de apariencias – "semejante" Vayamos otra vez a Ezequiel, ahora esta vez leamos el Capitulo 1, versículo 10: *"Y la forma de sus caras era como la cara de un hombre; los cuatro tenían cara de león a la derecha y cara de toro a la izquierda, y los cuatro tenían cara de águila".* Los seres que Ezequiel vió tenían esencialmente las mismas facciones que aquellas descritas en este versículo. Vuelvo a mencionar, los judíos tenían un entendimiento completo del significado de estos seres. Cuando los judíos acampaban alrededor del Tabernáculo, Dios los dividió en cuatro grupos, una división por cada uno de los puntos cardinales principales. Cada división tenía su símbolo correspondiente. Para la división de Judea, el símbolo era un león. Para la división de Efraín, el símbolo era un buey. Para la división de Rubén, el símbolo era un hombre. Para la división de Dan, el símbolo era un águila. La única pregunta que queda en el aire es el porqué Dios haya escogido a estas criaturas. Parece bastante posible que las cuatro diferentes cabezas tienen la intención de representar diferentes aspectos de la naturaleza animada: las bestias salvajes, los animales domesticados, los humanos y los seres que vuelan. Adicionalmente cada ser específico identificado es usualmente aceptado como el mejor representante de su especie particular. De esto podemos lógicamente razonar que estos cuatro seres por lo tanto son simbólicos de toda la creación de Dios del mundo animado.

Ninguno de estos seres representa al mundo acuático. Veremos más adelante que no habrá mar en el nuevo mundo. Posiblemente por esto no hay representantes del mar en esta image

Versículo 8 – "Y los cuatro seres vivientes, cada uno de ellos con seis alas, estaban llenos de ojos alrededor y por dentro, y día y noche no cesaban de decir: SANTO, SANTO, SANTO, es EL SEÑOR DIOS, EL TODOPODEROSO, el que era, el que es y el que ha de venir."

Con este versículo nuestro entendimiento de estos seres vivientes se vuelve más completo. Lo primero de lo que nos damos cuenta es que tienen seis alas. Todos los querubines de Ezequiel tienen cuatro alas. De hecho, en cualquier parte de la Biblia que se mencionan los querubines, siempre se identifican con cuatro alas. Así que, aparentemente, estos seres no son querubines. Entonces, ¿qué son? Otra vez, los judíos con su conocimiento del Antiguo Testamento sabrían la respuesta. Veamos Isaías 6:2 *"Por encima de Él había serafines; cada uno tenía seis alas: con dos cubrían sus rostros, con dos cubrían sus pies y con dos volaban."* Aparentemente los seres vivientes eran Serafines y también son criaturas angelicales de Dios. ¿Cuál es la diferencia entre querubín y serafín? Los querubines aparentemente son usados por Dios como portadores o protectores de Su trono. Ellos fueron colocados sobre el arca del pacto para proteger el asiento misericordioso de Dios. Los serafines son solamente mencionados dos veces en la Biblia, ambas veces en el capítulo 6 de Isaías. En Isaías 6:3 son vistos como adoradores de Dios, utilizando las mismas palabras que son usadas en este versículo de Apocalipsis. En Isaías 6:6-7, se describe a un serafín prácticamente tocando los labios de Isaías con un carbón encendido, diciéndole que sus pecados le son perdonados. Evidentemente un serafín tiene una posición de mucha más responsabilidad que un querubín. Ellos interactúan directamente con Dios en un nivel espiritual y aún más, actúan como representantes de Dios hacia el hombre al comunicarle personalmente el perdón que Dios tiene para los pecados de los hombres.

Versículo 9 – "Y cada vez que los seres vivientes dan gloria, honor y acción de gracias al que está sentado en el trono, al que vive por los siglos de los siglos,"

Es importante que nos demos cuenta del significado de las palabras utilizadas en su adoración delante de Dios. Primero, reconocen Su divinidad y su eternalidad. Como criaturas angélicas de Dios, han sido creadas para este mismo propósito. Al mismo tiempo ellos de manera continua se encuentran de pie ante la presencia de Dios, como un recordatorio a Dios de Su creación, un recordatorio de que la creación tiene que ser redimida.

Versículo 10 – "los veinticuatro ancianos se postran delante del que está sentado en el trono, y adoran al que vive por los siglos de los siglos, y echan sus coronas delante del trono, diciendo,"

Versículo 11 - *"Digno eres, Señor y Dios nuestro, de recibir la gloria y el honor y el poder, porque tú creaste todas las cosas, y por tu voluntad existen y fueron creadas."*

Vamos llegando al cierre de este capítulo y vemos este acto de adoración por parte de los ancianos al Uno sentado al trono. De sus acciones y sus palabras aprendemos algo sobre estos ancianos. Primero, están mostrando su humildad mientras caen delante de Él. Segundo, están reconociendo que no son dignos, colocando sus coronas ante el trono. Tercero, están reconociendo que el Uno en el trono es el único merecedor de recibir el honor como creador de todas las cosas.

Vemos en sus palabras de alabanza a Dios confirmación aún mayor tanto de a quien representan, como de cuándo está tomando lugar todo esto. Mientras los seres vivientes angelicales alababan a Dios por Su divinidad y su eternidad, los ancianos enfocaban su alabanza en Su divinidad y su poder como Creador. En otras palabras, ellos alaban a Dios, tanto por sus atributos como también por sus logros. El aceptar a Dios como Creador no es una opción; es fundamental para nuestra creencia en Él. Este mundo nuestro no evolucionó a través del tiempo y debido a una serie de accidentes cósmicos; este mundo fue creado por Dios.

> *Esta doxología del versículo 11 responde la pregunta de porqué Dios creó todas las cosas – porque fue Su voluntad hacerlo. No hace falta otra respuesta.*

Los seres vivientes (las criaturas) alababan "AL" Señor Dios; los ancianos alaban a "NUESTRO" Señor y Dios. Los seres vivientes de este capítulo no tienen una relación personal con Dios, ya que ellos fueron creados por Dios para el propósito específico de alabarle. Los ancianos tenían una relación personal con Dios, la cual estaba basada en reconocer Su autoridad y la obediencia que le otorgaban. Los ancianos no alababan a Dios por su salvación. Esta es una confirmación de que ellos representaban al pueblo de Dios desde antes de que Cristo apareciera en el mundo.

Algunas Observaciones Personales

Hemos terminado de ser testigos del primer acto en lo que he llamado la obra de tres actos. Imagínese esta escena en su mente.

El aire está lleno de relámpagos y truenos. En el centro de todo esto hay un trono con lo que parece ser una luz brillante emanando de él. Enfrente del trono aparecen siete lámparas de fuego ardiendo reflejando un mar de apariencia como cristal. Alrededor del trono aparecen extrañas criaturas (seres vivientes) y veinticuatro humanos, todos ellos alzando sus voces en alabanza y honor al "Uno" que está en el trono.

Si esta imagen no le pone la piel de gallina y le ayuda a comprender la majestuosidad de Dios, nada lo hará. Sin embargo, esto es sólo un preludio de lo que viene en el próximo capitulo.

Recuerde, Dios no está limitado por el tiempo como nosotros lo estamos. Él ve los capítulos 4, 5 y 6 como un solo evento. Sin embargo, Dios entiende las limitantes de los hombres y por lo tanto presenta a Juan este evento como una serie de tres sucesos. Recuerde la metáfora de la obra de tres actos. Dios acaba de enseñarle a Juan las imágenes que rodean su trono. Estas escenas no están llenas con apariciones físicas normales, sino con simbolismos que nos proporcionan imágenes espirituales dinámicas. Dios no quiere que olvidemos el impacto de la escena que nos está mostrando. No es menos que la culminación de Su plan para la redención de la humanidad.

La cortina se va cerrando lentamente en esta escena, –es tiempo del intermedio.

Capítulo 5

Apocalipsis 5: 1-14
La transferencia de autoridad

*Las luces empiezan a atenuarse. La audiencia está
sentada. La cortina empieza a levantarse. Toda
conversación se detiene.*

Así inicia el Segundo Acto. En cuanto se levantan las cortinas, vemos que la actividad alrededor del trono se intensifica. Lo que estamos a punto de presenciar, juntamente con Juan, es lo que hace a este capítulo uno de los capítulos más grandes de la Biblia. Estamos a punto de ver el plan de Dios para la salvación de la Humanidad consumado en el cielo por la entronización de Uno quien hizo todo posible. Veremos cómo se develan los eventos de importancia divina, visto y explicado por Dios en la visión de Juan.

Cuando estudiemos este capítulo tenemos que entender que Dios presentó toda esta escena como un montaje de Dios para Juan. Estamos siendo testigos de la divinidad de Dios siendo reducida al nivel del entendimiento finito del hombre.

*El secreto para entender y apreciar el significado
de este capítulo es entender el papel y la función
del congénere-redentor.*

Preguntas importantes para meditar mientras se estudia este Capítulo

1. ¿Cómo se describe a Cristo en esta visión? *(ver versículos 5 y 6.)*

2. ¿Porqué crees que Dios está mostrando a Cristo de esta manera? *(ver versículos 5 y 9.)*

3. Cuando leas el libro de Rut, descubrirás el papel y la descripción del congénere-redentor que se ilustra. ¿Cuáles son los tres requisitos que tiene que satisfacer un congénere-redentor? Vea Rut 3:9, 12, después vea Rut 3:13; 4:4. Finalmente, vea Rut 3:4, 5 - 6, 9 - 10.

4. Piense cómo se simboliza a Cristo en este capítulo de Apocalipsis. Piense sobre el concepto del congénere-redentor como se ilustra en Rut. Si pensamos en Cristo como el congénere-redentor de Dios, ¿Qué cree que Cristo ahora es capaz de redimir?

5. ¿Qué cree que simboliza el libro sellado con siete sellos?

6. Recuerde que lo que nos interesa es *"¿Qué es lo que dice la Biblia?"*. Asimismo, recuerde que usted está viendo esta escena a través de los ojos de Dios. Al mantener estos pensamientos en mente, ¿qué cree que Dios nos está mostrando al ver lo que está sucediendo en este capítulo?

Un Comentario Sobre el Capítulo

Versículo 1 - "Y vi en la mano derecha del que estaba sentado en el trono un libro escrito por dentro y por fuera, sellado con siete sellos."

Lo que es importante entender en este capítulo es que el libro (e.i., pergamino- durante el tiempo de Juan el concepto de libro no era como lo entendemos ahora) debe representar algo importante que se encuentra en las manos de Dios mismo. Hay tres cosas significantes sobre este libro:

1. Estaba siendo sostenido en la mano derecha de Dios.

2. Estaba escrito por dentro y por fuera.

3. Estaba sellado con siete sellos.

En cuanto al primer punto, existen varias referencias respecto a la mano derecha de Dios que se pueden encontrar en las Escrituras, y dichas referencias lo identifican como detentador de poder y autoridad. Éxodo 15:6: *"Tu diestra, oh SEÑOR, es majestuosa en poder; tu diestra, oh SEÑOR, destroza al enemigo."*

> *Lo que sea que fuere que Él está sosteniendo en Su mano derecha tiene que ver con ser una extensión de Su autoridad.*

En cuanto al segundo punto, debemos de retroceder en el tiempo cuando esto fue escrito y las costumbres que en aquel entonces prevalecían. Era muy caro en esos días producir un libro (pergamino), así que cuando eran escritos contenían solamente información importante que tenía que ser comunicada a alguien, ya sea que se encontraba lejos o que se le iba a dar a conocer en una fecha futura. Por ejemplo, los testamentos de gente importante eran escritos en pergaminos. Inclusive se reporta que los testamentos de ambos emperadores romanos Vespasiano y César Augusto no solamente fueron escritos en pergaminos, sino que también fueron sellados con siete sellos. Por lo tanto, por lo menos podemos concluir que éste era un documento que tenía información importante. Si consideramos las prácticas judías descritas en la Biblia, podemos expandir nuestro conocimiento un poco más. Veamos Jeremías 32:7: *"He aquí, Hanameel, hijo de tu tío Salum, viene a ti, diciendo: 'Cómprate el campo que tengo en Anatot, porque tú tienes el derecho de rescate para comprarlo."* Jeremías 32:9: *"Y compré a Hanameel, hijo de mi tío, el campo que estaba en Anatot, y le pesé la plata, diecisiete siclos de plata."* Jeremías 32:11 *"Luego tomé la escritura de compra, la copia sellada con los términos y condiciones, y también la copia abierta;"* Estas escrituras de compra eran pergaminos. La parte interna de estos pergaminos contenía la descripción de la propiedad y la parte de afuera o la que estaba sin sellar contenía los requisitos necesarios para redimir la propiedad.

Ya que es muy improbable que Dios haya escrito un testamento, por lo tanto es más probable que el pergamino (libro) en cuestión represente ya sea una escritura de propiedad o algo que Dios quería

comunicar a otras personas en el futuro, de tal
manera que no fuera malinterpretado.

**Versículo 2 - *"Y vi a un ángel poderoso que pregonaba a gran voz:
¿Quién es digno de abrir el libro y de desatar sus sellos?***

Es obvio que la persona que puede abrir el pergamino se debe de haber
ganado ese derecho demostrando ser digno. Esto ciertamente coloca a este
pergamino en la posición de ser algo fuera de lo ordinario. La pregunta
ahora es, ¿quién ha demostrado ser digno en los ojos de Dios para abrir
este libro?"

**Versículo 3 - *"Y nadie, ni en el cielo ni en la tierra ni debajo de la
tierra, podía abrir el libro ni mirar su contenido."***

Este versículo deja en claro que cualquiera que abra el libro deberá
asímismo poseer la autoridad de llevar a cabo lo que está escrito en él.
Es evidente que el contenido del libro es impresionante en carácter y
requiere la aprobación de Dios para que dicho contenido sea revelado,
así como para llevar a cabo el mismo. Cómo ningún hombre o ángel
fueron considerados dignos para abrir el libro o para mirar su contenido,
se hace más probable ahora que el libro representa la redención de la
tierra o, literalmente hablando, el título de propiedad de la tierra. El
título de propiedad de la tierra le pertenece a Dios de manera permanente
derivado del derecho de haber sido su creador y nada puede cambiar este
hecho. Veamos Levítico 25:23-25: *"Además, la tierra no se venderá en
forma permanente, pues la tierra es mía; porque vosotros sois sólo forasteros y
peregrinos para conmigo." "Así que de toda tierra de vuestra posesión otorgaréis
a la tierra el derecho de ser redimida." "Si uno de tus hermanos llega a ser
tan pobre que tiene que vender parte de su posesión, su pariente más cercano
vendrá y redimirá lo que su hermano haya vendido".* Así que, ¿qué pasó que
ahora la tierra necesita redención? La respuesta puede ser encontrada en la
deliberada desobediencia de Adán hacia Dios. Como resultado de esto, la
tierra fue maldecida por los pecados del hombre y colocada en las manos
de Satanás. ¿Recuerdas Lucas 4:6? *"Y el diablo le dijo: Todo este dominio y
su gloria te daré; pues a mí me ha sido entregado, y a quien quiero se lo doy."*
Claramente la tierra necesitaba ser redimida de la influencia y autoridad

de Satanás. Ahora podemos iniciar a comprender el significado de lo que está sucediendo en este capítulo.

> *¿Quién crees tú, en los ojos de Dios, que puede reunir los requisitos del congénere- redentor que hace falta y asimismo puede reunir los requisitos de la redención escritos en la parte exterior del libro?*

Versículo 4 - "Y yo lloraba mucho, porque nadie había sido hallado digno de abrir el libro ni de mirar su contenido."

Juan lloraba porque presentía el profundo significado del libro y como Israelita que era sabia que éste traía escrito la redención final del hombre, de Israel y de la Tierra. Si no se encontraba un redentor para remover la maldición, la creación de Dios estaba consignada eternamente a permanecer en las manos de Satanás. No iba a haber protección para los hijos de Dios, no iba a haber juicios en un mundo incrédulo, no iba a haber un triunfo final de los creyentes, ni un cielo y una tierra nueva, y no herencia futura. ¿queda duda de porqué Juan lloraba al pensar todo esto? Pero ¡espere!

Versículo 5 - "Entonces uno de los ancianos me dijo*: No llores; mira, el León de la tribu de Judá, la Raíz de David, ha vencido para abrir el libro y sus siete sellos."

¡El congénere-redentor había sido encontrado! En Rut vemos que había tres condiciones que tenían que cumplirse para que alguien calificara como congénere-redentor. Primero, tenía que haber un pariente cercano. Segundo, dicho pariente tenía que estar dispuesto a redimir la propiedad. Tercero, tenía que poder pagar el precio por la redención y aceptar aquellas responsabilidades que acompañaban a dicha redención. ¿Quién pudiera reunir todos estos requisitos para Dios? Ninguno otro que el Hijo de Dios, el Mesías prometido, tal y como estaba profetizado en Génesis 49:9-10 siendo el León de la Tribu de Judá, y en Isaías 11:1 siendo descendiente del linaje de David.

Es bastante interesante el hecho de que sea un anciano quien le dice a Juan que el Mesías ha aparecido. Como un "santo" del Antiguo Testamento, éste anciano tendría una apreciación especial por el valor del Mesías, porque en El veía la redención de su gente. Esta pudiera ser una apreciación que los seres vivientes y los ángeles se podían imaginar solamente.

Ahora Juan mira y ve por sí mismo lo que el anciano le estaba diciendo.

Versículo 6 - "Miré, y vi entre el trono (con los cuatro seres vivientes) y los ancianos, a un Cordero, de pie, como inmolado, que tenía siete cuernos y siete ojos, que son los siete Espíritus de Dios enviados por toda la tierra."

Cerca del trono apareció el cordero para sacrificio. La palabra griega para "cordero" – *arnion*- aparece veintinueve veces en el libro de Apocalipsis. Estrictamente traducida *arnion*, debiera ser "cordero pequeño" porque la palabra griega se encuentra en diminutivo. En las instrucciones para la Pascua, los israelitas no podían ir a matar a cualquier cordero. El cordero tenía que ser cuidadosamente escogido de uno de los

El cordero en este versículo era la niña de los ojos de Dios, por decirlo así.

primeros nacidos del rebaño, seleccionado por su belleza y perfección. Después dicho cordero era llevado a la familia por cuatro días. Durante este tiempo los niños aprendían a quererlo y a verlo como parte de la familia, una mascota que iba a ser amada por aquellos que vivían en esa casa. Ese pequeño "arnion" se identificaba con la familia, se amaba, se abrazaba, y se acariciaba. Este era el cordero que era entonces sacrificado. El cordero en este versículo era la "mascota" de Dios, si gusta decirlo de una forma, es decir, la niña de Sus ojos, Su amado Hijo, y aún así, tenía que ser sacrificado para comprar la redención para toda la creación de Dios.

El cordero que vemos aquí no era un cordero común y corriente. Este cordero tenía siete cuernos y siete ojos. Si revisamos algunos versículos del Antiguo Testamento, entenderemos la simbología de los cuernos. De nuestra vista anterior a la simbología del número siete, podemos observar que representaba aquello que estaba completo. Zacarías 1: 21: *"Y dije: ¿Qué vienen a hacer éstos? Y él respondió, diciendo: Aquéllos son los cuernos que dispersaron a Judá, de modo que nadie ha podido levantar la cabeza; pero estos artesanos han venido para aterrorizarlos, para derribar los cuernos de las naciones que alzaron sus cuernos contra la tierra de Judá para dispersarla".*

Salmos 75:10 *"Quebraré todos los cuernos de los impíos, pero el poderío del justo será ensalzado." Salmo 75:4-5 "Dije a los orgullosos: No os jactéis; y a los impíos: No alcéis la frente; no levantéis en alto vuestra frente; no habléis con orgullo insolente."* Miqueas 4:13 *"Levántate y trilla, hija de Sion, pues yo haré tu cuerno de hierro y haré tus pezuñas de bronce, para que desmenuces a muchos pueblos, para que consagres al SEÑOR su injusta ganancia, y sus riquezas al Señor de toda la tierra."* 2 Samuel 22:3 *"mi Dios, mi roca en quien me refugio; mi escudo y el cuerno de mi salvación, mi altura inexpugnable y mi refugio; salvador mío, tú que me salvas de la violencia".* Debiera de ser obvio en estos versículos que el cuerno representaba una fuente de poder en el pensamiento Judío. Los siete ojos simbolizan que el cordero todo lo ve. Conjuntamente estas características son identificadas como representativas de los siete Espíritus de Dios que vimos en el capitulo anterior. Advierta que con la aparición del Cordero en la escena estos siete Espíritus han sido mandados a la tierra. Si pensamos sobre esto descubriremos que es una clara indicación del tiempo justo en que se da esta situación. Esto será explicado en el próximo capítulo.

Entonces el cordero claramente es un símbolo de Jesucristo. Jesucristo tanto como Hijo de Dios, e hijo del hombre, cumplía con todos los requisitos para actuar como congénere-redentor desde el punto de vista del pariente más cercano del propietario original. Jesús estaba dispuesto a fungir como tal, aceptar la responsabilidad de la redención. Él había permitido ser crucificado y morir como sacrificio de Dios por los pecados de la humanidad, haciendo esto en obediencia de lo que Dios deseaba de Él. El estaba dispuesto y calificado para pagar el precio.

En Su muerte en la cruz y subsecuente resurrección, Jesucristo terminó con el poder que Satanás tenía sobre la humanidad. Debido a que este sacrificio fue voluntario, no sólo Jesucristo era digno de romper los sellos del libro y abrirlo. El sacrificio de Jesús fue suficiente penitencia para satisfacer a Dios, y evidencia de que Su hijo era digno de llevar a cabo el plan de Dios para la redención final de la tierra y de la humanidad.

No creo que alguna otra vez veamos a Cristo de la manera que apareció aquí, de la manera que Dios, Su Padre lo vió cuando Él regresaba al cielo después de Su muerte y Su resurrección. En los ojos de Dios, Jesús literalmente había sido suyo, el cordero que Dios había dado para el sacrificio.

Solamente piense cómo se debió de haber roto el corazón de Dios, cuando vió a Su hijo delante de Él de esta manera.

Versículo 7 - *"Y vino, y tomó el libro de la mano derecha del que estaba sentado en el trono."*

Este acto de tomar el libro de la mano del Padre implica que todo juicio y poder sobre la tierra estaban ahora en las manos de Cristo. Note su disposición a tomar acciones y asumir las responsabilidades que conlleva ser el congénere-redentor. Las escrituras de la tierra eran ahora suyas para actuar en

Este fue el evento que todo el cielo estaba esperando.

consecuencia. Lo que sigue a esta acción es tomar los pasos necesarios para redimir a la tierra en preparación para que ésta se convierta en la residencia de Dios. ¿Hay alguna duda de que esta acción será seguida por adoración?

Versículo 8 - *"Cuando tomó el libro, los cuatro seres vivientes y los veinticuatro ancianos se postraron delante del Cordero; cada uno tenía un arpa y copas de oro llenas de incienso, que son las oraciones de los santos."*

La ceremonia de coronación ahora alcanza su clímax. Habiendo recibido toda la autoridad sobre la tierra por parte de Dios, el Cordero ahora es copartícipe de la adoración que existe en el cielo, la cual en el capítulo 4 era sólo de Dios. Aquellos que están más cerca del trono son los que dan inicio, principalmente, el serafín y los veinticuatro ancianos. Sería lógico pensar que la referencia hecha a "las oraciones de los santos" serían aquellas oraciones de los seguidores de Dios que han sido proferidas, pidiendo a Dios que intervenga en los asuntos de los hombres para que la Justicia de Dios prevalezca. Advierta que las oraciones de los santos no están perdidas; están siendo preservadas por Dios para ser contestadas en Su tiempo, que es el tiempo perfecto. También debemos de recordar que

Dios, siendo el único quien puede ser adorado, la adoración del Cordero aquí en la presencia del Dios Padre, verifica que efectivamente Cristo es también Dios.

En este punto, los veinticuatro ancianos y los cuatro seres vivientes empiezan a cantar. Según vayamos leyendo esta canción, veremos la introducción de un nuevo grupo de adoradores como resultado de lo que acaba de suceder.

Versículo 9 - "Y cantaban un cántico nuevo, diciendo: Digno eres de tomar el libro y de abrir sus sellos, porque tú fuiste inmolado, y con tu sangre compraste para Dios a gente de toda tribu, lengua, pueblo y nación."

Versículo 10 – "Y los has hecho un reino y sacerdotes para nuestro Dios; y reinarán sobre la Tierra."

Cantaban una nueva canción. En el capitulo anterior estos mismos personajes alababan a Dios por ser digno en Su trabajo durante la creación. Ahora ellos dirigen su alabanza al Cordero por Su trabajo de redención y por las cuatro cosas que esta canción dice como resultado de las acciones del Cordero.

1. Su canción reconoce que es digno para tomar el libro y abrir sus sellos.

2. Su canción reconoce que El pagó el precio por su redención.

3. Su canción reconoce que por Sus acciones todos son elegibles para la redención.

4. Su canción reconoce que debido a Sus acciones, el hombre ahora puede pararse delante de la presencia de Dios y reinar en la tierra con Dios.

La palabra griega *Kainos*, que se traduce como "nuevo" es importante porque en Griego existen dos palabras para describir "nuevo", la otra palabra es *Neos,* que significa "nuevo" respecto a un punto en el tiempo, "joven", pero no necesariamente nuevo como en un punto de origen. *Kainos* significa nuevo pero como punto de origen. *Kainos* describe algo que no sólo acaba de ser creado, pero que el mismo nunca ha existido antes.

Advierta las conjugaciones que se usan en este versículo. Los ancianos alababan al Cordero por una acción que ya tuvo lugar, pero los resultados están en el tiempo futuro. Al poner a estas dos ideas juntas, podemos ver que las acciones del Cordero han establecido un nuevo grupo de individuos, personas de toda nación, gente que formará un reino que ministra directamente a

> **Advierta que las personas que cantan esta nueva canción, no cantan sobre su redención personal.**

y para Dios, y que reinarán en la tierra. ¿Quién es este nuevo cuerpo de personas? Esta es la Iglesia, las personas que se convertirán en nuevas criaturas a través de la gracia de la muerte de Cristo en la cruz. Los ancianos no son representantes de la Iglesia, sino que de hecho son creyentes de Dios antes de la existencia del Cordero, son santos del Antiguo Testamento, si así lo quiere ver para ponerlo de alguna manera.

Versículo 11 - "Y miré, y oí la voz de muchos ángeles alrededor del trono y de los seres vivientes y de los ancianos; y el número de ellos era miríadas de miríadas, y millares de millares,"

Versículo 12 – "que decían a gran voz: El Cordero que fue inmolado digno es de recibir el poder, las riquezas, la sabiduría, la fortaleza, el honor, la gloria y la alabanza."

La adoración del Cordero ahora se mueve en círculos aún más grandes. Ahora los ángeles se unen a la canción de alabanza. "Myriads" es simplemente el número más grande conocido para los Griegos. Obviamente había más ángeles de los que Juan podía contar. Sin embargo, aún cuando estos ángeles se unen a cantar, no hay ninguna alabanza para redención personal. El Cordero es honrado como digno porque Él se permitió a Sí mismo ser sacrificado de acuerdo al plan de Dios y al plan para Él. Poder, riquezas, sabiduría y fortaleza no son beneficios que el Cordero está a punto de recibir, sino cualidades que ya posee y por las cuales es digno de alabanza. Los últimos tres (honor, gloria y alabanza) están relacionados con la respuesta del hombre y de los ángeles a Sus acciones, y la canción continúa.

Versículo 13 – *"Y a toda cosa creada que está en el cielo, sobre la tierra, debajo de la tierra y en el mar, y a todas las cosas que en ellos hay, oí decir: Al que está sentado en el trono, y al Cordero, sea la alabanza, la honra, la gloria y el dominio por los siglos de los siglos."*

Tal parece que de alguna manera en esta visión Juan vió una manifestación visible de toda la obra de la creación alabando a Dios. A fin de que no nos dejemos llevar a un mundo de fantasía, debemos de guardar en mente que Juan estaba viendo esto a través de los ojos de Dios.

> *En los ojos de Dios toda la creación canta en este momento glorioso de celebración de la coronación de Su hijo, y la promesa de la redención eventual de la creación misma.*

"Cuando llegue al cielo voy a tocar mi arpa, voy a cantar por todo el reino de Dios" dice un viejo refrán espiritual. Qué mejor imagen tenemos para poder cerrar esta escena.

Versículo 14 - *"Y los cuatro seres vivientes decían: Amén. Y los ancianos se postraron y adoraron."*

Ya que ellos fueron los primeros en ofrecer una nueva canción de adoración para el Cordero, no hay nada más adecuado que sean ellos los que cierren esta adoración.

— — — — — — — — — —

Algunas Observaciones Personales

La adecuada comprensión de este capítulo en muchas maneras es un parte aguas teológico.

En el capitulo anterior vimos a Dios Padre en Su trono. En este capítulo vemos a Cristo apareciendo delante de Dios. Su aperiencia como un Cordero inmolado es algo que debemos entender. Esto se hace más claro cuando recordamos que Juan vió esta visión a través de los ojos de Dios. ¿En qué momento del apersonamiento de Cristo en el cielo sería más apropiada la descripción simbólica de su aparición? La respuesta es clara: sería una vez que Cristo se presenta en el cielo justamente después de su ascensión de la tierra siguiente a su muerte y resurrección. Es en este apersonamiento que Dios vería a Su Hijo como el símbolo del Cordero inmolado, ya que ciertamente fue asesinado como parte del sacrificio por los pecados de la humanidad. Necesitamos recordar que Jesús también vino a la tierra a redimir la tierra para Dios. Esta tierra era de Dios al iniciar. Dios la creó, pero se la dió al hombre y a Satanás cuando el hombre de manera voluntaria le desobedeció. Satanás ha gobernado sobre ella desde entonces.

Jesús actuó como el congénere-redentor de Dios.
En este papel Jesús pagó el precio para redimir a
la humanidad y a la tierra para Dios.

Como resultado de las acciones de Cristo, Dios a cambio le dió a Su Hijo la autoridad para llevar a cabo el juicio final sobre la tierra. Como hemos sido testigos, toda la creación ha reconocido que el Cordero es digno, debemos de recordar que inclusive en algún tiempo Satanás mismo tendrá que reconocer el Señorío de Jesucristo. Dios nos da a cada uno de nosotros el derecho de escoger a Jesús como nuestro Salvador o de rechazarlo. Pero Dios no nos da el derecho de escoger si le reconocemos o no como Señor de la tierra. Un día todos reconocerán esto, les guste o no.

También debemos advertir que como resultado de las acciones de Cristo como el cordero para el sacrificio, los ministerios del Espíritu Santo fueron enviados a la tierra. Esto ocurrió el día de Pentecostés. También, toda la alabanza y adoración que se da a Cristo reconoce que es digno por Sus acciones en la tierra, pero no reflejan una alabanza para redención personal. Finalmente, se debe de advertir que el Cordero fue alabado por establecer un nuevo cuerpo de creyentes. No creo que nos podamos equivocar si reconocemos los eventos de este capítulo como que tuvieron lugar en algún momento entre la ascensión de Cristo y el día de Pentecostés. Este entendimiento es importante cuando vemos el siguiente capítulo y veamos el acto 3 en esta viñeta. Recuerde, en los ojos de Dios todo esto tuvo lugar como una acción continua. El tiempo no tiene significado para Él. Si vemos este capítulo como la coronación de un nuevo Rey para compartir un trono, entonces debemos preguntarnos ¿cuáles serían las primeras acciones cuando llega un nuevo Rey a su trono?

Yo soy padre de familia, al leer este capítulo mi corazón lloró con el corazón de Dios. Solamente puedo imaginarme cómo se sintió Dios cuando Su Hijo regresó al cielo. Como se ha de haber roto su corazón de tristeza cuando vió que Jesús regresaba como el Cordero a ser sacrificado. Sin embargo, un poco de tiempo después, cómo ha de haber cantado su corazón de gozo cuando vió a este mismo Hijo recibir el honor y la adoración de todo ser creado. Su Hijo estaba en casa.

Capítulo 6

Apocalipsis 6: 1 - 17
Rompiendo los primeros 6 sellos

Este capítulo como el anterior inicia con la palabra "y". Este hecho hace evidente que los capítulos 4, 5 y 6 tienen la intención de formar una sección completa. Sin embargo, el contenido de este capítulo ha causado que muchos teólogos y pastores bien intencionados ubiquen incorrectamente la secuencia de los eventos identificados en los capítulos 4, 5 y 6. Ellos interpretan los eventos de este capítulo como el inicio de los últimos siete años del hombre y el reinado de Satanás en la tierra. Sin embargo, como lo hemos indicado de manera clara en los últimos dos capítulos, lo que se está describiendo en dichos capítulos tuvo que haber sucedido conjuntamente con la llegada de Cristo al cielo después de su muerte y resurrección en la tierra.

Algo que siempre me ha intrigado en la Biblia es la diferencia entre cómo vió Esteban a Jesús cuando estaba siendo martirizado, y las palabras de Jesucristo ante el Sanedrín, y cómo les dijo Jesús que ellos le verían a Él.

En Mateo 26:64 dice: "Jesús le dijo *"Tú mismo lo has dicho; sin embargo, os digo que desde ahora veréis AL HIJO DEL HOMBRE SENTADO A LA DIESTRA DEL PODER, Y VINIENDO SOBRE LAS NUBES DEL CIELO."* Esta misma idea se repite en los Evangelios de Marcos y Lucas describiendo el mismo evento. Claramente Jesús le dijo al Sanedrín durante su juicio que la próxima vez que le vieren sería sentado a la diestra de Dios o viniendo sobre las nubes.

Un tiempo después vemos a Esteban cuando estaba siendo martirizado en Hechos 7:56 *"y dijo: He aquí, veo los cielos abiertos, y al Hijo del Hombre de pie a la diestra de Dios."* ¿Por qué esta discrepancia? Al estudiar este capítulo todo comienza a tener sentido. Primero, ¿cuándo verán los miembros del Sanedrín a Jesús la próxima vez? Asumiendo que ninguno de ellos eran Cristianos en secreto y que no murieron antes de que Jesús fuera crucificado, entonces la siguiente vez que le verían sería en el gran trono blanco del Juicio. Jesús, de manera indudable, dirigió este mensaje para todos los Judíos, ¿Cuándo sería la próxima vez que cualquier Judío *vivo* vería a Jesús? Esto sería en Su segunda venida cuando regrese en las nubes. Ambos eventos estaban todavía muy lejanos en el futuro.

Por otro lado Esteban vió a Jesús en el cielo poco después de la ascensión de este último. En su visión, Jesús estaba parado a la diestra de Dios. La pregunta es, ¿Porqué estaba Jesús parado y no sentado en el trono? La respuesta más obvia es que no tuvo tiempo de sentarse ya que no había terminado Su trabajo. Y ¿cuál era este trabajo incompleto? El preparar a la humanidad para las pruebas de Satanás que iban a enfrentar. En otras palabras, esos eventos que se derivaron de la apertura de los siete sellos en la escritura (título de propiedad) de la tierra.

> *Es sólo cuando el trabajo de Jesús de preparar a la tierra y a la humanidad para venir ante la presencia de Dios sea terminado, que Jesús considerará Su trabajo hecho y se sentirá libre de sentarse en el trono con Dios.*

En el capítulo 4 vemos a Dios sentado en el trono solo. El capitulo 5 nos muestra la coronación de Jesucristo para reinar como Rey con Dios. En el capítulo 6 veremos que en Su nueva posición Él empieza a preparar la tierra y sus súbditos para un tiempo de prueba en el cual la lealtad de Sus seguidores será puesta a prueba para prepararlos de los ataques de los enemigos del reino. Aquellos que permanecen fieles a Él estarán preparados para el tiempo en que Cristo vendrá a vivir entre ellos.

Estas son algunas cosas que necesitamos tener en mente cuando estudiemos este capítulo:

- Los sellos descritos en este capítulo son un simbolismo de tiempos de problemas y persecución. Ninguno de estos sellos representan el inicio absoluto de ninguna de estas maldades en la tierra; sino que los sellos tienen el propósito de advertir a la humanidad que se incrementará la manifestación de estos juicios.

- Dios no exenta a Su gente de la ira del hombre. Dios puede y usa los resultados de los crímenes y violencia del hombre como juicio en contra del hombre por su inmoralidad y desobediencia. De hecho, los sellos del dos al cuatro describen el medio ambiente del hombre mientras se encuentra bajo la influencia controladora de Satanás.

- Cada uno de los jinetes de los primeros cuatro sellos es único y tiene su propia agenda. Sin embargo, es importante entender que estos jinetes han sido enviados por Dios. Cada uno de los cuatro jinetes dan inicio a fuerzas especiales. Durante este tiempo habrá en la tierra, simultáneamente, *la fuerza del evangelio, la fuerza de la guerra, la fuerza de la inequidad* y *la fuerza de la misma muerte.*

- Las fuerzas liberadas por estos sellos siguen estando activas en el mundo actual, y están incrementando su influencia e impacto en la humanidad.

- Los sellos del uno al cuatro son abiertos relativamente rápido; el quinto sello es abierto en cuanto se hace evidente que Jesús no va a juzgar a la tierra rápidamente; el sexto sello se abre un poco después del quinto. Entre la apertura del sexto y séptimo sello hay un periodo de tiempo importante en el que Jesús da tiempo para que las acciones de los sellos inciten a la redención de toda la humanidad. El séptimo sello introduce el inicio de la ira de Dios y el tiempo de la redención final de la humanidad y la creación.

Tenga en mente que lo que Juan vió y reportó fueron los eventos según eran vistos desde la perspectiva de Dios. El rompimiento de los sellos individuales no representa etapas en la apertura del libro, sino una secuencia preliminar de eventos que se requieren previos a la apertura en sí. Personifican fuerzas operativas a través de la historia, por medio de las cuales los propósitos de redención y de juicio de Dios son consumados. Finalmente, tenga en mente que la ira de Dios dirigida a la humanidad sin arrepentimiento y a una tierra deficiente no puede iniciar hasta que se abra el séptimo sello, el libro descanse abierto y toda la creación pueda ver los requisitos finales de Dios para el nuevo cielo y la nueva tierra.

¡Guarden silencio todos! El último acto está a punto de iniciar!

— — — — — — — — —

Preguntas importantes para meditar mientras se estudia este Capitulo

1. Cuando un rey recibe su reino. ¿cuál es la primera cosa que hace para asegurar su posición de autoridad?

2. ¿Qué haría un rey si supiera que la lealtad de sus súbditos será puesta a prueba en el futuro de manera severa por ataques de un enemigo de su reino?

3. Cuando Jesús estaba a punto de ascender al cielo, ¿cuál fue la primera cosa que prometió a Sus discípulos que les enviaría cuando regresara al cielo? (lectura sugerida: Juan 14:16; Juan 14:26; Juan 15:26; Juan 16:7-8, 13).

4. ¿Cual era la función y el ministerio de lo que Jesús prometió mandarles desde el cielo y cómo encaja esto con las preguntas 2 y 3 anteriores?

5. Reconociendo que los caballos y los jinetes son símbolos, ¿qué cree que realmente representan los cuatro jinetes? (no los vea de manera individual, sino colectiva).

Un Comentario Sobre el Capítulo

Versículo 1 – "Vi cuando el Cordero abrió uno de los siete sellos, y oí a uno de los cuatro seres vivientes que decía, como con voz de trueno: Ven".

"Versículo 2 – "Miré, y he aquí, un caballo blanco; y el que estaba montado en él tenía un arco; se le dió una corona, y salió conquistando y para conquistar".

La atención de Juan fue dirigida hacia los resultados en la tierra cuando Jesucristo rompió los sellos correspondientes al título de propiedad de la tierra. Advierta que el Cordero, Jesucristo, está rompiendo los sellos y es uno de los cuatro seres vivos quien atrae la atención de Juan a estos resultados. Es la creación de Dios la que está más emocionada por lo que está por venir. El hecho de que el Cordero esté abriendo los sellos, muestra que Él tiene la autoridad sobre los eventos subsiguientes que están por venir, y que es por Su voluntad o por lo menos con Su permiso que estos eventos tendrán lugar. Finalmente la palabra griega *"Erchou,"* traducida aquí como "venir", puede ser correctamente traducida como "ir hacia adelante" y sería una mejor traducción en este versículo y en los subsiguientes. ¿Porqué? Porque en el contexto de estos versículos hace más sentido ver al ser viviente dirigir esta orden al jinete, lo que se origina al abrir los primeros cuatro sellos. Sería incongruente ver al ser viviente dirigirse hacia Juan cada vez que se abre un sello.

Parece ser que hay dos interpretaciones ampliamente aceptadas respecto a la identidad del jinete que está sobre el caballo blanco.

La primera interpretación relacionada con la identidad del jinete del caballo blanco, es que el jinete es Jesucristo. Sin embargo, esta interpretación ignora el hecho de que es Jesús mismo quien abre este sello y los subsiguientes. No parece realística entender que Jesús está tanto en la tierra como en cielo en el mismo momento. La segunda interpretación es que éste jinete es el anticristo. Debemos entender, sin embargo, que cuando se deja salir a este jinete, se le da una corona de victoria. Esta corona sólo se da cuando los servicios prestados han sido importantes. En esta situación quien le dió la corona al jinete debió de haber sido o Dios o Jesucristo. En cualquiera de los casos, me cuesta mucho trabajo entender que Dios o Jesucristo le darían al anticristo una corona de victoria por servicios prestados. Por lo tanto, esta interpretación resultaría ilógica y forzada.

El realizar una revisión exhaustiva de este versículo nos da una tercera y más satisfactoria interpretación de la identidad de este jinete del caballo blanco. Primero, tenga en mente que lo que estamos viendo es una representación simbólica de la realidad que Dios quiere y espera que podamos entender. Vamos a examinar la descripción de este caballo y su jinete más de cerca. Está el tema del color del caballo. En aquellos días un caballo blanco era reservado para ser usado en desfiles o para ser montado por gente muy importante. Después, vemos que se le da al jinete un arco, pero no se le dan flechas aparentemente. Al mismo tiempo, se le envía a conquistar. Entonces necesariamente esto indicaría que su conquista debe de ser con diplomacia en lugar de con fuego abierto. Finalmente, está el tema de la corona de Victoria, sobre la cual ya platicamos en el párrafo anterior. La pregunta es, "¿quién o qué llenaría todos estos requisitos?".

Este es un buen momento para repasar la pregunta número cuatro. Cuando Jesús estaba a punto de ascender al cielo de la tierra, los versículos que recomendamos como lectura sugerida todos ellos nos recuerdan que Jesús prometió que cuando regresara al cielo lo primero que mandaría a Sus seguidores sería el Espíritu Santo. ¿No sería entonces razonable pensar que el envío del Espíritu Santo a la tierra pudiera estar representado por un jinete en un caballo blanco? En Apocalipsis descubriremos que el color blanco siempre es simbólico de Cristo, o de algo asociado a Cristo, o de algo o alguien que es puro o justo. El jinete que lleva una corona muestra un servicio meritorio a Dios, y se le ha conferido la autoridad y poder para conquistar en paz. ¿No es ésta la manera como trabaja el Espíritu Santo, como la conciencia, el consolador, el animador, cuyo propósito es guiar a la humanidad hacia Cristo?

En este primer jinete veo la consumación de la promesa que Cristo hizo a Sus discípulos de enviarles al Espíritu Santo, quien probará los corazones de los hombres para determinar su lealtad a Cristo, su nuevo Rey, y hacer que la humanidad reconozca sus pecados.

Versículo 3 – *"Cuando abrió el segundo sello, oí al segundo ser viviente que decía: Ven."*

Versículo 4 – *"Entonces salió otro caballo, rojo; y al que estaba montado en él se le concedió quitar la paz de la tierra y que los hombres se mataran unos a otros; y se le dió una gran espada."*

En estos siguientes tres sellos vemos un cambio en la simbología. En el primer sello el jinete claramente podía ser identificado como un personaje. En

Experiencias recientes con el terrorismo masivo, inclusive, nos ha mostrado en los Estados Unidos que el jinete del caballo rojo ha cerrado la distancia.

estos siguientes tres sellos veremos que la identificación de los jinetes es circunstancial a los principios o fuerzas que ellos representan. En este versículo vemos que el Cordero nuevamente rompe el sello y un segundo ser viviente instruye al jinete a proceder. En esta ocasión el color del caballo es rojo. Ciertamente eso nos hace recordar la sangre, a este caballo y a su jinete se les otorgó el derecho de quitar la paz sobre la tierra. Este derecho no pudo haber sido otorgado por ninguno otro que el mismo Jesucristo. A finales del primer siglo cuando Juan vivió no fue un tiempo que se caracterizó por guerra generalizada. La grandeza de los ejércitos romanos habían aplastado efectivamente toda la resistencia para que la paz reinara de Armenia a España. La gran "Pax Romana" le dió al mundo mediterráneo varios siglos de paz. Sin embargo, esto pronto cambiaria. Aparecería en escena la guerra nuevamente y se convertiría en un enemigo constante del hombre. Guerra, anarquía, hermano contra hermano, vecino contra vecino – el colapso total de las relaciones humanas caritativas pronto se convirtió en la característica dominante de la historia del mundo hasta hoy. Se estima que en el mundo hay alrededor de veinte guerras en algún lugar en cualquier momento.

El haberle dado la espada romana de combate a este jinete es significativo. Pudo haber sido que sólo se hubiera dicho que quitara la paz de la tierra y que los hombres se mataran unos a otros. Sin embargo, el hecho de que le dieran una espada, hizo que la guerra fuera personal ya que con una espada los hombres se matan uno-a-uno en combate. En la época en que esto fue escrito, las guerras se peleaban generalmente para expandir el poder de un país o engrandecer la riqueza. Ahora las guerras empiezan para tener una nueva perspectiva. En el tiempo de las cruzadas las guerras habían cambiado, y se peleaba par destruir a las personas en el nombre de la religión. Piense en el número creciente de guerras que hay en la actualidad, cuya meta pareciera ser el genocidio: Irlanda del Norte, Bosnia, Líbano, Irak, Ruanda, África del Sur, etc… ¿no están estas guerras dirigidas hacia grupos específicos de individuos en lugar de a los países? Piense en los conflictos en los cuales se ha visto involucrado Estados Unidos en los últimos años alrededor del mundo, y que en los mismos de manera abierta desaprobamos cualquier deseo de adquirir territorio o riqueza. Seguramente Dios tenía la intención de mostrarle al hombre por medio del segundo jinete las profundidades de la degradación de la mente que no tiene a Dios. En este juicio Jesús quiere que el hombre reconozca precisamente eso, que sin Dios la naturaleza del hombre se vuelve hacia una violencia personal irracional. Uno de los primeros pasos que el hombre debe de tomar para buscar la redención es aceptar la realización de que el hombre sin Dios es intrínsecamente malvado.

Versículo 5 – "Cuando abrió el tercer sello, oí al tercer ser viviente que decía: Ven. Y miré, y he aquí, un caballo negro; y el que estaba montado en él tenía una balanza en la mano."

Versículo 6 – "Y oí como una voz en medio de los cuatro seres vivientes que decía: Un litro de trigo por un denario, y tres litros de cebada por un denario, y no dañes el aceite y el vino"

Aquí vemos al tercer ser viviente que le dice al jinete que vaya. El espectro del caballo negro es para ponernos en alerta con antelación, ya que lo que viene a continuación no es bueno. La posesión de la balanza indica que algo va a ser pesado, y que ese algo va a estar escaso o va a ser valioso. Una voz sale de en medio de los cuatro seres vivientes, la cual no puede ser de nadie más que de Dios mismo, y dice que la balanza va a ser usada para pesar comida. Un "denario" era el salario de un día normal en la época del Nuevo Testamento. Un cuarto de trigo era considerado suficiente para una comida. En los tiempos del Nuevo Testamento un denario podía comprar 8 cuartos de trigo o veinticuatro litros de cebada. El trigo era usado para elaborar pan y la cebada era considerada la comida de los esclavos y los caballos debido a su aspereza y bajo valor nutricional.

Claramente se estaba estableciendo un estándar en donde un día de salario era sólo suficiente para pagar por el trigo suficiente para una persona, o suficiente para comprar cebada para tres personas. El enunciado de que el aceite y el vino no debían ser dañados, pareciera indicar que no se está hablando de una hambruna universal o del fracaso de los cultivos. Aparentemente los ricos no se van a ver muy afectados. Muchos le pudieran hacer creer que el vino y el aceite eran grandes lujos y que no estaban a la disposición de la gente común y corriente. La verdad es que la mayoría de la gente bebía vino porque los abastecimientos de agua locales no eran muy confiables o estaban contaminadas. El vino de manera frecuente era poco fermentado, ya que muy pocos deseaban esperar varios meses para que el vino se fermentara. El vino fermentado era más caro. El aceite era necesario para poder hornear pan y para las lámparas.

Ya que la humanidad estaba dispersada a lo largo de la tierra, siempre en algún lugar ha habido hambruna. Con la explosión demográfica de hoy en día y con la complejidad de la sociedad moderna, el problema del hambre se ha visto incrementado. Es una verdad trágica que aún en esta época de industria y tecnología moderna, el hombre no puede proporcionar suficiente comida para la necesidad del mundo en donde es requerida. Lo que se lee en estos versículos es una imagen de nuestra sociedad actual. Hay comida, pero no en donde se necesita. En donde más se necesita el alimento, ahí no puede ser costeado. Como resultado de esto, millones de personas están muriendo de hambre y cientos de millones se van a la cama con hambre cada noche. En la prueba implementada por este sello, Dios quiere que el hombre vea lo poco que le importa al mismo hombre las necesidades de los demás. En lugar de esto, la principal preocupación del hombre es su propio bienestar.

> *Los ricos frecuentemente escapan de las consecuencias de la hambruna, ya sea porque tienen el control de su fuente de alimento, tienen el dinero para comprar y almacenarla, o bien porque poseen la movilidad de trasladarse a otras áreas en donde no haya escasez.*

Versículo 7 – Cuando abrió el cuarto sello, oí la voz del cuarto ser viviente que decía: Ven.

Versículo 8 - Y miré, y he aquí, un caballo amarillento; y el que estaba montado en él se llamaba Muerte; y el Hades lo seguía. Y se les dió autoridad sobre la cuarta parte de la tierra, para matar con espada, con hambre, con pestilencia y con las fieras de la tierra.

Aquí el cuarto y último ser viviente da el mandamiento de continuar. La palabra griega (*chloris*) para el color de este caballo, es de donde viene la palabra clorofila. Aquí está traducido como "amarillento". Una mejor descripción puede ser amarillo-verdoso, un color que se ve como que no está sano. El versículo dice que el jinete era la muerte, y el Hades lo seguía. Recuerde, estos son símbolos creados por Dios para ayudar a Juan a entender lo que está viendo, lo cual era la muerte reclamando los cuerpos físicos y el Hades reclamando el alma de los hombres. Se les da autoridad a la muerte y el Hades sobre una cuarta parte de la tierra. El hecho de que su autoridad está limitada por restricciones geográficas es un dato importante. No dice que tienen autoridad sobre una cuarta parte de la humanidad. En esta cuarta parte de la tierra bajo su autoridad, tienen la autoridad de dar muerte por guerra (segundo sello), hambre (tercer sello), pestilencia y fieras salvajes, los cuales naturalmente siguen a los primeros dos sellos. No insinúa que ellos matan a todos los que vivían en esa área bajo su autoridad, solamente dice que ellos tenían la autoridad de la muerte sobre ellos.

Es muy posible que ellos fueran responsables de reclamar los resultados de las víctimas del segundo y tercer sello. Sin embargo, claramente hay una persecución intensificada en el área bajo su autoridad. Si consideras los traumas más grandes que aquí se describen, parecen ser endémicos en ciertas áreas de la tierra hoy. África, Europa Central, la parte Sur de Rusia y Asia Occidental (Afganistán, Pakistán, India) con seguridad vienen a la mente como puntos centrales. Cada vez escuchamos más y más historias de animales salvajes que matan a personas – pumas en California, osos en Montana, tiburones en Florida, lobos en India, y elefantes violentos en África. En algunas de estas áreas el hombre está siendo retado por la confiscación de su vida debido a las cosas que ha hecho y que han causado un desbalance en la naturaleza.

Desafortunadamente, cuando el hombre enfrenta las consecuencias de sus acciones, utiliza estos resultados como "prueba" de que no existe Dios. A lo mejor, según vayamos entendiendo las consecuencias de nuestras acciones, el hombre finalmente se detendrá y confrontará la existencia de Dios. Por lo menos, creo que ésta era la intención al abrir el cuarto sello.

Versículo 9 – Cuando el Cordero abrió el quinto sello, ví debajo del altar las almas de los que habían sido muertos a causa de la palabra de Dios y del testimonio que habían mantenido;

Versículo 10 – y clamaban a gran voz, diciendo: ¿Hasta cuándo, oh Señor santo y verdadero, esperarás para juzgar y vengar nuestra sangre de los que moran en la tierra?

Versículo 11 - Y se les dió a cada uno una vestidura blanca; y se les dijo que descansaran un poco más de tiempo, hasta que se completara también el número de sus consiervos y de sus hermanos que habrían de ser muertos como ellos lo habían sido.

Mientras estudiamos los tres versículos anteriores, hay cuatro cosas que tenemos que advertir y recordar, las cuales reflejan la apertura del quinto sello:

- Ya no hay más seres vivientes involucrados
- La escena cambia de lo que está pasando en la tierra al cielo
- Juan es forzado a utilizar el lenguaje de apariencias y el lenguaje de su cultura, mientras intentó describir la escena que Dios le estaba mostrando aquí.
- Este sello refleja un cierto tipo de intermisión en los esfuerzos de Cristo para la redención del hombre en la tierra.

Se nos presenta un altar, el cual establece dos cosas. Primero, la escena ahora es en el cielo. Segundo, sin duda el altar que vemos es el altar del sacrificio que está delante del templo. Debajo del altar estaban las almas de aquellos que habían sido muertos a causa de la Palabra de Dios y del testimonio que habían mantenido. En la cultura Judía esta era una imagen muy vívida. En el altar de sacrificio frente al templo, la mayoría de la sangre del sacrificio era vertida de la base del altar. Levítico 4:7 *"El sacerdote pondrá también de esa sangre sobre los cuernos del altar del incienso aromático que está en la tienda de reunión delante del SEÑOR, y derramará toda la sangre del novillo al pie del altar del holocausto que está a la puerta de la tienda de reunión."* y en Exodo 29:12 *"Tomarás de la sangre del novillo y la pondrás sobre los cuernos del altar con tu dedo; y derramarás toda la sangre al pie del altar."* Asímismo, recuerde que para los Judíos la sangre contiene la vida, o el alma, de la carne. Levítico 17:11 *"Porque la vida de la carne está en la sangre, y yo os la he dado sobre el altar para hacer expiación por vuestras almas; porque es la sangre, por razón de la vida, la que hace expiación."* Para los Judíos sería muy natural esta representación simbólica de aquellos que han sido sacrificados (mártires) por Dios. El hecho de que Juan vió las almas de los mártires *debajo del altar* no tiene nada que ver con el estado de los muertos o su condición actual; meramente es una manera vivida de personificar el hecho que habían sido muertos en el nombre de su Dios. Advierta como este versículo indica que habían sido martirizados debido a su testimonio de la Palabra de Dios. Debido a esto, y por la manera en que Cristo les responde en el versículo 11, es claro que estos individuos fueron mártires debido a sus creencias en **Dios.**

En el siguiente versículo vemos que están clamando a Jesús. Recuerde que para los Judíos la sangre contiene la vida de aquello que fue sacrificado. Aquí, entonces, esta es una clara imagen de las vidas de aquellos que fueron sacrificados pidiendo ayuda por una vindicación por su sacrificio. Su preocupación no es la revancha personal, sino otra cosa que para ellos debe de parece algo de

Están preguntando cuánto tiempo falta para que Jesús juzgue la tierra y vengue sus muertes.

mayor importancia. Ahora están conscientes de que Dios ha volteado todo el juicio de la tierra a su Hijo, Jesús. Ellos ven esto como una validación a su martirio. Por lo tanto, tienen un interés natural en saber cuánto tiempo debe de pasar antes de que Jesús juzgue a aquellos que fueron responsables por sus muertes. Ellos saben que después de este juicio, estarán unidos en el cielo con Dios, tal y como los antiguos profetas les habían asegurado.

Ahora vemos la respuesta de Cristo a su pregunta. Primero, Él le da a cada uno una vestidura blanca, lo que les permitirá estar en la presencia de Dios. Aparentemente, en el pasado no habían podido hacer esto. Esto indicaría que no fueron mártires de la Iglesia, porque como Cristianos, cuando muramos inmediatamente estaremos en la presencia de Jesús portando vestiduras blancas. Considere esta pregunta: ¿Cuando fueron las almas de los santos que murieron antes de Cristo llevadas al cielo para estar con Cristo? RESPUESTA: En la resurrección de Cristo. Efesios 4:8 *"Por tanto, dice: cuando ascendió a lo alto, llevo cautiva una hueste de cautivos, y dio dones a los hombres."* Esto fue el resultado de la actuación de Jesús como sacrificio de Dios y vencedor sobre la muerte. Cuando Él hizo esto, todas las almas del "seno de Abraham" fueron llevadas al cielo. Después les dice que necesitan ser pacientes hasta que todos aquellos que están por ser martirizados hubiesen tenido la oportunidad de servir a Dios de esta manera. Primero se les asegura que no han muerto en vano, pero después se les dice que tienen que ser pacientes hasta que llegue el momento de la redención y que se haya completado el juicio de la tierra.

Cristo ha sido ahora entronado. Tiene en Su posesión las escrituras de la redención de la tierra. Según va abriendo los sellos, está a punto de empezar a traer pacientemente a la humanidad al punto de la redención. En este punto es natural para aquellos que ya han sido martirizados por su testimonio de Dios, que se pregunten cuánto tiempo falta para que Jesús se revele a Sí mismo y juzgue a la tierra. Jesús, de manera gentil, les dice que sean pacientes y esperen un poco más.

***Versículo 12** –Vi cuando el Cordero abrió el sexto sello, y hubo un gran terremoto, y el sol se puso negro como cilicio hecho de cerda, y la luna toda se volvió como sangre,"*

***Versículo 13** – "y las estrellas del cielo cayeron a la tierra, como la higuera deja caer sus higos verdes al ser sacudida por un fuerte viento."*

***Versículo 14** – "Y el cielo desapareció como un pergamino que se enrolla, y todo monte e isla fueron removidos de su lugar",*

***Versículo 15** – "Y los reyes de la tierra, y los grandes, los comandantes, los ricos, los poderosos, y todo siervo y todo libre, se escondieron en las cuevas y entre las peñas de los montes;"*

***Versículo 16** – "y decían a los montes y a las peñas: Caed sobre nosotros y escondednos de la presencia del que está sentado en el trono y de la ira del Cordero,"*

***Versículo 17** – porque ha llegado el gran día de la ira de ellos, ¿y quién podrá sostenerse?*

La apertura del sexto sello trae consigo seis eventos catastróficos que reflejan una seria alteración en el tejido de la naturaleza:

- *"Hubo un gran terremoto,"*
- *"el sol se puso negro como cilicio,"*
- *"la luna se volvió como sangre,"*
- "y las estrellas del cielo cayeron a la tierra."
- *"el cielo desapareció como un pergamino que se enrolla."*
- *"todo monte e isla fueron removidos de su lugar",*

Primero vamos a iniciar analizando el gran terremoto. La palabra griega que fue utilizado en este versículo realmente significa "un temblor catastrófico, violento." Hoy en día nosotros no veríamos esto como un suceso inusual. Nunca antes en la historia ha ocurrido que una generación ha sido testigo de tantos terremotos mortales; raramente nos sorprendemos de leer acerca

¿Que pasaría si de repente la corteza de la tierra empezara a deslizarse y se fracturara globalmente?

de ellos en los periódicos. Casi todos nosotros estamos conscientes que hay una amplia red a nivel mundial de fallas sísmicas inestables a lo largo del mundo. Póngase a pensar qué pasaría si de repente la corteza de la tierra empezara a deslizarse y se fracturara globalmente y ocurriera un terremoto gigante. Este sería acompañado de varias erupciones volcánicas tremendas, que a su vez escupirían una enorme cantidad de polvo, vapor y gases a la atmósfera. Experiencias recientes en los Estados Unidos, cuando explotó en 1980 el Monte Santa Elena, y la erupción del Monte Pinatubo en Filipinas unos cuantos años después, nos han mostrado cómo se puede oscurecer el sol y la luna aparecer color rojo sangre.

> *"Y haré prodigios en el cielo y en la tierra: sangre, fuego y columnas de humo. El sol se convertirá en tinieblas, y la luna en sangre, antes que venga el día del SEÑOR, grande y terrible." Joel 2: 30-31*

Después dice que las estrellas del cielo cayeron a la tierra como la higuera deja caer sus higos verdes al ser sacudidos por un fuerte viento. Reconociendo que los eventos del sexto sello están siendo narrados y están escritos en lenguaje de apariencia, debemos de aceptar que efectivamente representan sucesos físicos reales. En la explosión del Monte Pinatubo en las Filipinas, muchas personas vieron literalmente una lluvia de rocas flamantes y cenizas descender del cielo. Esta descripción también es válida para una lluvia de meteoros. Muchos científicos de hoy en día nos dicen que una lluvia de meteoros significante puede provocar los eventos descritos en los versículos del 12 al 14.

Todo esto es también es recordativo de las profecías de Joel 3: 14-15: *"Multitudes, multitudes en el valle de la decisión. Porque cerca está el día del SEÑOR en el valle de la decisión. El sol y la luna se oscurecen, y las estrellas pierden su resplandor."*

Todo esto estaría acompañado de severas tormentas y disturbios atmosféricos. El versículo 14 dice que el cielo desapareció como un pergamino que se enrolla. Cualquiera de ustedes que haya visto una erupción volcánica en televisión ha visto este suceso. Asímismo, cualquiera de ustedes que ha vivido en un área en donde hay severas tormentas eléctricas ciertamente está familiarizado con tal descripción de que las nubes de los cielos literalmente parece que están hirviendo mientras las nubes de la tormenta se enrollan y voltean. Como resultado de un terremoto masivo y la actividad volcánica, las montañas y las islas son tanto creadas como destruidas.

¿Qué está haciendo el hombre mientras todo esto está sucediendo? Parece ser que finalmente están reconociendo la posibilidad de que Dios sea la causa de todos estos eventos y haga lo que siempre hace el hombre cuando se ve confrontado por Dios: Ellos *"se escondieron en las cuevas y entre las peñas de los montes,"* El hombre moderno afirma que él es el maestro de su destino; también afirma ser cada día más y más el maestro de la naturaleza y sus elementos.

> *Lo que el hombre pecador más teme, es el pararse delante de Dios, revelándose a sí mismo por quién es y por lo que es.*

Estos eventos mostrarán el sofisma en su pensamiento, y como resultado no habrá ateístas cuando este tiempo llegue. Pero en lugar de voltearse hacia Dios en arrepentimiento, el hombre buscará un lugar para esconderse. Aquí se pueden identificar siete tipos de hombre: 1. Reyes; 2. Grandes hombres; 3. Comandantes; 4. Los ricos; 5. Los poderosos 6. Siervos (esclavos) ; y 7. Hombres libres. Esto pienso que cubre a casi todo el mundo. Según se van escondiendo, se escucha que dicen a los montes y a las peñas: *"Caed sobre nosotros y escondednos de la presencia del que está sentado en el trono y de la ira del Cordero; porque ha llegado el gran día de la ira de ellos, ¿y quién podrá sostenerse?"* El mensaje aquí es demasiado poco, demasiado tarde. Es evidente que el hombre al final es revelado por lo que realmente es. Este es el intento de Dios para promover activamente la redención de la humanidad.

Algunas Observaciones Personales

Este es el último acto de la trilogía de la coronación de Jesucristo como Rey de la Tierra.

> *El método que Dios utilizó para transmitir este mensaje a Juan fue a través de la simbología; sin embargo, los eventos son reales y aparecen como fueron vistos a través de los ojos de Dios.*

Hay una clara progresión de pensamiento y acción acompañada por la apertura de los sellos. El primer sello es la culminación de la promesa que Jesucristo hizo a Sus seguidores cuando dejó la tierra para subir al cielo. Es el envío del Espíritu Santo para actuar en representación de Cristo aquí en la tierra. A Él se le da la autoridad para vencer, pero esta conquista es hecha en paz.

Los siguientes tres sellos muestran cómo Cristo utilizará las acciones y las actitudes derivadas de hombres pecadores para convencer a las personas de su necesidad de redención. Guerras, hambrunas, peste, y la muerte han estado con el hombre desde el pecado original de Adán. El hombre moderno te hará creer que si tenemos nuestras necesidades físicas básicas cubiertas, entonces el hombre por naturaleza sería pacifico. La historia nos muestra la falsedad de esta creencia.

Aunque el hombre ha mejorado su destino en la vida, no han disminuido las guerras, el hambre, y las enfermedades, sino al contrario, parece que éstas aumentan.

El armamento moderno del hombre está ahora basado en la idea de que si podemos eliminar a cierto grupo de gente, entonces tendremos paz. Así que ahora tenemos guerras de genocidio. La gran mayoría de la población mundial se va a dormir con hambre y muere de inanición, hoy más que en cualquier otra época en la historia del mundo. El número de personas que muere de hambre en el mundo cada dos días, excede a aquellas personas que murieron con la bomba de Hiroshima. Más de un billón de habitantes en el mundo se va a la cama con hambre todos los días. El cálculo más reciente de los Estados Unidos mostró que para el año 2010 dos millones de personas morirán de SIDA en África. India ahora estima que 10,000 personas están muriendo todos los días de SIDA. Los Estados Unidos van a perder a más personas de SIDA en los próximos años que el número total combinado de todos los soldados estadounidenses que murieron en todas las guerras a lo largo de su historia. ¿todo esto lleva al hombre hacia Dios? La respuesta es: no. En todo caso, el hombre está incrementando sus esfuerzos para distanciarse más de Dios.

Con la apertura del cuarto sello vemos el llanto natural de las almas de aquellos que han perdido sus vidas por el testimonio de Dios a través de las épocas. Al ver que Cristo está ahora en control de la tierra, ellos preguntan "¿cuándo se vengará nuestro sacrificio con la muerte de aquellos que nos persiguieron? La respuesta de Jesús es doble. La primera respuesta es el exhortarlos a que esperen por un poco más de tiempo. Su segunda respuesta se observa cuando se abre el sexto sello y ellos empiezan a ver el tiempo donde la ira de Dios desciende sobre el mundo. Como resultado de la ira de Dios, sus enemigos le gritarán hasta a las mismas rocas para que los escondan de la presencia de Dios.

¡Qué bárbaro! ¡Qué gran aliciente es este capítulo para los creyentes! Cristo está en control del futuro de la tierra, pero Él lo retrasa un poco para darle la oportunidad al hombre de buscarle para obtener redención. Cuando la cortina empieza a caer en esta oportunidad, la humanidad entonces se encontrará sola para experimentar la ira de Dios.

Desafortunadamente,
me parece el sonido
de los galopes se están
acercando más cada día.

Capítulo 7

Apocalipsis 7: 1 – 17
La separación del Pueblo de Dios

El sexto sello ha sido abierto. Al abrir el séptimo sello, el libro quedará abierto para que todos lo vean. Esto hará que el Juicio de Dios sobre la tierra dé inicio, guiando a su redención total. Pero antes de que esto suceda, Dios tiene algunos asuntos pendientes.

En este capítulo seremos testigos de que la responsabilidad de evangelizar al mundo fue pasada de un grupo de los escogidos de Dios a otro grupo.

Originalmente Dios escogió a los Judíos para que fueran ellos quienes tuvieran la responsabilidad de evangelizar al mundo. Sin embargo, con el rechazo que los Judíos tuvieron del Hijo de Dios, y con la muerte del Hijo (Jesucristo) y su resurrección, llegó un nuevo cuerpo de creyentes quienes serian los que llevarían la responsabilidad de evangelizar al mundo: la Iglesia. No obstante, con el nacimiento de la Iglesia en el día de Pentecostés (Hechos 2), Dios no cesó inmediatamente su trabajo con los Judíos. El hacer a un lado el viejo pacto con Israel para establecer uno nuevo necesitaba un periodo de transición, en donde, por un tiempo, coexistieran hombres justos tanto del Judaísmo como de la Iglesia. Bien puede ser que Dios dió una generación bíblica (cuarenta años) para la transición – desde la muerte de Cristo alrededor del año 30 A.C., a la destrucción del templo y el cese del sacerdocio en el año 70 A.C. En el libro de Daniel capítulo 9 leemos que Dios prometió que llegaría un tiempo en donde Sus escogidos, los

Judíos, volverían a asumir la responsabilidad de evangelizar la tierra. Se nos ha dicho que esto ocurrirá cuando Dios inicie el reloj en los últimos siete años antes de la segunda venida de Cristo a la tierra. Es la selección de este grupo final de gente de Dios y lo que precipita este movimiento lo que Dios le enseña a Juan en este capítulo.

Este capítulo sirve como un interludio dramático antes de la apertura del séptimo sello. Retrasa por un breve momento el descubrimiento de lo que sucederá en la tierra cuando el séptimo y último sello sea removido del libro del destino, el título de propiedad de la tierra. Posteriormente encontraremos un interludio similar que toma lugar antes de que la séptima trompeta suene, y también antes de que el séptimo tazón o copa de la ira de Dios sea derramada. Descubriremos que estos dos interludios tenían la intención de que Dios consolara tanto a Juan, como a todos los creyentes, que Dios no ha olvidado Su plan divino para la humanidad.

Dios no ha olvidado su plan divino para la humanidad.

Preguntas importantes para meditar mientras estudia este capítulo:

1. Lea Daniel 9:24 - 27. ¿Cuál era la función de los Judíos durante el periodo que se identifica en Daniel 9:24?

2. Después del tiempo de Cristo, ¿de quién era la responsabilidad de evangelizar al mundo?

3. Para que los Judíos puedan llevar a su cabo su rol de evangelizar el mundo actual en el cual vivimos ¿qué cree que tenga que suceder?

4. Ahora cuando usted lea este capítulo, ¿qué cree que está pasando y cuál cree que es el significado de esto?

Un Comentario Sobre el Capitulo

Versículo 1 – "Después de esto, vi a cuatro ángeles de pie en los cuatro extremos de la tierra, deteniendo los cuatro vientos de la

*tierra, para que no soplara viento alguno, ni sobre la tierra
ni sobre el mar ni sobre ningún árbol."*

*Versículo 2 – "y vi a otro ángel que subía de donde sale el sol y que tenía
el sello del Dios vivo; y gritó a gran voz a los cuatro ángeles a
quienes se les había concedido hacer daño a la tierra y al mar,"*

*Versículo 3 – "diciendo: No hagáis daño, ni a la tierra ni al mar ni
a los árboles, hasta que hayamos puesto un sello en la frente a
los siervos de nuestro Dios."*

Aquí de nueva cuenta vemos la frase en griego *"meta tauta"* (después
de esto), la cual es utilizada varias veces por Juan en Apocalipsis. Es la
misma frase con la que se inicia Apocalipsis 4:1. Aparentemente lo que
sigue representa ya sea una nueva visión, o algo que es traído a la atención
de Juan después de los eventos que precedieron estos versículos. Inclusive es
posible que la situación haya existido por algún tiempo antes de que Juan
se diera cuenta y la registrara.

Hay dos posibles interpretaciones de la escena expresada en el versículo
1. La primera es que a los cuatro ángeles se les dió autoridad sobre las
condiciones del clima de la tierra. Solamente piense qué pasaría a las
condiciones climáticas de la tierra si de repente todos los vientos dejaran
de soplar. No hubiera brisas que soplaran en la tierra, ni hojas que se
movieran en los bosques, no romperían olas en las costas, ni caerían lluvias,
y muy pronto sería imposible para los hombres sobrevivir en la cuenca de
los Ángeles. La sequía resultante causaría que muy pronto muchos ríos
y lagos se secaran y se calcinaran los árboles y el césped, trayendo como
consecuencia sufrimiento generalizado y una gran escasez de comida. Si
esta interpretación es correcta, entonces este evento pudiera describir los
resultados de la apertura de los sellos dos, tres y cuatro.

La segunda posible interpretación es que los ángeles están deteniendo
los vientos del poder destructivo de la ira de Dios. Si esta es la interpretación
correcta, entonces este evento pudiera estar ocurriendo justamente antes
de que el séptimo sello se abra, cuando el mundo está expuesto a la ira de
Dios. Con este evento Dios quería asegurarse que un número selecto de
Su gente escogida fuera protegida de Su ira divina y que la Iglesia fuera
substraída de la tierra para evitar estar expuesta a Su ira.

En el versículo 2, a los ángeles en cuestión claramente se les ha concedido el poder de hacer daño a la tierra y al mar. Sin embargo, vemos en el versículo tres que se les instruye a los ángeles que no juzguen a la tierra hasta que los siervos de Dios hayan recibido este sello, protegiéndolos así de lo que está a punto de suceder en la tierra. Es muy razonable el poder concluir entonces, que lo que está siendo descrito es una calma aparente de los vientos que constantemente están transversos en la tierra y en los mares.

Advierta que el quinto ángel involucrado aparentemente es de un rango mayor que los otros cuatro, porque éste quinto ángel les da órdenes que son claras, urgentes, precisas y en forma de mandato.

Advierta que los versículos 2 y 3 no indican que el sello tiene la intención de proteger a los siervos de Dios. El único propósito que está claro al tener el sello de Dios en ellos es el que sean identificados. No sabemos en qué consiste dicho sello, pero el texto sugiere que el sello va a estar visible en sus frentes. Muchos teólogos hacen hincapié en el hecho de la protección que trae consigo el poner el sello, pero este concepto debe de ser forzado en la traducción y se origina de capítulos posteriores en donde Dios exceptúa a estos individuos de ciertos juicios Suyos que van a sobrevenir. Lo único que podemos decir con cierto grado de seguridad sobre el tiempo de estos eventos es que es muy probable que suceda antes del inicio de la septuagésima semana de Daniel.

Para resumir estos tres versículos, entonces, lo que estamos viendo es que Dios está poniendo una marca identificador en un grupo seleccionado de Su gente, y que esto va a suceder en un tiempo en donde los vientos de la tierra estarán aplacados. No se puede decir ninguna otra cosa con cierto grado de seguridad. Nos queda a nosotros descubrir quiénes serán aquellos que estarán recibiendo esta marca identificador.

Versículo 4 – "Y oí el número de los que fueron sellados: ciento cuarenta y cuatro mil sellados de todas las tribus de los hijos de Israel;"

Versículo 5 – "de la tribu de Judá fueron sellados doce mil; de la tribu de Rubén, doce mil; de la tribu de Gad, doce mil;"

Versículo 6 – "de la tribu de Aser, doce mil; de la tribu de Neftalí, doce mil; de la tribu de Manasés, doce mil";

Versículo 7 – "de la tribu de Simeón, doce mil; de la tribu de Leví, doce mil; de la tribu de Isacar, doce mil;"

Versículo 8 – "de la tribu de Zabulón, doce mil; de la tribu de José, doce mil, y de la tribu de Benjamín fueron sellados doce mil."

Para entender a quién va a poner el sello el ángel, necesitamos empezar a analizar el final del versículo 3, en donde dice, primero que nada, *"los siervos de nuestro Dios."* Asumiendo que ni Dios, ni Juan cometieron un error cuando escribieron esto, entonces debemos de asumir que esta descripción es precisa. Esto nos indica entonces, que los que van a ser sellados no son necesariamente

> *No dice que aquellos que son sellados son siervos de Jesucristo.*

cristianos ó "creyentes", sino que son seguidores de Dios. Esto se aclara aún más en el versículo cuatro en donde físicamente se identifican como provenientes de los hijos de Israel. En otras palabras, algunos de los escogidos de Dios, quienes eran verdaderos seguidores de Dios, son sellados por el ángel. Cualquier otra interpretación seria sólo eso, una interpretación, y no sería consistente con una interpretación literal de la Escritura, sino una interpretación en la cual el intérprete se toma libertades con las Escrituras y lee en ellas algo y/o toma las palabras fuera de contexto.

El hecho de que sean 144,000 es bastante interesante. Se le puede dar a este número muchas interpretaciones, pero mientras no haya evidencia importante en contrario, considero que el número se debe de tomar de manera literal. Los argumentos en contra de que es un número literal, parecen centrarse en la idea de que Dios está limitado de alguna manera en Su capacidad para cumplir con este requisito. En los versículos del 5 al 8, se nos dice que los 144,000 están compuestos de 12,000 de cada una de las doce tribus de Israel.

> *Mientras es cierto que la mayoría de los Judíos perdieron hace mucho su identidad de "tribu", no existe ninguna duda de que Dios no la ha perdido.*

Al parecer no hay ningún orden especial en la manera como se enlistan las tribus, excepto por una peculiaridad en la lista. La lista inicia con Judá y termina con Benjamín. La mayoría de las listas similares en el Antiguo Testamento inician con Rubén, quien era el mayor, y termina con Benjamín, quien era el menor. Aquí hay dos posibles explicaciones: La primera es que, reconociendo que de la tribu de Judá iba a provenir el Mesías, o el Cristo, el Hijo de Dios, sería natural en los ojos de Dios el ver esta Tribu como las más importante. La segunda explicación pudiera ser que Rubén, el primogénito, Simeón el segundo, y Leví el tercero, perdieron sus posiciones cuando todos ellos pecaron ante su padre Jacobo, tal y como él les recordó cuando les estaba dando a sus hijos la bendición en su lecho de muerte: Rubén, cuando cayó en inmoralidad con la concubina de su padre (Génesis 49:3-4 *"Rubén, tú eres mi primogenitor, mi poderío y el principio de mi vigor, prominente en dignidad y prominente en poder. Incontrolable como el agua, no tendrás preeminencia, porque subiste a la cama de tu padre, y la profanaste: él subió a mi lecho"*). Simeón y Levi porque asesinaron sin motivo alguno (*Génesis 49: 5-7: "Simeón y Leví son hermanos; sus armas instrumentos de violencia. En su consejo no entre mi alma, a su asamblea no se una mi gloria, porque en su ira mataron hombres, y en su obstinación desjarretaron bueyes. Maldita su ira porque es feroz; y su furor porque es cruel. Los dividiré en Jacob, y los dispersaré en Israel."*)

También de interés son las dos tribus que son dejadas fuera, las cuales usualmente están incluidas en la lista de las doce tribus de Israel: Dan y Efraín. Tenemos que asumir que fueron dejadas fuera por la mera voluntad de Dios. Leemos en Deuteronomio 29: 18-21: *"no sea que haya entre vosotros hombre o mujer, familia o tribu, cuyo corazón se aleje hoy del SEÑOR nuestro Dios para ir y servir a los dioses de aquellas naciones; no sea que haya entre vosotros una raíz que produzca fruto venenoso y ajenjo. Y sucederá que cuando él oiga las palabras de esta maldición, se envanecerá, diciendo: "Tendré paz aunque ande en la terquedad de mi corazón, a fin de destruir la tierra regada junto con la seca." El SEÑOR jamás querrá perdonarlo, sino que la ira del SEÑOR y su celo arderán contra ese hombre, y toda maldición que está escrita en este libro caerá sobre él, y el SEÑOR borrará su nombre de debajo del cielo. Entonces el SEÑOR lo señalará para adversidad de entre todas las tribus de Israel, según todas las maldiciones del pacto que están escritas en este libro de la ley."* De manera muy clara, Dios está diciendo que aquellos que guían a otros en idolatría serán separados para adversidad. Ahora leamos Jueces 18: 29-31 *"Le pusieron el nombre de Dan a la ciudad, según el nombre de Dan su padre, que le nació a Israel; pero el nombre de la ciudad anteriormente era Lais. Y los hijos de Dan levantaron para sí la imagen tallada; y Jonatán, hijo de Gersón, hijo de Manasés, y sus hijos fueron sacerdotes para la tribu de los Danitas, hasta el día del cautiverio de la tierra. Levantaron, pues, para sí la imagen tallada que Micaía había hecho, todo el tiempo que la casa de Dios estuvo en Silo."* La tribu de Dan fue la primera tribu de Israel que se volvió hacia la idolatría.

En 1 Reyes 12: 25 – 31 vemos que Efraín se unió a Dan en la idolatría: *"Entonces Jeroboam edificó Siquem en la región montañosa de Efraín, y habitó allí. De allí salió y edificó Penuel. Y Jeroboam se dijo en su corazón: Ahora el reino volverá a la casa de David si este pueblo continúa subiendo a ofrecer sacrificios en la casa del SEÑOR en Jerusalén, porque el corazón de este pueblo se volverá a su señor, es decir a Roboam, rey de Judá, y me matarán y volverán a Roboam, rey de Judá. Y el rey tomó consejo, hizo dos becerros de oro, y dijo al pueblo: Es mucho para vosotros subir a Jerusalén; he aquí vuestros dioses, oh Israel, los cuales te hicieron subir de la tierra de Egipto. Puso uno en Betel y el otro lo puso en Dan. Y esto fue motivo de pecado, porque el pueblo iba aun hasta Dan a adorar delante de uno de ellos. Hizo también casas en los lugares altos, e hizo sacerdotes de entre el pueblo que no eran de los hijos de Leví."* Y en Oseas 4: 17 *"Efraín se ha unido a los ídolos; déjalo."* Así que podemos ver que en la mente de Dios estas dos tribus muy probablemente habían perdido su posición como parte de los escogidos de Dios.

Finalmente, tomamos nota de las dos tribus que los reemplazaron. Una de ellas fue José. Recuerde, José era el padre de Efraín. La adición de José cumple la promesa que se le hiciera a José de recibir doble bendición en su heredad. Génesis 48: 21-22 *"Entonces Israel dijo a José: He aquí, yo estoy a punto de morir, pero Dios estará con vosotros y os hará volver a la tierra de vuestros padres. Y yo te doy una parte más que a tus hermanos, la cual tomé de mano del amorreo con mi espada y con mi arco."* Despees notamos la adición de la tribu de Levi. Ya que estamos hablando de una identificación espiritual con Dios, es razonable entender porque Dios incluiría esta tribu, la tribu que Él designó como Sus sacerdotes.

Gaylord Bowman

Los Judíos tenían la responsabilidad de recibir y escribir las revelaciones de Dios para el hombre. Eran los escogidos para proteger y preservar la pureza de los manuscritos originales autografiados que habían sido transcritos bajo inspiración de Dios. Se necesitaba que los Judíos proporcionaran una familia humana a través de la cual el

> Es importante que entendamos que los Judíos tenían una posición muy significativa con Dios.

Mesías, el Salvador de toda la humanidad, pudiera nacer. Los Judíos fueron seleccionados para que dieran testimonio al mundo pagano que sólo hay un Dios verdadero y para enseñarle al hombre cómo conocerle.

En estos versículos, entonces vemos que Dios está separando evangelistas especiales de entre Su gente, aquellos que pudieran asumir la responsabilidad de evangelizar el mundo dúrate la septuagésima semana de Daniel. Joel 2:28- 31 *"Y sucederá que después de esto, derramaré mi Espíritu sobre toda carne; y vuestros hijos y vuestras hijas profetizarán, vuestros ancianos soñará sueños, vuestros jóvenes verán visiones. Y aun sobre los siervos y las siervas derramaré mi Espíritu en esos días. Y haré prodigios en el cielo y en la tierra: sangre, fuego y columnas de humo. El sol se convertirá en tinieblas, y la luna en sangre, antes que venga el día del SEÑOR, grande y terrible."*

Versículo 9 – "Después de esto miré, y vi una gran multitud, que nadie podía contar, de todas las naciones, tribus, pueblos y lenguas, de pie delante del trono y delante del Cordero, vestidos con vestiduras blancas y con palmas en las manos".

Dese cuenta que se utiliza de nuevo la frase "Después de esto". ¿Qué es esto? Obviamente lo que Juan acababa de presenciar en los versículos anteriores -- la imposición del sello en la frente de la gente escogida de Dios, los Judíos. También dese cuenta que la escena ha cambiado de la tierra al cielo.

> El hecho de que Juan ve esta gran multitud inmediatamente después de que ve que los 144,000 Israelitas son sellados para servicio especial, sugiere una conexión causal. ¿Cuál cree usted que sea esta relación causal?

La identificación de esta gran multitud es de importancia, y nos puede dar algunas claves para contestar la pregunta que se hizo arriba. Este versículo nos da varias claves:

- *"una gran multitud, que nadie podía contar"* – indica que hay tantos que es impráctico asignarle una cantidad.

- Son *"de todas las naciones, tribus, pueblos y lenguas"* – esto muestra que cada grupo de personas que viven o han vivido en la tierra estaban representadas en ese grupo. Esta descripción por su propia naturaleza debe incluir a los Judíos.

- *"de pie delante del trono y delante del Cordero"*,- aquí hay una clave importante en cuanto a quiénes son estas personas. ¿Quiénes se pueden parar en la presencia de Dios y Jesucristo? Leamos Lucas 21: 36 *"velad en todo tiempo, orando para que tengáis fuerza para escapar de todas estas cosas que están por suceder, y podáis estar en pie delante del Hijo del Hombre."* Judas versículo 24, *"Y a aquel que es poderoso para guardaros sin caída y para presentaros sin mancha en presencia de su gloria con gran alegría,"* En Lucas era Cristo mismo quien estaba hablando, y Él estaba hablando a los creyentes. Judas también se dirigía a los creyentes. Por lo tanto, parecería que esta multitud estaba compuesta por aquellos que creían (e.i. la Iglesia) en Jesucristo, el Cordero. Recuerde que en el Antiguo Testamento, cuando Dios confrontaba a las personas, se les decía a estas personas que inclinaran sus rostros, pues estaban en tierra santa.

- *"vestidos con vestiduras blancas"* – indica que ya habían sido declarado justos y por lo tanto esto era un reflejo de que eran dignos de estar en la presencia de Dios.

- *"con palmas en las manos"* – el único otro lugar en la Biblia en donde se habla de gente que está de pie con palmas en las manos es cuando Jesús hace su entrada final a Jerusalén. Juan 12: 12- 13 *"Al día siguiente, cuando la gran multitud que había venido a la fiesta, oyó que Jesús venía a Jerusalén, tomaron hojas de las palmas y salieron a recibirle, y gritaban: ¡Hosanna! BENDITO EL QUE VIENE EN EL NOMBRE DEL SEÑOR, el Rey de Israel."* Advierta que la multitud parada delante de Dios poseían algún tipo de cuerpo físico, ya que están vestidos y tienen manos. ¿Qué crees que hicieron después?

Versículo 10 – "Y clamaban a gran voz, diciendo: La salvación pertenece a nuestro Dios que está sentado en el trono, y al Cordero."

Alababan a Dios y a Jesucristo. Hay una idea importante que tenemos que obtener de este versículo. Advierta cómo se le atribuye la salvación a Dios y al Cordero. Este es el primer y único grupo que hemos visto ante el trono de Dios que hace este clamor. Claramente esto los distingue de los otros grupos. También, esto hace muy probable el hecho de que estos son individuos que han experimentando esta salvación. Son creyentes de Jesucristo redimidos. Tome nota de lo que sucede a continuación:

> ¡Estas son las personas que han experimentado la salvación!

Versículo 11 - "Y todos los ángeles estaban de pie alrededor del trono y alrededor de los ancianos y de los cuatro seres vivientes, y cayeron sobre sus rostros delante del trono, y adoraron a Dios,"

Versículo 12 - "diciendo ¡Amén! La bendición, la gloria, la sabiduría, la acción de gracias, el honor, el poder y la fortaleza, sean a nuestro Dios por los siglos de los siglos. Amén,"

Advierta que los veinticuatro ancianos están agrupados con los ángeles y con los cuatro seres vivos (querubines), en distinción con los redimidos. El que los ancianos no estén entre los creyentes redimidos, sino en un grupo aparte, confirma aún más, como lo indicábamos anteriormente, que ellos eran representantes de todos aquellos que siguieron a Dios antes de la aparición de Jesucristo en la tierra – en otras palabras, son los Santos del Antiguo Testamento. Advierta su actitud de alabanza ante el trono ***"y cayeron sobre sus rostros.".*** Contraste esto con la actitud de la multitud que se identifica en el versículo 9. Cuando comparamos las palabras de adoración de los ancianos con sus palabras en Apocalipsis 5: 12 vemos que son idénticas, salvo por una cosa. En Apocalipsis 5:12 Dios es alabado por "riquezas" y aquí Dios y el Cordero están siendo alabados por "acción de gracias". Los ancianos ahora han visto la evidencia de la redención exitosa de la humanidad y reconocen eso dando gracias a Dios y al Cordero.

Versículo 13 – "Y uno de los ancianos habló diciéndome: Estos que están vestidos con vestiduras blancas, ¿quiénes son y de dónde han venido?"

Versículo 14 – "Y yo le respondí: Señor mío, tú lo sabes. Y él me dijo: Estos son los que vienen de la gran tribulación, y han lavado sus vestiduras y las han emblanquecido en la sangre del Cordero."

Versículo 15 – "Por eso están delante del trono de Dios, y le sirven día y noche en su templo; y el que está sentado en el trono extenderá su tabernáculo sobre ellos."

Versículo 16 – "Ya no tendrán hambre ni sed, ni el sol los abatirá, ni calor alguno,"

Versículo 17 – "pues el Cordero en medio del trono los pastoreará y los guiará a manantiales de aguas de vida, y Dios enjugará toda lágrima de sus ojos".

Advierta que Juan no hizo la pregunta. La respuesta de Juan "*Señor mío, tú lo sabes*", puede ser interpretada de dos maneras: La primera es que Juan sabía quiénes eran y sintió que la pregunta era retórica, y que Él sabía que el anciano también sabía. La segunda es que Juan no sabía quiénes eran y en cierto sentido le estaba pidiendo al anciano que le dijera. Pienso que esta es una respuesta lógica que uno haría si estuviera hablando con una persona divina. La respuesta deja poco a la imaginación.

> Es evidente de las preguntas en el versículo 13 que los ancianos son un grupo diferente de aquel que se ha representado como la multitud de vestiduras blancas en el versículo 9.

A. ¿De dónde vienen? ***"Estos son los que vienen de la gran tribulación"*** Ellos vinieron de la tierra, y aparentemente fueron removidos de la tierra antes de un gran período de tribulación. El verbo se encuentra en tiempo presente. Acaba de suceder, o pudiera ser que sigue sucediendo mientras Juan observa. Asímismo, no hay nada aquí, ni en ningún otro lugar en estos versículos que indique que estas personas fueron mártiries o están siendo martirizadas.

B. ¿Quiénes eran? ***"han lavado sus vestiduras y las han emblanquecido en la sangre del Cordero"*** Tenían que haber sido cristianos del Nuevo Testamento. La sangre del Cordero solamente puede significar una cosa: la muerte de Cristo como sacrificio. El acto de lavar sus vestiduras no tiene la intención de denotar el mérito por realizar un trabajo, sino una manera de describir su fe en Jesucristo. 1 Juan 1:7 dice *"más si andamos en la luz, como El está en la luz, tenemos comunión los unos con los otros, y la sangre de Jesús su Hijo nos limpia de todo pecado"*

C. ¿Qué están haciendo? ***"Por eso están delante del trono de Dios, y le sirven día y noche en su templo; y el que está sentado en el trono extenderá su tabernáculo sobre ellos."*** Advierta, estaban ahí porque se habían limpiado con la sangre del Cordero. Debido a esto, ellos están delante del trono de Dios, con acceso directo a Dios mismo, y le están sirviendo constantemente. El que Su tabernáculo esté extendido sobre su gente es una manera de decir que la presencia de Dios los protegerá de todo lo que les pudiera hacer daño.

D. ¿Cuál fue el resultado de que el Tabernáculo de Dios los esté protegiendo? ***"Ya no tendrán hambre ni sed, ni el sol los abatirá, ni calor alguno;"*** Se les librará de las aflicciones de vivir una vida en la tierra tal y como la conocemos. (Advierta el uso de las palabras *"ya no"*.)

E. ¿Quién era su nuevo protector? ***"pues el Cordero en medio del trono los pastoreará y los guiará a manantiales de aguas de vida, y Dios enjugará toda lágrima de sus ojos"*** Jesucristo mismo verá por ellos. Él los guiará a la vida eterna y Dios mismo los removerá de pasar por la experiencia de las aflicciones de este mundo.

Algunas Observaciones Personales

En este capítulo Dios le mostró a Juan que Él cumpliría la promesa que le hizo a Daniel más de 600 años atrás, una promesa de que nuevamente habría un tiempo en el cual Su gente escogida, los Judíos, serían los principales testigos de Dios en la tierra.

Dios inició mostrándole a Juan que iba a escoger a 144,000 israelitas para que fueran sus mensajeros especiales en la tierra. También le mostró a Juan que iba a cumplir su promesa de que Su Hijo iba a redimir a los seguidores de Cristo en la tierra antes de que ésta sufriera la ira de Dios.

Lo único incierto es cuál es el tiempo exacto de estos eventos. Aparentemente no van a suceder de manera simultánea, ya que cada sección inicia con "después de esto". Es interesante darse cuenta que la primer sección con especto a la selección de la gente de Dios esta en tiempo pasado, mientras que la última sección con respecto a la multitud de gente en el cielo, esta en tiempo presente. Hasta donde sabemos, Dios ya ha escogido a Su gente, y el tiempo de la transición de responsabilidad ha iniciado. Lo único que podemos decir con certeza es que para el inicio de los últimos siete años (los cuales iniciarán con la firma de un pacto de paz entre el Anticristo e Israel), los 144,000 escogidos de Dios habrán asumido la responsabilidad de evangelizar la tierra.

Con toda probabilidad va a haber un periodo transicional entre los dos eventos identificados en este capítulo. Recuerde que fue hasta que Jerusalén y el Templo fueron totalmente destruidos en el año 70 A.C, que la influencia del Judaísmo fue disminuida en gran manera de la Iglesia, y la Iglesia asumió una vida independiente y una identidad propia. En el inicio fueron los Judíos los responsables de la propagación temprana de la Cristiandad. Es interesante observar que el tiempo entre el día de

Pentecostés y la destrucción de Jerusalén fue igual a una generación bíblica de cuarenta años.

Hay una cosa clara acerca del tiempo del rapto de la Iglesia. En 1 Corintios 15:51-52, dice: *"He aquí, os digo un misterio: no todos dormiremos, pero todos seremos transformados; en un momento, en un abrir y cerrar de ojos, a la trompeta final; pues la trompeta sonará y los muertos resucitarán incorruptibles, y nosotros seremos transformados."* Entendemos que Pablo está hablando sobre el rapto de los creyentes. Esto seguramente indica que este evento va a tomar lugar a la apertura del séptimo sello, cuando las trompetas finales de la ira de Dios suenen. Esto puede significar que será al sonido de la primera trompeta (señalando el término de la paciencia de Dios con la humanidad y la tierra) o literalmente la última (o séptima) trompeta. Es más probable que sea la primera trompeta, ya que la Biblia deja en claro que Su gente – la Iglesia- no va a experimentar la ira de Dios.

No hay nada que tenga que suceder dentro del plan divino que Dios tiene para la humanidad, que haya de tomar lugar antes del rapto de la Iglesia.

Capitulo 8

Apocalipsis 8: 1 - 13
Se abre el séptimo sello y se escucha el
toque de las cuatro trompetas

Los eventos derivados de haber roto los seis sellos en los capítulos 5 y 6 anteriores tenían la intención de guiar a la humanidad a la redención. Los resultados en la tierra, mientras se rompía cada sello, sucedieron de una manera que iba a propiciar que la humanidad buscara a Dios. Los eventos que tuvieron lugar no estaban fuera de la esfera de las experiencias normales que los hombres viven.

En este capítulo empezaremos a ver la intervención directa de Dios en los eventos de la tierra, de tal manera que el hombre no tendrá duda de Quién los está causando.

Cada uno de los juicios de las trompetas y de las copas que siguen a continuación serán ejecutados por medio de los siervos angélicos de Dios. En un contraste marcado, ninguno de los juicios de los sellos involucraba ángeles. Lo que estaremos viendo ahora será la ira "justa" de Dios manifestándose en una tierra malvada. Debido a que lo que sucede refleja la participación directa de la ira de Dios, la Iglesia ya habrá sido raptada. Las trompetas no sólo siguen después de la apertura del séptimo sello, sino que salen del séptimo sello y son parte integrante del mismo. El "séptimo sello" incluye todo lo que sucede mientras "las trompetas" están sonando y el derramamiento de las siete "copas de la ira".

> *Con la apertura del séptimo sello veremos el inicio del Día del Señor, el cual termina con la conducción al reino de mil años de Cristo en la tierra.*

Es razonable asumir que lo que sigue a continuación del rompimiento del séptimo sello es una manifestación e implementación de los requerimientos de los contenidos del libro que Dios que le dio a Jesucristo.

— — — — — — — — —

Preguntas importantes para meditar mientras estudia este Capitulo:

1. ¿Qué pasa con el libro (rollo) cuando se remueve el séptimo sello?

2. ¿Porqué cree que en el cielo (paraíso) se vieron los resultados de la apertura del séptimo sello en silencio?

3. La apertura de los sellos tuvieron como resultado eventos que pudieran ser explicados como "naturales". ¿Se puede decir lo mismo de los resultados que vendrán con el soplar de las trompetas? ¿Cuál cree usted que sea el significado de esto?

4. ¿Cuál es el tema constante o el resultado en el tocar de las cuatro trompetas en este capítulo?

Un Comentario Sobre el Capitulo

Versículo 1 – "Cuando el Cordero abrió el séptimo sello, hubo silencio en el cielo como por media hora."

> *Este versículo marca la transición de un mundo viviendo bajo la gracia de Jesús, a un mundo en donde el juicio será suavizado solamente por la misericordia de Dios.*

Todos los ojos del trono celestial están una vez más fijados en el Cordero. Un silencio expectante se pone sobre la multitud mientras Él se prepara a abrir el sello final. Con la apertura del séptimo sello, el título de propiedad (las escrituras) de la tierra estará ahora en las manos del redentor del mundo. La escena esta lista, el día del Señor está a punto de iniciar. La Biblia dice en Sofonías 1:7 que habrá silencio en el cielo al inicio del día del Señor *"¡Calla delante del Señor Dios!, porque el día del Señor está cerca, porque el Señor ha preparado un sacrificio, ha consagrado a sus invitados."* A principios del capítulo anterior, el silencio reina sobre la tierra. Aquí aparentemente los contenidos del rollo son tan increíbles que aquellos que estaban en el cielo y lo vieron enmudecieron. La alabanza jubilosa y la algarabía del cielo se convierten en silencio mientras todos ven el precio que tendrá que ser pagado para purgar a la tierra de la maldad.

Versículo 2 – **"Y vi a los siete ángeles que están de pie delante de Dios, y se les dieron siete trompetas."**

Versículo 3 – **"Otro ángel vino y se paró ante el altar con un incensario de oro, y se le dio mucho incienso para que lo añadiera a las oraciones de todos los santos sobre el altar de oro que estaba delante del trono."**

Versículo 4 – **"Y de la mano del ángel subió ante Dios el humo del incienso con las oraciones de los santos."**

Versículo 5 – **"Y el ángel tomó el incensario, lo llenó con el fuego del altar y lo arrojó a la tierra, y hubo truenos, ruidos, relámpagos y un terremoto."**

Versículo 6 – **"Entonces los siete ángeles que tenían las siete trompetas se prepararon para tocarlas."**

La apertura del séptimo sello no hace que los ángeles se pongan de pie delante de Dios. Están identificados como ángeles que siempre están de pie en el trono de Dios. El ponerse delante de Dios es el mantenerse listo para su servicio. El libro apócrifo de los Judíos llamado Enoch (1 Enoch 20:2-8) se refiere a siete ángeles que siempre están parados delante de Dios. En esta escena a cada uno de los ángeles les es dada una trompeta. En el antiguo Israel la trompeta tenía dos propósitos principales. Primero, era utilizada para llamar a una asamblea solemne de personas que se juntaban y adoraban al Señor, (Levítico 23:24 *"Habla a los hijos de Israel y diles: "En el séptimo mes, el primer día del mes, tendréis día de reposo, un memorial al son de trompetas, una santa convocación";* también lea Números 10:2-3, 7, 10; Salmos 81:3). El segundo, era que la trompeta era usada para sonarla como alarma en guerra y juicio (Números 10:9: *"Cuando vayáis a la guerra en vuestra tierra contra el adversario que os ataque, tocaréis alarma con las trompetas a fin de que el SEÑOR vuestro Dios se acuerde de vosotros, y seáis salvados de vuestros enemigos.";* lea también Jeremías 4:19 y Joel 2:1). En la escena que sigue veremos como estas trompetas serán utilizadas para cumplir con los propósitos arriba indicados.

"Otro ángel vino y se paró ante el altar con un incensario de oro;" "otro ángel" significa solo eso. Recuerde, Cristo esta en el trono ahora. En el sistema Levítico solamente el sumo sacerdote usaba un incensario de oro, y éste era usado para el propósito expreso de llevar el fuego del altar de bronce al altar de oro con incienso. En esta escena, un ángel está asumiendo el deber del sumo sacerdote.

"y se le dio mucho incienso para que lo añadiera a las oraciones de todos los santos sobre el altar de oro que estaba delante del trono. Y de la mano del ángel subió ante Dios el humo del incienso con las oraciones de los santos." Recuerde, las oraciones de los santos identificadas en el capitulo quinto eran para justicia. Es razonable el ver en esta escena la recolección de todas las oraciones por justicia no contestadas emitidas por los santos que sufrieron en todos los tiempos. Aquí vemos que un ángel esta actuando en nombre de Cristo. El incienso de oraciones humanas solo es aceptable cuando es añadido al incienso del cielo, el cual sube de la intercesión de Cristo y los efectos de Su trabajo de expiación. Efesios 5:2 nos dice, *"y andad en amor, así como también Cristo os amó y se dio a sí mismo por nosotros, ofrenda y sacrificio a Dios, como fragante aroma."* Aquí hay una reunión de oración poco usual. Esta escena sugiere que hay algo sacrificial sobre una oración genuina, ya que tanto las oraciones de los creyentes como las oraciones de Cristo entran a la presencia de Dios por medio del altar de sacrificios.

"Y el ángel tomó el incensario, lo llenó con el fuego del altar y lo arrojó a la tierra, y hubo truenos, ruidos, relámpagos y un terremoto". Simbólicamente presente, aquí tenemos la respuesta que Dios da a las oraciones de los santos cuando el ángel toma el incensario, encontrándose

ya vacío de su contenido, lo llena con fuego del altar, y lo arroja a la tierra. Los "truenos, ruidos, relámpagos y un terremoto" que siguieron al ser arrojado el fuego sobre la tierra no tienen la intención de destruir a nadie, sino de advertir a la gente en la tierra que se acerca el juicio de Dios.

"Entonces los siete ángeles que tenían las siete trompetas se prepararon para tocarlas." La media hora de silencio ha terminado. Los siete ángeles están listos y atentos para tocar sus trompetas. Las oraciones de los Santos están a punto de ser contestadas. La paciencia de tanto tiempo de sufrimiento de Dios ha llegado a su fin.

Mientras leemos los versículos que siguen y somos testigos de los resultados del tocar las trompetas, podremos ver esto de dos maneras. La primera de ella es ¿Cuál es la acción que continua después de que se hacen sonar las trompetas? La segunda es, ¿Cuáles son los resultados de esta acción en la tierra?

Versículo 7 – "El primero tocó la trompeta, y vino granizo y fuego mezclados con sangre, y fueron arrojados a la tierra; y se quemó la tercera parte de la tierra, se quemó la tercera parte de los árboles y se quemó toda la hierba verde."

La imagen que tenemos aquí es de una catástrofe que cae sobre el mundo físico *"granizo y fuego, mezclados con sangre, y fueron arrojados a la tierra."* Los habitantes de la tierra acaban de experimentar una increíble tormenta eléctrica más un violento terremoto, y ahora están experimentando una poderosa tormenta de granizo. Yo sospecho que la sangre mezclada con el granizo puede ser real. Ciertamente la presencia de sangre mezclada con granizo y fuego pudiera causar que el hombre considerara que la mano de Dios está involucrada en esto.

Lo que estamos viendo aquí es que Dios está juzgando la tierra de tal manera que el hombre tendrá que reconocer que algo supernatural está involucrado y que no puede ser explicado como un fenómeno natural.

"y se quemó la tercera parte de la tierra, se quemó la tercera parte de los árboles y se quemó toda la hierba verde." Una tercera parte de toda la hierba verde está incluida en el juicio de la primera trompeta. Se nos dice en el libro de Génesis que lo primero que se creó después del cielo y la tierra fue la vegetación (Génesis 1: 11-12 *"Y dijo Dios: Produzca la tierra vegetación: hierbas que den semilla, y árboles frutales que den fruto sobre la tierra según su género, con su semilla en él. Y fue así. Y produjo la tierra vegetación: hierbas que dan semilla según su género, y árboles que dan fruto con su semilla en él, según su género. Y vio Dios que era bueno."*) En el juicio de las trompetas, lo primero que es juzgado es la vegetación. Guarde en mente que los efectos son devastadores pero temporales. El hecho de que solo un tercio de la tierra es afectado, es evidencia de que Dios está dictando juicio templado con piedad. El propósito de esta trompeta no es la retribución en contra de la vegetación, sino un intento de obtener la atención del hombre, para que así puedan ser guiados a buscar el arrepentimiento de una acción que es obvio proviene de un ser supremo. Como el vigilante y su trompeta en Ezequiel 33, Dios esta avisando a la gente de un peligro inminente.

Versículo 8 – *"El segundo ángel tocó la trompeta, y algo como una gran montaña ardiendo en llamas fue arrojado al mar, y la tercera parte del mar se convirtió en sangre."*

Versículo 9 *"Y murió la tercera parte de los seres que estaban en el mar y que tenían vida; y la tercera parte de los barcos fue destruida."*

"Algo como una gran montaña ardiendo en llamas fue arrojado al mar." Advierta que Juan no dice que es una montaña real, sino algo que solamente puede ser descrito como algo que se parece a una gran montaña ardiendo. Ciertamente la apariencia de un gran meteoro puede ser fácilmente descrito como una montaña en llamas cuando este se estrella en la tierra. Un meteoro grande seguiría teniendo substancia mientras se aproxima a la tierra, y solamente el frente dirigente parecería que está en llamas debido a su fricción con la atmósfera. Guarde en mente que la palabra "meteoro" ni siquiera existía en los tiempos de Juan. Cuando la Biblia habla del mar como un cuerpo de agua singular, usualmente significa el mar Mediterráneo, a menos que se especifique que es otro mar.

Recuerde que Dios, y por ende la Biblia, estaban primeramente interesados por las tierra alrededor de Su tierra prometida. Cuando se habla en la Biblia del océano, usualmente dice "mares". Sin embargo, no debemos de ser dogmáticos sobre este punto de vista, y solamente es de relativa importancia.

"y la tercera parte del mar se convirtió en sangre, y murió la tercera parte de los seres que estaban en el mar y que tenían vida; y la tercera parte de los barcos fue destruida." Aquí Juan no usa el lenguaje de apariencia cuando está diciendo que un tercio del mar se convirtió en sangre. Mientras nosotros le estamos dando vuelta a este fenómeno en nuestra mente, es razonable el aceptarlo de manera literaria por dos razones. Primero, hay un peligro real en elegir y escoger lo que decides creer de la Biblia. Ya sea que aceptemos la Biblia literalmente como la palabra de Dios, o que nos encontremos interpretándola de acuerdo con nuestras propias creencias. Segundo, este fenómeno indicaría de manera muy clara a la humanidad que la mano de Dios se encuentra presente. Alguna otra cosa pudiera ser explicada como causa de la

> El impacto del meteoro en el mar también generaría un Tsunami que haría pedazos un gran número de embarcaciones, especialmente los que se encuentran anclados en los puertos.

naturaleza, pero esto no. La probabilidad es que todas las embarcaciones y todos aquellos que se encuentren en ellas sean destruidas en el área mas cercana al impacto de la gran montaña en llamas o el meteoro cuando este se estrelle en el mar. Cuando sumas la destrucción de por lo menos un tercio de toda la vegetación con la aniquilación de un tercio de toda la vida marina, nos da como resultado una reducción masiva del abastecimiento de comida del mundo. De nueva cuenta advierta como Dios limita la destrucción en la tierra, indicando que Él continúa moderando sus juicios con misericordia, y sigue preocupado con traer al hombre hacia el punto en que éste busque la redención. Ezequiel 33:4 nos dice *"y el que oye el sonido de la trompeta no se da por advertido, y viene una espada y se lo lleva, su sangre recaerá sobre su propia cabeza."*

Versículo 10 – *"El tercer ángel tocó la trompeta, y cayó del cielo una gran estrella, ardiendo como una antorcha, y cayó sobre la tercera parte de los ríos y sobre los manantiales de las aguas."*

Versículo 11 – *"Y el nombre de la estrella es Ajenjo; y la tercera parte de las aguas se convirtió en ajenjo, y muchos hombres murieron por causa de las aguas, porque se habían vuelto amargas."*

"Cayó del cielo una gran estrella, ardiendo como una antorcha." Advierta la diferencia en esta descripción de aquella que se dio anteriormente con la montaña ardiendo. Aquí Juan no ve una masa visible, sino literalmente una bola de fuego que se separa según se aproxima a la tierra. Sin duda alguna, Juan está siendo testigo de un gran asteroide o un meteoro pequeño que está compuesto primeramente de gases congelados y químicos. Cuando éste tiene contacto con la atmósfera de la tierra, literalmente se disuelve en miles de pedazos más pequeños y partículas que caen sobre la tierra en un área bastante extensa.

"y cayó sobre la tercera parte de los ríos y sobre los manantiales de las aguas. Y el nombre de la estrella es Ajenjo; y la tercera parte de las aguas se convirtió en ajenjo, y muchos hombres murieron por causa de las aguas, porque se habían vuelto amargas" Nuevamente vemos la misericordia de Dios cuando Él limita los resultados destructivos de este evento solo a una tercera parte del abastecimiento de agua dulce en la tierra. Advierta el nombre especial que se le da a esta estrella: "Ajenjo". Este es el único uso de esta palabra en el Nuevo Testamento. Sin embargo "Ajenjo" es utilizado varias veces en el antiguo testamento (es una traducción de la palabra Hebrea *laanah*). Deuteronomio 29:18 *"no sea que haya entre vosotros hombre o mujer, familia o tribu, cuyo corazón se aleje hoy del SEÑOR nuestro Dios para ir y servir a los dioses de aquellas naciones; no sea que haya entre vosotros una raíz que produzca fruto venenoso y ajenjo."* Ajenjo era una planta que se encontraba en el Medio Oriente que producía una raíz con un sabor fuerte, amargo y venenoso. Jeremías 9:15 dice *"Por tanto, así dice el SEÑOR de los ejércitos, el Dios de Israel: He aquí, yo daré de comer ajenjo a este pueblo y le daré de beber agua envenenada."* Jeremías 23:15 dice *"Por tanto, así dice el SEÑOR de los ejércitos acerca de los profetas: "He aquí, les daré de comer ajenjo y les daré de beber agua envenenada, porque de los profetas de Jerusalén ha salido la corrupción por toda la tierra."* Aparentemente

los efectos de los pedazos y partículas del asteroide o meteoro que están cayendo en la tierra tienen el mismo efecto como tiene el ajeno en el abastecimiento de agua dulce. Por lo tanto entonces a esta estrella le dieron el nombre de Ajenjo por el efecto que esta tiene en el agua.

En estos tres versículos vemos la primera indicación específica de la pérdida de vida humana. Sin duda alguna se perdieron vidas de la destrucción de las embarcaciones como resultado de la segunda trompeta, pero aquí dice "muchos" hombres murieron.

De los resultados de las primeras tres trompetas hemos visto que mucha de la provisión de alimentación en la tierra ha sido destruida, la industria naval mutilada y el abastecimiento de agua dulce envenenada. La vida comienza a ser difícil para la humanidad.

Versículo 12 - *"El cuarto ángel tocó la trompeta, y fue herida la tercera parte del sol, la tercera parte de la luna y la tercera parte de las estrellas, para que la tercera parte de ellos se oscureciera y el día no resplandeciera en su tercera parte, y asimismo la noche."*

En el cuarto día de la creación Dios puso el sol, la luna y las estrellas en sus respectivos lugares para que le dieran luz a la tierra. (Génesis 1:14 *"Entonces dijo Dios: Haya lumbreras en la expansión de los cielos para separar el día de la noche, y sean para señales y para estaciones y para días y para años."*). (Génesis 1:16 *"E hizo Dios las dos grandes lumbreras, la lumbrera mayor para dominio del día y la lumbrera menor para dominio de la noche; hizo también las estrellas."*). ¿Cómo pueden explicar aquellos en la tierra quienes continúan negando la existencia de Dios explicar lo que pasa en este juicio? ¡Las cosas se están poniendo serias!. Con el sol palideciendo y oscureciéndose la forma de vida de todos se verá dramáticamente interrumpida. Los días se hacen sombríos. Las noches son más oscuras. El frió se asienta; las cosechas y el abastecimiento de comida se ven afectados. No hay ninguna duda de que esto causará gran alarma y miedo. Imagínese las fallas de energía eléctrica que tendrán lugar cuando se utilice más y más electricidad por periodos cada vez más largos de tiempo. La explicación no-científica más sencilla de todo esto es que de alguna manera nuestros recursos visibles de luz en el cielo disminuyen sus reacciones internas de tal modo que reducen su potencia de energía en un tercio. ¿Quién sabe cuánto tiempo va a durar esto? Puede ser tan solo unas pocas horas, puede ser un día, posiblemente varios días, y posiblemente varios meses. ¿Cómo puede pasar esto? Considere los resultados de todos los disturbios atmosféricos causados por la entrada de los dos grandes meteoros (en los juicios de las trompetas 2 y 3) en la atmósfera que rodea la tierra y el impacto que éstos tendrán en la tierra; los cielos posiblemente se llenen de partículas de polvo al punto que solo una tercera parte de la luz del sol y de la luna puedan pasar, y muchas estrellas no podrán ser observadas. En cualquier caso, esta abrupta pérdida de calor solar causará una baja severa en la temperatura a nivel global y un enorme trastorno en toda la meteorología y climatología de la tierra. Esta interpretación muy probablemente sea la correcta, ya que los efectos son solamente temporales, y veremos en un juicio posterior que los efectos del sol se están intensificando mucho más allá de su salida de energía normal. Para la humanidad, aquí hay un fenómeno que finalmente pudiera ser explicado como una causa natural y sus efectos en la naturaleza. ¡Qué alivio!

Pero espera; ¡Dios aun no termina!, ¿Qué es esto que estoy viendo?

Versículo 13 – *"Entonces miré, y oí volar a un águila en medio del cielo, que decía a gran voz: ¡Ay, ay, ay, de los que habitan en la tierra, a causa de los toques de trompeta que faltan, que los otros tres ángeles están para tocar!"*

En este momento hay una corta interrupción en la secuencia de eventos. La atención de Juan esta ahora dirigida a otro fenómeno, un águila que vuela sobre la tierra y que habla a gran voz, una voz humana audible. El águila esta avisando a todas las personas que viven en la tierra sobre juicios venideros. Después de los horribles eventos de los días recientes, aquellos en la tierra ahora son súbitamente confrontados con la increíble vista de un águila que vuela a lo largo del cielo y que grita con voz humana para que todos los habitantes de la tierra puedan oír. Imagine el impacto que esta escena tendrá en los corazones de los habitantes de la tierra. Así de dramática es esta evidencia de poder y soberanía de Dios que aun los hombres más duros de corazón tendrán dificultad en ignorar el hecho de que Dios esta tratando con ellos. Debido a la dificultad que tenemos en comprender este escenario, muchos Cristianos prefieren creer que el águila realmente es un ángel.

Sin embargo, hay una explicación perfectamente plausible de lo que Juan está viendo; posiblemente es tanto un águila como un ángel. ¿Recuerdan al cuarto magno querubín, los "seres vivientes" del capítulo 4 de Apocalipsis? El cuarto de estos seres vivos tiene la apariencia de "un águila volando." (Apocalipsis 4:7 "…….*y el cuarto ser era semejante a un águila volando.*") Puede ser posible que este querubín angelical sea "el águila volando" a lo largo de los cielos con el mensaje de advertencia y los tres ayes. Ya sea que sea un ángel, un querubín o un águila, es la forma única y la substancia de la advertencia lo que captura la atención de aquellos que están en la tierra. Hay un "ay" para cada una de las trompetas restantes. Esto tiene la intención de ser una advertencia clara a la humanidad de que lo que está por venir de las trompetas futuras va a ser mucho peor que todo aquello que hayan visto hasta ahorita.

Algunas Observaciones Personales

En este capítulo empezamos a ver los eventos que transpirar con la apertura del séptimo sello y el sonar de la primeras cuatro trompetas. Tenga en mente que tanto las trompetas como los copas de ira que van a seguir a continuación tienen sus origen en la apertura del séptimo sello. Es este evento el que resulta en el hecho de que Dios está directamente relacionado con la redención de la tierra y de la humanidad.

El propósito de todas las trompetas es darle a los hombres no regenerados una última oportunidad para buscar el arrepentimiento. Por esta razón Dios sigue demostrando su misericordia hacia el hombre al limitar los resultados de Sus Juicios.

En las primeras cuatro trompetas vemos que sus efectos están dirigidos hacia la creación misma. En las siguientes tres trompetas somos advertidos que los efectos estarán dirigidos hacia los habitantes de la tierra.

En los eventos siguientes el sonar de las primeras cuatro trompetas será obvio que Dios está involucrado para aquellos que viven en la tierra. No podrán explicar todo lo que está pasando como si fuera un hecho normal y natural de los efectos de la naturaleza. Van a ser forzados a confrontar la existencia de Dios. ¿Cómo reaccionaran los hombres que no están regenerados? Veremos la respuesta en el próximo capítulo.

Capítulo 9

Apocalipsis 9: 1 - 21

Los juicios de las tres trompetas en contra de la humanidad

En el futuro Dios va a venir a habitar en la tierra,
y para que esto pueda suceder, la tierra y la
humanidad deben de estar limpias de todo rastro
de maldad. En este capítulo empieza ese proceso.

La gran devastación que cimbró la tierra, emanando de los juicios de las primeras cuatro trompetas, parecían estar dirigidas en contra del mundo físico, o de la naturaleza, si usted lo prefiere, afectando al hombre sólo de manera indirecta. Con el sonido de la quinta trompeta, esto va a cambiar. A partir de hoy cada habitante de la tierra empezará a experimentar los juicios de Dios. La tierra ahora va a experimentar el primero de los tres grandes ayes que predijo el mensajero de Dios, que la gente de la tierra vio volar a lo largo de los cielos después del sonido de la cuarta trompeta (Capitulo 8). Ahora empezaremos a ver los resultados de la ira de Dios en una humanidad que no se ha regenerado.

Considere el porqué, de toda la serie infinita de cuerpos materiales creados en el universo, Satanás fue desterrado a la atmósfera que rodea la tierra. Esto fue porque la tierra era la morada del hombre, y porque desde el principio el hombre desobedeció a Dios y escuchó las palabras de Satanás. Con su destierro a nuestro mundo, ahora se le permite a Satanás el poner a prueba a toda la humanidad. Como resultado de estas pruebas, cada hombre sería forzado a tener que decidir si rechazar a su Creador y seguir las pretensiones de Satanás, o aceptar a Jesucristo como el Hijo de Dios y vivir una vida diseñada para agradarle a Él.

— — — — — — — — —

Preguntas importantes para meditar mientras estudia este capítulo:

1. ¿Quién cree que le dio a Satanás las llaves del abismo o del pozo del abismo? (ver versículo 1; ver también Apocalipsis 1.18).

2. Advierta el uso del "lenguaje de apariencia" en la descripción de la langosta (versículos 7-10). ¿Qué dice esto sobre la langosta?

3. En el versículo 13, ¿Por qué cree que las voces vienen de los "cuernos" del altar? (Ver 1 Reyes 1:50; 51; 2:28)

4. ¿A quién o a qué cree que representan los jinetes de los versículos 16 – 21? ¿Puede encontrar el elemento significativo que hace falta en la descripción de los 200 millones de jinetes, que pudiera explicarle quiénes son?

Un Comentario Sobre el Capitulo

Versículo 1 - "El quinto ángel tocó la trompeta, y vi una estrella que había caído del cielo a la tierra, y se le dio la llave del pozo del abismo."

Advierta cómo en la descripción indica que la estrella había (tiempo pasado) caído. El que la estrella sea un ente sobrenatural es evidente porque se le refiere a dicha estrella como que tiene inteligencia y se le da una llave, es decir es una persona. Ahora bien ¿Quién puede ser esta persona que se describe como la estrella caída? En Lucas 10:18 Jesús dice, "Y El les dijo: Yo veía a Satanás caer del cielo como un rayo." Luego entonces es muy posible que la estrella caída en este versículo sea una representación simbólica nada más

> El abismo o el pozo del abismo están reservados para los demonios y espíritus verdaderamente malignos.

ni nada menos que de Satanás. Ahora, vamos a desviar nuestra atención a las llaves que abren el abismo sin fondo. Si está cerrado, ¿Quién vive ahí bajo llave? En Lucas

8:31 vemos que los demonios que poseyeron al demente Gadareno hablaban con Jesús, "Y le rogaban que no les ordenara irse al abismo". Aparentemente entonces, ciertos demonios y espíritus malignos deben de vivir ahí. Parece ser que la escritura indica que hay dos tipos de demonios: (1) aquellos que están libres, viviendo en un reino sobrenatural y buscando residir en los cuerpos de los hombres, y (2) aquellos que están confinados *"...los entregó a fosos de tinieblas, reservados para juicio"* (2 Pedro 2:4); evidentemente por algún gran pecado o acto de desobediencia.

Si lee los versículos recomendados en la primera pregunta, habrá concluido que aparentemente Jesús le dio a Satanás las llaves de abismo. Esto indicaría que lo que sigue a continuación es acorde a la voluntad de Dios. Hasta ahora, la devastación en la tierra resultado del sonar de los juicios de las primeras cuatro trompetas vino directamente de Dios. Ahora, en estos últimos días, iniciando con el sonar del juicio de la cuarta trompeta, se le permitirá a Satanás poder trabajar con su maldad entre toda la humanidad, aún más que como se le haya permitido en cualquier otro tiempo. En los versículos 1 y 2, Dios fija el escenario para lo que va a seguir. Podemos entender más fácilmente qué o quién está siendo descrito al recordar quien está causando todo lo que viene a continuación.

Versículo 2 - *"Cuando abrió el pozo del abismo, subió humo del pozo como el humo de un gran horno, y el sol y el aire se oscurecieron por el humo del pozo."*

Piensa qué pasaría si de repente se abre un agujero en la corteza de la tierra. Este versículo nos da una imagen muy acertada de lo que pudiera suceder. Las cenizas y el humo se escapan, como si fuera una erupción de un volcán, y los cielos pronto se escurecerían.

Aquí Juan esta describiendo las acciones iniciales resultantes del sonar de la quinta trompeta. Hasta ahora los resultados, aunque son espectaculares, pueden ser explicados de acuerdo con el conocimiento existente del hombre. Lo que sigue, será más difícil de explicar desde ese punto de vista.

Versículo 3 – *"Y del humo salieron langostas sobre la tierra, y se les dio poder como tienen poder los escorpiones de la tierra",*

Versículo 4 - "Se les dijo que no dañaran la hierba de la tierra, ni ninguna cosa verde, ni ningún árbol, sino sólo a los hombres que no tienen el sello de Dios en la frente."

Versículo 5- "no se les permitió matar a nadie, sino atormentarlos por cinco meses; y su tormento era como el tormento de un escorpión cuando pica al hombre."

De nueva cuenta, necesitamos recordar que Juan describe los eventos de la manera como Dios los ve y como Dios quiere que Juan los vea. Recuerde, en el abismo vivían los espíritus malditos y los demonios. Por lo tanto, lo que Juan vio fue la liberación de estos espíritus malignos y los demonios llegando a la tierra, y Juan los vio a través de los ojos de Dios. Aparentemente a Juan se le asemejaron como langostas, pero les dio las características de los escorpiones. Generalmente los

> Juan vio a los espíritus y los demonios como Dios los ve.

escorpiones sólo comen vegetales, sin embargo a estos se les dio la orden de atacar sólo a los hombres que no tuvieran el sello de Dios en la frente. Aparentemente los 144,000 judíos evangelistas que Dios selló en el capítulo 7 estaban exentos de estos ataques. El que estos seres espirituales tuvieran el poder de lastimar *"sólo a los hombres que no tienen el sello de Dios en la frente"* puede identificar una pista de una parte del propósito de Dios respecto al juicio de esta quinta trompeta. Ciertamente cuando los escorpiones atacan al hombre y de manera deliberada evitan a los que tienen el sello de Dios sobre ellos causará que algunos hombres neutrales se den cuenta que en esto está la mano de Dios, y le reconozcan entonces como su Maestro y se arrepientan.

Es interesante observar cómo Dios les dio a estas criaturas instrucciones específicas sobre lo que se les permitía hacer. En otras palabras, realmente estaban actuando bajo la autoridad de Dios. Adicionalmente, se les dio un tiempo específico en el que tendrían permiso de actuar, el cual era de cinco meses. Un dato interesante es que el ciclo de vida normal de una langosta es de cinco meses, y este es también el número de días que Dios hizo que las aguas inundaran la tierra en los tiempos de Noé (Génesis 7:24 *"Y prevalecieron las aguas sobre la tierra ciento cincuenta días."*). No dice que las langostas iban a morder al hombre, pero dice que iban a poder atormentarlo de tal manera que los resultados serían como si hubiesen sido picados por un escorpión. La picadura de un escorpión en contadas ocasiones es fatal, pero si causa un dolor insoportable. Esto lo sé de manera directa al ver padecer a mi esposa de un dolor severo por varios días al haber sido picada por un escorpión en dos ocasiones. Tal y como sucedió en el libro de Job, Dios limitó a Satanás y a sus seguidores a poder atormentar al hombre, pero no les permitió matarle.

> *Piense en cómo sería estar repetidamente expuesto al tormento de la picadura de un escorpión durante cinco meses. ¿Cómo reaccionaría?*

Versículo 6 - *"En aquellos días los hombres buscarán la muerte y no la hallarán; y ansiarán morir, y la muerte huirá de ellos."*

El hombre descubre que en algunas ocasiones la muerte no es lo peor que puede pasar. Hay dos interpretaciones igualmente aceptables de la incapacidad del hombre para encontrar la muerte por sí solo. La primera de estas es que aquellos en el grupo de los demonios no tienen la libertad de ejercitar su propia voluntad, y por lo tanto, no pueden tomar sus propias vidas. Satanás no quiere que sus seguidores mueran, y son solamente sus seguidores los que están siendo atacados por estas langostas. La segunda es que las personas que busquen la muerte van a tratar de suicidarse pero sus espíritus no van a poder dejar sus cuerpos y van a verse forzados a vivir en la angustia. Ninguna de estas dos posibilidades consideraria yo deseable.

> Por cinco meses la muerte toma vacaciones.

Lo que sigue en los próximos versículos es una clara confirmación de nuestro punto de vista anterior en donde indicamos que lo que Juan vio es el punto de vista de Dios sobre los espíritus y los demonios. Siendo que espíritus no tienen una forma física, Dios aparentemente les ha dado una. El lenguaje de apariencia es usado repetidamente por Juan, por lo tanto esto indica que Juan estaba intentando describir lo indescriptible.

Versículo 7 - *"Y el aspecto de las langostas era semejante al de caballos dispuestos para la batalla, y sobre sus cabezas tenían como*

coronas que parecían de oro, y sus caras eran como rostros humanos.

Versículo 8 - Tenían cabellos como cabellos de mujer, y sus dientes eran como de leones.

Versículo 9 - También tenían corazas como corazas de hierro; y el ruido de sus alas era como el estruendo de carros, de muchos caballos que se lanzan a la batalla.

Versículo 10 - Tienen colas parecidas a escorpiones, y aguijones; y en sus colas está su poder para hacer daño a los hombres por cinco meses."

Advierta el lenguaje de comparación y el uso de las palabras "como" y "parecidas". Parecía que Juan estaba buscando por las palabras que fueran capaces de poder transmitir esta asombrosa vista a sus lectores.

> Ya sea que éste haya sido el diseño de Dios mismo o el de Satanás, aparentemente fueron así diseñados para que su apariencia causara miedo en los hombres.

Describió a las langostas con una descripción de 8 partes:

A. *"semejante al de caballos dispuestos para la batalla"* – sus cuerpos tenían la apariencia de tener como un tipo de coraza alrededor de ellos.

B. *"y sobre sus cabezas tenían como coronas que parecían de oro"* – tenían apéndices en sus cabezas que parecían coronas, con lo que pudiera ser un circulo de oro colorido.

C. *"sus caras eran como rostros humanos."* – sus caras tenían facciones humanas, posiblemente, y tenían apariencia inteligente.

D. *"tenían cabellos como cabellos de mujer"* – tenían en sus cabezas lo que parecía ser cabello largo.

E. *"sus dientes eran como de leones"* – sus bocas estaban abiertas y para su dentadura parecía ser que tenían largos colmillos.

F. **"tenían corazas como corazas de hierro"** – sus pechos estaban cubiertos con algo que parecía ser una substancia gris sólida, como hierro.

G. **"el ruido de sus alas era como el estruendo de carros, de muchos caballos que se lanzan a la batalla"** – sus alas se movían y hacían un ruido estruendoso, como de muchos carruajes y caballos que se lanzan a la batalla.

H. **"colas parecidas a escorpiones"** – tenían colas que se enrollaban sobre sus cabezas.

Parece que no hay otra alternativa razonable que el concluir que Dios o Satanás, satisfaciendo el deseo antaño de aquellos espíritus malignos de poseer cuerpos para ellos mismos, crearon estos cuerpos para darles; cuerpos apropiados en apariencia a los habitantes demoníacos que iban a poseer estos cuerpos. Esta no era una nueva especie de insectos o langostas que habían salido en enjambre provenientes de una especie desconocida hasta ahora, sino que literalmente eran espíritus del infierno.

De manera interesante, se puede asumir que siendo que los espíritus no tienen cuerpos, el hombre ni siquiera los va a poder ver. Lo que Juan vio fueron los espíritus tal y cómo estos se visualizan en la mente de Dios, y lo que estaba sucediendo en estos versículos era que el hombre estaba siendo sujeto a una posesión demoníaca y cuando estos humanos eran poseídos les producía un dolor similar a la picadura de un escorpión. Recuerda, no dice que picaban a los hombres, sino que su tormento era como la picadura de un escorpión.

Versículo 11 - "Tienen sobre ellos por rey al ángel del abismo, cuy nombre en hebreo es Abadón, y en griego se llama Apolión."

Tanto los nombres en hebreo como en griego significan "el destructor". El hecho de que se diga que van a tener sobre ellos a un rey es una evidencia más de que eran seres sobrenaturales o espíritus, ya que como dice en Proverbios 30:27 *"las langostas, que no tienen rey"*. ¿Quién es el que el ángel identificó en este versículo? no lo podemos decir con ninguna certeza. Sin embargo, en el mundo de Satanás su posición en relación con el mismo Satanás pudiera ser comparada con la posición del arcángel Miguel respecto a Dios en el Reino Celestial.

Versículo 12 - "El primer ¡ay! ha pasado; he aquí, aún vienen dos ayes después de estas cosas."

Con el sonar de la quinta trompeta, la humanidad experimentará el primero de tres ayes pronunciados en el cielo después del sonar de la cuarta trompeta (ver Apocalipsis 8:13).

Al sonar de la quinta trompeta, la humanidad, excepto aquellos que tienen el sello de Dios, se va a enfrentar a ataques muy dolorosos por demonios, en donde es preferible morir a vivir, pero no podrán morir.

¡Y pensar que todavía quedan dos ayes más por venir!

Versículo 13 - "El sexto ángel tocó la trompeta, y oí una voz que salía de los cuatro cuernos del altar de oro que está delante de Dios,"

Versículo 14 – "y decía al sexto ángel que tenía la trompeta: Suelta A los cuatro ángeles que están atados junto al gran río Éufrates."

Versículo 15 - "Y fueron desatados los cuatro ángeles que habían sido preparados para la hora, el día, el mes y el año, para matar a la tercera parte de la humanidad."

En estos versículos vemos la acción que sigue al sonar de la sexta trompeta. Lo que sigue es una última pero desafortunada vana súplica para arrepentimiento de una humanidad que ya se encuentra altamente comprometida con el paganismo. El altar que se menciona aquí, es el altar del sacrificio. Había cuernos, o protuberancias de cada esquina. De acuerdo a Salmos 118:27 ("El SEÑOR es Dios y nos ha dado luz; atad el sacrificio de la fiesta con cuerdas a los cuernos del altar."), que eran algunas veces usadas para amarrar los

La voz proviene de un lugar que representa la fuente final de la misericordia de Dios.

sacrificios al altar. En 1 Reyes 1:50-51, vimos previamente que éstos eran utilizados algunas veces por personas que habían cometido un crimen que merecía pena de muerte. Ellos podían ir y agarrarse de los cuernos y clamar por misericordia. No los podían matar mientras estuvieran agarrados de los cuernos. Este era el origen del concepto en donde una persona que estaba siendo perseguida por las autoridades podía ir y buscar "santuario" en la iglesia.

Una voz instruye al ángel que está agarrando la sexta trompeta y le dice *"Suelta a los cuatro ángeles que están atados junto al gran río Éufrates."* La pregunta que surge aquí es, ¿porqué estaban estos ángeles atados en esta ubicación en particular? No podemos decirlo con un 100 por ciento de certeza, pero hay algunas cosas que conocemos de dicha ubicación. El jardín del Edén estaba ubicado en esta área. Era precisamente en el Éufrates en donde *"el pecado de los hombres dio inicio,"* así como la autoridad de Satanás sobre la humanidad; aquí fue donde el primer asesinato se cometió; donde la primera guerra de la confederación tuvo lugar; en donde Nimrod empezó a ser el "magnifico sobre toda la tierra", y en donde el vasto sistema de idolatría de Babilonia se originó. Asimismo, de acuerdo al libro de Éxodo 23: 31, Dios lo identificó como los limites norte de la Tierra Santa *"Y fijaré tus límites desde el mar Rojo hasta el mar de los filisteos, y desde el desierto hasta el río Éufrates ; porque en tus manos entregaré a los habitantes de esa tierra, y tú los echarás de delante de ti."*

Los ángeles que estaban atados evidentemente eran ángeles malignos. Recuerde, solamente Dios o Jesucristo pueden atar ángeles. Su crimen específico en contra de Dios sigue siendo un misterio, pero podemos ver que los ángeles son separados de Dios debido a una acción en un momento particular en el tiempo, y que en ese preciso momento ellos entrarán en acción para llevar a cabo la misión que les fue asignada. Recuerde, Judas 6 *"Y a los ángeles que no conservaron su señorío original, sino que abandonaron su morada legítima, los ha guardado en prisiones eternas, bajo tinieblas para el juicio del gran día."* La expresión "la hora, el día, el mes y el año" no necesariamente designa la duración de su actividad, sino que este juicio va a llegar exactamente a la fecha que Dios tiene acordada. Basándonos en el hecho de que el adjetivo es usado solamente antes de la palabra *hora*, en la interpretación griega debiera de ser traducida "una hora, y día, y mes y año"

Ahora repasemos Apocalipsis 6:8 – *"Y miré, y he aquí, un caballo amarillento; y el que estaba montado en él se llamaba Muerte; y el Hades lo seguía. Y se les dio autoridad sobre la cuarta parte de la tierra, para matar con espada, con hambre, con pestilencia y con las fieras de la tierra".*

Advierta la diferencia en la forma de escribir este versículo y el versículo 15. En el versículo 15 se nos dice *"para matar a la tercera parte de la humanidad"*. En el versículo 8 del capítulo 6 se nos dice que se les dio la autoridad sobre la cuarta parte de la tierra, y en esta cuarta parte ellos pueden matar a la humanidad, pero no indica cuántos son asesinados. En el versículo 15 claramente dice que la tercera parte de la humanidad va a ser asesinada, obviamente un número mucho más grande.

Ahora veamos lo que lo pasa cuando estos ángeles son sueltos.

Versículo 16 –"Y el número de los ejércitos de los jinetes era de doscientos millones; yo escuché su número."

En la fecha en que esto fue escrito era poco probable que hubiera más de 200 millones de personas viviendo en todo el mundo. Así que para Juan este número era inconcebible. Fue algo bueno que le dijeran cuántos estaban involucrados. Vamos a ver qué tipo de jinetes estaban involucrados en este ejército tan vasto.

Versículo 17 - "Y así es como vi en la visión los caballos y a los que los montaban: los jinetes tenían corazas color de fuego, de jacinto y de azufre; las cabezas de los caballos eran como cabezas de leones, y de sus bocas salía fuego, humo y azufre."

Aquí de nueva cuenta Juan tuvo que usar el lenguaje de apariencia para lo que Dios le estaba mostrando. Es aparente que los jinetes que Juan describió no representan caballos normales con jinetes humanos normales. Advierta que Juan llamó a estos jinetes "y a los que los montaban". Seguramente si éstos fueran humanos Juan los hubiese identificado como tales. Así mismo advierta que los jinetes aparentemente no sirven una función específica; solamente son parte de una descripción general de la criatura. Guarde en mente que Juan utilizó el lenguaje que le era familiar, con su vocabulario del primer siglo y sus limitaciones. Veamos los colores que estaban siendo descritos: fuego= rojo, Jacinto= azul fuerte; azufre = amarillo. Esto es la combinación de lo natural y lo no natural. Estas criaturas ciertamente han de haber causado temor a la vista, similar a los dragones que respiran fuego en los cuentos de hadas.

Esto era realmente una imagen que tenía la intención de causar miedo en los corazones de los hombres.

Versículo 18 - "La tercera parte de la humanidad fue muerta por estas tres plagas: por el fuego, el humo y el azufre que salían de sus bocas."

Esto indicaría que si esto sucediera hoy en día, más de dos billones de personas hubieran muerto, más o menos diez víctimas por cada jinete. Mientras la quinta trompeta trae consigo tormento a la humanidad, la sexta trompeta trae la muerte. Muchos de aquellos que están buscando la muerte para escapar del tormento de la quinta trompeta, parece ser que finalmente están teniendo éxito y están recibiendo lo que pudiera ser una liberación misericordiosa al sonar de esta trompeta.

Versículo 19 - "Porque el poder de los caballos está en su boca y en sus colas; pues sus colas son semejantes a serpientes, tienen cabezas y con ellas hacen daño."

El poder de estos caballos se encuentra en sus bocas y sus colas. Con sus bocas son capaces de matar personas, mientras que con sus colas son capaces de hacerles daño, aunque aparentemente no la muerte. ¡Qué imagen tan atemorizante le presenta Dios a Juan en este versículo!

Este ejército de jinetes ha dado reino a algunas interpretaciones fascinantes. Algunos comentaristas intentan reconciliar este enorme ejército de jinetes con el mundo actual. Dicen que el ejército obviamente proviene de China, ya que este país ha proclamado que tienen la habilidad de tener un ejército de más de 200 millones; también dicen algunos que los caballos son algún tipo de máquina de guerra, posiblemente un helicóptero halcón negro. Sin embargo en sus interpretaciones no solamente están tratando de racionalizar esta imagen, sino que también están limitando a que Dios opere al nivel del hombre. Al hacer esto olvidan o pasan por alto algunos hechos importantes. No existe ningún sistema de transportación que pueda mover a un ejército de este tamaño, mucho menos abastecerles con la comida y los víveres necesarios para mantenerlos por cualquier periodo de tiempo. Durante la segunda guerra mundial, los ejércitos combinados de todas las naciones que estuvieron involucradas en dicha guerra fueron menos de cuarenta millones. En la Guerra del Golfo solamente hubo seis millones involucrados. Considere el mover y alimentar un ejército de casi dos tercios el tamaño de la población de los Estados Unidos. Cuando uno se detiene un momento a pensar y considera la logística requerida para que esta interpretación tenga sustento, simplemente no es razonable el pensar que este es un ejército normal.

¿Dónde está el ruido?

Después, advierta cómo Juan no hace mención de ningún sonido especial que emane de este vasto ejército. Sería muy difícil concebir el ruido que causarían unos miles de helicópteros, imagínese el ruido que pudieran causar varios millones de ellos volando y usando sus armas, y el pensar que Juan no se hubiera dado cuenta del ruido, o que no hubiera considerado importante mencionarlo, particularmente cuando Juan sí hizo mención del ruido de las alas de las langostas en la quinta trompeta, indicando que ese ruido era parecido a los carruajes y caballos que salen a la guerra. Es claro aquí que lo que Dios le muestra a Juan se encuentra en el reino de lo sobrenatural. Si lo que se le estaba mostrando a Juan es realidad, entonces lógicamente lo que Juan vio fue un ejército de seres sobrenaturales. Su apariencia, como con las langostas, era como ellos parecían a través de los ojos de Dios y como quería Él que Juan los viera. Simbolizan la epítome de lo malvado, una maldad que está determinada a destruir a la humanidad.

Mientras la quinta trompeta trae consigo posesión demoníaca, resultante en un dolor extremo para aquel que ha sido poseído, la sexta trompeta trae consigo criaturas a quienes se les ha dado la autoridad de matar a la humanidad. Sin embargo, aun en esto Dios limita su autoridad absoluta a sólo un tercio de la humanidad. De hecho, su autoridad de matar a la humanidad pudiera ser una pista de quiénes son. Los espíritus malignos y los demonios no tienen la autoridad de matar directamente a los hombres; sin embargo la Biblia nos muestra ángeles a quienes se les dio esa autoridad. Por lo tanto, siento que esto refuerza la interpretación de que lo que hemos descrito aquí es un gran cuerpo de ángeles caídos de los que Judas habla que desaparecieron en la obscuridad hasta la hora del juicio. Siendo liberados los demonios con la apertura del abismo, este es su momento de actuar bajo la autoridad de Satanás.

La pregunta es, "¿cómo va a reaccionar la humanidad después de haber estado sujeta primero a un tormento sobrenatural, y después a la muerte por parte de criaturas sobrenaturales?

Versículo 20 - "Y el resto de la humanidad, los que no fueron muertos por estas plagas, no se arrepintieron de las obras de sus manos ni dejaron de adorar a los demonios y a los ídolos de oro, de plata, de bronce, de piedra y de madera, que no pueden ver ni oír ni andar;"

Versículo 21 – "y no se arrepintieron de sus homicidios ni de sus hechicerías ni de su inmoralidad ni de sus robos."

La respuesta es clara: no se arrepintieron. Para hacer las cosas peores, empezaron a adorar ídolos *"de oro, de plata, de bronce, de piedra y de madera".* Advierta cómo desciende el valor de las imágenes (esto adicionalmente a idolatrar demonios). En esencia, lo que ellos hacen no es solamente el rechazar abiertamente admitir la existencia de un Dios todopoderoso, sino que también, en un acto de total rebeldía, el idolatrar abiertamente imágenes de su propia creación. Abiertamente aceptan los pecados de asesinato, hechicería (la palabra griega para "hechicería" es *"pharmakei,"* de donde nosotros sacamos la palabra farmacia. La palabra original tenía que ver con la mezcla de venenos o drogas o pociones mágicas usadas por los magos. Aparentemente la adicción a las drogas se hará muy popular), inmoralidad (*Porneia,* la palabra griega usada en este versículo, se refiere a todo tipo de actividad sexual fuera de su función bíblica entre un hombre y una mujer casados), y robo. Esta falta de arrepentimiento de la humanidad en la cara de un juicio sobrenatural realmente indica el grado de depravación total del hombre.

Algunas Observaciones Personales

En las trompetas cinco y seis vimos descritos los primeros dos de los tres ayes pronunciados en la humanidad al final de la cuarta trompeta.

Mientras las primeras cuatro trompetas tratan principalmente con juicios sobre la creación de Dios, la tierra, fuimos subsecuentemente advertidos que las últimas tres trompetas estarían dirigidas hacia las personas habitando la tierra. Con el sonar de las trompetas cinco y seis en este capítulo, vemos a Dios entregar al hombre al servicio de espíritus malignos, demonios y ángeles caídos. Los hombres sufren horriblemente en esta confrontación, pero ni aun se culpa a los demonios de esta situación. De hecho, como lo dice el versículo 20, continúan con su adoración a los demonios y la idolatría. En lugar de que la persecución traiga como consecuencia que se arrepientan, endurece sus corazones. Aquí hay una clara indicación de que el hombre se convertirá totalmente en alguien sin regeneración.

Como resultado del endurecimiento del corazón del hombre, el tercer y final ay en la humanidad reflejará el juicio final de Dios sobre una humanidad sin regeneración y sin arrepentimiento. No va a haber más abastecimiento para la misericordia de Dios. El hombre habrá tenido su última oportunidad.

Es importante recordar que nuestra salvación es el resultado de la gracia de Dios. Habrá un tiempo cuando la gracia será retirada y la salvación ya no estará disponible.

Capítulo 10

Apocalipsis 10: 1 - 11
Tres acciones finales de Dios

Los Capítulos 10 y 11 del Apocalipsis son un interludio antes de que Dios pronuncie los juicios finales en una humanidad que no está arrepentida. En estos capítulos parece que Dios hace una pausa y le da a Juan una nueva perspectiva en lo que había visto y está a punto de ver. Estos interludios no son tanto pausas en la secuencia actual de los eventos, sino que son oportunidades que Dios utiliza para recordarle a Juan que Él no ha olvidado a la humanidad. Por ejemplo, el interludio del Capítulo 7 fue utilizado para recordarle a Juan que Él, Dios, no ha olvidado a la Iglesia, o a su gente escogida, los judíos. Ahora en estos capítulos, Dios quería que Juan entendiera que el hombre tuvo amplias advertencias de Sus juicios venideros. Debido a esto, al sonar de la última trompeta y la liberación de las siete copas de la ira, Dios está justificado al abandonar al hombre al destino que éste último escogió. No va a haber el interludio correspondiente entre las copas del sexto y séptimo juicio, porque para entonces el destino de la humanidad en la tierra ya habrá sido determinado.

El mensaje en este Capítulo describe una mezcla entre lo dulce y lo amargo, según vamos viendo un límite en la paciencia de Dios. Durante las primeras seis trompetas, Dios continúa presente otorgando al hombre todas las oportunidades para arrepentirse. Ahora se alcanza la etapa en donde ya no tiene caso ofrecer más oportunidades, ya que el hombre habrá endurecido su corazón mas allá de la posibilidad de arrepentimiento.

.... Dios está justificado al abandonar al hombre al destino que éste escogió

— — — — — — — — —

Preguntas importantes para meditar mientras se estudia este Capitulo

1. Hay una pausa entre el sonar de las sexta y séptima trompetas, así como lo hubo entre la apertura del sexto y séptimo sello. ¿Cuál crees que sea el propósito de Dios al proporcionar esta pausa?

2. ¿Cuáles son las tres formas que Dios utilizó en este Capítulo para informarle a Juan que el tiempo de la redención final de la humanidad está llegando a su fin?

3. ¿Cómo puede ser la palabra de Dios tanto dulce como amarga al mismo tiempo?

Un Comentario Sobre el Capitulo

Versículo 1 - Y vi a otro ángel poderoso que descendía del cielo, envuelto en una nube; y el arco iris estaba sobre su cabeza, y su rostro era como el sol, y sus pies como columnas de fuego;

Versículo 2 - y tenía en su mano un librito abierto. Y puso el pie derecho sobre el mar y el izquierdo sobre la tierra;

Versículo 3 - y gritó a gran voz, como ruge un león; y cuando gritó, los siete truenos emitieron sus voces.

Versículo 4 - Después que los siete truenos hablaron, iba yo a escribir, cuando oí una voz del cielo que decía: Sella las cosas que los siete truenos han dicho y no las escribas.

Juan se identificó a sí mismo en la tierra durante esta visión, en donde le fue dado un entendimiento especial sobre los planes de Dios. Primero, somos presentados con *"otro ángel poderoso"*. Tres de los ángeles que vemos en Apocalipsis son llamados poderosos. Hay amplia evidencia para demostrar que este ángel es solo eso *"otro ángel poderoso"*. De hecho, la palabra griega utilizada aquí para "otro" quiere decir "otro del mismo tipo". En Apocalipsis los ángeles siempre son ángeles, y Cristo nunca es mostrado como un ángel. El que el ángel sea visto *"que descendía del cielo"* indica que probablemente es portador de un mensaje de Dios. La descripción del ángel claramente refuerza esta interpretación cuando dice que *"su rostro era como el sol"*, firme evidencia que ha venido de estar ante la presencia de Dios. ¿Recuerda cómo la cara de Moisés brillaba cuando venía de estar ante la presencia de Dios en el Tabernáculo? Éxodo 34:34-35 *"Pero siempre que Moisés entraba a la presencia del Señor para hablar con Él, se quitaba el velo hasta que salía; y siempre que salía y decía a los hijos de Israel lo que se le había mandado, los hijos de Israel veían que la piel del rostro de Moisés resplandecía. Y Moisés volvía a ponerse el velo sobre su rostro hasta que entraba a hablar con Dios."*

En el capítulo 5 Dios tiene un "libro" en Su mano. En esta visión el ángel poderoso tiene *"un librito abierto"* en su mano. El "libro" en griego es *biblion*, pero un "librito" en griego es *bibliardion*, un diminutivo conocido de *biblion*. En este capítulo es el último término el que se está empleando en lugar del primer término que es utilizado en el Capitulo 5. En español puede que usemos los términos "libro" y "panfleto". Claramente son dos "libros" diferentes. Cuando este ángel se para en la tierra, lo hace con un pie sobre la tierra y el otro sobre el mar, lo cual indica que es un ángel muy grande y que Dios le ha dado dominio tanto sobre la tierra como sobre el mar.

"y gritó a gran voz" muestra que la voz del ángel estaba proporcionada a su tamaño. El uso del articulo definitivo (*"los siete truenos"*)señala que Juan estaba confiado que la imagen sería familiar para sus lectores. Por lo tanto, la fuente de su significado se encontraría en el Antiguo Testamento. Éxodos 19:19 dice: *"El sonido de la trompeta aumentaba más y más; Moisés hablaba, y Dios le respondía con el trueno"* Claramente los judíos identificarían una voz de trueno como proveniente de Dios. El Salmo 29 identifica siete atributos relacionados con esta voz.

- *29: 3 - **La Voz del Señor sobre las aguas**. **El Dios de gloria truena**, el Señor está sobre las muchas aguas*
- *29: 4a - **La voz del Señor es poderosa**,*
- *29: 4b - **La voz del Señor es majestuosa**.*

- *29:5 - **La voz del Señor rompe los cedros**; sí, el Señor hace pedazos los cedros del Líbano;*

- *29:7 - **La voz del Señor levanta llamas de fuego.***

- *29:8 - **La voz del Señor hace temblar el desierto**; el Señor hace temblar el desierto de Cades.*

- *29:9 - **La voz del Señor hace parir a las ciervas, y deja los bosques desnudos, y en su templo todo dice: ¡Gloria!***

Estos versículos nos ayudan a entender, con los lectores judíos de Juan, que la voz de los siete truenos emana de Dios mismo. Cada voz tiene un uso diferente que transmitir, pero cuando las ponemos todas juntas, todas ellas tienen la intención de identificar el poder y la autoridad de Dios.

"Después que los siete truenos hablaron, iba yo a escribir, cuando oí una voz del cielo que decía: Sella las cosas que los siete truenos han dicho y no las escribas." Juan estaba a punto de escribir lo que habían dicho los siete truenos cuando una voz del cielo le dijo que no lo hiciera. Esta es la única vez que se le prohíbe que escriba lo que escuchó ó lo que vio. Sin embargo, hay una escena muy similar al final de la profecía de Daniel, que puede inclusive ser la misma escena. Ahí también se le dijo a Daniel que no revelara lo que veía y escuchaba. Daniel 12: 1-4 dice:

12- 1- "En aquel tiempo se levantará Miguel, el gran príncipe que vela sobre los hijos de tu pueblo. Será un tiempo de angustia cual nunca hubo desde que existen las naciones hasta entonces; y en ese tiempo tu pueblo será librado, todos los que se encuentren inscritos en el libro".

12:2 – "Y muchos de los que duermen en el polvo de la tierra despertarán, unos para la vida eterna, y otros para la ignominia, para el desprecio eterno."

12:3 – "Los entendidos brillarán como el resplandor del firmamento, y los que guiaron a muchos a la justicia, como las estrellas, por siempre jamás."

12:4 – "Pero tú, Daniel, guarda en secreto estas palabras y sella el libro hasta el tiempo del fin. Muchos correrán de aquí para allá, y el conocimiento aumentará."

*Aparentemente Dios sintió que el hombre no
estaba listo todavía para recibir esta información.*

Lo único que podemos concluir con cierto grado de certeza es que Dios aparentemente sintió que el hombre no estaba listo para recibir esta información. Esto debe de servir como una advertencia a los escritores modernos de hoy en día, quienes claman que ellos tienen todas las piezas del rompecabezas armado. Algunas de las piezas Dios ha escogido no revelarlas; por eso tenga mucho cuidado en hacer predicciones relacionadas al futuro. La única pista que tenemos en cuanto el mensaje de los siete truenos es haber encontrado por nuestro reconocimiento que en otros pasajes de Apocalipsis en donde tienen lugar truenos, es una premonición de juicios venideros de la ira divina (Vea Apocalipsis 8:5, 11:19; 16:18.).

Versículo 5 - Entonces el ángel que yo había visto de pie sobre el mar y sobre la tierra, levantó su mano derecha al cielo,

Versículo 6 - y juró por el que vive por los siglos de los siglos, quien creó el cielo y las cosas que en él hay, y la tierra y las cosas que en ella hay, y el mar y las cosas que en él hay, que ya no habrá dilación,

Versículo 7 - Sino que en los días de la voz del séptimo ángel, cuando esté para tocar la trompeta, entonces el misterio de Dios será consumado, como El lo anunció a sus siervos los profetas.

Vemos que este ángel coloca su pie derecho sobre el mar y su pie izquierdo sobre la tierra. Si esto no lo hace en un acto de posesión, ciertamente indica autoridad. Juan le vio levantar su mano en una postura típica de cómo se hace cuando se toma un juramento. Esta acción de levantar su mano hacia el cielo y juró *"por el que vive por los siglos de los siglos, quien creó el cielo y las cosas que en él hay, y la tierra y las cosas que en ella hay, y el mar y las cosas que en él hay,"* indica de nueva cuenta que este ángel poderoso sólo era eso, un ángel poderoso. El que *"vive por los siglos de los siglos"* por supuesto que es el Creador, Dios, el Padre.

¿Cuál es el juramento del ángel? *"que ya no habrá dilación."* Lo que el ángel está anunciando con este juramento es que ya no habrá más interrupciones en el tiempo antes de que Dios actué con finalidad. Esto es un gran contraste con el consuelo dado a las almas bajo el altar que clamaban por venganza y que se les dice "descansen un poco más", hasta que el propósito de Dios sea cumplido.

Ahora el ángel continúa y dice *"en los días de la voz del séptimo ángel, cuando esté para tocar la trompeta, entonces el misterio de Dios será consumado, como El lo anunció a sus siervos los profetas."* Advierta que no dice, "cuando la trompeta suene", sino "cuando esté para tocar la trompeta". Todavía no está listo. El Segundo "ay" no ha tomado todavía su curso, y sólo entonces el séptimo ángel tocará la trompeta. ¿Qué es lo que va a pasar antes de que suene la última trompeta? *", entonces el misterio de Dios será consumado, como El lo anunció a sus siervos los profetas".* ¿Cuál es este misterio? Podemos comprender algo de esto si repasamos Colosenses 2:2 *"para que sean alentados sus corazones, y unidos en amor, alcancen todas las riquezas que proceden de una plena seguridad de comprensión, resultando en un verdadero conocimiento del misterio de Dios, es decir, de Cristo,"* Aquí claramente el misterio de Dios está identificado como Cristo. ¿Cuál era el propósito final de Cristo en el plan de Dios para la humanidad? El propósito de Dios para Cristo es proporcionar la redención de la humanidad y de la tierra. La redención de la humanidad por medio de Cristo tomó lugar en la cruz y culminará en Su segunda venida a la tierra, para que en ella establezca Su reino milenario y finalmente gobierne la tierra con Dios para siempre. La redención de Cristo en la tierra iniciará previo a Su segunda venida y será completa antes de que Dios venga a una nueva tierra y viva con una humanidad redimida en la "Nueva Jerusalén". Lo que el ángel está diciendo entonces, es que el cumplimiento del propósito de Dios a través de Cristo está a punto de empezar.

> *La gracia está a punto de desaparecer; la misericordia de Dios sobre la humanidad está a punto de terminar; y, como diríamos, las cosas están a punto de llegar al momento crítico.*

Versículo 8 - Y la voz que yo había oído del cielo, la oí de nuevo hablando conmigo, y diciendo: Ve, toma el libro que está

abierto en la mano del ángel que está de pie sobre el mar y sobre la tierra."

Versículo 9 - *Entonces fui al ángel y le dije que me diera el librito. Y él me dijo "Tómalo y devóralo; te amargará las entrañas, pero en tu boca será dulce como la miel."*

Versículo 10 - *Tomé el librito de la mano del ángel y lo devoré, y fue en mi boca dulce como la miel; y cuando lo comí, me amargó las entrañas.*

Versículo 11 - *Y me dijeron "Debes profetizar otra vez acerca de muchos pueblos, naciones, lenguas y reyes."*

La voz que pide a Juan tomar "el librito" a decir de Juan fue la que anteriormente le había prohibido hacer conocido el mensaje de los siete truenos. El hecho de que la voz sea una voz del cielo enfatiza la naturaleza autoritativa de esa orden. Aquí ya sea Dios o Cristo estaban dándole a Juan las órdenes.

Los siguientes dos versículos nos van a dar nuestro mejor breve visión de lo que contiene el librito. En este punto vamos a regresar a revisar lo que dice Ezequiel 2:9-10; 3: 1-4:

2:9 - *"Entonces miré, y he aquí, una mano estaba extendida hacia mí, y en ella había un libro en rollo."*

2:10 - *"El lo desenrolló delante de mí, y estaba escrito por delante y por detrás; y en él estaban escritas lamentaciones, gemidos y ayes."*

3:1 - *"Y él me dijo: Hijo de hombre, come lo que tienes delante; come este rollo, y ve, habla a la casa de Israel."*

3:2 *"Abrí, pues, mi boca, y me dio a comer el rollo".*

3:3 - *"Entonces me dijo: Hijo de hombre, alimenta tu estómago y llena tu cuerpo de este rollo que te doy. Y lo comí, y fue en mi boca dulce como la miel."*

3:4 *"Me dijo además: Hijo de hombre, ve a la casa de Israel y háblales con mis palabras."*

En esta referencia es muy claro lo que contenía el libro de Ezequiel. Contenía advertencias de los juicios venideros de Dios sobre la nación de Israel, juicios que los harían lamentarse y llorar.

De esta comparación, la cual los judíos pueden fácilmente reconocer, probablemente podemos asumir que este librito contiene información similar. Esto encajaría perfectamente con la situación aquí descrita.

La única diferencia es que estos juicios venideros serán pronunciados sobre toda la humanidad. En ese punto Juan se comió el librito y tuvo la misma reacción que tuvo Ezequiel. Sabía dulce porque al principio todo lo que se sentía era placer al reconocer que describía la consumación de Dios en Su plan para la humanidad. Después se hizo amargo, cuando Juan reconoció lo que los resultados de la culminación de este plan provocarían en una humanidad incrédula. El juicio sólo es dulce cuando se observa desde la distancia, nunca cuando se es testigo cercano de los resultados. En una confirmación de sus contenidos a Juan se le dio la misma orden que se le dio a Ezequiel: Ve y advierte a la gente.

Algunas Observaciones Personales

Este capítulo tenía la intención de animar a Juan y hacerle darse cuenta de la importancia de lo que él estaba testificando y la urgencia de compartir esto con todos los creyentes. La voz de los siete truenos le tuvo que haber dado como un discernimiento de la importancia de aquello de lo cual estaba siendo testigo. El juramento del ángel poderoso tenía la intención de impresionarlo con la urgencia de este mensaje y la finalidad de los efectos de los juicios de Dios sobre la humanidad. Finalmente, se le recordó a Juan nuevamente que la razón por la cual él estaba viendo estas cosas era para que pudiera advertir a la humanidad de la certeza y la finalidad de los juicios venideros de Dios.

Dios no va a fallar en darle a la humanidad una advertencia con tiempo suficiente de un juicio inminente. La pregunta es, "¿estará la humanidad poniendo atención?"

Capítulo 11

Apocalipsis 11:1 - 19
El tocar de la última trompeta

En este Capítulo se describen dos eventos distintos. El primer evento concluye el interludio entre la sexta y la séptima trompeta, el cual inició en el capitulo 10. Este interludio pausa tenía la intención de asegurarle a Juan que Dios iba a realizar una ultima oferta para la redención de la humanidad. El primer evento en este Capitulo describe la ultima provisión de Dios para la redención y la preservación del pueblo escogido de Dios, los Judíos. Advierta que los Judíos estarán adorando a Dios de acuerdo a las disposiciones de la Ley en el Antiguo Testamento. El Templo, el cual estaba de pie en Jerusalén en los días de Cristo, no había existido por veinticinco años anteriores la fecha en la Juan recibió esta revelación. Las legiones Romanas bajo el mando de Tito habían demolido el Templo en el año 70 A.D. Por lo tanto, el Templo sobre el cual Juan escribe en este Capitulo tenía que ser construido.

El segundo evento descrito en este Capitulo será el sonar de la séptima trompeta y los resultados inmediatos que se tendrán a continuación de ello. El tocar de esta trompeta produce escenas dramáticas, tanto en el cielo como en la tierra, y conducirá en las acciones climáticas y finales requeridas para preparar la tierra y la humanidad para el regreso de Jesucristo a vivir entre nosotros nuevamente.

Preguntas importantes para meditar mientras se estudia este Capitulo

1. Los primeros trece versículos de este capítulo probablemente debieron haber sido incluidos en el capítulo 10. ¿Por qué cree que esta afirmación es cierta?

2. ¿Quién cree que sean los dos testigos? ¿por qué piensa eso?

3. ¿Cual cree que era la misión especial de los dos testigos?

4. Cuando se abrió el séptimo sello, hubo un gran silencio en el cielo. ¿Qué pasa en el cielo cuando se abre el séptimo sello? ¿Por qué cree que sucedió esto?

5. ¿Qué crees que es lo mas significante en el versículo 19?

Un Comentario Sobre el Capítulo

Versículo 1 -Me fue dada una caña de medir semejante a una vara, y alguien dijo: Levántate y mide el templo de Dios y el altar, y a los que en él adoran

Versículo 2 - Pero excluye el patio que está fuera del templo, no lo midas, porque ha sido entregado a las naciones, y éstas hollarán la ciudad santa por cuarenta y dos meses.

Se dan instrucciones para medir el Templo de Dios. Se tiene que revisar el donde y el porqué. La ubicación del Templo está identificada en el versículo dos, indicado por la ciudad santa, Jerusalén. Los Judíos ortodoxos han soñado por años y han hecho planes para el día en que puedan reconstruir el templo, un Templo que, cuando esté terminado y dedicado, les

> *Los Judíos ortodoxos por mucho tiempo han soñado en el día cuando puedan reconstruir el Templo en Jerusalén.*

permitirá a ellos volver a realizar rituales Levíticos y ofrendas, permitiéndoles a los Judíos ortodoxos poder adorar conforme a las leyes del Antiguo Testamento. Recuerde, era solo en este Templo que Dios estipuló que se podían obtener expiaciones para los pecados. Al tener acceso a este Templo, su religión estará nuevamente completa. Aparentemente el Templo estará en existencia durante los últimos siete años cuando los Judíos sean nuevamente utilizados por Dios para evangelizar al mundo. Israel podrá construirlo en esta fecha, ya que estarán bajo la protección de un pacto de "paz" con el anticristo.

La Biblia identifica tres razones para medir el Templo de Dios. La primera de ellas se encuentra en Ezequiel 42:20: *"Por los cuatro lados lo midió; tenía un muro todo alrededor de quinientas cañas de largo y quinientas de ancho, para dividir entre lo sagrado y lo profano."*

La segunda razón se encuentra en Ezequiel 43:10-11 *"Y tú, hijo de hombre, describe el templo a la casa de Israel, para que se avergüencen de sus iniquidades, y tomen las medidas de su plano. Y si se avergüenzan de todo lo que han hecho, enséñales el diseño del templo, su estructura, sus salidas, sus entradas, todos sus diseños, todos sus estatutos y todas sus leyes. Y escribe esto ante sus ojos para que guarden todas sus leyes y todos sus estatutos, y los cumplan."* Esta es la razón para medir el Templo, a fin de que guarden todas sus leyes.

Encontramos la tercera razón en Mateo 7:2 *"Porque con el juicio con que juzguéis, seréis juzgados; y con la medida con que midáis, se os medirá."* Aquí vemos que las medidas fueron tomadas para ver si reunía las medidas de Dios. Si observamos detenidamente el versículo uno leemos las palabras *"mide el templo de Dios y el altar, y los que en él adoran".* De esto concluimos que la razón más probable para medir era el separar lo "santo" de lo "profano". Esto queda aclarado en el versículo dos cuando se le instruye a Juan el *"excluye el patio que está fuera del templo, no lo midas, porque ha sido entregado a las naciones."* Aparentemente en este templo había un patio exterior que era utilizado por los Gentiles. Solo a manera de nota histórica de interés, cuando Herodes inició su reinado en Judea, él deseaba complacer y aplacar a los Judíos. Así que cuando reconstruyó el Templo, escogió el mismo lugar que era sagrado para ellos debido a templos anteriores y a asociaciones históricas tradicionales. Pero en este templo él varió el "prototipo" y construyó algo adicional "el patio de los Gentiles", el cual no estaba incluido en el plano

> La adoración en el Templo de Dios estaba reservada para Su pueblo escogido: Los Judíos.

original del Templo de Dios. Esta adición fue hecha para apaciguar a los Romanos y mostrarles que el Judaísmo no excluía a aquellos que no eran Judíos.

En el versículo dos se le dice a Juan que los Gentiles tendrán dominio sobre la ciudad Santa, Jerusalén, por cuarenta y dos meses.

El puro acto de reconstruir el Templo en sí como lugar de adoración y de sacrificio es una clara indicación de que los Judíos de este tiempo seguían sin reconocer a Jesucristo como el Mesías. La reinstitución del sacrificio en el Templo sin duda parece un anacronismo extraño para muchos, no solamente para el mundo de los Gentiles, sino sin duda alguna a muchos de la hermandad Judía. El que hombres y mujeres sofisticadas empezaran de nueva cuenta a ofrecer la sangre de los toros y cabras en un altar de sacrificios, puede que fuera demasiado para ser aceptado por muchos. De hecho para muchos esto parecería un ritual pagano y un culto. Es cuestionable entonces, el que todos o la mayoría de los Judíos vayan realmente a practicar todas las formas antiguas de adoración y sus rituales.

Estos primeros dos capítulos nos dan el antecedente para los siguientes once versículos. Aquí en el medio de la ciudad santa y gente que practicaba adoración por medio de sacrificios, Dios enviará testigos especiales.

Versículo 3 - "Y otorgaré autoridad a mis dos testigos, y ellos profetizarán por mil doscientos sesenta días, vestidos de cilicio."

Versículo 4 – "Estos son los dos olivos y los dos candeleros que están delante del Señor de la tierra."

Advierta que es Dios quien designa a Sus testigos. Dios nunca se queda sin testigos. Este versículo enfatiza que Dios nunca hace un juicio final hasta que ha hecho las advertencias correspondientes de manera justa para quien desea escuchar. Es muy posible que el número (dos) de testigos es un indicativo de que es un testimonio adecuado (Deuteronomio 17:6 *"Al que ha de morir se le dará muerte por la declaración de dos o tres testigos; no se le dará muerte por la declaración de un solo testigo."*(Lea también Números 35:30 y Deuteronomio 19:15). El Nuevo Testamento confirma en Mateo 18:16 *"Pero si no te escucha, lleva contigo a uno o a dos más, para* que *TODA PALABRA SEA CONFIRMADA POR BOCA DE DOS O TRES TESTIGOS.*" Y Jesús también afirma esto en Mateo 18: 19 *"Además os digo, que si dos de vosotros se ponen de acuerdo sobre cualquier cosa que pidan aquí en la tierra, les será hecho por mi Padre que está en los cielos."* La Biblia indica que, en donde hay reunidos dos o más creyentes, ellos podrán ejercer la autoridad de Dios mismo.

Es claro que estos dos testigos son profetas, ya que ellos "profetizaron". Su tiempo como testigos está limitado a 1,260 días, o tres años y medio. Esto representa la primera mitad de los últimos siete años que Dios les da a los Judíos para que evangelicen el mundo. Su testimonio terminará cuando el anticristo se declare a sí mismo como el dios de este mundo. Advierta que los testigos vienen vestidos con ropas adecuadas para el luto entre los Judíos. Vienen reconociendo de antemano que su mensaje será rechazado por la misma gente a quienes ellos tienen que profetizar. El saber que esta es la última oportunidad para muchos de los Judíos, Dios solo puede externar su luto por su rechazo a través de Sus testigos. También se confirma que ellos están aquí para testificar sobre el Señor Jesucristo en la tierra, al identificárseles como los dos candeleros que están delante del Señor. Zacarías 4 nos da una ilustración similar. Ahí los dos árboles de olivo representan a los "dos ungidos", es decir Zorobabel el gobernador y Josué el sumo sacerdote. Los arboles de olivo son la fuente de donde proviene el aceite que será quemado en los candelabros para iluminar.

La pregunta mas significante que permanece hoy es ¿podemos identificar a los testigos?

Parece que hay dos escuelas principales de pensamiento respecto a la identidad de los dos testigos:

A. Moisés y Elías. - Este parece ser el punto de vista más popular. La razón atrás de esto tiene dos caras. Malaquías 4:5 dice, *"He aquí, yo os envío al profeta Elías antes que venga el día del SEÑOR, día grande y terrible."* Es casi universalmente aceptado que estos dos testigos testificaran justo antes de que lleguen los juicios del día del Señor. En Marcos 9: 4 leemos: *"Y se les apareció Elías junto con Moisés, y estaban hablando con Jesús."* Esto era en la transfiguración de Cristo ante un grupo selecto de Sus discípulos. Esto colocaría a estos dos individuos en un grupo selecto en los ojos de Dios, luego entonces siendo lógico que estos serían los dos testigos para los Judíos en estos días finales. Moisés representaba la Ley y el actual nacimiento de la nación (los Fariseos se declararon como sus discípulos; leer Juan 9:28); y Elías era considerado uno de los profetas principales.

B. Enoc y Elías. - Hay un gran número de seguidores para este punto de vista también. El núcleo de su argumento se centra en Hebreos 9:27 que dice *"Y así como está decretado que los hombres mueran una sola vez, y después de esto, el juicio"*. Si Moisés fuera uno de estos dos profetas, esto querría decir que tendría que morir dos veces; y esto estaría en contra de las escrituras. Los únicos dos hombres en la historia bíblica quienes aparentemente han ascendido al cielo sin haber muerto son Enoc (Génesis 5:24; Hebreos 11:5: *"Por la fe Enoc fue trasladado al cielo para que no viera muerte; Y NO FUE HALLADO PORQUE DIOS LO TRASLADO; porque antes de ser trasladado recibió testimonio de haber agradado a Dios."*) y Elías (2 Reyes 2:11 *"Y aconteció que mientras ellos iban andando y hablando, he aquí, apareció un carro de fuego y caballos de fuego que separó a los dos. Y Elías subió al cielo en un torbellino."*). En este punto de vista Enoc representaría a los que no son Judíos, y Elías representaría el mundo de los Judíos.

¿Cual sería la respuesta del hombre moderno cuando es confrontado por alguien que clama ser un individuo que vivió hace 3,000 - 5,000 años atrás? Piense el efecto que esta aseveración tendría en la validez de su ministerio.

Sin embargo, hay un tercer punto de vista que creo que también puede tener validez. Este punto de vista dice que estos dos testigos son dos individuos nuevos, escogidos por Dios para realizar esta tarea. No representan el pasado, sino el futuro. Primero, debemos de reconocer que estos dos profetas sin duda alguna son Cristianos; por lo tanto su mensaje es de salvación a través de Jesucristo. Dice en el versículo 3 que ellos son los candeleros que están delante *"del Señor de la tierra"*, es decir Jesucristo. Así mismo vemos en el capitulo uno que los candeleros representaban iglesias (grupo de creyentes). Finalmente, en el versículo 8 de este capítulo veremos que ellos murieron en la ciudad *"en donde también su Señor fue crucificado"*. Esto hace que sea cuestionable el hecho de si Dios va a utilizar santos del Antiguo Testamento quienes eran creyentes bajo la Ley, para que sean Sus testigos para Cristo aquí en la tierra. Ciertamente no dudo que lo pudiera hacer, pero ¿Cuál sería la razón? Los Judíos del mundo moderno no van a reconocer a los testigos y poder identificarlos ya sea como Enoc, Moisés o Elías.

Al final debemos de reconocer que no es tan importante saber exactamente quienes son. Lo que es importante es reconocer a quien representan. Como Cristianos testificando en Jerusalén, van a dar un contraste marcado a la religión que se está practicando en el Templo reconstruido. En los versículos que siguen, veremos que el Señor de la tierra no deja duda de que dichos testigos le representan a Él y que Él va a proporcionarles poderes especiales, tanto para protegerse a ellos mismos como para poderle dar autenticidad al mensaje que llevan.

Versículo 5 -Y si alguno quiere hacerles daño, de su boca sale fuego y devora a sus enemigos; así debe morir cualquiera que quisiera hacerles daño.

Versículo 6 - Estos tienen poder para cerrar el cielo a fin de que no llueva durante los días en que ellos profeticen; y tienen poder sobre las aguas para convertirlas en sangre, y para herir la tierra con toda suerte de plagas todas las veces que quieran.

El versículo 5 explica el poder que les es dado para protegerse. Literalmente es el poder de poder consumir con fuego a aquellos que sean una amenaza para ellos. Ciertamente esto es recordativo de la autoridad que le fue dada a Elías en 2 Reyes 1:10 *"Respondió Elías y dijo al capitán de cincuenta: Si yo soy hombre de Dios, que descienda fuego del cielo y te consuma a ti y a tus cincuenta. Entonces descendió fuego del cielo, y lo consumió a él y a sus cincuenta."* Aquí está en acción juicio del Antiguo Testamento. Estos dos testigos tienen una misión que cumplir, y hasta que no sea cumplida no les será permitido a sus enemigos interferir con ellos. Estos hombres serán tanto temidos como odiados, y sin duda alguna habrá muchos intentos de hacerles callar o de quitarles su vida. De hecho, mientras estén vivos, serán una espina supurante al lado del anticristo.

En el versículo 6 se les dan poderes adicionales con el objeto de autentificar aun mas su ministerio y confirmar su apostolado. Se les da poder para: 1.- *cerrar el cielo a fin de que no llueva durante los días en que ellos profeticen;* 2.- *poder sobre las aguas para convertirlas en sangre;* y 3.- *herir la tierra con toda suerte de plagas todas las veces que quieran.*

Advierta que estos son poderes ilimitados; pueden hacerlo todas las veces que quieran. Esto debió de haber sido un argumento increíble a favor de ser verdaderos mensajeros de Dios. Mientras puedan ejercer estos poderes sobre el hombre y sobre la naturaleza, será imposible para el anticristo adquirir un poder absoluto e incuestionable sobre la humanidad.

> *La mera existencia de estos dos testigos hará que muchos duden sobre los poderes del anticristo y esto debilitará su autoridad. Solo puede haber una solución para el anticristo: los testigos deben morir.*
> *¿Pero cómo?*

Versículo 7 - Cuando hayan terminado de dar su testimonio, la bestia que sube del abismo hará guerra contra ellos, los vencerá y los matará.

Versículo 8 - Y sus cadáveres yacerán en la calle de la gran ciudad, que simbólicamente se llama Sodoma y Egipto, donde también su Señor fue crucificado.

Aparentemente los dos testigos pueden liberarse de todos los ataques de sus enemigos hasta que su testimonio ha terminado. Dios determinó que esto sería después de tres años y medio, como lo leímos en el versículo 3. Entonces Dios permite que los maten. La bestia del abismo probablemente es el mismo Satanás. Después veremos que se identifica al anticristo como la bestia del mar y al falso profeta como la bestia de la tierra. El hecho de que Satanás finalmente puede matar a los dos testigos demuestra ciertamente que son entes mortales.

No se les da a estos dos testigos un entierro decente. Este hecho, mas las actividades que siguen a sus muertes, revelan el incontrolado y crudo barbarismo de los últimos días; barbarismo que a lo mucho será cubierto solamente por una capa delgada de la aparición de la civilización.

La ubicación de su testimonio y muerte nos es claramente identificado: *"la gran ciudad... donde también su Señor fue crucificado"* no puede ser ningún otro lugar distinto de Jerusalén. En este punto Dios le da una identidad simbólica como Sodoma y Egipto. Recuerde, Juan estaba viendo toda esta escena a través de los ojos de Dios; por lo tanto, para entender este simbolismo, debemos identificar esas características que Dios asocia con las entidades en cuestión. Sodoma ciertamente representaría para Dios una ciudad que se ha abandonado así misma hacia comportamientos ilícitos. Ha abandonado completamente cualquier sentido de moralidad. Aparentemente así es como Dios está viendo ahora el comportamiento de los habitantes de Jerusalén en esta fecha. Las características que Dios identifica en la segunda ciudad, Egipto, presenta un reto más interesante. Inicialmente Egipto proporcionó un santuario para el pueblo escogido de Dios durante muchos años. Sin embargo, al final Egipto empezó a persiguir y matar a Su pueblo. Posiblemente así es como Dios ve Jerusalén en este tiempo, una ciudad que primero proporciona refugio o santuario para Su pueblo, pero que ahora le persigue y le mata. Combinando las características de estas dos entidades, tenemos una imagen de Jerusalén tal y como existe en los ojos de Dios en este tiempo. Está llena de habitantes que vivían una inmoralidad espiritual evidente (ver el versículo 2), y es una ciudad que primero proporciona refugio a Su gente pero que ahora busca destruirles.

¿Como crees que los seguidores del anticristo van a actuar cuando finalmente se les de muerte a los dos testigos?

Versículo 9 - Y gente de todos los pueblos, tribus, lenguas y naciones, contemplarán sus cadáveres por tres días y medio, y no permitirán que sus cadáveres sean sepultados.

Versículo 10 - Y los que moran en la tierra se regocijarán por ellos y se alegrarán, y se enviarán regalos unos a otros, porque estos dos profetas atormentaron a los que moran en la tierra.

Los espectadores a través del mundo expresan su júbilo por la muerte de los dos testigos. "¡por fin libres!" es lo que ellos piensan. Estos testigos han sido constantemente fuente de irritación para las personas, tanto por ser ¡Es hora de fiesta! un recordatorio de su falla personal para reconocer a Dios como por las limitaciones aparentes de las autoridades. Ahora finalmente pueden regocijarse en el triunfo de sus líderes sobre estos testigos y su molestia. Interesantemente, esta es la única mención de regocijo en la tierra durante todo el periodo de tribulación. El príncipe del mundo aparentemente ha triunfado sobre Dios. Ya el hombre no tendrá que temer a Dios y esconderse de Él. Los juicios y las plagas que han experimentado anteriormente pueden ser considerados ahora como una mala memoria. Seguramente, ellos pensarán que su gran príncipe puede sin duda alguna declarar la guerra en contra de Dios y vencerlo. A fin de cuentas estos son los pensamientos que indudablemente estarán pasando por sus mentes.

Hay dos cosas en estos versículos que vale la pena ver de más cerca. El hecho de que los cuerpos de los testigos sean dejados sin sepultar ciertamente representa un acto que tiene la intención de menoscabar la importancia de su testigo anterior. Sin embargo, hay otra posible razón para esta conducta. La Biblia no lo indica, pero ¿y si los testigos predijeron que iban a resucitar después de su muerte? ¿Qué mejor manera de probar lo absurdo de esto que colocar los cuerpos a la vista del público? En segundo lugar, advierta en el versículo 9 que dice que el mundo entero podrá ver los cadáveres de los testigos. Esto ha sido posible con la llegada de la televisión, y ahora no sería problema que todo el mundo pudiera ver un evento que tiene lugar en otro lugar del mundo.

Versículo 11 - Pero después de los tres días y medio, el aliento de vida de parte de Dios vino a ellos y se pusieron en pie, y gran temor cayó sobre quienes los contemplaban.

Versículo 12. *- Entonces oyeron una gran voz del cielo que les decía: Subid acá. Y subieron al cielo en la nube, y sus enemigos los vieron*

Versículo 13 *- En aquella misma hora hubo un gran terremoto y la décima parte de la ciudad se derrumbó, y siete mil personas murieron en el terremoto, y los demás, aterrorizados, dieron gloria al Dios del cielo.*

Oh, oh, parecer ser que empezaron a celebrar antes de tiempo. Las cámaras de televisión continuaran su diaria vigilia en la escena del triunfo, transmitiendo de manera fiel el espectáculo en las televisiones de todas las casas en la ¡se acabó la fiesta! hora de las noticias diarias. Entonces mientras los fiesteros observan con horror, los cuerpos se empiezan a mover. El regocijo pronto se transforma en miedo mientras aquellos que piensan que han sido testigos del triunfo final sobre Dios ahora empiezan a entender que no es así. Lo que están a punto de observar ciertamente les llenará sus corazones de temor.

Puede ser inclusive por esta misma razón que Dios permite que los cuerpos de Sus dos testigos sean exhibidos en público. El sonido de Su voz desde el cielo llamando a los dos testigos para que vayan y se unan a Él, y la subsecuente resurrección y ascensión de los testigos dejará poca duda en los observadores de que Dios no ha sido vencido. Lo que todo el mundo verá no podrá ser desechado ni explicado por sus líderes.

Al mismo tiempo que esta escena se está desarrollando, un gran terremoto percute en la ciudad. Esto añadirá más temor en los corazones de la gente. La especificación en el versículo 13 de que una décima parte de la ciudad será destruida y que una décima parte de la población murió presenta una situación interesante. En el Antiguo Testamento, cuando Dios gobernó por medio de la Ley, una décima parte representaba la porción que correspondía a Dios. Parecería que este versículo que Dios simbólicamente está exigiendo Su porción de una ciudad no regenerada. Para los Judíos que quedan en la ciudad, será una prueba clara de que Dios está ejerciendo su soberanía. Como resultado, muchos de los Judíos que viven ahí reconocerán la mano de Dios y le darán gloria. El que su arrepentimiento sea real o haya nacido del miedo, solo Dios podrá juzgarlo.

Indudablemente, para algunos, su arrepentimiento es real y significa que se convertirán en mártires para Dios en los meses venideros.

Versículo 14 - El segundo ¡ay! ha pasado; he aquí, el tercer ¡ay! viene pronto.

Si recuerda del capítulo anterior, se pronunciaron tres ayes en todos aquellos que vivían en la tierra. Aquí, ahora, es el tercer y último ay. A partir de este punto, las negociaciones de Dios con el hombre serán solo para el propósito expreso de emitir el juicio final, no la redención. La justicia de Dios será rápida y justa. Aquellos que están redimidos a partir de este punto serán redimidos como si fuera por medio de fuego. Dios ya no los buscará, pero algunos todavía podrán buscarle y encontrarle.

Versículo 15 - El séptimo ángel tocó la trompeta, y se levantaron grandes voces en el cielo, que decían: "El reino del mundo ha venido a ser el reino de nuestro Señor y de su Cristo; y El reinará por los siglos de los siglos".

Creo que este será el evento que señalará la venida del Día del Señor. El Día del Señor no es literalmente un día, sino que es una descripción de una serie de eventos que se desarrollan rápidamente que culminarán con la Segunda Venida de Jesucristo a la tierra, todo ello para mostrar que Dios está ahora en firme control de los eventos que están sucediendo.

Cuando se abre el séptimo sello, el silencio reina en el cielo, silencio porque los seres del cielo observan el precio increíble que va a ser exigido a la humanidad y a la creación por un Dios que los ha estado preparando para Su presencia. Al tocar de la séptima trompeta, se oirán grandes voces en el cielo. ¿Por qué? La respuesta se encuentra claramente en este versículo, es porque ahora el cielo puede ver que Dios y Su Hijo, Jesucristo están en control de los eventos finales en la tierra, eventos que van a culminar con el establecimiento de su reino eterno. ¡seguramente que no hay otra mejor razón para regocijarse! La maldad está a punto de ser vencida.

Esta es una escena que nos hace recodar las famosas películas antiguas del oeste en donde parece que los villanos están ganando. De repente el héroe con su sombrero blanco aparece en la escena. Todos aplauden, porque saben lo que va a suceder a los villanos. Puede que todavía no suceda, pero todos están convencidos de que es inevitable.

Versículo 16 - *Y los veinticuatro ancianos que estaban sentados delante de Dios en sus tronos, se postraron sobre sus rostros y adoraron a Dios,*

Versículo 17- *diciendo: "Te damos gracias, oh Señor Dios Todopoderoso, el que eres y el que eras, porque has tomado tu gran poder y has comenzado a reinar".*

En reconocimiento al gran anunciamiento por los ángeles de lo que va a suceder, los veinticuatro ancianos cantan una canción especial para adorar a Dios. Advierta otra vez como su adoración ante la presencia de Dios es en una posición postrada delante de Él. Esto no es como los creyentes del Nuevo Testamento lo hacen, quienes están de pie ante Su presencia. También debe de darse atención especial en sus palabras de adoración, es decir, el hecho de que ya no reconocen a Dios como "el que está por venir". Él ya ha llegado, y el gozo de los ancianos no puede ser contenido ante este conocimiento.

Estos dos versículos finales nos presentan una visualización de lo que estará sucediendo con el resto de la humanidad aparte de la ciudad de Jerusalén y en el cielo en esta fecha.

Versículo 18 - *"Y las naciones se enfurecieron, y vino tu ira y llegó el tiempo de juzgar a los muertos y de dar la recompensa a tus siervos los profetas, a los santos y a los que temen tu nombre, a los pequeños y a los grandes, y de destruir a los que destruyen la tierra.*

Versículo 19 - *El templo de Dios que está en el cielo fue abierto; y el arca de su pacto se veía en su templo, y hubo relámpagos, voces y truenos, y un terremoto y una fuerte granizada.*

En este punto no está claro si estas palabras son una continuación de las palabras que emitieron los veinticuatro ancianos, o si estas reflejan una observación de Juan. Sin embargo, en el versículo 18 vemos varios efectos en la humanidad con el tocar de la séptima trompeta.

1. *"las naciones se enfurecieron"* – las naciones de no creyentes se levantan en una rebelión en contra de Dios. Recuerde, ellos acaban de ser testigos de la muerte y resurrección de los dos testigos. Su reacción es de coraje y rebelión en contra de Dios.

2. *"vino tu ira"* – aparentemente Dios va a reaccionar con ira en contra de la rebelión de las naciones en la tierra.

3. *"llegó el tiempo de juzgar a los muertos,"* – todos aquellos que han muerto hasta esta fecha serán juzgados.

4. *"tiempo de dar la recompensa a tus siervos los profetas, a los santos y a los que temen tu nombre, a los pequeños y a los grandes"* – advierta los tres grupos específicos que se menciona recibirán su recompensa: A. *a tus siervos los profetas* – Aquí esta un pequeño y espceial grupo de personas específicamente llamadas por Dios para que comunicaran Su mensaje a una audiencia especifica; B. *los santos* – Un titulo utilizado para la gente de Dios en todas las eras; C. *a los que temen Tu nombre* – Aquí están aquellas personas que no son ni Judíos ni Cristianos, pero que han encontrado y reverenciado a Dios a través de Su revelación en la creación.

5. *"destruir a los que destruyen la tierra."* – Dios destruirá a todos aquellos que están en contra de Él. Estas son las personas, quienes en su entusiasmo de rebelarse en contra de Dios destruyen todo lo que era bueno en la tierra.

En el versículo 19, observará más efectos que trae consigo el tocar de la séptima trompeta.

1. *El templo de Dios que está en el cielo fue abierto* – La apertura de este templo solamente puede significar que su propósito está a

punto de ser dramáticamente cambiado. Aquello que es santo y oculto ahora está abierto para que todos lo vean.

2. *el arca de su pacto se veía en su templo*, – En los tiempos del Antiguo Testamento el Arca del Pacto era considerado el lugar en donde uno podía venir ante la presencia de Dios y comunicarse con Él. Este acceso estaba estrictamente controlado y limitado para el sumo sacerdote y solo podía hacerlo una vez al año. Ahora vemos esto expuesto para que todos lo vean. Esto solamente puede significar entonces, que Dios va a recordar específicamente a su pueblo escogido en el tiempo venidero cuando su ira se pose sobre la humanidad. Para ellos, la redención seguirá disponible.

> *Para el cristiano, el Arca del pacto es solo de interés histórico. Sin embargo para el pueblo escogido de Dios es una evidencia tangible de que El no los ha olvidado y tampoco Sus promesas para con ellos.*

3. *hubo relámpagos, voces y truenos, y un terremoto y una fuerte granizada.* – Esto solo puede suceder en la tierra. Cuando esto sucedía en el Antiguo Testamento era una evidencia tangible de la presencia de Dios viniendo en juicio. Sin embargo Dios ya no está por venir; Él ya ha llegado.

Algunas Observaciones Personales

Este capítulo inicia con el ministerio de los dos testigos. Con su presencia Dios claramente quería asegurarle a Juan que no había olvidado a Su pueblo escogido. Ellos tendrían dos testigos muy especiales por parte de Dios en la ciudad santa de Jerusalén, testigos quienes están claramente bajo la protección y autoridad de Dios.

Algún tiempo después de la muerte de los testigos, Dios dará la señal que identificará la pronta venida del Día del Señor, un tiempo que concluirá con el establecimiento del reino de Cristo en la tierra. Aun y cuando todo esto está sucediendo, Dios le muestra a Juan que Él no ha olvidado Su promesa hecha a su pueblo escogido permitiéndoles observar el Arca del Pacto en el templo de Dios en el cielo. Los rebeldes serán juzgados y morirán. Aquellos que han honrado a Dios en la tierra serán recompensados por sus acciones. A Dios le pertenece todo el honor y la autoridad.

Dios nunca pronuncia juicios sin antes haber advertido primero a la humanidad, aun sabiendo anticipadamente que la humanidad no estará escuchando.

Capítulo 12

Apocalipsis 12:1 - 17
Un perfil del pueblo escogido de Dios

Cuando Dios ve los eventos, Él los ve a la luz de cómo se relacionan a Su plan por la humanidad y su relación con Él. Este capítulo inicia con las palabras "Y una gran señal apareció en el cielo" Lo que sigue entonces, mientras se está escribiendo en lenguaje simbólico solo representa una realidad. Nuestro reto es descubrir y entender la realidad. Para interpretar este capítulo adecuadamente, es muy importante que entendamos que Jesucristo no nació de la Iglesia, sino que la Iglesia nació de Jesucristo. Cuando estudiemos este capítulo también descubriremos la razón por los sentimientos antisemitas tan fuertes que parece ser siempre persiguen a los Judíos a donde quiera que vayan.

Los Capítulos 12 a 14 proporcionan el punto de vista de Dios de la naturaleza del conflicto en el cual se encuentra inmerso por las almas de la humanidad. En estos capítulos se introducen las grandes personalidades de la tribulación: (1) la mujer, representando al pueblo escogido de Dios; (2) el dragón, representando a Satanás; (3) el hijo varón representando a Jesucristo; (4) Miguel, representado a los ángeles; (5) Israel, como el residuo de la simiente de la mujer; (6) la bestia del mar, el anticristo; y (7) la bestia de la tierra, el falso profeta y el futuro líder religioso del mundo designado.

— — — — — — — — —

Preguntas importantes para meditar mientras se estudia este Capitulo

1. ¿A quién representa la mujer? (Vea Génesis 37:5-11)

2. ¿Quién es el hijo varón?

3. ¿Por qué fue expulsado Satanás del cielo? (Ver Isaías 14:12-13)

4. ¿Cuando fue expulsado Satanás del cielo? (ver Job1:6,7,9,11; Zacarías 3:1; 1 Crónicas 21:1)

5. Después de que Satanás fue expulsado del cielo, ¿que se convirtió en su misión personal?

Un Comentario Sobre el Capítulo

Versículo 1 – "Y una gran señal apareció en el cielo: una mujer vestida del sol, con la luna debajo de sus pies, y una corona de doce estrellas sobre su cabeza;"

Advierta la palabra "*señal*" utilizada en este versículo. Recuerde la identidad de la persona que escribió este libro y la audiencia a la que va dirigida. Obviamente la intención era que la mujer fuera un simbolismo de una realidad que podía ser comprendida por los lectores, basado en su descripción. "*una mujer vestida del sol, con la luna debajo de sus pies, y una corona de doce estrellas sobre su cabeza*". Ya que la mayoría de los primeros creyentes estaban familiarizados con el Antiguo Testamento, solo tenemos que buscar ahí para poder encontrar la solución a lo que este simbolismo representa. Vamos a revisar Génesis 37:5 – 11: "*Versículo 5: "Y José tuvo un sueño y cuando lo contó a sus hermanos, ellos lo odiaron aún más. Versículo 6: Y él les dijo: Os ruego que escuchéis este sueño que he tenido. Versículo 7: He aquí, estábamos atando gavillas en medio del campo, y he aquí que mi gavilla se levantó y se puso derecha, y entonces vuestras gavillas se ponían alrededor y se inclinaban hacia mi gavilla. Versículo 8: Y sus hermanos le dijeron: ¿Acaso reinarás sobre nosotros? ¿O acaso te enseñorearás sobre nosotros? Y lo odiaron aún más por causa de sus sueños y de sus palabras. Versículo 9: Tuvo aún otro sueño, y lo contó a sus hermanos, diciendo: He aquí, he tenido aún otro sueño; y he aquí, el sol, la luna y once estrellas se inclinaban ante mí. Versículo 10: Y él lo contó a su padre y a sus hermanos; y su padre lo reprendió, y le dijo: ¿Qué es este sueño que has tenido? ¿Acaso yo, tu madre y tus hermanos vendremos a inclinarnos hasta el suelo ante ti? Versículo 11: Y sus hermanos le tenían envidia, pero su padre reflexionaba sobre lo dicho.*" Los comentaristas del Antiguo Testamento y los teólogos Judíos están de acuerdo en que en el sueño de José el sol representa a su padre, Jacobo; la luna representa a su madrastra; y las doce estrellas representan a los doce hijos de Jacobo. Fueron los doce hijos de Jacobo quienes fueron la fundación de la nación Judía y sus doce tribus. Ahora vamos a leer Gálatas 4:26 e Isaías 54:1. En estos versículos vemos la nación de Israel representada como la madre simbólica del pueblo de Dios. Gálatas 4:26: "Pero la Jerusalén de arriba es libre; ésta es nuestra madre." Isaías 54:1 *"Grita de júbilo, oh estéril, la que no ha dado a luz; prorrumpe en gritos de júbilo y clama en alta voz, la que no ha estado de parto; porque son más los hijos de la desolada que los hijos de la casada--dice el SEÑOR."* De estos versículos puede ser observado que el símbolo de la mujer en este versículo tenía la intención de representar al pueblo escogido de Dios, los Judíos. También necesitamos entender que los Judíos, como un cuerpo separado de gente escogido por Dios, no es sinónimo de la nación Judía que ahora llamamos Israel. El hecho de que la mayoría de los judíos no viven en Israel no los hace ni un poco menos gente escogida por Dios que aquellos que viven en Israel.

Versículo 2 – "estaba encinta, y gritaba, estando de parto y con dolores de alumbramiento."

La siguiente pregunta es, ¿cuál es el simbolismo de que esta mujer esté encinta? Vamos a revisar dos versículos más del Antiguo Testamento. Miqueas 4:10 *"Retuércete y gime, hija de Sion, como mujer de parto, porque ahora saldrás de la ciudad y habitarás en el campo, e irás hasta Babilonia. Allí serás rescatada, allí te redimirá el SEÑOR de la mano de tus enemigos".* Isaías 26:18: *"Estábamos encinta, nos retorcíamos en los dolores, dimos a luz, al parecer, sólo viento. No logramos liberación para la tierra, ni nacieron habitantes del mundo."* En ambas referencias el pueblo escogido de Dios está siendo identificado simbólicamente como una mujer en parto. Este versículo es una confirmación más de que esta mujer representa al pueblo Judío y que ellas de alguna manera estaban a punto de parir a alguien o algo que redimirá al mundo.

Versículo 3 - "Entonces apareció otra señal en el cielo: he aquí, un gran dragón rojo que tenía siete cabezas y diez cuernos, y sobre sus cabezas había siete diademas."

Desde el inicio, Dios describió a Satanás como una serpiente. En este versículo se está expandiendo su descripción, y es importante que entendamos la realidad representada por esta imagen de Satanás.

- Es rojo.

- Tiene siete cabezas

- Tiene diez cuernos

- En cada una de sus cabezas se encuentra una diadema de autoridad.

Necesitamos recordar que hay límites muy claros a la autoridad de Satanás. Su poder no se extiende a las decisiones respecto a la vida y la muerte si no se tiene el permiso especifico de Dios. Su poder está limitado a influenciar eventos a través de influenciar la mente de los hombres, en lugar de una intervención en los eventos mismos. Entendiendo esto, podemos ver que la imagen de Satanás en este versículo refleja sus características en cuanto estas son aplicadas a sus actividades en esta visión, a los ojos de Dios. Por ejemplo, está interesado en la descendencia de la mujer que está en parto. Ya que estamos hablando del redentor del mundo, ¿Cómo ve Dios a Satanás? El color rojo probablemente indica que su participación involucra mucho derramamiento de sangre. El que haya siete cabezas, cada una con una corona, indica que dirigirá sus actividades usando las filosofías (e.i. el pensamiento) de siete reinos específicos. A lo largo del Antiguo Testamento, el cuerno simbólicamente representa una fuente de fuerza. Aparentemente entonces, se espera que Satanás reciba su fuerza de diez fuentes diferentes.

Lo que este versículo describe es a Satanás trabajando a través de las filosofías de los siete reinos para aplicar su fuerza utilizando diez fuentes de fuerza para eliminar al pueblo escogido de Dios y después al niño que saldrá de dichos reinos.

Es muy popular atribuir los diez cuernos simbólicamente al revivido Imperio Romano de los últimos días. Sin embargo, esta interpretación es forzada, ya que

Que eventos en particular Dios le atribuye directamente a Satanás puede que no esté muy claro, sin embargo el hecho de que existieron no puede negarse.

toma la situación en este versículo totalmente fuera de contexto. La escena descrita en este versículo toma lugar coincidentemente con el nacimiento de Cristo. Por lo tanto es más lógico pensar que esta simbología es apropiada a diez eventos específicos en donde Satanás utiliza un recurso especial para intentar detener el nacimiento de este niño. Algunos ejemplos de estos eventos pueden ser la esterilidad de Sara y Rebeca; la promesa de Esaú de matar a su hermano Jacobo; la esclavitud y persecución del pueblo escogido de Dios en Egipto; la inducción del pueblo de Dios a adorar al becerro de oro en el desierto después de que habían dejado Egipto; la rebelión abierta del pueblo escogido de Dios en el desierto; el pecado de Acán; las muchas veces que Saúl trató de matar a David; la inducción del pueblo de Dios abiertamente a la idolatría en la tierra prometida; el intento de matar el linaje real de David por la reina Atalía; la matanza de todos los niños menores de dos años por el Rey Herodes; y el intento de hacer que Cristo aceptara la autoridad de Satanás; todos estos eventos en donde el linaje del Mesías pudiera haber sido destruido y los planes de Dios para la redención de la humanidad fracasados si estos eventos hubieran tenido éxito.

Versículo 4 - "Su cola arrastró la tercera parte de las estrellas del cielo y las arrojó sobre la tierra. Y el dragón se paró delante de la mujer que estaba para dar a luz, a fin de devorar a su hijo cuando ella diera a luz."

La palabra "estrellas" es una referencia a los ángeles que siguieron a Satanás (e.i. Lucifer) cuando se rebeló en contra de Dios y fueron enviados a la tierra. Ahí Satanás les dio una tarea específica: matar al hijo varón que Dios estaba criando de entre Su pueblo escogido. El dragón odia al hijo varón porque se predijo desde el principio que este niño iba a deshacer a Satanás. Génesis 3: 14 – 15: *"Y el Señor Dios dijo a la serpiente: Por cuanto has hecho esto, maldita serás más que todos los animales, y más que todas las bestias del campo; sobre tu vientre andarás, y polvo comerás todos los días de tu vida. Y pondré enemistad entre ti y la mujer, y entre tu simiente y su simiente; él te herirá en la cabeza, y tu lo herirás en el calcañar."* Desde el principio era el plan de Dios que Él utilizaría a su pueblo escogido para que de este pueblo naciera Su hijo, quien redimiría a la humanidad y a la creación, y eventualmente destruiría al mismo Satanás. Por lo tanto era necesario que Satanás se protegiera parándose delante de la mujer por siglos, porque no había manera de que él supiera cuando Jesucristo, el hijo de Dios, iba a nacer. Desde el principio, Satanás observó cada niño varón que podía ser un prospecto de ser ese hijo prometido, así como todos aquellos que serían parte del linaje para producir ese niño. Satanás sabía que tenía que destruir el linaje de ese niño antes de que naciera o bien destruir al niño mismo inmediatamente cuando éste naciera.

Por casi 2000 años, desde el establecimiento del pueblo escogido de Dios al real nacimiento de este niño, ha sido el propósito persistente de Satanás prevenir el nacimiento del niño o matarlo después de su nacimiento; o si todo lo demás fallara, intentar persuadir al hijo de convertirse en uno de sus seguidores.

Versículo 5 - "Y ella dio a luz un hijo varón, que ha de regir a todas las naciones con vara de hierro; y su hijo fue arrebatado hasta Dios y hasta Su trono."

En este versículo se nos dan cuatro características identificadoras de este niño que está a punto de nacer:

- Sería varón.

- Tendrá autoridad para regir a todas las naciones con vara de hierro.

- Ascenderá hasta el cielo para estar con Dios.

- Ahí en el cielo para asumir el trono que le pertenece.

Este versículo nos presenta una imagen de Jesucristo, el Hijo de Dios, el Mesías, el prometido. Como Hijo de Dios, nació a través de gente Judía y después ascendió al cielo, en donde ahora comparte el trono de Dios y se le ha dado autoridad absoluta sobre todas las naciones.

Este era el hijo varón que Satanás tanto temía.

En este punto del capítulo, la historia se divide en dos partes diferentes – una de la historia futura de la mujer (e.i. pueblo escogido de Dios), y la historia del dragón.

Versículo 6 – *"Y la mujer huyó al desierto, donde tenía un lugar preparado por Dios, para ser sustentada allí, por mil doscientos sesenta días."*

Un poco de años (aproximadamente cuarenta) después de la muerte y resurrección de Jesucristo, los Judíos esencialmente fueron dispersados en el desierto. Este era el mismo desierto al que Dios se refería en el Antiguo Testamento cuando les decía a Su pueblo escogido que serían dispersados entre las naciones del mundo si continuaban con su desobediencia hacía Él. Después de que el pueblo de Dios, en un acto final de desobediencia, rechazó al hijo de Dios, Dios los dispersó entre las naciones gentiles del mundo. Ahí Dios los preparó para un tiempo en el futuro, cuando nuevamente los protegería de sus enemigos por un corto tiempo (cuarenta y dos meses, de acuerdo al calendario judío, o tres años y medio), un tiempo que vemos venir cerca, ya que Dios empieza a volver a reunir a Su pueblo escogido en forma simultánea en la Tierra Prometida.

Ahora la historia cambia a los eventos alrededor del dragón después de la muerte y resurrección del hijo varón, Jesucristo.

Versículo 7 - *"Entonces hubo guerra en el cielo: Miguel y sus ángeles combatieron contra el dragón. Y el dragón y sus ángeles lucharon,"*

En este versículo se nos indica que hubo guerra en el cielo entre Miguel y sus ángeles y el dragón y sus ángeles. Hay otras cinco referencias en la Biblia sobre Miguel, y en cada una de ellas está muy cercanamente asociado con el pueblo Judío como el guardián de sus intereses. Esta guerra entonces, debe de ser el resultado de un conflicto entre el dragón y plan de Dios para Su pueblo escogido, posiblemente un último desesperado intento para hacer fracasar a Dios matando al hijo varón que ahora estaba en el cielo. En el siguiente versículo leemos:

Versículo 8 - *"pero no pudieron vencer, ni se halló lugar para ellos en el cielo."*

Satanás (e.i. el dragón) perdió la guerra y con ésta pérdida, perdió su lugar en el cielo, un lugar en donde él había podido confrontar a Dios y actuar como acusador de la humanidad. A continuación leemos:

Versículo 9 - *"Y fue arrojado el gran dragón, la serpiente antigua que se llama el Diablo y Satanás; el cual engaña al mundo entero; fue arrojado a la tierra y sus ángeles fueron arrojados con él."*

Aquí se identifica claramente al dragón como Satanás, conocido como el engañador del mundo. Podemos ver en este versículo dos resultados de la derrota de Satanás en el cielo. Primero vemos que Satanás ya no tiene lugar en el cielo, no puede acusar al hombre delante de Dios. Esto es algo para regocijarse – ¡Satanás ya no tiene acceso a Dios! Esto sugiere que Dios ya no va a escuchar más acusaciones en contra de Su gente. De hecho, Su Hijo actuará como defensor para el pueblo de Dios. En segundo lugar, la derrota de Satanás significa que su poder ha sido gravemente limitado en lo que al hombre respecta, y sus días están contados.

Los siguientes versículos dan claridad a algunos detalles de esta guerra en el cielo.

Versículo 10 - *"Y oí una gran voz en el cielo, que decía: Ahora ha venido la salvación, el poder y el reino de nuestro Dios y la autoridad de su Cristo, porque el acusador de nuestros hermanos, el que los acusa delante de nuestro Dios día y noche, ha sido arrojado."*

"Y oí" – nos recuerda que Juan sigue siendo un espectador. La gran voz no se identifica, y probablemente no pueda ser identificada con certeza. Sin embargo, la gran voz dice *"el acusador de nuestros hermanos"*. Esto parecería indicarnos que posiblemente era la voz colectiva de los santos en el cielo. Habiendo sido arrojado Satanás del cielo, vemos que *"Ahora ha venido la salvación, el poder y el reino de nuestro Dios y la autoridad de su Cristo"*. En otras palabras, el poder de Cristo y su autoridad ahora serán firmemente establecidos. Una razón especial para su acción de gracias es que Satanás ya no tiene acceso personal a Dios. Mientras Satanás estaba en el cielo, era nuestro acusador delante de Dios. Job 1:6, 7, 9, 11: *"Hubo un día cuando los hijos de Dios vinieron a presentarse delante del Señor, y*

Satanás vino también entre ellos.- y el Señor Dijo a Satanás: ¿De dónde vienes? Entonces Satanás respondió al Señor, y dijo: De recorrer la tierra y de andar por ella – Respondió Satanás al Señor ¿Acaso teme Job a Dios de balde? – Pero extiende ahora tu mano y toca todo lo que tiene, veras si no te maldice en tu misma cara." Y en Zacarías 3:1 *"Entonces me mostró al sumo sacerdote Josué, que estaba delante del ángel del Señor; y Satanás estaba a su derecha para acusarlo."* Y en 1 Crónicas 21:1 *"Y se levantó Satanás contra Israel e incitó a David a hacer un censo de Israel."*

En el versículo 11 vemos porque y como Miguel y sus ángeles finalmente pueden obtener la victoria final contra Satanás en el cielo.

Verse 11 - "Ellos lo vencieron por medio de la sangre del Cordero y por la palabra del testimonio de ellos, y no amaron sus vidas, llegando hasta sufrir la muerte."

Aquí está la triple fórmula para una victoria total sobre Satanás: - *"la sangre del Cordero; la palabra del testimonio de ellos; y no amaron sus vidas llegando hasta sufrir la muerte."* La espada de dos filos de fe y confesión siempre logra la victoria sobre Satanás. La sentencia de ejecución para Satanás fue confirmada por Jesucristo en la cruz; pero es en la ascensión de Jesús al cielo que empezamos realmente a apreciar lo que significa la muerte y resurrección de Cristo. Esto inició el deshacerse de la única cosa que era maldad y que todavía tenía acceso al cielo – Satanás. Es muy posible que este evento tuvo lugar justo antes o muy poco tiempo después de que Cristo llegó al cielo a tomar Su trono. Ciertamente un Cristo resucitado sentado en Su trono no puede co-existir con maldad a Su alrededor. En este siguiente versículo se nos dice que este evento causa tanto alegría como pesar.

Versículo 12 - "Por lo cual regocijaos, cielos y los que moráis en ellos. ¡Ay de la tierra y del mar!, porque el diablo ha descendido a vosotros con gran furor, sabiendo que tiene poco tiempo.

Hay regocijo en el cielo y con sus habitantes porque el acusador y engañador de la humanidad ya no está presente. Hay tristeza o pesar en la tierra porque habiendo desterrado a Satanás del cielo, ahora ha sido enviado a la tierra. Ahí el tomará su ira sobre la creación de Dios y los habitantes de la tierra. Estará especialmente enojado cuando se de cuenta que lo que acaba de pasar en el cielo es solo una advertencia para él de su confinamiento eventual de todos los asuntos que tengan que ver con la humanidad en la tierra.

Satanás no es un buen perdedor, y no va aceptar
su derrota con gracia y perdón.

Versículo - 13 - *"Cuando el dragón vio que había sido arrojado a la tierra, persiguió a la mujer que había dado a luz al hijo varón."*

Ahora Satanás concentra su ira en el pueblo escogido de Dios en una persecución especial. Aquí vemos la razón de la lucha histórica de la nación de Israel y los Judíos por sobrevivencia. Ninguna otra raza o pueblo ha sido señalado por tantas otras naciones o pueblos, perseguidos y con intentos de hacerlos desaparecer. Esto inició con los Romanos, continuó toda la edad media animados por la Iglesia Católica, después vino la segunda guerra mundial y Hitler, y después llega la historia moderna con los Árabes, para quienes matar a un Judío es ganar meritos en la vida después de la muerte. A lo largo de su historia, los Judíos han enfrentado sentimientos violentos y antisemitas. Esta es la razón por ello: Satanás sabe que si puede destruir al pueblo de Dios, demostrará su habilidad para intervenir con los planes que Dios tiene para la humanidad. Esto también mostrará su igualdad con Dios.

En el versículo 14 vemos que Dios toma un papel activo en la protección de Su gente.

Versículo 14 - *"Y se le dieron a la mujer las dos alas de la gran* águila a fin de que volara de la presencia de la serpiente al desierto, a su lugar, donde fue sustentada por un tiempo, tiempos y medio tiempo."*

Vamos a tomar un momento y revisar Éxodo 19:4: *"Vosotros habéis visto lo que he hecho a los egipcios, y cómo os he tomado sobre alas de águilas y os he traído a mí."* Aquí Dios utiliza el simbolismo de las alas de un águila para demostrar Su protección especial al remover a Su pueblo del camino en donde podían dañarlo. Así lo intente tanto como quiera, Satanás no puede alcanzar y destruir a la mujer en el desierto. La historia nos ha mostrado que los Judíos siempre sobreviven. Finalmente cuando Satanás sabe que le queda poco tiempo, buscará destruir la nación a quien Dios ha prometido el reino, pero el Señor le dará un lugar para protección. Aparentemente, durante el último periodo de Satanás en la tierra, Dios totalmente removerá a Su gente del poder y el embate de los ataques de Satanás. Ciertamente el tiempo indicado, *"por un tiempo, tiempos y medio tiempo"*, es consistente con lo que se describe en Daniel 7:25, lo que casi todos concuerdan que representa tres años y medio. (Un tiempo que es parte de siete años que Dios dijo iba a terminar esta era con los Judíos nuevamente, siendo ellos su pueblo escogido en la tierra). Ya que, en el tiempo indicado en este versículo, los Judíos son protegidos por Dios, debemos asumir que representa la primera mitad de ese periodo de siete años, porque sabemos que durante los últimos tres años y medio el pueblo Judío será entregado a las manos de sus perseguidores. Este periodo de tiempo también es consistente con el testimonio y protección de los dos testigos especiales de Dios que se mencionan en el Capitulo 11.

Versículo 15 - "Y la serpiente arrojó de su boca, tras la mujer, agua como un río, para hacer que fuera arrastrada por la corriente."

Advierta la conjunción "y". Esto quiere decir que la acción en este versículo toma lugar en conjunción con el versículo precedente. También ten en mente que estamos lidiando con simbolismos, lo cual es significante solamente cuando entendemos el significado atrás de dicho simbolismo. Estoy convencido que el agua que sale de la boca del dragón, es una corriente de propaganda antisemita, diseñada para hacer del pueblo de Dios los más odiados sobre la tierra, tan odiados que literalmente van a ser arrollados por una ola antisemita. Satanás estará haciendo un último desesperado intento de convencer a todas las naciones y personas del mundo el adoptar esta actitud y trabajar con él para destruir a los Judíos.

Versículo 16 - "Pero la tierra ayudó a la mujer, y la tierra abrió su boca y tragó el río que el dragón había arrojado de su boca."

El mensaje transmitido es simple y claro: Satanás hará todo lo que esté en su poder para destruir al pueblo de Dios, pero será todo en vano.

El hecho es que estos sentimientos antisemitas que han sido diseminados son imposibles de mantener. Tarde o temprano son suavizados por los estándares morales de aquellos que los alimentan.

Con toda esta ira y todo su ingenio y todo su poder, el viejo dragón no puede alcanzar a aquellos que están bajo la protección de Dios. Los Judíos han sobrevivido, y aun prosperan al día de hoy.

Versículo 17 - *"Entonces el dragón se enfureció contra la mujer, y salió para hacer guerra contra el resto de la descendencia de ella, los que guardan los mandamientos de Dios y tienen el testimonio de Jesús."*

Cuando se hace evidente que la campaña en contra de los Judíos va a fracasar debido a la protección especial de Dios, Satanás no tiene otra opción más que cambiar el enfoque de su campaña en contra de Dios. Ahora decide perseguir a *"los que guardan los mandamientos de Dios y tienen el testimonio de Jesús"*. Claramente estos son Cristianos del Nuevo Testamento. Desafortunadamente, vemos que esto pasa en los Estados Unidos hoy, en donde la campaña de Satanás para derrotar Cristianos está trayendo como resultado la lenta erradicación de todas las referencias a la Cristiandad en nuestra cultura. En lo que solo puede ser visto como un absurdo, está supuestamente siendo hecho en el nombre de la libertad de religión. Tristemente, la libertad de religión en cuestión, es aquella que niega la existencia de un Dios creador.

> *La persecución que tiene lugar hoy en día en el Medio Oriente, no es tanto el resultado de las enseñanzas de una nación o grupo de naciones, sino que es el resultado del establecimiento de una religión en donde el antisemitismo es una parte esencial de su doctrina. No toma mucho entender de donde vienen esos sentimientos de aquellos que fomentan esta doctrina.*

Algunas Observaciones Personales

En este capítulo vemos la historia del pueblo de Dios tal y como es vista a través de los ojos de Dios. Se nos permite entrever la lucha espiritual que sucede atrás de los eventos del mundo. Fuimos testigos de cómo Satanás es echado del cielo debido a la muerte y resurrección del Hijo de Dios, quien proviene o desciende del pueblo escogido de Dios en la tierra. La determinación de Hitler para eliminar a los judíos en la segunda guerra mundial no era una aberración, sino parte de la campaña de Satanás que ha tenido durante 2000 años de llevar guerra contra Dios a través de Su pueblo. Este capítulo está aquí para mostrarnos tal y como se lo mostró a Juan, que el pueblo de Dios puede esperar persecución de Satanás y sus seguidores.

La persecución de los Cristianos no es algo
que viene de hombres desencaminados,
sino de hombres que se han rendido a la
influencia de los deseos de Satanás.

Capítulo 13

Apocalipsis 13: 1 - 18
Introducción de la Trinidad de Satanás

Cuando Satanás fracasa en su último intento de destruir al pueblo escogido de Dios, se da cuenta que su tiempo está ahora limitado. Entonces decide concentrar sus esfuerzos en un último intento de destruir no solamente al pueblo escogido de Dios, sino a todos aquellos que adoran a Jesucristo o al Dios verdadero. Para poder llevar esto a cabo va a utilizar dos

> La imitación del trabajo de Dios siempre ha sido la manera que ha utilizado Satanás para engañar al mundo.

asistentes. En este capítulo se nos presentan con la "trinidad impía de Satanás". Ahora que se ha removido la influencia refrenada del Espíritu Santo junto con el rapto de la Iglesia, Satanás tiene libertad de producir su obra maestra de decepción. Estos impostores tienen la intención de tomar el lugar de Jesús y del Espíritu Santo. ¿Cómo lo harán? En lugar del reino de Dios, ellos van a prometer un nuevo orden mundial. Escuche las palabras de Jesús cuando Él vio que los Judíos lo rechazaban como su Mesías. Juan 5:43: *"Yo he venido en nombre de mi Padre y no me recibís; si otro viene en su propio nombre, a ése recibiréis."* Los últimos siete años de los que habla el libro de Daniel en el capítulo 7 inician con la firma de un tratado de paz con Israel. Un escenario posible para esto es el lanzamiento de un ataque devastador en Israel por varias naciones árabes. Cuando todo parece perdido, un hombre se levantará y convencerá a todos que esto debe detenerse, y entonces será instrumental el que Israel firme el tratado de paz que él propone. Este individuo será uno de los acólitos de Satanás, sin embargo para que los Judíos firmen el tratado de paz con este individuo debe de parecerles que esta persona es capaz de garantizar este tratado. De todo esto emergerá una falsa paz. La Biblia dice que Israel será *"una tierra sin murallas"* (Ezequiel 38:11).

No debemos olvidar que lo que está siendo descrito en este capítulo son dos humanos vistos a través de los ojos de Dios. No hay lugar a dudas de que esto es una descripción de cómo Dios ve a Satanás y a los que le asisten. Juan, por su parte, tuvo que utilizar lenguaje de apariencia para describir lo que Dios le está mostrando. Nuestra responsabilidad es interpretar los símbolos descriptivos que Dios usa y determinar la realidad detrás de esto, como aplicaría al hombre.

- - - - - - - - -

Preguntas importantes para meditar mientras se estudia este Capitulo

1. Para poder cumplir con su misión en la tierra, Satanás escoge a dos asistentes especiales. ¿Quiénes son, de dónde vienen y a quién representan?

2. Ten en mente que Satanás desea ser igual a Dios. Para intimidar a Dios forma su propia versión de la trinidad. ¿Quiénes conforman la trinidad impía de Satanás?

3. ¿Tienen ellos (los miembros de la trinidad de Satanás) diferentes orígenes? ¿Crees que esto es significativo? Si es así, ¿porqué?

4. ¿Cuál es la misión de la primera bestia?

5. ¿Cuál es la misión de la segunda bestia?

6. ¿Cuáles son tres posibles significados del número 666?

Un Comentario Sobre el Capítulo

Versículo 1. *"El dragón se paró sobre la arena del mar. Y vi que subía del mar una bestia que tenía diez cuernos y siete cabezas; en sus cuernos había diez diademas, y en sus cabezas había nombres blasfemos."*

En este versículo y en los dos siguientes, Dios le mostró a Juan cómo veía Él a esta persona que nosotros identificaremos como el anticristo. Debe tener en mente que el anticristo es un humano, como usted y yo. Será nuestro reto el ver la realidad detrás del simbolismo que Dios usó al mostrar este hombre a Juan.

Note quién es responsable de llamar al anticristo del mar. No es otra persona más que el dragón o Satanás mismo, y al parecer esta persona estará bajo la autoridad de Satanás. Si la bestia que sube del mar representa a un hombre, entonces el mar en sí mismo debe de ser simbólico. Cuando se menciona al mar en la Biblia en forma singular, generalmente se refiere al Mar Mediterráneo, a menos que específicamente se indique que es otro. En Apocalipsis 17:15 vemos que Dios describe las agua del mar como representativo de las naciones gentiles del mundo (*"Y me dijo: Las aguas que viste donde se sienta la ramera, son pueblos, multitudes, naciones y lenguas"*). Ya que Dios está describiendo el origen de este hombre utilizando esta simbología, podemos inferir que este personaje probablemente proviene de una nación de personas gentiles ubicadas en el Mar Mediterráneo.

Después vemos que Dios presenta esta imagen indicando que tiene diez cuernos, y en cada cuerno hay una diadema (la corona de un rey). De manera repetida en el Antiguo Testamento el cuerno es una referencia simbólica del origen de la fuerza de uno: 1 Samuel 2:1 *"Entonces Ana oró y dijo: Mi corazón se regocija en el SEÑOR,* **mi fortaleza en el SEÑOR se exalta**; *mi boca sin temor habla contra mis enemigos, por cuanto me regocijo en tu salvación."*; 2 Samuel 22:3 *"mi Dios, mi roca en quien me refugio; mi escudo* **y el cuerno de mi salvación**, *mi altura inexpugnable y mi refugio; salvador mío, tú me salvas de la violencia."*; Salmos 92:10 *"Pero tú* **has exaltado mi poder** *como el del búfalo; he sido ungido con aceite fresco."* El uso de esta simbología para describir a este hombre indicaría que éstos representan fuentes de una autoridad gobernante que está proporcionando su apoyo o fuerza al anticristo. Si leemos el capítulo 7 de Daniel veremos la descripción de una bestia similar, que también proviene del mar y que tiene diez cuernos. Daniel 7:7 dice *"Después de esto seguí mirando en las visiones nocturnas, y he aquí, una cuarta bestia, terrible, espantosa y en gran manera fuerte que tenía enormes dientes de hierro; devoraba, desmenuzaba y hollaba los restos con sus pies. Era diferente de todas las bestias que le antecedieron* *y tenía diez cuernos.*" De este ejemplo podemos interpretar que los diez cuernos, cada uno con una diadema, están representando diez naciones independientes que le deberán de dar su autoridad y estarán respaldando a la bestia. Más adelante en este capítulo de Daniel, Dios especifica que estos diez cuernos representan un gobierno compuesto de diez naciones que en algún tiempo fueron parte del Imperio Romano.

Finalmente vemos que la bestia descrita tiene siete cabezas, cada una con nombres blasfemos. Aparentemente no hay conexión entre las cabezas y los cuernos. Las cabezas no tienen coronas de autoridad (diademas), lo cual parecería indicar que están proporcionando algo más que autoridad o poder a la bestia. Podremos entender esto mejor si vemos a la cabeza como la fuente de nuestro pensamiento y conocimiento. Nuestras acciones están basadas en la manera en cómo aplicamos el conocimiento que existe en nuestras cabezas. En este caso, las cabezas están cubiertas con nombres blasfemos, lo cual nos obliga a concluir que representan fuentes de pensamiento o conocimiento (filosofías si así lo queremos pensar) que hemos identificado como enemigos de Dios. Más adelante en el capitulo 17:9, 10 vamos a ver las siete cabezas identificadas como cinco reinos (Babilonia, Asiria, Egipto, Persia y Grecia) que sucedieron antes del tiempo en que Juan escribió este libro, un reino (Roma) que existió en los tiempos de Juan y uno que será considerado aun el futuro. En los ojos de Dios, la blasfemia significa una de dos cosas: ya sea un intento de quererse hacer uno mismo igual a Dios, o bien tomar el nombre de Dios en vano. Estas siete cabezas representan sistemas filosóficos, los cuales históricamente han probado ser obstinadamente opuestos a Dios y cuyo pensamiento ha sido adoptado por este individuo y por quien la bestia deriva su filosofía. ¿Pudiera ser que las cabezas de hecho representen siete religiones que se originan del área de los siete reinos identificados en el Capitulo 17?

Otra interpretación interesante sería que las cabezas representan religiones organizadas y/o filosofías que se originan en estos reinos que proclaman tener las respuestas para las necesidades del hombre separado del Dios verdadero o de Jesucristo. Algún equivalente del tiempo moderno seria el humanismo, la nueva era, el Islam, el catolicismo romano, hinduismo, budismo, shintoísmo, o aun la iglesia apóstata después del rapto de los santos.

Versículo 2. La bestia que vi era semejante a un leopardo, sus pies eran como los de un oso y su boca como la boca de un león. Y el dragón le dio su poder, su trono y gran autoridad.

Advierta el uso del lenguaje de apariencia "semejante". Los judíos que leen esta descripción inmediatamente recordarían las cuatro bestias descritas en el Capitulo 7 de Daniel. En este capítulo las cuatro bestias están interpretadas por Dios como el imperio de Alejandro Magno, representando por un Leopardo; el imperio de los Medo-Persas representados por un oso; el imperio de Babilonia representado por un león; y el imperio Romano representado por una bestia temible con dientes de acero y diez cuernos en su cabeza. Esta simbología tenía la intención de reflejar la mayor característica de las acciones de estas naciones en el escenario mundial: El leopardo por su rapidez de conquista, el oso por sus características de fuerza bruta, el león por su supremacía entre todas las bestias, y la bestia con dientes de acero que destroza todo lo que está en su camino. Aquí las características de las primeras tres bestias están aparentemente combinadas en este único individuo. Mientras tres de estas cuatro bestias que Daniel vio en su visión (Daniel capitulo 7) han sido combinadas en una sola bestia en este versículo, advierta que están identificadas en orden inverso al ser mencionadas. El significado de esto probablemente es de perspectiva histórica. En Daniel estos reinos apenas iban a aparecer, mientras en Apocalipsis ya han pasado a la historia.

Después vemos que Satanás le da a la bestia gran autoridad. Es interesante revisar Mateo 4: 8-9: *"Otra vez el diablo le llevó a un monte muy alto, y le mostró todos los reinos del mundo y la gloria de ellos, y le dijo: Todo esto te daré, si postrándote me adoras."* En estos versículos Cristo rechazó la oferta de Satanás de gobernar los reinos del mundo. Sin embargo, en la persona que se describe en el versículo 2, el diablo ha encontrado una persona que ha aceptado esta oferta, un individuo, quien literalmente ha vendido su alma por esta oportunidad. Interesantemente, sucedió porque Cristo no fue lo suficientemente político (e.i. no actuó como rey) durante su primera aparición en la tierra cuando los judíos lo rechazaron a Él y a Su reino.

Versículo 3. *Y vi una de sus cabezas como herida de muerte, pero su herida mortal fue sanada. Y la tierra entera se maravilló y seguía tras la bestia;*

Advierta dos cosas: el lenguaje de apariencia ("*como herida de muerte*") y el tiempo pasado de la acción. La apariencia de la bestia, tal parece, no afectó la vida o las acciones de la bestia. Claramente la apariencia es simbólica. La interpretación prevaleciente parece indicar que esta cabeza representa al Imperio Romano, el cual ha resucitado bajo la autoridad de la bestia. Sin embargo, hay otra interpretación interesante que se puede aplicar aquí. Recuerde cuando dijimos anteriormente que estas cabezas no representan reinos existentes, sino las filosofías e ideas que se originan de estos siete reinos diferentes. También indicamos que podían representar filosofías religiosas que eran fundamentales al pensamiento y a las acciones de la bestia.

Zacarías 11:17 se puede decir que describió la herida de la cabeza: "¡Ay del pastor inútil *que abandona el rebaño!* ¡Caiga la espada sobre su brazo *y sobre su ojo derecho! Su brazo se secará por completo, y su ojo derecho totalmente se oscurecerá.*" Cuando Zacarías escribió esto él tenía en mente líderes religiosos del pueblo de Israel quienes se habían desviado de la verdadera alabanza a Dios.

> *¿Qué tal si la cabeza que parece herida de muerte, y sin embargo sanó, es la iglesia apóstata- una iglesia devastada por el rapto de los Santos, pero que sigue viva y ahora le da todo su apoyo y adoración a la bestia?*

En los siguientes versículos, 4 al 10, Dios describe el ministerio en la tierra de la bestia del mar.

Versículo 4. *"y adoraron al dragón, porque había dado autoridad a la bestia; y adoraron a la bestia, diciendo: ¿quién es semejante a la bestia, y quién puede luchar contra ella?*

Advierta cómo la humanidad alaba tanto al dragón (Satanás) como a la bestia del mar (anticristo). La bestia representa la divinización de la autoridad secular. La divinización del poder secular es la adoración a

Satanás. También advierta que la motivación de alabanza no es su grandeza moral, sino su tremenda autoridad. Durante este tiempo el hombre y la mujer habrían visto y escuchado los milagros asociados con la predicación de los testigos de Cristo. Tal predicación, conjuntamente con el testimonio del mismo rapto, habrían estimulado a muchos a que leyeran la Biblia y otra literatura Cristiana que ha quedado atrás. Tendrían acceso al conocimiento que debería de convencer aún a la persona más escéptica de la realidad, es decir de que existe Dios y también Satanás, pero aún así escogieron rechazar a Dios y seguir a Satanás. Después de todo, razonarán que si Satanás puede finalmente destruir a los dos testigos todo poderosos de Dios, entonces ¿quién en la tierra podría llevar a cabo una batalla exitosa en su contra? Ellos, de hecho, se suscribirán a la filosofía antigua que dice que el ejército que fue victorioso en la batalla, obviamente es el ejército con deidades superiores.

> *Piense en el vacío moral y económico que sucederá cuando ya no haya en la tierra ningún creyente.*

Se necesita considerar otros dos pensamientos. Recuerde, la Iglesia fue raptada antes de que la bestia gane su importancia. 2 Tesalonicenses 2: 3-8 dice, *"Que nadie os engañe en ninguna manera, porque no vendrá sin que primero venga la apostasía y sea revelado el hombre de pecado, el hijo de perdición, el cual se opone y se exalta sobre todo lo que se llama dios o es objeto de culto, de manera que se sienta en el templo de Dios, presentándose como si fuera Dios. ¿No os acordáis de que cuando yo estaba todavía con vosotros os decía esto? Y vosotros sabéis lo que lo detiene por ahora, para ser revelado a su debido tiempo. Porque el misterio de la iniquidad ya está en acción, sólo que aquel que por ahora lo detiene, lo hará hasta que él mismo sea quitado de en medio. Y entonces será revelado ese inicuo, a quien el Señor matará con el espíritu de su boca, y destruirá con el resplandor de su venida;"* Con la ausencia de la moralidad restringida del Espíritu Santo, el mundo rápidamente se disolverá en anarquía. Con la súbita desaparición de cientos de millones de personas, ¿qué pasará con todos los bienes que son dejados atrás, sin que nadie los use ni los reclame? Piense en la lucha entre las personas que se quedan y que quieren reclamar esos bienes. Aquí habrá más combustible para que reine la anarquía. ¿Qué pasaría si ante este vacío aparece un líder carismático con un plan para resolver el caos resultante? ¿Qué pasaría si al mismo tiempo que presenta una solución para la anarquía, puede convencer al mundo de una razón lógica para la partida de todos los creyentes que fueron raptados? Seguramente de manera expedita será aclamado como "el salvador" del mundo. El mundo entero estará ansioso de seguirle, y cualquier dudoso será visto como enemigo del resto del mundo.

Versículo 5. Se le dio una boca que hablaba palabras arrogantes y blasfemias, y se le dio autoridad para actuar durante cuarenta y dos meses

Versículo 6. Y abrió su boca en blasfemias contra Dios, para blasfemar su nombre y su tabernáculo, es decir, contra los que moran en el cielo.

Advierta el uso del verbo *"se le dio"* en el versículo 5. Sin el permiso de Dios el dragón y la bestia no tienen ningún poder. El reino de la bestia es por permiso divino, y debe de operar dentro de las limitantes determinadas por Dios. Su poder aparentemente ilimitado, de hecho está limitado a un periodo de cuarenta y dos meses. Este tiempo corresponde a la mitad de los siete años finales que se les dio a los Judíos para evangelizar el mundo, tal y como se observa en el libro de Daniel, capitulo 9. Recuerde que al principio del reinado del anticristo da la apariencia de que está apoyando la paz entre los Judíos. Como se observa en Apocalipsis capitulo 11, no es hasta después de los tres años y medio que puede matar a los dos testigos de Dios en Jerusalén y convencer al mundo de su poder más importante. En esta disyuntiva podemos asumir que durante la última mitad de esos siete años, la bestia de manera abierta podrá exhibir su autoridad "ilimitada". Muchos en el mundo serán seguidores de este falso Cristo auto-proclamado.

> La fuente de toda autoridad es Dios.

Será arrogante y blasfemará contra Dios, y tomará para sí mismo los derechos y privilegios de alabanza que le corresponden sólo a Dios. Al hacer esto, atacará abiertamente a Dios, Su nombre y Sus seguidores. Asímismo ridiculizará a los creyentes que ya han pasado al cielo. Esto será un intento obvio de mostrar que los creyentes raptados eran, de hecho, una carga para el mundo, y que el mundo está mejor sin ellos. Interesantemente, esto nos recuerda a Juan 5:43 cuando el Señor Jesucristo dijo: *"Yo he venido en nombre de mi Padre y no me recibís; si otro viene en su propio nombre, a ése recibiréis."* En el lenguaje griego original la palabra "anti" de anticristo tiene la connotación no sólo de estar en contra, pero también de estar "en lugar de, ser un impostor"

Versículo 7. Se le concedió hacer guerra contra los santos y vencerlos; y se le dio autoridad sobre toda tribu, pueblo, lengua y nación.

El propósito principal de la bestia será el voltear al hombre en contra de Cristo, lo cual intentará hacer por medio de una feroz persecución. La bestia sistemáticamente buscará destruir a todo aquel que alabe al Dios verdadero (o cualquier otro dios que no sea él mismo y el dragón). Los únicos que podrán escapar a esta persecución lo podrán hacer huyendo y escondiéndose. Él creará – y convencerá a muchos otros de que estén de acuerdo con él – que actualmente está liberando al mundo de gente problemática, trayendo medidas represivas en contra de los creyentes, a quienes él marcara como "no progresivos". En el proceso de llevar a cabo estas actividades, emergerá como un líder tanto moral (¿religión?) como políticamente. En él, la religión y el estado serán inseparables. Aquí estará el gobierno único mundial que tanto se ha buscado y se ha admirado por los políticos de hoy.

Versículo 8. Y le adorarán todos los que moran en la tierra, cuyos nombres no han sido escritos, desde la fundación del mundo, en el libro de la vida del Cordero que fue inmolado.

El deseo actual de muchos de unir las iglesias en una gran organización ecuménica será consumado durante la Tribulación cuando Satanás trabaje a través del anticristo y el falso profeta para lograr precisamente esto. Esta religión representará la última expresión de humanismo, al unirse en la alabanza del hombre más grande del mundo, es decir el hombre, subliminalmente, se está alabando a sí mismo. Sin embargo, Dios quiere dejar claro que aquellos que son elegidos suyos (los 144,000 Judíos escogidos, así como aquellos que se han convertido en verdaderos creyentes o seguidores del Dios verdadero) no sucumbirán a la adulación del anticristo. Recuerde que el libro de la vida del Cordero contiene sólo los nombres de aquellos que se han comprometido en la fe, en creer en Jesucristo como su Salvador. Una vez escrito su nombre en este libro, sus nombres no pueden ser borrados. Para éstos, la bestia no tiene nada que provoque que nieguen a Dios y que le alaben a él en lugar de al Dios verdadero.

Versículo 9 Si alguno tiene oído, que oiga.

Versículo 10. Si alguno es destinado a la cautividad, a la cautividad va; si alguno ha de morir a espada, a espada ha de morir. Aquí está la perseverancia y la fe de los santos.

El mensaje está claro: la humanidad tendrá opción. Ya sea que se haga parte del Libro de la vida del Cordero, o bien que decida seguir a la bestia, lo cual quiere decir que tienen que aceptar las consecuencias. El propósito final de Satanás y de la bestia es engañar a la humanidad. Cuando sus seguidores decidan seguirle, merecerán el destino que Dios tiene ordenado para ellos. Su destrucción no es lo que Satanás tiene en mente. El se visualiza reuniendo un gran ejército de seguidores para que finalmente le permitan vencer a Dios. En lugar de esto, Dios está utilizando a Satanás para poder cumplir con Su plan para la humanidad, determinando quiénes son los "verdaderos" seguidores de Dios.

Hay una amonestación para los creyentes aquí. Debemos apostar nuestra existencia continua imitando a Cristo. Cuando Cristo entró en el mundo, Él declaró que no vino a conquistar al mudo, sino que la humanidad habría de cambiar a través de Él.

No podemos cambiar lo que Dios tiene guardado para el mundo.

Versículo 11. Y vi otra bestia que subía de la tierra; tenía dos cuernos semejantes a los de un cordero y hablaba como un dragón.

En este versículo hay algunas distinciones importantes escritas. La palabra griega traducida como "otra" específicamente quiere decir "*otra del mismo tipo*". Nuevamente debemos de recordar que es un hombre lo que se está describiendo aquí, simbólicamente mostrado como una bestia. Advierta su lugar de origen. Esta bestia viene de la tierra, opuestamente a la primera bestia que provenía del mar. El hecho mismo que se haga una clara distinción en cuanto a la fuente de origen de las dos bestias debe de ser importante, de otra manera Dios no se lo hubiera mostrado a Juan tan claro. Mientras generalmente se enseña en la Biblia que el simbolismo del mar se refiere a las naciones gentiles, el uso descriptivo simbólico de la tierra se enseña como referente a Israel. Por lo tanto, es muy probable que lo que se intenta aquí es identificar a esta bestia como un hombre que proviene del pueblo escogido de Dios. Puede ser un Judío apóstata, sin embargo es esta herencia lo que hará que sin duda alguna sea aceptado entre los Judíos.

Algunos inclusive pueden ver a esta persona como el Mesías tan largamente esperado. Esto se hace aparente cuando vemos cómo Dios lo describe a continuación: *"tenía dos cuernos semejantes a los de un cordero"*. El que Dios lo describa como un cordero indicaría que reconoce que será una imitación de Su Hijo. Sin embargo, esta persona claramente es vista como un Mesías falso, ya que lo describieron como que tiene dos cuernos. Basado en nuestra previa interpretación del simbolismo del cuerno, este "falso Mesías" aparentemente tiene dos orígenes para su fuerza, y como leeremos más adelante, veremos que él ejercita la autoridad de la primera bestia y Satanás. Sin duda alguna, por lo menos en el principio, intentará imitar el carácter apacible de Jesús, según va explayando su filosofía de la iglesia universal, intentando hacer todas las cosas para todas las personas. Este acercamiento fallará, como lo veremos en la última parte de su descripción.

"Hablaba como dragón" Su apariencia y palabras están en contradicción una de la otra. Sus palabras "inspiradas" realmente son palabras de Satanás. Claramente entonces, las palabras de esta bestia son una contradicción de las palabras del verdadero Mesías, las cuales son usadas para traer la verdad al mundo. Es en el contraste entre su apariencia y sus palabras y acciones que la iglesia ecuménica universal se mantendrá expuesta, aun y como lo hace hoy en día.

En los versículos 12 – 16, Dios describirá el ministerio y objetivos de la bestia proveniente de la tierra.

Versículo 12. *Ejerce toda la autoridad de la primera bestia en su presencia, y hace que la tierra y los que moran en ella adoren a la primera bestia, cuya herida mortal fue sanada.*

Vemos que la segunda bestia (o el "falso profeta") puede ejercer toda la autoridad de la primera bestia. Sin embargo, advierta que no se le permite ejercer la autoridad por sí solo, sino únicamente en la presencia de la primera bestia. Después vemos su propósito: el persuadir a los habitantes de la tierra de adorar a la primera bestia. Como la tercera persona en la trinidad de Satanás, su propósito es dirigir la adoración del hombre hacia la primera bestia. En ningún momento durante su tiempo en la tierra el falso profeta se promueve a sí mismo. No hay imitación más clara o ejemplo más claro de imitación de los trabajos del Espíritu Santo cuyo propósito es dirigir la alabanza a Jesús. Lo que tenemos en este individuo es un embajador religioso cuya función es conducir a la humanidad a la adoración de su superior, la primera bestia. Esto es el humanismo elevado a su conclusión lógica: la adoración de otro humano como si fuera un dios.

Versículo 13. *También hace grandes señales, de tal manera que aun hace descender fuego del cielo a la tierra en presencia de los hombres.*

Versículo 14. *Además engaña a los que moran en la tierra a causa de las señales que se le concedió hacer en presencia de la bestia, diciendo a los moradores de la tierra que hagan una imagen de la bestia que tenía la herida de la espada y que ha vuelto a vivir.*

En estos dos versículos vemos que aparentemente la bestia tiene el poder de realizar señales milagrosas. En el versículo 13 vemos que puede hacer descender fuego del cielo. En realidad, este es un duplicado de uno de los poderes que Dios le había dado a los dos testigos que estaban testificando en Jerusalén durante el mismo periodo de tiempo. Su habilidad para duplicar esta proeza ayudará a que la humanidad acepte que el poder de esta bestia es por lo menos igual al que tenían los dos testigos. Asímismo, también ayudará, por lo menos por un tiempo, a que dicha bestia pueda burlarse de los poderes de los dos testigos.

> *Recuerde, cuando Moisés y Aarón estuvieron delante del Faraón, no fue hasta que los magos de la corte del Faraón no pudieron duplicar los poderes de Moisés y de Aarón que los magos y toda la casa del Faraón empezaron a creer que el Dios de Moisés y de Aarón realmente era más grande que su dios.*

Hay dos cosas en el versículo 14 que vale la pena advertir. Primero, vemos que de nuevo se hace énfasis en el hecho de que este poder no residía en el falso profeta por sí mismo *"que se le concedió hacer"*. La humanidad, a través del tiempo, siempre ha estado profundamente maravillada por lo sobrenatural. Ahora, para formalizar y sistematizar la adoración de la primera bestia, el falso profeta instruye a la gente que haga o compre pequeñas estatuas y que las utilice como recordatorio de los poderes de la primera bestia y de benevolencia. Advierta que es descrita como "**una imagen para la bestia**", en lugar de "una imagen de la bestia". La imagen hecha era similar en propósito a la producida por Nabucodonosor en el libro de Daniel Capitulo 3, la cual tenía la intención de ser un símbolo de su autoridad y era utilizada para dar a la gente en su reino la oportunidad de demostrar su lealtad hacía él. En este punto, también son similares en el hecho de que el no adorar a cualquiera de las dos imágenes era causa de muerte.

Versículo 15. *Se le concedió dar aliento a la imagen de la bestia, para que la imagen de la bestia también hablara e hiciera dar muerte a todos los que no adoran la imagen de la bestia.*

Lo que empezó como persuasión diplomática ahora se convierte en una seria intimidación. De nuevo, advierta que se le concede poder a la bestia. ¿Quién le concede este poder? Solamente puede ser Dios. Aparentemente Dios utiliza esta situación para separar el trigo de la cizaña. Aquí el falso profeta imita el acto creativo de Dios. Por disposición de Dios, se le permite al falso profeta el que aparentemente dé aliento de vida y voz a la imagen. Creo que los científicos del mundo serán llamados para que revisen esta imagen y verifiquen esto. Los científicos darán un reporte donde digan que no pueden entenderlo, y que esto es un milagro. Sin embargo, es interesante el advertir que sigue siendo referida como una imagen. Aún en su estado simulador de vida, claramente es una imitación o imagen. Esto pudiera parecer que impide la idea de que la imagen en apariencia es humana.

Ahora el supuesto cordero se convierte más como un dragón, proclamando que todo aquel que se niegue a adorar la imagen se le dará muerte. La trinidad de Satanás muestra sus verdaderos colores y también su desesperación. Satanás probablemente se está dando cuenta de que ésta es su última oportunidad, es hora a nunca.

Versículo 16. *Y hace que a todos, pequeños y grandes, ricos y pobres, libres y esclavos, se les dé una marca en la mano derecha o en la frente,*

Versículo 17. *y que nadie pueda comprar ni vender, sino el que tenga la marca: el nombre de la bestia o el número de su nombre.*

En este programa la bestia cuidadosamente debe incluir a todas las clases de personas tal y como se identifica en los tres pares contrastantes: pequeños y grandes, refiriéndose a los estratos sociales; ricos y pobres, o sea las posesiones materiales; libres y esclavos, refiriéndose a su condición de vida. Para ayudar a revelar la identidad de esos Cristianos destinados a morir en el versículo 15, hace que todos los seguidores de la bestia del mar tengan una marca externa de identificación colocada en su mano derecha o en su frente. De manera muy real esto es una parodia de la práctica del Judaísmo Ortodoxo, el cual requiere que los fieles lleven consigo filacterias en su mano y en su frente (Deuteronomio 6:8 "Y las atarás como una señal a tu mano, y serán por insignias entre tus ojos".) para recordarles su dependencia en el Dios verdadero. Es interesante observar que aquí también hay una manera en que los verdaderos creyentes pueden identificarse unos a otros para su protección mutua y su comunión, ya que los verdaderos creyentes no aceptarán que se les ponga esta marca identificadora. ¿Cuál será la forma de esta marca?, no se sabe, sólo se pueden hacer conjeturas. Lo que puede ser dicho es que sin lugar a dudas esta marca tiene la intención de ser permanente, como lo leemos en el versículo 17, ya que es necesario para la existencia día a

> *En los Estados Unidos ya a todos se les asigna un número al nacer.*

día. El imponer dicho requerimiento hoy en día produciría una tormenta de controversias. Sin embargo, si se pudiera hacer un caso significante para la necesidad de una manera de identidad nacional, por seguridad, o por un beneficio económico, seguramente se podría persuadir a la humanidad que lo aceptara. Aún ahora escuchamos a muchos en campaña autoritaria para un método de identificación universal por alguna de las razones antes mencionadas.

Así que, ¿cuál método adopta la bestia? Enlaza la marca de identificación en el sistema económico del mundo, haciendo que sea imposible vender o comprar sin dicha marca. El soporte obvio para tal acción será el permitir una sociedad en donde no se maneje efectivo. Aún ahora esta es la meta principal para muchos. Uno de los argumentos que usan es que eliminaría mucho crimen en el mundo. En años recientes esto se ha convertido en una posibilidad real. Con la llegada de la tecnología de las computadoras y otras cosas de alta definición, ahora es posible que los gobiernos y/o empresas tengan un número asignado a las personas para hacer transacciones con ellos o bien para llevar un control de ellas.

Aparentemente la marca sólo puede tomar una de dos formas, ya sea que tenga el nombre de la bestia o un número que represente su nombre.

Versículo 18. Aquí hay sabiduría. El que tiene entendimiento, que calcule el número de la bestia, porque el número es el de un hombre, y su número es seiscientos sesenta y seis.

Creo que hay tres interpretaciones razonables para el número identificado aquí como 666:

- Representa un número real y literal. En otros palabras, puede ser un prefijo internacional para un número de identificación, o simplemente ser usado así como tal, 666. Puede que sea un identificador internacional como prefijo, seguido de un código de país, y después por un número de identificación personal (ejemplo: en los Estados Unidos el número de seguro social que recibes al nacer).

- El número realmente representa un nombre. Esto se indica en este versículo. En este caso, el número representa a un hombre, cuyo nombre cuando se traduce al Griego Koiné (el idioma original del Apocalipsis) pudiera tener un valor de 666, por asignación de los números a cada letra del alfabeto griego. Esto sólo pudiera ser importante como un método de identificación al final de los tiempos, ya que se estima que uno de casi 10,000 nombres griegos pudieran reunir este criterio. También pudiera representar un título por el cual se reconocería a la bestia.

- El número es simbólico. En el pensamiento Judío el número seis es el número que se le asigna al hombre. El hombre fue creado en el sexto día. Por lo tanto, 666 puede representar la trinidad de Satanás (o el hombre natural). ¡qué mejor manera de identificar a la falsa religión de Satanás!

La interpretación más probable, es que sea una combinación de las tres. Es un número literal que puede ser utilizado al final de los días para identificar al Anticristo. Creo que Dios de manera deliberada escoge este número porque tiene significado simbólico. Sin embargo, es posible el dar demasiada importancia a este número. Al hacer esto se pierde el significado de estos versículos.

Lo que Dios nos ha dado es la información necesaria para que, en el tiempo correcto, identifiquemos al hombre que se levantará como un impostor proveniente de Satanás para formar y liderar un gobierno universal. Entonces el número será importante.

Algunas Observaciones Personales

Mientras el movimiento de la Nueva Era rechaza las doctrinas ortodoxas del Cristianismo y el Judaísmo, no encuentra nada malo en creencias y prácticas de culto antiguas, incluyendo aun el alguna vez impensable culto a Satanás. La "divinización" del hombre es la teología del humanismo. La filosofía humanista descansa en cuatro pilares principales. El primer pilar es el ateísmo, la creencia de que no hay Dios, no hay un soberano, un creador, ningún ser a quien el hombre deba rendir cuentas. El segundo es que la evolución es la única explicación lógica para la existencia del hombre. El tercero es la relatividad de la moral, significando que no hay absolutos de vida. El cuarto es una amoralidad o una falta de moral. Si no hay Dios, y el hombre ha evolucionado de los animales, entonces no hay bases para una dignidad especial, nobleza o un valor asignado a la humanidad. Esto quiere decir que el hombre simplemente es un animal de mayor orden, pero sigue siendo un animal.

Esta generación presente se está preparando para el reinado del anticristo, debido a su insistente persecución del humanismo. En lugar de moralidad, honestidad y decencia basadas en los estándares de la Palabra de Dios, insiste en inmoralidad y expresión de sí mismo. La auto indulgencia es el vigilante de la humanidad hoy en día. El espíritu de rebelión en contra de Dios presente en los corazones de los hombres significa que está sujeto al anticristo aun antes de que llegue. En San José, California, la ciudad gastó medio millón de dólares en construir una estatua de Quetzalcóatl de 25 pies de alto, este era un dios Maya antiguo cuyo culto pagano condonaba y practicaba el sacrificio humano. La estatua de bronce representa una serpiente emplumada enrollada.

Las actitudes prevalecientes en el mundo de ahora nos están, sin duda alguna, preparando para la aceptación de las filosofías que serán defendidas por los emisarios de Satanás.

Capítulo 14

Apocalipsis 14: 1 - 20
Algunos Triunfos de Dios

El capítulo precedente nos introdujo a la trinidad de Satanás. Fue un capítulo que dejó al lector con la impresión de que Satanás tendrá el sartén por el mango durante este período. Por esta razón Dios se toma su tiempo en asegurarle a Juan acerca de la certeza de que Su Hijo, Jesucristo, al final vencerá sobre Satanás. El propósito de este capítulo es animar a Juan y a los lectores del Apocalipsis a que mantengan su confianza en la verdad de que Jesucristo será victorioso y de que Sus seguidores van a ser partícipes con Él en este triunfo final. Consecuentemente, este capítulo intercala bendiciones que van a ser recibidas por el pueblo de Dios con juicios pronunciados sobre los no creyentes.

Una interpretación razonable de los eventos descritos en este capítulo proporcionará evidencia de que las revelaciones que le fueron mostradas a Juan por Dios no se encuentran necesariamente en orden cronológico. Al mismo tiempo, sin embargo, podemos concluir que todos estos eventos van a suceder durante el período de cierre de la etapa final de los siete años de Israel sobre la tierra, y justamente antes de la inauguración de los 1000 años del reinado Mesiánico de Cristo en la tierra.

Advierta las tres divisiones naturales de este capítulo. Están identificadas por la palabra "miré" en el versículo 1, las palabras "y vi" en el versículo 6 y las palabras nuevamente "y miré" en el versículo 14, indicando que son probablemente tres distintas revelaciones descritas en este capítulo.

Gaylord Bowman

— — — — — — — — — —

Preguntas importantes para meditar mientras estudia este Capítulo

1. En los versículos 1 al 5, ¿quién cree usted que son los 144,000?

2. Describa el "evangelio" que está siendo predicado por el ángel en los versículos 6 al 8. ¿En dónde se origina este evangelio?

3. Hay varios "triunfos" y juicios identificados en este capítulo. ¿Puede identificar sobre quién son los triunfos y en contra de quién son los juicios?

4. ¿Quién cree que está haciendo la "cosecha" en los versículos del 14 al 16?

5. ¿Quién cree que está haciendo la "cosecha" en los versículos del 17 al 20?

Un Comentario Sobre el Capítulo

Versículo 1. *"Miré, y he aquí que el Cordero estaba de pie sobre el Monte Sion, y con Él ciento cuarenta y cuatro mil que tenían el nombre de Él y el nombre de su Padre escrito en la frente."*

Esta visión inicia con la frase "Miré". En la Escritura, el monte Sion siempre se refiere a la montaña en la cual Jerusalén fue construida, o a la personificación de Jerusalén. El Cordero, el cual es Cristo, está parado en la tierra, indicando que Jesús ha regresado físicamente a la tierra. Este hecho le pondría una fecha a dicho evento como si hubiera tenido lugar un poco antes del inicio del milenio. Juntamente con Él están 144,000 individuos. Aquí hay dos cosas que vale la pena advertir. Primero, que están de pie, y segundo, que tienen escrito en sus frentes el nombre del Cordero, Cristo y Su Padre, Dios. Esto los excluye de ser santos del Antiguo Testamento o israelitas redimidos. Esta escena también es severamente contrastante a la imagen de la bestia que tenemos del capítulo anterior, quien estampa su marca en la frente a sus seguidores.

Versículo 2.- *Y oí una voz del cielo, como el estruendo de muchas aguas y como el sonido de un gran trueno; y la voz que oí era como el sonido de arpistas tocando sus arpas.*

La voz que venía del cielo confirma que esta escena tiene lugar en la tierra. Leemos en Ezequiel 43:3: *"y he aquí, la gloria del Dios de Israel venía de la parte del oriente. Su voz era como el sonido de muchas aguas, y la tierra resplandecía de su gloria"*. La presencia de esta voz indica la presencia inminente de la gloria de Dios. La presencia de Su Hijo en esta escena ciertamente refleja la presencia de la gloria de Dios. En donde está el Hijo, ahí también está el Padre.

Versículo 3. *Y cantaban un cántico nuevo delante del trono y delante de los cuatro seres vivientes y de los ancianos; y nadie podía aprender el cántico, sino los ciento cuarenta y cuatro mil que habían sido rescatados de la tierra*

Los 144,000 están cantando enfrente del trono de Dios. Este es el mismo trono que vimos en el Capítulo 4. El hecho de que la canción sólo pudiera ser aprendida por aquellos que habían sido salvados con la sangre de Jesucristo, (e.i. el Cordero), indica que estos son creyentes del Nuevo Testamento. Si ellos fueran Israelitas redimidos sería asombroso que tanto Dios como Juan no sintieran necesario el hacer este comentario y lo omitieran. Ciertamente serían muy especiales para Dios si fuesen Israelitas que hubieran aceptado al Hijo de Dios, Jesucristo, como su Mesías y su Salvador. El hecho de que no se hiciera esta distinción parece ser que confirma que lo que tenemos delante de nosotros son a 144,000 representantes simbólicos de la Iglesia.

Versículo 4. *Estos son los que no se han contaminado con mujeres, pues son castos. Estos son los que siguen al Cordero a dondequiera que va. Estos han sido rescatados de entre los hombres como primicias para Dios y para el Cordero.*

En este versículo existen cuatro características que identifican a estos individuos. Primero, son hombres. Segundo, son castos, hombres que no habían tocado mujer. Vale la pena recordar que Pablo se quedó soltero y les recomendó dicho estado civil a los Corintios (1 Corintios 7:1: *"En cuanto a las cosas de que me escribisteis, bueno es para el hombre no tocar mujer,"* y versículo 7:7: *"Sin embargo, yo desearía que todos los hombres fueran como yo. No obstante, cada cual ha recibido de Dios su propio don, uno de esta manera y otro de aquélla.)* Si esto era su llamado y tenían este don. En Mateo 19:12 Jesús dice, *"Porque hay eunucos que así nacieron desde el seno de su madre, y hay eunucos que fueron hechos eunucos por los hombres, y también hay eunucos que a sí mismos se hicieron eunucos por causa del reino de los cielos. El que pueda aceptar esto, que lo acepte".* Entonces posiblemente estos individuos, cuyo único pensamiento en la mente era su devoción a Dios, recibieron el ser excluidos de la carga de las demandas de su comodidad personal o bien del deseo por una familia. Esto se hace más evidente al leer su tercera característica: Estos se han hecho obedientes y disponibles. Su cuarta característica es que son "como primicias". La identificación que se hace de ellos "como primicias" tiene que indicarnos que hay más cosas. Recuerde, las primicias son las muestras de los productos del campo, recolectadas justo cuando comienzan a madurar, y entonces son presentadas en el templo para que Dios bendiga la cosecha. Es muy posible que esos individuos fueron escogidos de un grupo de personas que dedicaron sus vidas a colocar los cimientos de la Iglesia cuando fue establecida.

El problema principal que tienen los estudiosos (eruditos) en este asunto es el intento de sobreespiritualizar las características de estos individuos. Esto no es necesario y se hace muy subjetivo. En el mejor de los casos no es necesario el tratar de manipular el significado de las palabras y en el peor de ellos guía a engaño. Se puede llegar a una interpretación clara dando a las palabras su valor actual.

Versículo 5. En su boca no fue hallado engaño; están sin mancha.

Aquí encontramos otras dos características. Primero, no hablan más que la verdad. Puede que haya personas hipócritas en la iglesia local, pero es claro que no habrá ninguna en el cielo. En segundo lugar, vivieron vidas sin mancha. De manera literal sus vidas fueron ejemplos positivos de lo mejor de la Cristiandad. Como Daniel de viejo, lo único de lo que sus enemigos pudieron acusarle fue de su extrema devoción a su Dios y Salvador.

En estos versículos Dios le asegura a Juan y a todos los creyentes que cuando Él empieza con los 144,000, Él terminará con los 144,000, una clara promesa de que una vez que Cristo te pone Su marca, eres Suyo para siempre. ¡qué garantía tan gozosa es esta!

Versículo 6. Y vi volar en medio del cielo a otro ángel que tenía un evangelio eterno para anunciarlo a los que moran en la tierra, y a toda nación, tribu, lengua y pueblo;

Versículo 7. Diciendo a gran voz: Temed a Dios y dadle gloria, porque la hora de su juicio ha llegado; adorad al que hizo el cielo y la tierra, el mar y las fuentes de las aguas.

Estos dos versículos presentan lo primero de una serie de juicios que se van a pronunciar desde el cielo, pero serán ejecutados en la tierra. En estos dos versículos somos testigos del ofrecimiento de misericordia de Dios para que la humanidad venga al punto de la redención. Es interesante ver cómo lo hace.

> *Dios siempre tiene un testigo.*

Veamos algunos de los métodos que Dios ha utilizado en el pasado para comunicarse con la humanidad en Sus esfuerzos para que ésta se arrepienta y se redima (*Advierta los agentes subrayados. Estos representan los mensajeros principales. Advierta el cambiante énfasis a través de la historia*).

- Durante los tiempos del Antiguo Testamento – <u>Dios directamente</u>, ángeles, hombres, animales, arbusto.

- Durante los tiempos de Jesucristo – Dios directamente, <u>Jesús</u>, hombres, ángeles.

- Durante los tiempos del Nuevo Testamento y después de la resurrección de Jesús - Jesús, <u>hombres</u>.

- Durante el final de los tiempos – <u>Hombres</u>, <u>Ángeles</u>

En este tiempo en la historia de la humanidad sobre la tierra, la condición de los corazones de los hombres se habrá endurecido tanto que Dios usará un método totalmente nuevo para predicar el evangelio. Aun y a pesar de que Dios sigue teniendo testigos en la tierra, la gente estará temerosa de acudir a cualquier servicio de predicación en donde puedan escuchar a Sus testigos en persona. Recuerden que todo esto pasa después de que los asociados de Satanás han imitado el poder de los testigos de Dios y les han dado muerte; por lo tanto Satanás ha convencido a muchos de su autoridad absoluta. Debido a esto, el hombre está temeroso de cualquier cosa que pueda ser considerada como algo contrario a la voluntad y al mensaje del anticristo, el falso profeta y Satanás. Es precisamente en este ambiente en donde Dios hace su último intento de tratar de sacar a la humanidad de su satisfacción de sí misma.

En este tiempo Dios en su infinita gracia manda a un ángel que vaya y vuele por los cielos y proclame a gran voz el mensaje de Dios a cada nación, tribu y en toda lengua para que nadie pueda decir que no escucharon la oferta de redención de Dios.

Es importante entender que el mensaje del ángel no es el mensaje del ofrecimiento de la gracia de Jesús. Es una presentación de la necesidad del hombre para ser redimido que se remonta a lo básico de la ley del Antiguo Testamento. En su forma más simple dice: teme a Dios; da gloria a Dios; teme los juicios de Dios; alaba a Dios como el Creador. Lo único que hace falta para hacer de este mensaje el mensaje de Juan el bautista es el llamado específico a la redención. Este es el último intento de Dios para llegar a toda la humanidad extraviada antes del regreso de Su hijo, cuando éste venga en juicio.

> *¿Crees que esta manera extraordinaria de transmitir el mensaje pueda ser también calculada para infundir "el temor de Dios" en los hombres?*

Como un hecho interesante aparte, advierta que la parte de la creación de Dios identificada en el versículo 7 son aquellos que sufren los efectos de la ira da Dios en las primeras cuatro trompetas, y quienes también sufrirán en Sus últimas copas de ira.

Versículo 8. Y le siguió otro ángel, el segundo, diciendo: ¡Cayó, cayó la gran Babilonia!; la que ha hecho beber a todas las naciones del vino de la pasión de su inmoralidad."

En este versículo se nos presenta un segundo ángel. Este ángel sigue al primero a donde quiera que éste vuela, y grita la información adicional que la gran Babilonia y todo lo que ella representa están condenados. En el pasado y en el final de los tiempos Babilonia representa el esfuerzo persistente del hombre para tratar de vivir apartados de Dios. Hasta ahora Dios ha mandado ángeles que tanto advierten como animan a los habitantes de la tierra – advierten a aquellos que han estado poniendo su fe en Babilonia y en sus creencias, y animan a aquellos que han puesto su fe en Dios y en Su mensaje. Advierta las palabras "cayó, cayó". Esto indica que por lo menos hay dos aspectos de Babilonia destinados a la destrucción. Proféticamente en las Escrituras la palabra "Babilonia" es utilizada de tres maneras diferentes: una como una ciudad literal en el rio Éufrates; dos, como un sistema religioso; y tres como un sistema político. La ciudad en el rio Éufrates fue establecida por Nimrod y sus descendientes. Su propósito al fundar esta ciudad fue el crear una ciudad en donde ellos pudieran escoger su propia religión apartados de Dios. El resultado fue que él y su esposa establecieron (1) una religión falsa que dio vida a los conceptos religiosos del humanismo y (2) los conceptos de comercialización que hizo que el hombre empezara a orientarse al materialismo. En este versículo, el doble énfasis probablemente se refiere a la caída de ambos sistemas, el religioso y el político.

Con la aparición de estos dos ángeles, Dios le da al hombre su última oportunidad de arrepentirse, y también le advierte de lo que va a suceder a su tan valioso gobierno único mundial y a su religión universal.

Versículo 9.- Entonces los siguió otro ángel, el tercero, diciendo a gran voz: Si alguno adora a la bestia y a su imagen, y recibe una marca en su frente o en su mano,

Versículo 10.- él también beberá del vino del furor de Dios, que está preparado puro en el cáliz de su ira; y será atormentado con fuego y azufre delante de los santos ángeles y en presencia del Cordero.

Versículo 11.- Y el humo de su tormento asciende por los siglos de los siglos; y no tienen reposo, ni de día ni de noche, los que adoran a la bestia y a su imagen, y cualquiera que reciba la marca de su nombre.

Aquí se nos presenta un tercer ángel en una serie de visiones. Este ángel le dijo a Juan lo que le pasaría a los seguidores de Babilonia. Advierta que aquellos que aceptaron la marca de la bestia destacan sobre los demás. Estos individuos, sin duda alguna, se endurecieron y no aceptaron a Dios y de manera clara se aliaron con la bestia. Estos individuos ven a la bestia como su ideal, por lo tanto en los ojos de Dios son merecedores de recibir juicio.

El objeto de la devoción del hombre moldea y transforma su carácter para estar en similitud con aquello que alaba.

Estas personas serán expuestas a la ira total de Dios, ira que estará carente de la compasión que Él ha mantenido hasta ahora, una ira que se manifiesta siendo atormentados con fuego y azufre en la presencia de Cristo y de Sus ángeles. De esta manera estos individuos no tendrán ninguna duda de porqué son atormentados mientras observan a Aquel a quien ellos rechazaron. Su tormento durará por siempre, y nunca podrán encontrar descanso de dicho castigo. Experimentarán la vida eterna, pero de tal manera que en lugar de ello desearán la muerte eterna.

La ira de Dios no es el resultado de leyes personales de retribución, sino que es la respuesta de un Dios justo a la negativa inflexible del hombre de aceptar Su oferta de amor. El reino de Dios no puede llegar a menos de que Dios purgue al mundo de toda maldad y rebelión. La ira de Dios es una correlativa necesaria a Su expresión de amor y de misericordia. El castigo es algo esencial a la idea de que exista una ley. Sin castigo la ley no tiene razón de ser. Lo que sí es palpable cuando estudiamos Apocalipsis es el hecho de que a los ojos de Dios no existe una persona que pueda ser neutral en su entendimiento y en su aceptación de Dios.

Versículo 12. Aquí está la perseverancia de los santos que guardan los mandamientos de Dios y la fe de Jesús.

Versículo 13. Y oí una voz del cielo que decía: Escribe: "Bienaventurados los muertos que de aquí en adelante mueren en el Señor." Sí-dice el Espíritu--para que descansen de sus trabajos, porque sus obras van con ellos.

En los versículos anteriores vimos lo que Dios hará a los seguidores de la bestia; ahora veremos lo que hará con aquellos que se identifican con Dios. Advierta que estas palabras vienen directamente del cielo. En segundo lugar, advierta a quién se le está reconociendo su fidelidad. Hay dos características que identifican a los santos. La primera es que guardan los mandamientos de Dios, y la segunda es que han mostrado su fe en Jesús. Claramente estos son creyentes del Nuevo Testamento. Aquellos que intenten usar estas características para identificar a dos grupos separados (e.i. santos del Antiguo Testamento y santos del Nuevo Testamento) están tomando las palabras fuera de su contexto gramatical. De hecho, el versículo 13 hace aún más claro el ver de quién se está hablando aquí.

El versículo 13 nos da la segunda bienaventuranza del Apocalipsis. Los individuos identificados en este versículo son aquellos que mueren, de aquí en adelante, por su fiel testimonio del Señor (Jesucristo) – mártires Cristianos en otras palabras. Cronológicamente estamos hablando del periodo de tiempo entre el tocar de la séptima trompeta (cuando Dios finalmente retira Su compasión de la humanidad) y el periodo cuando los ángeles estarán vertiendo las copias de la ira concentrada de Dios. La muerte de los creyentes será una bendición en el hecho de que ellos finalmente podrán descansar de su intenso estrés derivado de permanecer fieles a Dios, en donde la muerte de un mártir está constantemente sobre sus cabezas. Advierta también que sus obras no pasarán inadvertidas para los ojos de Dios; estas obras los seguirán en el cielo. Nuestra salvación no depende de nuestras obras, pero claramente nuestras obras reflejan y son un indicativo de nuestra salvación. Las obras que acompañan a un hombre hacia el trono de Dios son el fruto de la redención de Cristo en sus vidas. Como resultado, la recompensa del creyente es conforme a su trabajo, no a los frutos de su trabajo, ya que los frutos de nuestro trabajo le pertenecen a Dios. De hecho, los frutos de nuestro trabajo pueden continuar dándose por mucho tiempo después de que nos hayamos ido para estar con el Señor. Este concepto es tanto emocionante como todo un reto, en el hecho de que puede que no veamos todos los resultados del trabajo de nuestra fidelidad y nuestra cosecha hasta que estemos parados delante de la presencia de Jesucristo mismo.

Los santos encontrarán descanso, mientras los seguidores de la bestia nunca experimentarán descanso. Recuerde, los creyentes que conforman la Iglesia se han ido antes y están dedicados a una vida de servicio a Dios y a Su Hijo.

Versículo 14. *Y miré, y he aquí una nube blanca, y sentado en la nube estaba uno semejante a hijo de hombre, que tenía en la cabeza una corona de oro, y en la mano una hoz afilada.*

Versículo 15. *Entonces salió del templo otro ángel clamando a gran voz al que estaba sentado en la nube: Mete tu hoz y siega, porque la hora de segar ha llegado, pues la mies de la tierra está madura*

Versículo 16. *Y el que estaba sentado en la nube blandió su hoz sobre la tierra, y la tierra fue segada.*

Estos versículos inician la tercera y última sección de este Capítulo. "*Y miré*", significando que, una vez habiendo visto los eventos anteriores, Juan miró hacia el cielo y vio una escena diferente. Este es un buen momento para repasar el Capítulo 1, versículo 13: "*y en medio de los candeleros, vi a uno semejante al Hijo del Hombre, vestido con una túnica que le llegaba hasta los pies y ceñido por el pecho con un cinto de oro.*" La misma redacción en estos dos versículos hace muy posible que ambos estén hablando de la misma persona. En este versículo del Capítulo 1 el personaje está claramente identificado como Jesucristo. Por lo tanto, hay muy poca razón para creer que dicho personaje en este versículo no sea Jesucristo. Esto es confirmado cuando vemos que Él ahora está portando la corona de un rey. La descripción de "*hijo de hombre*" nunca se aplica a los ángeles en el Nuevo Testamento, pero si es comúnmente usado para describir a Jesucristo. La corona indica Su autoridad y la hoz señala que Él ha venido a segar. La imagen que lo muestra en una posición sentado indica que Él está actuando como Juez.

Ahora sale un ángel del templo, la morada de Dios, para informarle a Cristo que el tiempo de segar ha llegado, ya que el campo (la tierra) está maduro. Debemos de recordar aquí lo que dice en Mateo 24:36: "*Pero de*

> *Jesucristo no conoce la hora exacta del rapto de la Iglesia.*

aquel día y hora nadie sabe, ni siquiera los ángeles del cielo, ni el Hijo, sino sólo el Padre". Esta escena hace realidad aquellas palabras habladas décadas antes por Cristo mismo. En el versículo 16 vemos a Cristo segando la tierra. La pregunta es, ¿quién o qué es lo que Cristo siega? Vamos a obtener un mejor entendimiento de esto si revisamos unos versículos atrás en el libro de Mateo, capítulo 24, versículos 30 y 31: *"Entonces aparecerá en el cielo la señal del Hijo del Hombre; y entonces todas las tribus de la tierra harán duelo, y verán al hijo del hombre que viene sobre las nubes del cielo con poder y gran gloria. y el enviará a sus ángeles con una gran trompeta y reunirán a sus escogidos de los cuatro vientos, desde un extremo de los cielos hasta el otro."* Advierta cómo la descripción de Cristo apareciendo en una nube es la misma que en el versículo 14. Adicionalmente en estos versículos vemos que Cristo va a venir a segar a los elegidos – aquellos que creen en El, e.i. los creyentes del Nuevo Testamento.

Es evidente en estos días que la tierra se está corrompiendo más y más rápidamente. Tarde o temprano, la maldad prevaleciente debe de rendirse sin ninguna objeción y totalmente antipática al Dios que creó la tierra. Cuando el día llegue, lo único que le faltará a Dios hacer es remover a Sus elegidos, antes de iniciar el juicio sobre una humanidad sin arrepentimiento. No puedo escapar a la conclusión de que lo que estamos viendo es el rapto simbólico de la Iglesia por Cristo, antes del final de los tiempos. Recuerde, no es la simbología lo que es importante, sino la realidad detrás de dicha simbología. Cristo raptará a su Iglesia de un mundo corrupto antes de que se pronuncie el juicio final sobre la tierra, y esto lo hace en preparación para Su regreso inminente.

Versículo 17. Salió otro ángel del templo que está en el cielo, que también tenía una hoz afilada

Versículo 18. Y otro ángel, el que tiene poder sobre el fuego, salió del altar; y llamó a gran voz al que tenía la hoz afilada, diciéndole: Mete tu hoz afilada y vendimia los racimos de la vid de la tierra, porque sus uvas están maduras

Versículo 19. El ángel blandió su hoz sobre la tierra, y vendimió los racimos de la vid de la tierra y los echó en el gran lagar del furor de Dios

Versículo 20. *Y el lagar fue pisado fuera de la ciudad, y del lagar salió sangre que subió hasta los frenos de los caballos por una distancia como de trescientos veinte kilómetros.*

Para la ejecución final de la ira de Dios, un ángel sale directamente del mismo templo (e.i. la residencia de Dios). Un segundo ángel entonces aparece en la escena, el cual viene del altar y se le describe como aquel que tiene el poder sobre el fuego. Esto no puede ser otra cosa que el altar del sacrificio en el cual los fuegos del sacrificio están ardiendo día y noche. Este es el mismo altar que se describe en el Capítulo 6:9, en donde las almas de aquellos que han muerto por mantener su testimonio Cristiano fueron oídos clamar a Cristo por la venganza de sus muertes. Aquí y ahora, esta es la respuesta final a su lamento. El juicio está a punto de comenzar sobre todos los pecadores rebeldes. El ángel que sale del altar ahora llama al primer ángel y le dice que siegue la tierra, ya que está lista. En los versículos anteriores se le llamaba a Cristo para que *cosechara* la tierra; ahora aquí se le está llamando al ángel para que *siegue* la tierra. La cosecha se hace para preservar los productos del campo. Segar quiere decir cortar el producto del campo, no necesariamente para preservarlo; también puede hacerse para prepararlo para su destrucción, ya que de algún modo puede haberse echado a perder. Aquí ciertamente este es el caso, ya que en el versículo 19 es bastante claro que la siega se está realizando para propósitos de destrucción.

Ahora el juicio vendrá sobre toda la humanidad rebelde, juicio que representa la ira de Dios. Este juicio se está describiendo simbólicamente como al hecho de que las uvas se coloquen en un lagar y sean prensadas para obtener su jugo. Sospecho que los resultados de que los hombres hayan sido aplastados por una lluvia de granizos de 45 kilos, puede ser descrita figurativamente como cuando las uvas son aplastadas en un lagar. Aquí los resultados son que la sangre de las victimas literalmente sube a una altura de un poco más de un metro (hasta los frenos de los caballos) por una distancia más de trescientos kilómetros. Mientras esto parece ser extraordinario, cuando leamos el capítulo 16 en donde se describe la batalla de Armagedón (la cual se representa simbólicamente aquí), vemos que Dios manda una lluvia de granizos de 45 kilos en contra del ejército de la bestia, que se encuentra reunido enfrente de Jerusalén.

Algunas Observaciones Personales

En este capítulo estamos expuestos tanto a la ira como a la compasión de Dios. Aquí hay tres revelaciones diferentes que Dios le da a Juan y se describen en este capítulo. Es importante entender que no necesariamente se encuentran en un orden cronológico, sino que cuando se toman de manera conjunta simbólicamente representan una serie de eventos que Dios estableció con el propósito de animar a los creyentes y de sembrar miedo en los corazones de los incrédulos.

La primera revelación que se le dio a Juan muestra que aquellos a quienes Dios escogió poner Su marca nunca podrán serle arrebatados, ni aun por la muerte. Los individuos descritos en esa escena representan un grupo especial de hombres quienes, aparentemente, han comprometido totalmente sus mismos cuerpos y almas al servicio de Cristo. Sin embargo, en un sentido más grande, Dios quiere que entendamos que todos aquellos que Él ha escogido nunca podrán ser arrebatados de Él. Para nosotros, como creyentes, esto debe de darnos definitivamente bastante ánimo.

Las siguientes revelaciones tienen la intención de animar a Juan y a sus lectores, indicándoles que Dios sigue preocupado sobre traer a la humanidad al punto de redención hasta que llegue el tiempo del juicio final. Dios, inclusive, llega al grado de mandar un ángel a la tierra con un mensaje que todos puedan escuchar, para que no quede ninguno con la excusa de que nadie les habló de Dios. Si un ángel proveniente del cielo no los puede convencer de la autoridad de Dios, entonces realmente están perdidos. Dios sigue adelante para mostrar que otro ángel anunciará desde el cielo que el juicio está a punto de venir sobre Babilonia, el reino que tiene Satanás en la tierra. Si esto no es suficiente para convencer a los seguidores de Satanás y a sus asistentes, entonces sus corazones se han endurecido más allá del punto de redención. Esto es seguido por un tercer ángel, quien pronuncia juicio en los seguidores del reino de Satanás en la tierra. Es terrible y es eterno. Al mismo tiempo el ángel le recuerda al pueblo de Dios que aquellos que permanezcan fieles hasta el final recibirán sus recompensas en el cielo por su labor en la tierra que hicieron en Su nombre.

La revelación muestra dos juicios sobre los que están en la tierra. El primero es por Jesucristo, en donde Él es mostrado cosechando a Sus elegidos de la tierra con el propósito de preservarlos de la ira de Dios. Después de esta imagen viene otra que representa el tiempo de siega en la tierra por un ángel, quien recibe sus órdenes de otro ángel, el cual está respondiendo al clamor de los santos mártires de que su muerte sea vengada. Aquí la siega es con propósitos de destrucción de aquello que ha sido segado, destrucción que es comparada a aplastar con los pies las uvas en un lagar de vino.

Podemos estar tranquilos que todos los eventos están en las manos de Dios. Esto nos debe de levantar el ánimo en gran manera, porque sabemos que lo único que Dios quiere para nosotros son buenas cosas.

> *Debemos entender que no hay lugar en los planes de Dios para la neutralidad. Tú estás ya sea con Él, en cuyo caso puedes estar seguro que Él te va a proteger; o bien estás en contra de Él, en cuyo caso puedes estar seguro de que no vas a poder escapar de Su ira.*

Capítulo 15

Apocalipsis 15: 1 - 8
El Cielo se prepara para la ira de Dios

Algo pasa en este capítulo que hará que se te pongan los cabellos de punta.

Este capítulo cierra el capítulo anterior (14) de diferentes maneras e introduce el capítulo siguiente (16). El Capítulo 14 trató de la cosecha de los seguidores de Cristo y de la siega final que Dios hará de todos los no creyentes. En este Capítulo se nos da una imagen de lo que está pasando en el cielo mientras se prepara para las siete copas de ira que serán derramadas en el capítulo 16. En el capítulo 12, versículo 1, se nos presentó una gran señal en el cielo, la señal de una mujer. Vimos que esta gran señal representaba al pueblo escogido de Dios, los judíos. En el Capítulo 12, versículo 3 se nos presentó la señal del dragón. Esta señal era entendida como una representación de Satanás y su rebelión en contra de Dios. Ahora en ese capítulo se nos presenta una tercera señal (o símbolo) en el cielo: siete ángeles, cada uno con un frasco conteniendo la ira de Dios. Ya que las señales son importantes sólo al grado que nos ayudan a identificar la realidad de lo que realmente representa, es importante que entendamos el simbolismo que Dios nos está mostrando en este capítulo, y aún más importante, la realidad que representa.

— — — — — — — — —

Preguntas importantes para meditar mientras estudia este capítulo:

1. ¿En dónde están sucediendo los eventos que se describen en este Capítulo?
2. ¿Quién está cantando en los versículos 3 y 4?
3. ¿Cuál es el significado especial del versículo 8? (esto es importante para nuestro entendimiento de lo que Dios quiere que veamos a través de esta visión.)
4. ¿Cuál crees que sea el propósito general de este capítulo?

Un Comentario Sobre el Capítulo

Versículo 1 – "Y vi otra señal en el cielo, grande y maravillosa: siete ángeles que tenían siete plagas, las últimas, porque en ellas se ha consumado el furor de Dios".

La palabra "otra" se relaciona con las otras dos señales que le fueron reveladas a Juan en el capítulo 12, la mujer que representaba a Israel y el gran dragón rojo que representaba a Satanás. La palabra "señal" (*sēmeion*) que es utilizada en la Biblia puede definirse de una mejor manera como un "símbolo de revelación". Esto es, en sí, un símbolo, o imagen, o un evento profético que conduce una gran verdad espiritual o principio que Dios quiere que Su gente entienda. Al saber esto, debemos nosotros buscar minuciosamente la gran verdad o el gran principio que Dios quiere que veamos en este capítulo. En esta versión veremos a siete ángeles administrando los últimos juicios de Dios en la humanidad. Esta acción limpiará la tierra a fin de prepararla para la presencia de Jesucristo y de sus seguidores glorificados.

La disciplina es más efectiva cuando se aplica de manera gradual, incrementando su severidad según aumenta la desobediencia.

En esta visión seremos testigos de la disciplina final de Dios en una humanidad arrepentida. Primero usa una disciplina ligera (los sellos);

después el hombre continúa en desobediencia y utiliza una disciplina un poco más fuerte (las trompetas); finalmente, cuando ya es obvio que el hombre ha endurecido su corazón completamente en contra de Dios, entonces Dios endurece Su corazón en contra del hombre y le administra una última disciplina (las copas o los frascos de ira). Estas últimas siete plagas terminan el juicio de Dios en contra de una humanidad sin arrepentimiento. El orden presente de las cosas será terminado definitivamente una vez hayan ocurrido estos juicios. En este versículo veremos los siete ángeles que están parados listos para verter estos juicios, esperando por la orden final de Dios.

Versículo 2 - "Vi también como un mar de cristal mezclado con fuego, y a los que habían salido victoriosos sobre la bestia, sobre su imagen y sobre el número de su nombre, en pie sobre el mar de cristal, con arpas de Dios".

Hay dos cosas importantes que tenemos que entender cuando leemos este versículo: La primera es que esta escena está tomando lugar delante del trono de Dios. El mar de cristal es el mismo mar que fue descrito en el Capítulo 4, versículo 6. Asímismo, la descripción de aquellos que estaban presentes en esta escena y en el versículo 7 es consistente con la descripción que se hace de los que estaban alrededor del trono en el capítulo 4. La segunda cosa que debemos entender es que los que están siendo descritos como si estuvieran presentes, claramente son aquellos que han sido martirizados o que fallecieron durante el tiempo del anticristo en la tierra, y quienes se negaron a comprometer su fe en Dios y por ende no se entregaron a las peticiones del anticristo. Su resurrección presente y el estar reunidos no puede tomar lugar hasta la segunda venida de Cristo. Lo que Dios está tratando de mostrarnos es lo que pasaría si estos individuos realmente estuvieran delante de la presencia de Dios cuando Él está a punto de verter su ira sobre la tierra. En los siguientes versículos Él nos dice cómo reaccionarían a lo que Dios está a punto de hacer.

Versículo 3 – "Y cantaban el cántico de Moisés, siervo de Dios, y el cántico del Cordero, diciendo: ¡Grandes y maravillosas son tus obras, oh Señor Dios, Todopoderoso! ¡Justos y verdaderos son tus caminos, oh Rey de las naciones!"

Gaylord Bowman

Verse 4 – "¡Oh Señor! ¿Quién no temerá y glorificará tu nombre? Pues sólo tú eres santo; porque todas las naciones vendrán y adoraran en tu presencia, pues tus justos juicios han sido revelados."

Estos santos que están parados delante del trono de Dios se dan ahora cuenta que están a punto de ver al anticristo y a Satanás recibir lo que les corresponde; están llenos de gozo por lo que va pronto a suceder. El "cántico de Moisés" es una canción que ha sido cantada por los judíos por miles de años y conmemora su liberación del ejército de Faraón en el Mar Rojo. Vale la pena mencionar que, aunque esta canción está siendo cantada por mártires, en este momento no están cantando sobre ellos mismos o sobre la manera cómo vencieron a la bestia; están totalmente ocupados en esta muestra de soberanía y justicia de la gloria de Dios.

> _El cántico no celebra la venida de los juicios de Dios sobre sus enemigos; sino la justicia de Dios que se muestra en lo que está a punto de suceder._

No hay ningún rastro de satisfacción personal sobre los juicios de Dios que están por caer sobre sus enemigos. Advierta también que no están alabando a Jesucristo, sino a Dios. Esto confirmaría que los cantantes son conversos del mensaje de la Ley del Antiguo Testamento.

La canción tiene tres partes. Primero, identifica las razones por las que los cantantes están alabando a Dios: ¡Grandes y maravillosas son tus obras, oh Señor Dios, Todopoderoso! ¡Justos y verdaderos son tus caminos, oh Rey de las naciones! Después viene el reto a la humanidad: "_¿Quién no temerá y glorificará tu nombre?_" Finalmente los cantantes indican porqué Dios debe de ser adorado: "_Pues sólo tú eres santo; porque todas las naciones vendrán y adorarán en tu presencia, pues tus justos juicios han sido revelados._"

Versículo 5 – "Después de estas cosas miré, y se abrió el templo del tabernáculo del testimonio en el cielo,"

La frase "_después de estas cosas_" indica un cambio de perspectiva. En este punto, Dios dirigió la atención de Juan al "_templo del tabernáculo del testimonio_". Ya sea que se escriba en griego o en hebreo, la palabra traducida "tabernáculo" significa literalmente en ambos idiomas "lugar donde uno habita". Entendido en este contexto, Juan está viendo ahora el lugar donde Dios habita, un lugar donde Dios instruyó a Su pueblo escogido, los Judíos, que se duplicarán, un lugar en donde debían de adorar y confrontar al Dios más Santo. El hecho de que el templo ahora esté abierto para que todos lo vean, debe de haber llenado a Juan tanto de asombro como de miedo, pues este tabernáculo en el cielo representaba la fuente misma de la presencia de Dios. El verle ahora abierto le debió de haber indicado a Juan que algo importante estaba a punto de suceder.

Versículo 6 – "y salieron del templo los siete ángeles que tenían las siete plagas, vestidos de lino puro y resplandeciente, y ceñidos alrededor del pecho con cintos de oro."

Los ángeles no están vestidos para una batalla o para el conflicto, al contrario, están cubiertos con vestiduras diseñadas para mostrar que estos seres celestiales son dignos de estar ante la misma presencia de Dios. Están vestidos con el uniforme de los sacerdotes del Antiguo Testamento. Estas vestiduras son las mismas con las cuales el Hijo del Hombre fue presentado cuando Él se paró en juicio en medio de los siete candeleros de oro en el Capítulo 1 versículo 13. Los cintos de oro son confirmacion de autoridad. Su salida de la misma presencia de Dios indica que las acciones que están por suceder vienen de Dios y tienen la intención de reivindicar Su santidad y justicia.

Versículo 7 – "Entonces uno de los cuatro seres vivientes dio a los siete ángeles siete copas de oro llenas del furor de Dios, que vive por los siglos de los siglos."

Las copas son dadas a los ángeles por uno de los "seres vivientes" que nos fueron presentados en el capítulo 4. Ahí dijimos que estos seres probablemente representaban todos los aspectos vivos animados de la creación de Dios. Por lo tanto, podemos entender que estas copas contienen juicios que estarán particularmente dirigidos hacia todas las criaturas animadas. También podemos concluir que estos seres vivos deben de estar de acuerdo con lo que contienen las copas. Advierta que las copas están "llenas" del furor de Dios; esto quiere decir que no hay ningún lugar en estas copas para la misericordia. La imagen que vemos aquí no es la de unos ángeles que simbólicamente están vertiendo siete pequeños dedales de juicio encima de una tierra corrompida, sino que estamos viendo siete ángeles vertiendo copas enormes – probablemente más grandes que los mismos ángeles – las cuales están llenas de ira hirviente y humeante en contra de los pecadores rebeldes, los que no han venido a Cristo por perdón y quienes maldicen a Dios y se regocijan en sus pecados.

Versículo 8 - Y el templo se llenó con el humo de la gloria de Dios y de su poder; y nadie podía entrar al templo hasta que se terminaran las siete plagas de los siete ángeles.

Qué imagen tan impresionante y sugestiva se nos está describiendo aquí. Este versículo refleja una gran verdad espiritual. Se observa el templo de Dios lleno de humo al grado que nadie podía entrar en él. Los juicios finales de Dios están ahora en las manos de Sus ángeles y no hay punto de retorno. Durante el derramamiento de estas copas de Su ira en la tierra, Dios no estará disponible para misericordia ni para los hombres que vinieran buscando la redención. La humanidad será abandonada a sus propias misericordias. A partir de este punto, ni los hombres ni los ángeles podrán acercarse a Dios. Ya no es posible la intercesión, ni aun para el mismo Jesucristo. La hora del juicio final ha llegado y nadie puede escaparse de las manos de Dios.

Algunas Observaciones Personales

Qué temible escena le presenta Dios a Juan en estos versículos. Imagínese, llegará un tiempo en donde Dios no va a estar accesible para la humanidad. Dios le está dando a la humanidad una clara advertencia: cuando la hora del juicio final haya llegado, será demasiado tarde para que el hombre busque a Dios. No habrá "últimas" oportunidades. Aquellos que, al día de hoy, han estado orgullosos de su incredulidad enfrentarán la destrucción. E igualmente, todos los que falsamente han clamado una relación con Dios se encontrarán cara a cara con un Jesús que les dirá: "*No todo el que me dice: "Señor, Señor", entrará en el reino de los cielos, sino el que hace la voluntad de mi Padre que está en los cielos. Muchos me dirán en aquel día: "Señor, Señor, ¿no profetizamos en tu nombre, y en tu nombre echamos fuera demonios, y en tu nombre hicimos muchos milagros?" Y entonces les declararé: "Jamás os conocí; APARTAOS DE MI, LOS QUE PRACTICÁIS LA INIQUIDAD."* (Mateo 7: 21-23). Ellos también se encontraran con la destrucción. Aun aquellos que hayan profesado su fe en Jesucristo pero que no hayan tenido la valentía de vivir sus vidas en base a dicha profesión, ahora encontrarán que el momento de lamentar su indecisión se ha ido, y entonces enfrentarán la destrucción debido a su falta de una convicción sincera. Claramente el momento de arrepentimiento es hoy. Este capítulo debería llenar al hombre de temor, al darse cuenta que Dios hará un juicio final en cada uno de nosotros basado en nuestra relación con Él. Llegará un momento en donde sea demasiado tarde para buscarle.

Usamos muchas palabras coloridas para describir a Dios: amor, misericordia, compasión, obediencia, justicia; y a Jesucristo: amor, fe, perdón, gracia. La pregunta es, ¿realmente entendemos y valoramos que la justicia verdadera requiere que se administre un castigo al culpable?.

Capítulo 16

Este capítulo describe las siete copas que contienen la ira concentrada de Dios siendo derramada en la tierra. El propósito de Dios es purgar la tierra de todo lo que es maldad, para prepararla para la próxima presencia de Su Hijo. Como resultado, estos juicios están sin templar por la gracia de Dios. Los siete ángeles, cada uno de los cuales esta agarrando una copa que contiene un juicio, parecen estar renuentes a derramarlos en la tierra. Estas copas también son la respuesta de Dios al último intento de Satanás de frustrar el plan de Dios para la humanidad. Cuando las copas sean derramadas en la tierra, veremos a los seguidores del anticristo convertirse como el Faraón y su pueblo en el tiempo de Moisés. Sus corazones seguirán endurecidos, aun y cuando estén experimentando los juicios de Dios.

El problema es que el hombre se ha acostumbrado a ver el largo sufrimiento de Dios por las fallas de la humanidad como una debilidad permanente por parte del Creador.

El punto de inicio de estos juicios no puede ser mas acertadamente ubicado que en algún momento después de la mitad de los siete años cuando el pueblo de Dios está tratando de evangelizar al mundo. Durante este tiempo, parece ser que la bestia finalmente logra tener una dominación total del mundo. Es muy probable que estos juicios en la tierra y en la humanidad tomen lugar durante los meses finales del periodo de siete años. Ciertamente la conclusión de estos juicios coincide con la venida de Jesucristo para establecer su reino en la tierra.

— — — — — — — —

Preguntas importantes para meditar mientras estudia este capítulo:

1. Las copas de juicios que están a punto de ser derramadas en La tierra contienen toda la fuerza de la ira de Dios, ¿qué cree que esto significa?

2. La primera copa es derramada directamente sobre los hombres. ¿es derramada sobre todos los hombres?

3. ¿A quién o a que están afectando las copias dos, tres y cuatro?

4. ¿Quién o que está siendo afectado por las copias cinco y seis?

5. ¿Cuál es el propósito de las tres ranas en la sexta copa?

6. ¿cuál es el propósito de derramar la séptima copa en el aire?

Un Comentario Sobre el Capítulo

Versículo 1. *"Y oí una gran voz que desde el templo decía a los siete ángeles: Id y derramad en la tierra las siete copas del furor de Dios."*

Recuerde que las separaciones del Capítulo son hechas de manera arbitraria y no eran parte del texto original. Con esto en mente, se nos recuerda que el Capítulo anterior (15:8) termina con Dios en su templo, y que nadie podía entrar en este templo. En este versículo entonces, Dios mismo debe de estar emitiendo esta orden, una orden que es dada a los siete ángeles al mismo tiempo. Esto parece indicar que los ángeles deben de derramar las copas en una rápida sucesión. Cada una de las copas contiene un juicio especial, y el efecto acumulado será purgar toda la rebelión humana que hay en la tierra en contra de Dios.

Versículo 2.- *"El primer ángel fue y derramó su copa en la tierra; y se produjo una llaga repugnante y maligna en los hombres que tenían la marca de la bestia y que adoraban su imagen."*

El primer juicio fue derramado, y los hombres recibieron llagas repugnantes, malignas, abiertas, literalmente como furúnculos o ulceras que aparentemente no recibían respuesta a ningún tratamiento médico. Las heridas abiertas comúnmente eran entendidas como un signo de castigo por parte de Dios. Éxodos 9:9-11: *"y se convertirá en polvo fino sobre toda la tierra de Egipto, y producirá furúnculos que resultarán en úlceras en los hombres y en los animales, por toda la tierra de Egipto. Tomaron, pues, hollín de un horno, y se presentaron delante de Faraón, y Moisés lo arrojó hacia el cielo, y produjo furúnculos que resultaron en úlceras en los hombres y en los animales. Y los magos no podían estar delante de Moisés a causa de los furúnculos, pues los furúnculos estaban tanto en los magos como en todos los egipcios."* Deuteronomio 28:35 *"Te herirá el SEÑOR en las rodillas y en las piernas con pústulas malignas de las que no podrás ser sanado, desde la planta de tu pie hasta la coronilla."* Job 2:7 *"Satanás salió de la presencia del SEÑOR, e hirió a Job con llagas malignas desde la planta del pie hasta la coronilla."*

¿Y quien recibirá estas llagas? "los hombres que tenían la marca de la bestia y que adoraban su imagen." Esto ciertamente es una indicación que habrá aquellos que no han aceptado la marca de la bestia, y aunque no sean seguidores de Cristo, se rebelaron en contra de recibir la marca de la bestia por mero principio personal, aun y que estén dispuestos a adorarle. Posiblemente habrá

> El anticristo se asegurará que no habrá lugar para la neutralidad durante su reinado en la tierra.

aquellos que aceptarán la marca de la bestia por razones económicas, pero que se nieguen a adorar la imagen de la bestia, también por principios personales. De cualquier modo, Dios aparentemente todavía a estas alturas está dispuesto a proteger a aquellos que creen en Él y que permanecieron fieles a su creencia. Entienda que durante este tiempo la religión no será algo nominal; todos los hombres habrán sido forzados a tomar una decisión clara al respecto. Deberán declararse ya sea fieles a Dios o al anticristo.

El juicio que emana de la primera copa establece dos importantes puntos de interés:

1. El tiempo- cuando se adora al anticristo. El anticristo no será puesto como el objeto de adoración durante la mitad de los últimos siete años. Este juicio caerá en los hombres debido a su adoración al anticristo. Por lo tanto, este juicio solo puede ocurrir durante los tres años y medio precediendo a la segunda venida de Cristo. Hay una gran posibilidad, de que probablemente sea en este periodo de tiempo, ya que habrá un patrón establecido de adoración al anticristo.

2. Los receptores – adoradores de la bestia. Solamente aquellos que tengan la marca de la bestia y que adoren su imagen serán los que reciban estas horrorosas llagas. Esto indicaría que Dios, en su gracia maravillosa, no va a someter a todos los creyentes a Su ira, aun durante el tiempo que se conoce como la gran tribulación.

Versículo 3. *"El segundo ángel derramó su copa en el mar, y se convirtió en sangre como de muerto; y murió todo ser viviente que había en el mar."*

La referencia al mar puede estar limitada al Mar Mediterráneo, ya que este sería el punto de referencia natural de Juan; sin embargo, la misma palabra puede también implicar a todos los océanos. Aun si el juicio inicia en el Mar Mediterráneo, rápidamente se extenderá a todos los océanos. En cualquier caso, el agua toma la apariencia y características de sangre humana congelada. No toma mucha imaginación el poder visualizar los resultados de esto. Todo ser vivo en el mar flotará a la superficie, quedará varado en las orillas, y sus cuerpos decadentes pronto se convertirán en fuente de un hedor insoportable y de una probable enfermedad. Mientras este juicio está restringido al mar, tendrá un impacto significativo en la forma de vida de la humanidad (en términos de envíos, recreación, tomar agua etc..). Este juicio es particularmente interesante cuando vemos hacia adelante al Capítulo 21:1 *"Y vi un cielo nuevo y una tierra nueva, porque el primer cielo y la primera tierra pasaron, y el mar ya no existe."* Advierta como Dios dice en este versículo que ya no existirá mar sobre la tierra.

Versículo 4. *"El tercer ángel derramó su copa en los ríos y en las fuentes de las aguas, y se convirtieron en sangre."*

Versículo 5. *"Y oí al ángel de las aguas, que decía: Justo eres tú, el que eres, y el que eras, oh Santo, porque has juzgado estas cosas;"*

Versículo 6. *"pues ellos derramaron sangre de santos y profetas y tú les has dado a beber sangre; lo merecen."*

Versículo 7. *"Y oí al altar, que decía: Sí, oh Señor Dios Todopoderoso, verdaderos y justos son tus juicios."*

Cuando la segunda copa es derramada en la tierra, sus juicios caen sobre toda fuente de agua fresca. En este juicio, la sangre no está podrida, y como resultado las aguas de los ríos y de las fuentes de las agua, aun y que se han transformado efectivamente a la composición de la sangre, no serán tan toxicas como las aguas de los mares. Esto está justificado en el versículo 6 en donde dice que los hombres la tomarán. Ciertamente la supervivencia humana será más difícil que lo que haya sido antes. Recuerde, aunque no está mencionado de manera específica, sin duda alguna mucho de la vida que ahora vive en el agua fresca morirá. Piense en lo que está pasando en la tierra en este juicio:

El abastecimiento de agua esta envenenada y putrefacta, y el aire esta apestoso en todo el mundo, la vida animal y vegetal dejará de existir, flotará a la superficie y finalmente será llevada a las orillas para que se pudra abiertamente.

Ya no habrá pescado, una fuente importante de comida. Las industrias pesqueras van a perecer y la inanición del hombre se saldrá de control.

La gente se apresurará a hacer pozos......¡solo para que salga a borbotones la sangre!

Disminuirá la fuente de oxigeno de los hombres, ya que los fitoplánctones proveedores de oxigeno (esos organismos que se encuentran en el plancton de los plantas verdes) que son encontrados en el agua y que abastecen mucho del oxigeno que hay en la tierra van a empezar a morir.

Mientras todo esto está sucediendo, se escucha la voz de un ángel declarando que este juicio es justo. El juicio de Dios no es ni vengativo ni caprichoso. En un universo moral, un Dios moral debe, fuera de necesidad, oponerse a la maldad. Advierta también que en el versículo 5 no se le identifica a Dios como el que ha de venir; ya está en camino.

La historia nos revela que las más grandes persecuciones frecuentemente son originadas por opiniones diferentes sobre religión.

Durante los últimos tres años y medio de la Gran Tribulación, la gente estará lista, dispuesta, y gustosa de derramar la sangre de los creyentes de Cristo. La parte triste es que así será, no por hombres paganos, sino que se hará en el nombre de la religión, por aquellos que se creen religiosos. En este caso, a los seguidores del anticristo quienes derramaran la sangre de los santos en el nombre de la religión, a cambio, Dios les dará a tomar sangre. Parece un juicio adecuado que esta última generación sea forzada a tomar la sangre que ellos con tanta ansia querían ver derramada en otros.

No solamente este ángel que ejecuta este juicio da testimonio de la justicia del mismo, sino que Juan inmediatamente escucha otra vez que también afirma lo correcto que este juicio es. La voz del altar manifiesta que los juicios de Dios no son arbitrarios ni caprichosos, pero que son verdaderos y justos. Recuerde, para los judíos, el altar es el lugar en donde se obtiene el perdón de Dios. En Apocalipsis 6:9-11, Juan ha descrito *"debajo del altar: las almas de los mártires que habían sido muertos durante la gran tribulación. De ellos se escuchó un clamor diciendo ¿hasta cuándo esperaras para juzgar y vengar nuestra sangre?"* En esos versículos Dios les había dicho que esperaran hasta que el número total de aquellos que se habían convertido en mártires hubiera sido completado. Después de este tiempo, sus números se habrán multiplicado grandemente, y las voces que ahora se escuchan en el versículo 7 bien pudiera ser una metáfora apropiada por la gran voz que se alza de la multitud debajo del altar. Uno fácilmente puede imaginarse su excitación mientras se derraman la serie de juicios divinos finales sobre toda la tierra. Verdaderamente ellos testificaran de la justicia de este juicio.

Versículo 8. "El cuarto ángel derramó su copa sobre el sol; y al sol le fue dado quemar a los hombres con fuego."

Versículo 9. *"Y los hombres fueron quemados con el intenso calor; y blasfemaron el nombre de Dios que tiene poder sobre estas plagas, y no se arrepintieron para darle gloria."*

En esta cuarta copa de juicio, al sol se le dio poder para quemar a los hombres en la tierra, pero no para matarlos. Sin embargo, advierta el uso de las palabras **"con fuego"**. ¿Qué pasaría si una grande llama solar fuera a pegar sobre la tierra en un ambiente en donde ya no hay humedad o hay muy poca, ni hay nubes que lo cubran debido a los tres juicios anteriores, los cuales convirtieron el agua en sangre? Piense sobre el inmenso hoyo creciente en la atmosfera sobre la Antártida debido a la apertura de la capa de ozono en la tierra. El profeta Malaquías, en el último capítulo del Antiguo Testamento, escribió algo que es remarcablemente similar. Malaquías 4:1 *"Porque he aquí, viene el día, ardiente como un horno, y todos los soberbios y todos los que hacen el mal serán como paja; y el día que va a venir les prenderá fuego--dice el SEÑOR de los ejércitos--que no les dejará ni raíz ni rama."* La radiación solar intensa producirá otro efecto. Las grandes hojas de hielo que están en el ártico, Groenlandia y el continente de Antártida rápidamente empezaran a derretirse. Guarde en mente que toda el agua sobre la tierra ahora tiene la consistencia de la sangre, así que habrá muy poca evaporación para compensar el agua que se añade a los océanos debido al deshielo.

Los científicos estiman que hay suficiente agua almacenada en las reservas de hielo del mundo para elevar el nivel del agua mundial alrededor de los 200 pies (aproximadamente 61 metros), en el caso de que estas reservas se derritieran.

Es obvio que todo está bajo el control de un Dios soberano cuando advertimos que al sol le fue **"dado"** el poder de quemar a los hombres. La humanidad reconocerá la fuente de estos juicios. El versículo 9 dice, *"blasfemaron el nombre de Dios que tiene poder sobre estas plagas, y no se arrepintieron para darle gloria".* ¿Qué significa esto? Posiblemente ellos van a renovar su persecución de aquellos del pueblo de Dios que quedan en la tierra y les culparán de todos sus problemas. Probablemente se harán más anti-Dios. Posiblemente literalmente tomaran el nombre de Dios en vano, maldiciendo y sacudiendo sus puños hacia los cielos.

La respuesta del hombre es verdaderamente una triste observación de la naturaleza humana.

Versículo 10. *"El quinto ángel derramó su copa sobre el trono de la bestia; y su reino se quedó en tinieblas, y se mordían la lengua de dolor."*

Versículo 11. *"Y blasfemaron contra el Dios del cielo por causa de sus dolores y de sus llagas, y no se arrepintieron de sus obras."*

Las siguientes tres copas de juicio son dirigidas directamente sobre la impía trinidad (Satanás, el anticristo y el falso profeta), ya que Dios les tiene separado un juicio especial. En la quinta copa de juicio, vemos que se ataca ahora el trono de autoridad del anticristo, la bestia del mar. En un extremo contraste de lo que sucede en la cuarta copa del juicio cuando el juicio es derramado (cuando se le permite al sol quemar al hombre con su calor), ahora vemos el reino de la bestia oculto del sol. Este juicio pudiera aparentar en principio ser una expresión de la misericordia de Dios en los ciudadanos rebeldes de la tierra ya que los está ocultando del sol quemante. Sin embargo, lo que sucede es que solamente la gente que siente alivio son aquellos que siguen viviendo en la tierra y que no tienen la mara de la bestia. Recuerde, aquellos con la marca de la bestia tienen otro problema que aparentemente se intensifica con la oscuridad. Ellos siguen cubiertos de llagas abiertas producidas por el primer juicio, llagas que sin duda alguna se agravaron por la exposición al sol quemante del juicio anterior. Ahora su dolor es tan grande que todo lo que pueden hacer es roer sus lenguas en agonía. Para atenuar su situación, la obscuridad sobrenatural solo añade un terror especial en su propia especie. Pudiera pensar usted que la capacidad del hombre para producir electricidad aliviaría este problema, pero debemos de recordar que el abastecimiento de agua utilizada para producir electricidad habrá cambiado significativamente en el segundo y tercer juicio. El agua que tiene consistencia como aquella de la sangre hará que la generación de energía eléctrica sea muy difícil.

Estos eventos debieran haber causado que el hombre buscara a Dios y rogara por Su perdón. Sin embargo, en lugar de voltear a Dios en arrepentimiento, empiezan a blasfemar en contra de Dios. La población entera del planeta tierra ahora parece asumir una mentalidad de victima que rechaza cualquier responsabilidad personal por el derramamiento de la ira de Dios. Los seguidores de la bestia ahora se convertirán en uno en especie con su maestro, quien ha estado muy activo blasfemando contra Dios y culpando a Sus seguidores por todo aquello malo que sucede, muy similar a lo que hace la gente hoy, inclusive por algunos que se llaman a sí mismos cristianos. El humanismo no es otra cosa que una creencia fundada en el principio de que el hombre es el maestro de su propio destino. Esto es lo que sucede cuando los hombres endurecen sus corazones a la existencia de Dios. La escritura repetidamente refuta la noción de que los hombres malvados se arrepentirán cuando sean enfrentados con advertencias catastróficas de juicio, y esta es la razón del porque.

Cuando el hombre rechaza al Señor, no es por dudas filosóficas o por respuestas no explicadas a preguntas sin contestar, sino que lo hace por la dureza de su Corazón y por el amor al pecado.

El recordatorio en el versículo 11 de que los hombres siguen sufriendo por las llagas producidas en la primera copa de juicio también sugiere que las copas se están derramando en una sucesión bastante rápida.

Versículo 12. El sexto ángel derramó su copa sobre el gran río Éufrates; y sus aguas se secaron para que fuera preparado el camino para los reyes del oriente.

Lo primero que tenemos que entender es que el juicio que se origina de esta copa es diferente a los otros en cuanto a que no trae un juicio especifico, sino que es derramado para preparar las condiciones para los juicios finales de la séptima y última copa. El área descrita en este versículo, es exactamente en donde inició la civilización con el jardín del Edén, y es en esta área en donde veremos que la civilización tendrá su fin.

El Éufrates es la línea antigua divisoria entre el este y el oeste. También era la fuente de agua para la antigua Babilonia. Si el lugar antiguo de

Babilonia también es el sitio para la nueva capital de la bestia, también dependerá casi enteramente del Éufrates para abastecimiento de agua. El Rio Éufrates tiene sus orígenes en o cerca de las laderas altas del Monte Ararat. El Monte Ararat tiene una capa de hielo perene cerca de su cima de 17,000 pies (aproximadamente 5181 metros), la cual solamente se derrite parcialmente durante el verano. Sin embargo el calor abrasador del sol producida por la cuarta copa de juicio no solamente causará que los glaciares y las grandes capas de hielo del Polo Norte, Groenlandia y la Antártida se derritan, sino que también se derretirá la capa perene de hielo del Monte Ararat. Esta reducción significante de fuente de de agua del rio constituirá sin duda alguna un golpe letal en la ciudad que se ubica en el sitio de la antigua babilonia.

La fuente de las cabeceras del Rio Éufrates actualmente están en control de Turquía. Turquía ha completado un proyecto que se llama el Proyecto del Sudeste de Anatolia, parte del cual involucra controlar el Rio Éufrates a través del uso de presas hidroeléctricas. Estas presas (diques) permitirán que Turquía literalmente apague el rio y desvíe su agua para su propio país.

El termino literal "*los reyes del oriente*", serán "reyes del sol naciente". El uso en plural de la palabra *reyes* indica que son más de uno. Aparentemente habrá una confederación masiva de personas orientales quienes cruzaran este rio para reunirse con la armada del anticristo.

Aquí está la evidencia de que el Hinduismo, Sintoísmo, Taoísmo, Budismo y otras religiones orientales se alinearan con la religión del anticristo.

Versículo 13. "Y vi salir de la boca del dragón, de la boca de la bestia y de la boca del falso profeta, a tres espíritus inmundos semejantes a ranas";

Versículo 14. "Pues son espíritus de demonios que hacen señales, los cuales van a los reyes de todo el mundo, a reunirlos para la batalla del gran día del Dios Todopoderoso."

Adicionalmente de que el Rio Éufrates se va a secar, ahora vemos un incremento significativo en las voces embaucadoras de la trinidad impía. Claramente se les identifica aquí: el dragón (Satanás), la bestia (el anticristo) y el falso profeta. De sus bocas saldrá propaganda persuasiva y embaucadora que en los últimos días que conducirá a los hombres a un compromiso incondicional de la causa del anticristo. Los espíritus malignos que son la fuente de estos engaños no tienen el poder de afligir a los hombres, sin embargo los inspiraran a que le den su apoyo al dragón, la bestia y el falso profeta. Después de que el mundo ha experimentado las copas de juicio de Dios, el anticristo estará en un terrible dilema, ya que el mundo habrá visto como toda su autoridad es ahora cuestionable. No tiene otra alternativa sino que llevar a cabo su ultimo engaño – convencer al hombre y a los reyes, quienes han experimentado la ira de Dios, que ellos, con él como su líder, pueden vencer a Dios en una batalla. Solamente por un espíritu sobrenatural de decepción podrá esta trinidad impía convocar a los reyes y a los ejércitos del mundo al conflicto final en contra de Dios y Su Cristo. En este último gran conflicto, no habrá lugar para la neutralidad.

¿Cuál es el punto de vista de Dios en todo esto? Recuerda que Juan vio estas cosas a través de los ojos de Dios. Advierta que Juan describe estos espíritus *"semejantes a ranas."* Para Dios entonces estas palabras son aparentemente como el croar de una rana. Poco se imagina Satanás que su propia sabiduría esta corrompida, y que Dios actualmente está utilizando su artimaña maligna para preparar el golpe final mortal a todo el sistema satánico.

La última reunión de las fuerzas de Satanás,
actualmente simplificaran su destrucción por Dios.

Versículo 15.- (He aquí, vengo como ladrón. Bienaventurado el que vela y guarda sus ropas, no sea que ande desnudo y vean su vergüenza.)

Esta bienaventuranza es la tercera de las siete que hemos leído en Apocalipsis hasta ahorita (1:3; 14:13; 16:15). Promete la bendición de Dios para aquellos que han permanecido fieles en las horas críticas que vienen adelante. La simbología es interesante. De acuerdo a la tradición Judía, cuando el capitán de los guardias del templo hace su ronda en la noche, si el encontraba a un guardia dormido, le quitaría sus ropas, lo dejaba desnudo para que enfrentara el desprecio y el ridículo ante sus compañeros guardias.

Versículo 16. "Y los reunieron en el lugar que en hebreo se llama Armagedón."

Este es un valle justo al norte de Jerusalén, cerca de la ciudad antigua de Megiddo. El valle mide aproximadamente 10 millas (aproximadamente 16 kilómetros) de ancho por 40 millas (aproximadamente 64 kilómetros) de largo. Este fue el lugar de una gran derrota para los Israelitas en el tiempo del Rey Josías, y su escena posterior de muerte. Cuando mi esposa y yo visitamos este antiguo lugar, y vimos lo largo del valle, pudimos imaginar en nuestra mente la preparación para la batalla en contra de un enemigo que hasta entonces no se había dejado ver. En realidad los espíritus engatusadores habrán hecho la voluntad de Dios, ya que la razón principal de este encuentro es el simplificar la destrucción de Dios de los seguidores de la bestia.

Versículo 17 – "Y el séptimo ángel derramó su copa en el aire; y una gran voz salió del templo, del trono, que decía: "Hecho está"."

Hay dos cosas importantes que debemos de considerar al leer este versículo. La primera es en donde está esta copa de ira cuando es derramada, es decir, esta *"en el aire"*. ¿Por qué derramar la ira de Dios en el aire? Vamos a leer Efesios 2:2: *"en los cuales anduvisteis en otro tiempo según la corriente de este mundo, conforme al príncipe de la potestad del aire, el espíritu que ahora opera en los hijos de desobediencia."* Claramente la referencia a este príncipe de potestad del aire se refiere a ninguno otro que Satanás. "El aire" es en donde Satanás vive y controla al mundo. Lucas 4:5-6: *"Llevándole a una altura, el diablo le mostró en un instante todos los reinos del mundo. Y el diablo le dijo: Todo este dominio y su gloria te daré; pues a mí me ha sido entregado, y a quien quiero se lo doy."* Luego entonces, de manera literal Dios está derramando esta séptima copa de ira específicamente en Satanás y su lugar de residencia. La segunda cosa importante que se tiene que considerar en este versículo es la fuente de la voz, es decir, de donde proviene *"una gran voz salió del templo, del trono"*. Esta voz es la voz de Dios, ninguna otra. La importancia de esto es vista cuando nos damos cuenta lo que la voz dice "**Hecho está.**" Esta voz está confirmando que los juicios de Dios en la tierra, como los conocemos, serán completados con este último juicio. En un sentido identifica el final a una rebelión en contra de Dios que toma lugar en la tierra; en otro sentido, identifica el inicio de la creación de un nuevo reino terrenal. Con la culminación de este Juicio, la tierra estará preparada para recibir la presencia del Hijo de Dios, Jesucristo.

Versículo 18 – "Entonces hubo relámpagos, voces y truenos; y hubo un gran terremoto tal como no lo había habido desde que el hombre está sobre la tierra; fue tan grande y poderoso terremoto."

Versículo 19 – "La gran ciudad quedó dividida en tres partes, y las ciudades de las naciones cayeron. Y la gran Babilonia fue recordada delante de Dios para darle el cáliz del vino del furor de su ira."

Versículo 20 - Y toda isla huyó, y los montes no fueron hallados.

Versículo 21 - Y enormes granizos, como de un talento cada uno, cayeron sobre los hombres; y los hombres blasfemaron contra Dios por la plaga del granizo, porque su plaga fue sumamente grande.

En estos versículos vemos los resultados de la última copa de ira de Dios. Estas acciones son necesarias para preparar la tierra para la presencia de Jesucristo y establecer Su reino eterno. Tres veces antes de esta revelación Juan vio y escucho "relámpagos, voces y truenos" (Apocalipsis. 4:5; 8:5; 11:19) en el cielo. Cada vez era justo antes del inicio de una serie de juicios: los juicios de los sellos, los juicios de las trompetas y los juicios de las copas respectivamente. En las últimas dos ocasiones, también habrá terremotos en la tierra. En este versículo sin embargo, la tierra será testigo del más grande terremoto como no ha habido otro en la historia de la humanidad, terremotos que van a cambiar la forma de la topografía de la tierra y van a terminar con la civilización como la conocemos hoy en día. Jerusalén será separada y dividida en tres secciones diferentes. Babilonia, el asiento del trono de la bestia será destruida. En una escena anterior de Apocalipsis 6:14 "todo monte e isla fueron removidos de su lugar." Ahora "***toda isla*** *huyó, y los montes no fueron hallados"* La topografía del mundo se habrá alterado en su totalidad. La tierra estará más plana. Posiblemente el ambiente físico del milenio será, en gran medida, una restauración del ambiente antediluviano antes del tiempo de Noé. Finalmente granizos de un talento (aproximadamente 45 kilos) caerán sobre los hombres. Como fuimos testigos en el capítulo 15, Dios describe la siega final del hombre como si fueran uvas aplastadas en una prensa de vino (ver Apocalipsis 15: 19-20). Y aun y con todo esto, la humanidad seguirá sin arrepentirse, aun y estando cara a cara con esta muerte tan atroz. ¿Cómo se verá el hombre después de haber sido golpeado por granizos de 45 kilos que caen del cielo?

Algunas Observaciones Personales:

Las siete copas de ira precipitan una separación literal del grano de la paja. Dios está preparando la tierra para el regreso de Su hijo, para que éste venga a establecer su reino eterno. Para esto, la tierra debe de estar redimida de la autoridad y maldición de Satanás. La humanidad debe de estar limpia de cualquier influencia de maldad. La tierra debe de ser destruida y reconstruida de acuerdo al plan original que Dios tenía para ella. Debe de ser rediseñada para convertirse en la tierra que Dios tenia proyectada para la presencia de Adán. La creación debe de iniciar desde cero. Sin embargo, en esta nueva creación, el hombre natural estará bajo el mando directo y la autoridad de Jesucristo. La pregunta es, "¿Cómo reaccionará el hombre natural e imperfecto a este nuevo reinado?"

Cada persona que no se ha declarado así mismo a favor de Dios será destruida.

Capítulo 17

La séptima copa concluirá los juicios reflejando la ira de Dios en contra de la tierra y de la humanidad. Este capítulo continúa los juicios derivados del derramamiento de la séptima copa, el cual inició en el capitulo anterior. Este capítulo se enfoca en un juicio específico en contra de lo que Dios identifica como Babilonia. La finalidad de estos juicios está acentuada en los siguientes dos capítulos después de este: primero por el luto de aquellos que trabajaron y vivieron en Babilonia; segundo, por la subsecuente adoración gozosa de los huestes del cielo cuando son testigos de su destrucción.

Para apreciar en su totalidad porque Dios simboliza a Babilonia como la madre de las rameras, debemos entender los orígenes ancestrales de Babilonia.

La historia de Babilonia empieza en Génesis 10:6, 8-10: *"Los hijos de Cam: Cus, Mizraim, Fut y Canaán. Y Cus engendró a Nimrod, que llegó a ser poderoso en la tierra. El fue un poderoso cazador delante del SEÑOR; por tanto se dice: Como Nimrod, poderoso cazador delante del SEÑOR. Y el comienzo de su reino fue Babel, Erec, Acab y Calne, en la tierra de Sinar."* En la fecha en que Nimrod nació, los animales salvajes del bosque se habían propagado tanto al grado que presentaron un serio peligro a la gente que estaban viviendo en pequeños grupos familiares que están dispersos por toda el área, y sus frecuentes ataques inspiraban miedo en las mentes de los hombres. Después del diluvio, Nimrod ganó fama como constructor de ciudades, ya que el congregaba familias juntas, y al rodear sus casas con muros, les permitía que pasaran sus días en una seguridad relativa, libres de los constantes ataques de los animales salvajes. Después de construir estas ciudades, decidió que también era necesario emancipar al hombre del temor de Dios, así como también de las tradiciones ancestrales.

(Génesis 11:4: *"Y dijeron: Vamos, edifiquémonos una ciudad y una torre cuya cúspide llegue hasta los cielos, y hagámonos un nombre famoso, para que no seamos dispersados sobre la faz de toda la tierra."*) Babel literalmente quiere decir "la puerta de" o "hacia" Dios. La torre de Babel no fue construida con la intención **de alcanzar el** cielo, sino de **entrar en** el cielo. El templo en la punta de la torre estaba lleno de signos astrológicos del cielo. La astrología y sus signos del zodiaco tienen sus orígenes en Nimrod y en la torre de Babel. Nimrod tuvo tanto éxito en esto que los registros antiguos Persas revelan que después de su muerte, Nimrod fue deificado bajo el nombre de Orión por los astrólogos, y fue colocado entre las estrellas. Nimrod fue tanto el fundador de la antigua ciudad de Babilonia, como de lo que ahora se ha convertido en una religión apostata también.

Actualmente, se le acredita a Semiramis, la esposa de Nimrod, el haber originado la religión del misterio de Babilonia. De acuerdo a la antigua tradición, después de la muerte de Nimrod, mientras se encontraba en un viaje de caza, se convirtió en una mujer seductora y, eventualmente, debido a su vida disoluta, dio a luz un hijo varón. Aparentemente, Nimrod era de complexión obscura, y cuando ella tuvo un hijo rubio, Semiramis declaró que Nimrod había reaparecido como su hijo, milagrosamente concebido después de su muerte para sosegar a sus seguidores, los que de alguna manera les causaba problemas el que Nimrod fuera de piel obscura. Ella llamó a su hijo Tamuz. Subsecuentemente Semiramis, porque ella había sido tan sobrenaturalmente bendecida, se estableció a sí misma como el camino a Dios. Esta creencia trajo como consecuencia que en esta religión se le simbolizara como la figura de una madre tomando a su hijo entre sus brazos. Esta simbología tenía la intención de mostrar que ella era la madre del que era responsable de dar vida y que la salvación era administrada a través de ella por medio de tales sacramentos como rociar agua y la limpieza ceremonial. Su adoración fue más prevaleciente aun en Jerusalén, con los Judíos (Jeremías

7:18: "Los hijos recogen la leña, los padres encienden el fuego, las mujeres preparan la masa para hacer tortas a la reina del cielo, y derraman libaciones a otros dioses para ofenderme.") y en Jeremías Capitulo 44, versículos 15 al 30 hay un dialogo extensivo entre Jeremías y el pueblo escogido de Dios en donde los Judíos clamaban que la razón de que les estuvieran siguiendo las calamidades era porque habían dejado de quemar sacrificios a la reina del cielo. (Ezequiel 8:14: "Entonces me *llevó a la entrada de la puerta de la casa del SEÑOR que está al norte; y he aquí, había allí mujeres sentadas llorando a Tamuz.*") Esta religión pagana que había empezado en Babel, eventualmente se convirtió en la madre de todas las religiones paganas a lo largo del mundo civilizado.

> *Semiramis primero se llamó a sí misma "la suprema", después adoptó el título de "la reina del Cielo" Era por Tamuz (el hijo de Semiramis) que las mujeres de Israel lloraban en Ezequiel 8:14*

Con la destrucción eventual de la antigua Babilonia, la base de operaciones de esta religión pagana se vio forzada a cambiar de ubicación. En los días de los apóstoles, su base fue Pergamo, la Capital Romana de gobierno en Asia. Alrededor del año 300 AC, el emperador Constantino proclamó el Cristianismo como la religión oficial del Imperio Romano. Esta acción de Constantino al crear una región oficial de estado trajo como consecuencia que muchas de las prácticas antiguas religiosas babilónicas fueran incorporadas en la nueva religión del Cristianismo. Eventualmente, las doctrinas fundamentales de este sistema se centraron en Roma. La adoración de la reina del cielo y su hijo, la purificación purgatoria después de la muerte, el agua bendita, la absolución sacerdotal, la dedicación a las vírgenes, el conocimiento reservado solo para los sacerdotes, la unificación del control religioso y político, y muchas características más del sistema antiguo babilónico fueron tomadas y absorbidas por lo que finalmente se conoce ahora como la Iglesia Católica. Derivado del periodo de cuarenta días en los cuales Semiramis llevó luto por su hijo Tamuz, que tuvo origen la cuaresma, con su duelo y negación a los deseos personales – no de la Biblia. La creencia de María como la virgen perpetua y su intermediación con Cristo, su hijo, como lo anuncia la Iglesia Católica Romana, es de muchas maneras una inmortalización del sistema falso de religiones empezadas por Nimrod, el gran cazador de almas de los hombres. El liberalismo moderno, con su movimiento de una religión universal, traerá este movimiento a su máximo florecimiento durante el periodo de los siete años finales en donde Satanás gobernará la tierra.

Entonces, el sueño de Nimrod y Semiramis de tener una religión universal con Nimrod, no con Dios, como su cabeza, llegará a su máximo desarrollo en la Babilonia descrita en este capítulo y en los siguientes.

— — — — — — — — —

Preguntas importantes para meditar mientras estudia este capítulo:

1. ¿A qué o a quién crees que la gran ramera representa? Recuerda que Juan estaba describiendo una serie de eventos que Dios le estaba mostrando y representaba el punto de vista de Dios sobre los eventos y como se relacionan estos a Su plan para la redención de la humanidad.

2. ¿Porque crees que se escogió la asociación de nombre con Babilonia?

3. ¿Cual era el propósito de la gran ramera?

4. ¿Quien es la bestia sobre la cual monta la gran ramera? ¿Cuál es la importancia de que se le muestre montada sobre ella?

5. ¿Cuales son los resultados finales de esta asociación?

Un Comentario Sobre el Capítulo

Versículo 1. Y uno de los siete ángeles que tenían las siete copas, vino y habló conmigo, diciendo: Ven; te mostraré el juicio de la gran ramera que está sentada sobre muchas aguas;

Versículo 2. Con ella los reyes de la tierra cometieron actos inmorales, y los moradores de la tierra fueron embriagados con el vino de su inmoralidad.

En el versículo 1, uno de los ángeles que tenía la responsabilidad de una de las siete copas del juicio final guió a Juan. Esta es una indicación de que lo que le estaba siendo mostrado a Juan sucede ya sea poco antes de que se derramen las copas o posiblemente en el mismo momento. Este ángel procedió a mostrarle en detalle al apóstol como los sistemas económicos y religiosos falsos del final de los tiempos serán destruidos. Esto sigue una progresión natural del capítulo anterior, el cual terminó con las palabras, *"La gran ciudad quedó dividida en tres partes, y las ciudades de las naciones cayeron. Y la gran Babilonia fue recordada delante de Dios para darle el cáliz del vino del furor de su ira."* (Apocalipsis 16:19)

Una ramera es alguien que cautiva, tienta, seduce y desvía a la gente de aquello que es correcto. En los ojos de Dios una ramera sería aquella persona que guía a otros en la adoración de dioses falsos. En este capítulo veremos presentada la religión falsa (o apostata) de los últimos tiempos. Esta religión falsa incluirá los miembros de la iglesia que han sido dejados atrás después del rapto de la Iglesia verdadera. Han sido dejados atrás debido a que Jesús los puso a prueba y les encontró ser falsos adoradores.

La ramera se sienta en muchas aguas. Si nos asomamos un poco al versículo 15, veremos que este simbolismo esta explicado claramente: *"Y me dijo: Las aguas que viste donde se sienta la ramera, son pueblos, multitudes, naciones y lenguas."* Luego entonces la ramera se personifica como que está sentada en esta gran multitud de personas de diversas naciones y culturas, simbólicamente mostrando que obtiene el apoyo de ellas. Si vemos un poco hacia atrás, en el libro de Romanos 1:32 encontramos algo interesante: *"los cuales, aunque conocen el decreto de Dios que los que practican tales cosas son dignos de muerte, no sólo las hacen, sino que también dan su aprobación a los que las practican".* Durante este tiempo no será solo una ciudad o una nación la que este practicando adulterio espiritual, sino que se habrá esparcido por todo el mundo. De hecho, en el versículo 2 vemos que los gobernantes de todas las naciones de la tierra participaran en esta burla de religión. Literalmente, los gobiernos del mundo están siendo descritos como animadores y receptores de esta falsa religión como si fuese propia. Al final, las falsas doctrinas y las enseñanzas de esta religión apostata condicionará a aquellos que habitan la tierra, al grado tal que se harán insensibles a la existencia de Dios, e inclusive perderán el control de su razonamiento y de su sentidos físicos – Romanos 1: 32 en acción.

Versículo 3. *"Y me llevó en el Espíritu a un desierto; y vi a una mujer sentada sobre una bestia escarlata, llena de nombres blasfemos, y que tenía siete cabezas y diez cuernos."*

El haberse dejado llevar en el Espíritu quiere decir que Juan estaba a punto de ser testigo de una serie de imágenes colocadas en su mente por Dios. Juan estaba a punto de ver personas y eventos como Dios los ve. Recuerden, Dios no está interesado en las características físicas de una persona sino que está más interesado en lo que impulsa el comportamiento de una persona. En este versículo vemos una imagen de una mujer sentada sobre la bestia. De la descripción de la bestia está claro que es la misma bestia que se nos presenta en el capítulo 13. En ese capítulo se describió el significado de nombres blasfemos y siete cabezas y diez cuernos. La bestia representa el anticristo. El anticristo es una parte integral del intento de Satanás para formar un sistema político universal. El hecho de que la mujer está sobre la bestia, indica que la bestia le apoya en sus actividades, y de que probablemente ejerce un cierto grado de control sobre la bestia. Al mismo tiempo, es claro que la mujer es un ente distinto de la bestia.

Versículo 4. *"La mujer estaba vestida de púrpura y escarlata, y adornada con oro, piedras preciosas y perlas, y tenía en la mano una copa de oro llena de abominaciones y de las inmundicias de su inmoralidad"*

Este versículo describe tres características de esta mujer. Primero, que ella viste purpura y escarlata. Durante el tiempo de Juan, estos colores eran los colores más caros que uno podía vestir. Estos colores fueron escogidos por los Emperadores Romanos para identificarse ante los demás como personas con autoridad. También son los colores que la iglesia Católica Romana escoge para mostrar su jerarquía. En

> *Dios viste a sus seguidores con batas simples, blancas, de lino fino.*
> *(ver Apocalipsis 19:8)*

segundo lugar, esta mujer llevaba joyería muy cara, hecha de oro, piedras preciosas y perlas. Esto es una exhibición obvia de su riqueza la cual tenía la intención de impresionar a quien la viera. Ataviada como una hermosa reina, la mujer esta vestida con joyería cara y vistoso vestidos. Quiere parecer irresistible a los hombres pues planea seducirles para que tomen parte en sus placeres. Esta es la manera como la mayoría de las religiones falsas opera. Impresiona a sus devotos con templos adornados, imágenes de oro, vestimenta con joyas, estatuas de mármol, música hipnótica e incienso fragante. Dicha adoración religiosa con frecuencia es aprobada y apoyada por el estado, ya que apela a la naturaleza religiosa del hombre y sus sentimientos sensuales. En este ejemplo, representa un movimiento religioso, en donde la teología y la moralidad se unen en una sola filosofía. Representa lo que sucede cuando la iglesia y el mundo se combinan en un solo esfuerzo para satisfacer a todos.

Finalmente esta mujer es descrita como que tiene en la mano una copa de oro llena de abominaciones y de las inmundicias de su inmoralidad. La atractiva *"copa de oro"* que ella sostiene tiene la intención de guiar al hombre a esperar una bebida satisfactoria, pero en realidad está llena de cosas que no complacen a Dios, y tiene la intención de nublar los sentidos de los hombres y degradarlos. Todo lo que respecta a su apariencia tiene la intención de engañar a los hombres.

Versículo 5. *Y sobre su frente había un nombre escrito, un misterio:* BABILONIA LA GRANDE, LA MADRE DE LAS RAMERAS Y DE LAS ABOMINACIONES DE LA TIERRA.

Ahora Dios la despoja de su apariencia de riqueza y la muestra como lo que realmente representa. Babilonia, tal y como se usa en este contexto, no tiene tanto la intención de representar una ciudad como la intención de representar la fuente del sistema de religión apostata. En la introducción de este capítulo vimos que el sistema religioso establecido en la Babilonia original (o "Babel") por quien fuera su fundador y primer rey, Nimrod y su esposa, es la raíz de todas las filosofías de religiones apostatas.

Con la confusión de las lenguas y la resultante dispersión de la gente de Babilonia (Génesis 11:9: *"Por eso fue llamada Babel, porque allí confundió el SEÑOR la lengua de toda la tierra; y de allí los dispersó el SEÑOR sobre la faz de toda la tierra."*), este sistema religioso fue llevado en cada región del mundo. Cada área geográfica desarrolló su propia cultura distintiva. El nombre del panteón de los dioses y diosas fue diferente en cada nación porque los lenguajes ahora son diferentes pero los origines de sus tradiciones descienden de la misma fuente.

En los ojos de Dios Babilonia representa la madre de todas las rameras, la fuente de una religión cuyo propósito declarado es que el hombre se aleje de la adoración del Dios verdadero.

Cuando entendemos que proviene de Babilonia el punto de vista del hombre respecto a la religión y sus tradiciones, podemos entender porque cada nación y tribu del pasado o del presente (exceptuando a aquellas cuyo punto de vista de la creación está basada en Génesis 1 y 2, tales como el Cristianismo, el Judaísmo y el Islam) tienen un sistema religioso que fundamentalmente es:

- Panteísta - considerando que el universo físico es la realidad más importante en lugar del creador de dicho universo.

- Politeísta - considerando que la creación se manifiesta a si misma localmente como fuerzas y sistemas de naturaleza personificadas como "dioses" o "diosas".

- Evolucionaria - considerando que estas fuerzas personificadas de la naturaleza de alguna manera generan exitosamente seres vivos y con un mayor orden, incluyendo al hombre- y en muchos casos- aun espíritus.

- Animistica /espiritualista - considerando que los espíritus de los hombres y mujeres que han muerto, continúan vivos y que evolucionan en seres supremos.

- astrológico - considerando que los seres espirituales habitan o son idénticos a los huestes constelados del cielo, de tal manera que estas estrellas controlan los eventos de la tierra.

- idolatra - considerando que sus dioses y diosas, o fuerzas personificadas y sistemas de la naturaleza deberían de ser adoradas a través de imágenes construidas para representarlos, y las cuales están poseídas y reciben energía por aquello que representan.

Muchos siglos después de la dispersión de Babilonia, cuando Dios pronuncio sus juicios futuros sobre ella, dijo en Isaías 47:12: *"Permanece ahora en tus encantamientos y en tus muchas hechicerías en las cuales te has ocupado desde tu juventud;"* indicando que esto se practicaba en Babilonia desde el inicio de su historia. Este monstruoso sistema religioso de doctrinas evolucionarías, politeístas, panteístas, espiritistas, astrológicas e idolatras, ha de una u otra forma, permeado prácticamente cada cultura en el mundo. Aun la ciencia moderna evolucionaría no es nada, sino este mismo paganismo antiguo presentado con una apariencia exterior más sofisticada. Todas las filosofías religiosas, exceptuando aquellas basadas en una creación especial como se revela en Génesis, adoran y sirven a la creación más que al Creador (Romanos 1:25: *"porque cambiaron la verdad de Dios por la mentira, y adoraron y sirvieron a la criatura en lugar del Creador, que es bendito por los siglos. Amén."*), y por lo tanto son condenados por Dios. Todas ellas son humanísticas (adorando al hombre como la realización más grande del proceso cósmico). Muchos intelectuales del pasado y el presente (ya sean filósofos Griegos o académicos modernos) han ridiculizado la adoración de varas y piedras, pero en todos los grados y propósitos, adoran a un tipo peor de idolatría, en donde cada hombre se convierte en su propio Dios.

Babilonia es la madre de todas las rameras y abominaciones de la tierra. De aquí proviene el paganismo antiguo, el Confusionismo Chino, el Budismo Asiático, el Hinduismo Hindú, Chamanismo, Taoísmo, Sintoísmo, Siquismo, y todas las vastas y complejas religiones del mundo de "muchos dioses y muchos señores" (1 Corintios 8:5: *"Porque aunque haya algunos llamados dioses, ya sea en el cielo o en la tierra, como por cierto hay muchos dioses y muchos señores"*). Para que una religión universal tenga éxito, debe de incluir algo de estos cultos.

> *Decir, como dicen muchos, que Babilonia, tal y como se identifica en este capítulo, es simbólica de la Iglesia Católica Romana, es menospreciar en gran manera el gran impacto global que por muchos años ha tenido la gran religión mística de "Babilonia la Grande". Ciertamente una de las*

fuerzas religiosas más significantes en esta nueva religión universal es el Islam.

El Islam probablemente es la religión mas grande y que más rápidamente está creciendo hoy en día, una religión que ya contiene dentro de ella las semillas de las emociones apasionadas en contra de aquellos que se niegan a adoptar a sus creyentes, aun al grado de condenarlos a muerte. En nuestro día, el movimiento hacia una iglesia ecuménica ha reconocido que hay diferencias sicológicas en la gente que parece hacer imposible el reducir las teologías y prácticas para que se ajusten a todos. Sin embargo, esta nueva religión permitirá a cada grupo que participe y que siga conservando alguna de sus particularidades, muchas de las cuales son definitivamente anti-Cristianas en naturaleza y aplicación.

Versículo 6. *Y vi a la mujer ebria de la sangre de los santos, y de la sangre de los testigos de Jesús. Y al verla, me asombré grandemente.*

Los Santos, según se refiere este versículo, muy probablemente son creyentes del Antiguo Testamento, y los testigos de Jesús probablemente son creyentes del Nuevo Testamento. El clamor de los cultos y religiones minoritarias son siempre una súplica por tolerancia y una insistencia en sus "derechos". Sin embargo, cuando se convierten en la mayoría, la tolerancia ya no es su consigna; en su lugar, el clamor es por la eliminación de aquellos que no creen como ellos creen, y esto generalmente se traduce a los seguidores de Cristo. Suplican por tolerancia, pero no la practican. Considere las ramificaciones del Ateísmo o el Humanismo en los Estados Unidos, Catolicismo en América del Sur, Islam en el Medio Oriente o el Hinduismo en India. Advierta que el versículo dice que la mujer estaba tan saciada de sangre que perdió su sentido de dar cuentas y de aceptación de responsabilidad, igual que hace una persona que esta alcoholizada.

Versículo 7. *Y el ángel me dijo: ¿Por qué te has asombrado? Yo te diré el misterio de la mujer y de la bestia que la lleva, la que tiene las siete cabezas y los diez cuernos.*

En este capítulo, a partir de este versículo, estaremos leyendo la interpretación de Dios de lo que estaba siendo descrito por Juan en los versículos anteriores. Debemos de recordar que nuestra principal inquietud debe de ser el buscar comprender la simbología que Dios utiliza para describir a la mujer a la luz de la propia interpretación de Dios. Es el deseo de Dios que entendamos tanto la mujer ramera y la bestia que ella monta como lo vemos en los versículos que siguen, Dios mismo interpreta la bestia con las siete cabezas y los diez cuernos. Dios nunca tuvo la intención de que la simbología del libro del Apocalipsis fuera un misterio para el creyente.

Versículo 8. *"La bestia que viste, era y no es, y está para subir del abismo e ir a la destrucción. Y los moradores de la tierra, cuyos nombres no se han escrito en el libro de la vida desde la fundación del mundo, se asombrarán al ver la bestia que era y no es, y que vendrá.*

En este versículo se caracterizan cuatro cosas acerca de la bestia: primero que la bestia "era"; Segundo que la bestia "no es"; tercera que la bestia "esta para subir del abismo"; y cuarta que se tiene programado que la bestia "irá a la destrucción". De esto podemos decir: primero, la bestia existía en el pasado; segundo, la bestia aparentemente había caído y no existía en el tiempo en que Juan escribió esto; tercero, la bestia reaparecería y esta para subir del abismo, (sabemos de nuestros estudios anteriores que espíritus malignos y demonios existen en el abismo); cuarto, esta aparición final aparentemente conducirá a su destrucción. Recuerde que la bestia, la cual representa al anticristo, es un humano en realidad. Sin embargo, ya que solamente los espíritus que no tienen forma, ocupan el abismo, entonces podemos concluir que de lo que Dios está hablando aquí es el espíritu de rebelión en contra de Dios, lo cual es el sello de todo aquello que ocupa el aviso. De versículos anteriores, sabemos que Dios sintió que este espíritu de rebelión se originó en Babel. Este espíritu de rebelión es una característica dominante de esta persona, el anticristo. Finalmente vemos que todos lo que viven en la tierra en el tiempo cuando el anticristo vuelva a aparecer, se sorprenderán de su apariencia. De la lectura de sus Biblias lo estarán esperando.

Versículo 9. *"Aquí está la mente que tiene sabiduría. Las siete cabezas son siete montes sobre los que se sienta la mujer;"*

Versículo 10. *"y son siete reyes; cinco han caído, uno es y el otro aún no ha venido; y cuando venga, es necesario que permanezca un poco de tiempo"*

Esta bestia con siete cabezas fue mencionada en el capítulo 13, versículo 1, y en este capítulo en los versículos 3 y 7. Juntando todas estas referencias, veamos si podemos entender lo que Dios nos está diciendo. Debemos usar nuestra sabiduría para determinar lo que Dios quiere decir cuando utiliza la simbología de las siete cabezas.

> *Nunca olvide que la bestia que se está describiendo en estos versículos es un humano en realidad.*

Primero, veamos la simbología de las siete montañas. Podemos encontrar un poco de ayuda en el Antiguo Testamento. El Salmo 30: 7 dice, *"Oh SEÑOR, con tu favor has hecho que mi monte permanezca fuerte; tú escondiste tu rostro, fui conturbado"* Cuando vemos el contexto de este versículo, vemos que cuando David está hablando sobre la montaña, está hablando sobre su reino. Isaías 2:2 dice, *"Y acontecerá en los postreros días, que el monte de la casa del SEÑOR será establecido como cabeza de los montes; se alzará sobre los collados, y confluirán a él todas las naciones."* Viendo el contexto de este versículo vemos que Isaías estaba hablando sobre la montaña del Señor como el reino futuro de Dios en la tierra. También en Jeremías 51:25 dice *"He aquí, yo estoy contra ti, monte destructor, que destruyes toda la tierra--declara el SEÑOR. Extenderé mi mano contra ti, te haré rodar desde las peñas y te reduciré a monte quemado."* Una pequeña vista a Jeremías 51:24 (*"Y pagaré a Babilonia y a todos los habitantes de Caldea todo el mal que han hecho en Sion delante de vuestros ojos--declara el SEÑOR."*) muestra que Dios se está refiriendo claramente al reino de Babilonia. Con esta información a la mano, no podemos equivocarnos en mucho si entendemos que cuando Dios está hablando de las siete cabezas representando a siete montes, Él quiere que entendamos que está hablando de siete reinos.

Dios inicia este versículo diciéndonos que seamos sabios. ¿De dónde viene nuestra sabiduría? Podemos decir que es de nuestras cabezas de donde obtenemos nuestra sabiduría y las filosofías que gobiernan nuestro pensamiento y acciones.

Por lo tanto, es lógico entender que Dios nos está diciendo que es de estas siete cabezas (e.i. reinos) que la bestia (el anticristo) recibirá las

La pregunta es, si las siete cabezas simbolizan siete reinos, ¿qué es lo que Dios está tratando de decir cuando El usa esa simbología al describir a la bestia (i.e. el hombre, el Anticristo)?

filosofías que van a gobernar su pensamiento y sus acciones. Ahora solo nos queda descubrir cuáles son los siete reinos que Dios tiene en mente, y entonces sabremos de donde viene el pensamiento básico de la bestia y como actuará basado en este pensamiento.

En el versículo 10 Dios dice que las cabezas no solo representan reinos, sino reyes específicos de estos reinos también. La pregunta ahora es, ¿cuales reinos y sus gobernantes tenían filosofías religiosas que se hubieran considerado especialmente blasfemas por Dios? Guarde en mente que la inquietud de Dios se centra alrededor de su pueblo escogido; por lo tanto, solamente tenemos que considerar esos países que han tenido un mayor impacto en engañar al pueblo escogido de Dios, derivado de conducirlos al alejamiento de Dios. El versículo 10 divide estos siete reinos en tres categorías. La primera es *"cinco han caído,"* o han pasado de la escena historia en el tiempo en que Dios le dio esta revelación a Juan. La segunda es "uno es", queriendo decir que seguía existiendo en la época en que esta revelación fue dada a Juan. El tercero es "el otro aun no ha venido", porque este reino vendrá en el futuro.

La historia del pueblo escogido de Dios, como un reino futuro, literalmente inicia en Egipto. Fue en ese lugar que una familia se convirtió en un pueblo numeroso mientras estuvo cautivo por 350 años. Egipto fue un pueblo que dedicó mucha de su riqueza total a la construcción de pirámides, todas ellas construidas de acuerdo a especificaciones astrológicas. Fue una nación con una cultura impregnada en la adoración de muchos dioses e imágenes. Cuando el pueblo de Dios finalmente pudo irse de Egipto, muchos seguían teniendo una constante añoranza por los dioses y las imágenes de Egipto, y su primera rebelión en contra de Moisés y de Dios fue alimentada por su deseo de regresar a los Dioses de Egipto.

El siguiente reino que tuvo un impacto mayor en guiar al pueblo de Dios lejos de Él fue su pueblo vecino hacia el norte, Asiria, con su ciudad capital oculta de Nínive (Ver Nahúm 1:1 *"Profecía sobre Nínive. Libro de la visión de Nahúm de Elcos"* y Nahúm 3:4 *"Todo por las muchas prostituciones de la ramera, la encantadora, la maestra de hechizos, que seduce a las naciones con sus prostituciones y a los pueblos con sus hechizos."* El libro completo de Jonás hace énfasis en los caminos malvados de Nínive, que ofendieron a Dios. Fue esta nación la que eventualmente tomaría en cautiverio e inconsciencia la parte norte del reino de Israel, esencialmente privando de sus derechos a muchos del pueblo escogido de Dios.

Ahora veamos el libro de Daniel capitulo 2 y veamos si podemos identificar más de estas naciones cuya existencia era blasfema para Dios y quienes hicieron que el pueblo de Dios se alejara de Él. En ese capítulo, Nabucodonosor compartió un sueño con Daniel, a quien él había traido cautivo de Jerusalén, el sueño que compartió era de una gran estatua que Nabucodonosor vio en sus sueños. Dios le dio a Daniel la interpretación de este sueño, el cual compartió con el rey. Cuando Daniel interpretó el sueño del rey, le dijo que la gran estatua representaba la historia de cuatro reinos. Los cuatro reinos mencionados en orden histórico eran Babilonia, Persia, Grecia y Roma. Estos eran todos los reinos que en un tiempo u otro, influenciaron al pueblo de Dios de gran manera para que se alejara de Él. Ahora bien, los tres primeros reinos; Babilonia, Persia y Grecia, ya habían sido destruidos por Dios antes del tiempo de Juan. Por lo tanto, estos pueblos conjuntamente con Egipto y Asiria conforman los cinco reinos que han "caído".

El imperio Romano todavía era poderoso en los días de Juan, así que este era el reino "que es". Ahora reconozco que había, y que hubo, otros imperios grandes y poderosos en el mundo antiguo – China, India, y los Incas, por ejemplo -- pero estos solo tenían contacto periférico con el pueblo escogido de Dios, así que no son de interés a Dios en lo que concierne a la profecía.

Egipto, Asiria, Babilonia, Persia, Grecia y Roma todos ellos eran baluartes de panteísmo evolucionista y politeísmo idólatra. Mientras los cinco primeros reinos habían disminuido grandemente en importancia respecto a su influencia en el pueblo de Dios para estas fechas, estos seguían representando reinos que habían perseguido enormemente el pueblo de Dios, y que propagaron un concepto de la religión que por lo menos era considerado blasfemo para Dios. Roma era ahora el reino dominante existente que seguía lidiando con el pueblo de Dios, y Roma fue de los pueblos que más fuertemente persiguió al pueblo de Dios e intentó guiarlos en una adoración idólatra de los Cesares. Lo único que podemos decir sobre el reino futuro, basado en este versículo, es que no existirá por mucho tiempo. Más tarde, este reino será identificado más claramente para nosotros. En dicho tiempo veremos que este reino también era parte del sueño de Nabucodonosor en el libro de Daniel, capitulo 2. El pensamiento religioso y las filosofías de estos reinos proporcionarían la base para la filosofía religiosa de la bestia (e.i., el anticristo).

Hay muchos que identifican otros reinos como uno de los cinco reinos que han pasado; sin embargo, debemos de recordar que la identificación positiva de estos cinco reinos disminuye en importancia cuando entendemos que estos solo eran cinco reinos que Dios consideró específicamente blasfemos en su relación con Él y con Su pueblo. Será el objetivo del anticristo establecer un gobierno universal bajo su autoridad exclusiva. También será su propósito el eliminar todos los restos de la Cristiandad, sus seguidores, y todo aquello que rinda honor a Dios, bajo la apariencia de promover esta religión derivada de las filosofías de estos seis reinos.

Versículo 11. *"Y la bestia que era y no es, es el octavo rey, y es uno de los siete y va a la destrucción."*

En un principio parece ser que este versículo es una anomalía. Como lo hemos visto, solamente hay siete cabezas en la bestia, y estas cabezas representan siete reinos que son responsables por la sabiduría y las filosofías de la bestia. Ya que la bestia comparte las filosofías de todos los siete reinos, en un sentido es una resurrección de los seis reinos antiguos. Entonces, ¿de dónde viene

> *Del libro de Daniel, Capitulo 10, vemos que el octavo reino, que ahora se convierte en el séptimo reino es un consorcio de 10 naciones independientes.*

este octavo reino? Este versículo indica que la bestia por si misma representa un octavo reino, pero también es parte de uno de los siete. Más tarde, descubriremos que el séptimo reino es quien le da su autoridad gobernante, así que por lo tanto la bestia es parte de ese séptimo reino. Sin embargo no satisfecho por esto, eventualmente la bestia usurpa toda la autoridad y se establece así mismo como un dios/rey independiente que debe de ser adorado por toda la humanidad. En un sentido entonces, la bestia experimenta dos etapas en su existencia: primero como autoridad gobernante del séptimo reino; y después como una autoridad independiente gobernante de todas las naciones del mundo.

Versículo 12. "Y los diez cuernos que viste son diez reyes que todavía no han recibido reino, pero que por una hora reciben autoridad como reyes con la bestia."

Versículo 13. "Estos tienen un mismo propósito, y entregarán su poder y autoridad a la bestia."

Versículo 14. "Estos pelearán contra el Cordero, y el Cordero los vencerá, porque El es Señor de señores y Rey de reyes, y los que están con El son llamados, escogidos y fieles."

Como ya lo vimos anteriormente, la Biblia utiliza simbología, y los cuernos simbolizan la fuente de fuerza. Por lo tanto, podemos interpretar a estos diez cuernos como una representación de la fuerza de la bestia y su autoridad. Los versículos 12 y 13 dejan claro que estos cuernos representan diez reyes y reinos que todavía no existían cuando esto fue escrito. Se identifican dos cosas adicionales sobre estos. Primero, van a recibir sus reinos de manera simultánea con la bestia (e.i. el anticristo). Esto significa obviamente que existirán durante el tiempo de la bestia del mar, el anticristo y que ellos le otorgaran su autoridad a la bestia. En segundo lugar, van a durar muy poco tiempo. También creo que esos diez cuernos, e.i, diez reinos, son los mismo reinos representados por los diez dedos de los pies de la imagen de Nabucodonosor en el libro de Daniel 2:40-44: *"Y habrá un cuarto reino, tan fuerte como el hierro; y así como el hierro desmenuza y destroza todas las cosas, como el hierro que tritura, así él desmenuzará y triturará a todos éstos. Y lo que viste, los pies y los dedos, parte de barro de alfarero y parte de hierro, será un reino dividido; pero tendrá la solidez del hierro, ya que viste el hierro mezclado con barro corriente. Y así como los dedos de los pies eran parte de hierro y parte de barro cocido, así parte del reino será fuerte y parte será frágil. En cuanto al hierro mezclado con barro corriente que has visto, se mezclarán mediante simiente humana; pero no se unirán el uno con el otro, como no se mezcla el hierro con el barro. En los días de estos reyes, el Dios del cielo levantará un reino que jamás será destruido, y este reino no será entregado a otro pueblo; desmenuzará y pondrá fin a todos aquellos reinos, y él permanecerá para siempre."* Vale la pena advertir que en estos versículos de Daniel, Dios mismo será el agente que se encargue de destruir estos reinos.

El octavo reino que se identifica en el versículo 11 aparentemente vendrá a la escena mundial muy rápido. Parece muy probable que algún gran evento mundial traerá a un clímax movimientos políticos previos, y hará parecer que la solución inminente a todos los problemas del mundo puede ser resuelto a través de una formación de una confederación de diez naciones con un fuerte líder central, un hombre que era prominente en estos planes y negociaciones, y un hombre destinado en el futuro a ser reconocido como el dictador del mundo. Atraerá mucha atención y elogios por sus esfuerzos y entre otras cosas, consumará un tratado de siete años con Israel, permitiendo el restablecimiento de su templo y la práctica de sistemas religiosos antiguos en Jerusalén. Puedo visualizar fácilmente por lo menos dos eventos que pudieran motivar esta evolución. Una de ellas pudiera ser la súbita destrucción de los reinos de Gog y Magog en la gran batalla, especialmente si pensamos en estos reinos del norte como representativos de Rusia y sus aliados. Sin embargo, el segundo evento, y el que creo es el que sea más susceptible de suceder, es el rapto de la iglesia Cristiana. Piense en las casas vacías, las cuentas de banco abandonadas, los carros sin personas, todo esto solo esperando a que alguien llegue y tome posesión de ellos. Al mismo tiempo, entienda que, con la extracción de estas personas de la tierra, todas las restricciones morales en la sociedad causadas por la presencia de estas personas también serán removidas. El resultado será la anarquía.

Piense del caos que resultará cuando una porción significativa de la población mundial desaparezca (puede ser un billón de personas o más). Imagínese que en este vacío viene una persona quien aparentemente tiene la solución a esta situación, una solución que involucra poner todas las cosas bajo una autoridad central, aparentemente para la protección de las masas de gente.

También vemos en el versículo 13 que estos reinos son en realidad testaferros. Aunque esos diez reyes y reinos pueden haber empezado como naciones independientes y posiblemente como iguales entre sí, aparentemente reconocieron la superioridad de la bestia y pronto empezaron a ceder toda su soberanía a ella. Esta abdicación de soberanía incluirá tanto sus armamentos como su autoridad ("poder y fuerza").

Los diez reyes tienen una sola mente al renunciar a su soberanía y entregársela a la bestia y unirse a ella en su propósito, un propósito que ha quedado claro en el versículo 14, el cual nada más ni nada menos es un asalto final sobre todos aquellos que han decidido seguir a Jesús. Este versículo es uno de los versículos cumbre de la Biblia. "Llamados y escogidos y fieles" – las tres palabras griegas respectivamente, *kletos, electos, pistos.* Que comentario más hermoso sobre los Cristianos. Dios llama a muchos de acuerdo a Su propósito (Romanos 8:28: *"Y sabemos que para los que aman a Dios, todas las cosas cooperan para bien[a], esto es, para los que son llamados conforme a su propósito.").* De esto, El selecciona a algunos para un ministerio especial. En Mateo 22:14 dice *"Porque muchos son llamados, pero pocos son escogidos."* Tristemente, no todas estas personas son fieles hasta el fin. Solamente algunos escucharan "bien hecho mi siervo bueno y fiel" (Mateo 25:23 *"Su señor le dijo: "Bien, siervo bueno y fiel; en lo poco fuiste fiel, sobre mucho te pondré; entra en el gozo de tu señor.").* Según concluye el versículo 14, vemos que Jesús y Sus seguidores saldrán victoriosos. Esta es la Iglesia raptada, regresando a la tierra con Jesús para establecer el reino de Cristo en la tierra.

Versículo 15. "Y me dijo: Las aguas que viste donde se sienta la ramera, son pueblos, multitudes, naciones y lenguas."

Usualmente cuando se menciona agua en Apocalipsis, debe de ser tomado literalmente. El hecho de que un significado simbólico específico se defina aquí, indica que su uso en este versículo es una excepción a la regla. La interpretación de "aguas" en este versículo como *"pueblos, multitudes, naciones y lenguas"* también nos ayuda a comprender el uso de la palabra "agua" en el versículo 1. Mientras diez reinos mundiales son el apoyo inmediato de la ramera, su base de apoyo finalmente emana del apoyo popular de todas las personas del mundo.

Hay varias escenas en Apocalipsis en donde se mencionan grandes multitudes de personas (ver Apocalipsis 5:9; 7:9; 10:11; 13:7; 14:6), pero este es el único lugar en donde "multitudes" se menciona en una categoría independiente de "pueblos, naciones y lenguas". Los últimos tres todos ellos representan grupos demográficos de personas correlacionadas entre sí – tribus, naciones, grupos lingüísticos. "Multitudes" define a un grupo de personas la mayoría probablemente organizadas alrededor de la adoración religiosa de la bestia. Este pasaje sugiere que en estos últimos días habrá grandes grupos de personas entre las personas impías del mundo quienes se organizaran así mismas alrededor de otras personas no precisamente basado en su origen tribal, étnico o de idioma.

Versículo 16. *"Y los diez cuernos que viste y la bestia, éstos odiarán a la ramera y la dejará desolada y desnuda, y comerán sus carnes y la quemarán con fuego;"*

La religión es una fuerza motivadora poderosa y emotiva entre los hombres. Aparentemente las naciones, quienes primero le prestaron su autoridad a la bestia, empiezan a ver que la religión organizada que ellos habían alentado en un principio esta desgastando su influencia entre esos que gobiernan, y ahora deciden ponerle fin a esto. Este temor de la pérdida de su autoridad se convierte en un odio

> *En cualquier momento cuando la religión se convierte en una autoridad ponderosa en la sociedad, finalmente conduce a conflictos con los poderes políticos respecto a quien tiene la autoridad final.*

extenso, y están determinados a destruir completamente la autoridad detrás de esta religión de una vez por todas. Como resultado, se nos presenta con una imagen muy grafica de su descripción. Para un mejor entendimiento de la interpretación de esta imagen, necesitamos comparar la misma con la descripción de la ramera que se nos dio en el versículo 4, *"La mujer estaba vestida de púrpura y escarlata, y adornada con oro, piedras preciosas y perlas, y tenía en la mano una copa de oro llena de abominaciones y de las inmundicias de su inmoralidad."*

En el versículo 16 vemos que la confederación de naciones la dejan desolada y desnuda. Los reyes de las diez naciones empiezan su destrucción despojando el recubrimiento exterior de su autoridad, el ropaje purpura y escarlata con los que ella se vestía como vestigio de su autoridad. Después, dice, comerán sus carnes. Podemos descartar la idea que los reyes se convierten en caníbales, y considerar la descripción que se nos da de la ramera en el capítulo 4. Creo que esto tiene la intención de referirse a que se le está quitando toda su riqueza, el oro, piedras preciosas y perlas. Aun hoy en día vemos que los objetivos principales de muchas religiones es el adquirir riqueza, ya que en la riqueza reconocen que existe poder. El hecho de que los diez reyes tomaran su riqueza, quiere decir que se llevan consigo tolo que sostiene su existencia – en otras palabras su misma carne. Finalmente, dice en el versículo que la quemaran con fuego. Aquí hay una imagen de que los reyes intentan destruir toda evidencia de la existencia de la ramera. Piensa sobre la cantidad tan grande de material escrito que la ramera y su falsa religión habrán creado sin duda alguna: una biblia (¿?), libros, panfletos, escritos, etc. – todo aquello que fue utilizado para clamar su divinidad. ¿Cuál es la mejor manera de destruir toda prueba de su existencia? Destruir con fuego todo aquello que se escribió o escribiera alguna vez sobre ella o por ella. Esto es similar a lo que algunas naciones o personas han hecho a través de los siglos cuando buscaron destruir la Santa Biblia, pensando que podían destruir la influencia que la Biblia tiene sobre la humanidad y al hacer esto, destruían la evidencia de la existencia de Dios.

Versículo 17. *"porque Dios ha puesto en sus corazones el ejecutar su propósito: que tengan ellos un propósito unánime, y den su reino a la bestia hasta que las palabras de Dios se cumplan"*

Advierta la frase *"porque Dios ha puesto en sus corazones el ejecutar Su propósito."* Realmente Dios está en control y en realidad ellos estarán haciendo lo que Él quieren que hagan. A pesar de que los reyes no tengan esto en mente, Dios pone en sus mentes unirse en un solo propósito, el cual finalmente hará que se cumpla el propio propósito de Dios. El tiempo estaba llegando a su fin para Satanás y sus seguidores, y para que Dios tuviera que "todas las naciones" "se unan en una sola" para juicio y destrucción en el Día del Señor. Para poder llevar a cabo esta convención de naciones, Dios permite la existencia de un mundo todo poderoso.

Esta es la lección para nosotros el día de hoy. Cuando los individuos se enamoran de los placeres y los tesoros de este mundo, encuentran que este proceso los endurece en contra de rendir cuentas a Dios. Eventualmente sus corazones están tan endurecidos que su rebeldía resulta en una inmoralidad abierta como prueba de su independencia de Dios. Cuando finalmente empiezan a experimentar el castigo que les corresponde, también empiezan a experimentar una aversión de sentimientos acerca de sus acciones, pero ya es demasiado tarde. Dios no permitirá que se le ignore o que se rebelen en contra de Él sin dar el castigo que corresponde a los rebeldes.

Versículo 18 - "Y la mujer que viste es la gran ciudad, que reina sobre los reyes de la tierra."

En este versículo la ramera es identificada como "*la gran ciudad.*" De alguna forma no debería de sorprendernos que esta mujer ramera y el sistema religioso que representa se le haga referencia como una ciudad. La novia, que es la Iglesia de Cristo raptada y resucitada, se describe en Apocalipsis 21 como "la ciudad Santa, la Nueva Jerusalén". En este versículo, creo que la ramera tiene la intención de simbolizar una ciudad real también. Aparentemente, el falso profeta habrá establecido su base religiosa en una ciudad especifica, que hasta ahorita de muchas manera ha sido efectivamente el centro de toda autoridad religiosa sobre los reyes de la tierra. Para los antiguos, Babilonia era dicho centro religioso. Para los Judíos, es y siempre será Jerusalén. Para los Cristianos, durante el tiempo de Juan, fue Roma. Ahora para los Católicos Romanos sigue siendo Roma. Para los creyentes Cristianos de hoy en día, cuando pensamos que el centro religioso se encuentra en una ciudad, pensamos en Jerusalén. Para los Musulmanes es la Meca. Para una religión universal, creada y guiada por una ramera ¿Qué ciudad será? Para ser dogmaticos sobre qué ciudad puede ser es expresar el conocimiento basado en la suposición. El tiempo por si solo nos dará una respuesta definitiva. Sin embargo, podemos tener la certeza de que habrá una.

Algunas Observaciones Personales

Es un error el querer confinar a Babilonia a cualquier manifestación histórica, tal y como se describe en Apocalipsis, ya sea pasada o futura. En los ojos de Dios, se le define más por idolatrías blasfemias que por sus demarcaciones geográficas o temporales. Puede decirse que Babilonia representa la cultura total de un mundo separado de Dios, mientras el sistema divino de Dios está representado por la Nueva Jerusalén. El catolicísimo simplemente una manifestación del total del mundo religioso, y aquellos que lo ven como los cimientos de la nueva religión universal están sobre enfatizando su importancia religiosa. Una de las amenazas más grandes a la libertad de religión y a la paz mundial hoy en día es el fundamentalismo islámico. El Islam es una religión que está creciendo a pasos agigantados en el mundo actual. Del total del mundo de más de 5 billones de personas, el 20 por ciento son Musulmanes. Aunque tiene orígenes Árabes, solamente un quinto de la población musulmana vive en países Árabes. Los Musulmanes ahora controlan, al mismo grado, aproximadamente un quinto de los países más importantes del mundo. Un total de 70 de los 184 países que existen en el mundo son considerados parte del "Dar al Islam", o casa del islam.

En Inglaterra ahora hay más Musulmanes que Metodistas. A finales del siglo veinte se estimó que había 150 mezquitas en Inglaterra; ahora ya hay más de 1,100. Para el año 2000 el Islam ha sobrepasado al Judaísmo como la religión minoritaria más grande de América.

Hay más de 500 centros Islámicos en los Estados Unidos, y más Musulmanes que Episcopales o presbíteros.

Lo único que se interpone en el medio de que las naciones Islámicas alcancen cierto grado de paridad con el Occidente es su tendencia a pelear entre ellos. Sin embargo, dentro del Islam existe un principio conocido como "Takaya", el cual es el derecho dentro del Islam a fingir la paz cuando eres débil, para que puedas esperar el mejor momento de vencer al enemigo. Los terroristas musulmanes han sido engañados al hacerles creer que si ellos mueren en el servicio de Alá, inmediatamente irán al cielo, tendrán vida eterna y disfrutar de la compañía de muchas vírgenes.

Al entender el rol que el Islam tiene en el mundo, fácilmente podemos ver que la iglesia de los tiempos finales DEBE de incluir al Islam, juntamente con el Hinduismo, Sintoísmo, Humanismo y todos los demás cultos religiosos del mundo. Un fenómeno interesante es que el Cristianismo es enseñado como religión, mientras otras religiones son enseñadas como extensiones culturas de las personas (Islam, Judaísmo, Hinduismo, etc...). Mientras esta iglesia sea ecuménica en su naturaleza, la realidad es que estará basada en el común denominador menos importante de todas las iglesias. No hay que olvidar que la nueva iglesia universal incluirá algunos principios Cristianos para poder confundir a los Cristianos marginales. La nueva religión producirá un anti-semitismo. Creerá en la Trinidad impía (Satanás, anticristo, falso profeta). El método de conversión de Satanás duplicará el plan y diseño de Dios, con una pequeña modificación de la verdad final. Muchos no se darán cuenta que es una falsificación. "la gran mentira" de Satanás será que tu y yo nos podemos convertir en dioses. ¿le suena esto familiar con alguna de las religiones de hoy en día?

Hay lecciones muy importantes a ser aprendidas en este capítulo, para aquellos que son parte de la Iglesia verdadera el día de hoy.

- Deben de ser muy cuidadosos en no incorporar ninguna de las creencias y doctrinas de la antigua religión de Babilonia.

- Una iglesia ecuménica finalmente conduce a la adoración del poder del hombre.

- El llamado a "ser tolerante" no pertenece a la Iglesia de Dios cuando se relaciona a cosas fuera de la palabra de Dios.

- El principal negocio de la Iglesia es el predicar y testificar sobre Jesucristo.

Capítulo 18

Apocalipsis 18:1 - 24
Babilonia, trono de la economía universal, destruida

Cuando la palabra "mundo" es utilizada en las escrituras en el sentido simbólico, representa los tres aspectos de la palabra: político, religioso y comercial. En el capítulo 17, fuimos testigos de cómo la iglesia mundial ecuménica será destruida a favor de una seudo-religión que honra al hombre, al dictador político mundial, la bestia del mar, el anticristo. Eventualmente esta seudo religión evolucionará hasta que el hombre empiece a adorar al mismo Satanás. La "ramera" del capítulo 17 es un sistema religioso que promueve las relaciones adulteras espirituales con el verdadero Dios. La Babilonia de este capítulo se presenta a sí misma como un gran centro comercial y la capital política del mundo, un centro comercial amado por los reyes de la tierra. Este capítulo habla de una ciudad específica que será destruida por Dios. No puede ser determinado con certeza el que ésta ciudad sea la Babilonia resucitada de antaño o cualquier otra ciudad representada simbólicamente como Babilonia, pero lo que es claro en este capítulo es su destrucción postrera.

La primera gran ciudad de Babel, posteriormente conocida como Babilonia, fue gobernada por dos personas, un hombre (Nimrod) y una mujer (Semiramis – la esposa de Nimrod). El hombre gobernó políticamente y fue la cabeza del Estado de Babilonia; la mujer eventualmente se autoproclamó cabeza del sistema pagano de religión e idolátrica centrado en la ciudad.

> *Hoy en día, la humanidad sueña con una federación económica de naciones, una súper organización sin Dios, la cual traerá una paz utópica.*

El sueño de un mundo utópico de paz y prosperidad persiste a pesar del hecho de que el hombre ha demostrado a través de las épocas que la paz sin tener a Dios es imposible. La Babilonia antigua no fue destruida y abandonada de súbito, sino que murió lentamente y se convirtió en un pueblo fantasma. Este destino definitivamente no será el mismo para esta nueva Babilonia. La literatura del mundo contiene pocos pasajes que se comparan en un poder dramático con la escena de la caída de esta nueva Babilonia.

— — — — — — — — —

Preguntas importantes para meditar mientras estudia este Capítulo:

1. ¿Cuales crees son algunas de las razones para la destrucción de la Babilonia económica? *Ver versículos 1 - 3.*

2. ¿Habrá creyentes viviendo en Babilonia en el momento de su destrucción? ¿Por qué piensa esto? *Ver Versículo 4.*

3. ¿Se da cuenta de algo extraño sobre los objetos que se enumera serán destruidos? ¿le dice esta lista algo sobre el estilo de vida de las personas? *Ver versículos 12 y 13.*

4. De acuerdo a los versículos finales de este capítulo, ¿que quedará en Babilonia después de su destrucción? *Ver versículos 22 y 23.*

5. En su punto de vista, ¿puede identificarse esta destrucción con una ubicación geográfica específica?

6. ¿Cree que el líder de esta Babilonia es destruido conjuntamente con la ciudad?

Un Comentario Sobre el Capítulo

Versículo 1. Después de esto vi a otro ángel descender del cielo, que tenía gran poder, y la tierra fue iluminada con su gloria.

Versículo 2. *Y clamó con potente voz, diciendo: ¡Cayó, cayó la gran Babilonia! Se ha convertido en habitación de demonios, en guarida de todo espíritu inmundo y en guarida de toda ave inmunda y aborrecible.*

Versículo 3. *"Porque todas las naciones han bebido del vino de la pasión de su inmoralidad, y los reyes de la tierra han cometido actos inmorales con ella, y los mercaderes de la tierra se han enriquecido con la riqueza de su sensualidad."*

El versículo 1 inicia con las palabras *"después de esto"*. ¿Qué es esto? Solamente puede significar después de las cosas identificadas en el capitulo anterior – en otras palabras, la destrucción de la religión universal ecuménica falsa.

Así como fue el caso con Moisés cuando vino ante la presencia de Dios, el ángel en el versículo 1 sigue deslumbrado por el reflejo de la gloria de Dios, en cuya presencia aparentemente acaba de estar. Ahora de repente, la tierra es iluminada con gran resplandor, pero cualquier alivio pasajero que hayan sentido los habitantes, rápidamente se convierte en terror cuando ven la fuente de esta iluminación, el cual es un ángel que desciende del cielo. El ángel habla del cielo en una gran voz, la cual tenía toda la intención de ser escuchada por toda la humanidad cuando el clama el juicio inminente de Dios.

> *Para hacer esta escena más impresionante, recuerde que Babilonia probablemente sigue en oscuridad del juicio del la quinta copa (ver Apocalipsis 16:10).*

Las palabras, "¡Cayó, cayó la gran Babilonia!", implica un doble juicio – primero, sin duda alguna, del sistema religioso como lo vimos en el capitulo anterior, y ahora en este capítulo, los sistemas políticos y comerciales del mundo. Este último es representado aparentemente por la ciudad que el anticristo habrá de establecer como su centro de operaciones, una ciudad que se erigirá a una posición de preeminencia comercial sin precedentes. Los habitantes de esta ciudad, acostumbrados al éxito constante, podrán creer, incluso como el capitán del barco dijo cuando el Titanic estaba zarpando para su primer viaje "ni aun Dios podría hundir este barco". Como resultado de esta creencia equivocada, la ciudad se convertirá en un lugar en donde los demonios, espíritus inmundos, y aves aborrecibles harán su hogar.

Me pregunto si estos pájaros aborrecibles son los mismos pájaros que Dios posteriormente llamará para que coman de la carne de la matanza en Armagedón.

En el versículo 3 vemos las razones por las cuales Dios pronuncia su juicio. Advierta los tres grupos involucrados en este juicio. Primero, aparentemente las naciones prosperaran en gran medida bajo este sistema económico en donde el objetivo es acumular tanta riqueza como sea posible. Es un sistema en donde la consideración de ofender a Dios será abandonada a favor de hacerle caso a los deseos de uno, y en donde solo la autoridad de la bestia es reconocida como suprema. Segundo, no solamente las naciones (las personas) de manera voluntaria se han entregado a la búsqueda de sus deseos, sino que lo han hecho animados por sus líderes, quienes se ven beneficiados de la acumulación de riqueza y lujo de sus ciudadanos. Finalmente, están los mercaderes. La palabra mercaderes en Griego significa literalmente "aquellos que viajan". Aun ahora la excusa más grande de no tener tiempo para Dios es que estamos demasiado ocupados. En este caso, los mercaderes también se habrán beneficiado en gran manera por la acumulación de riqueza de los ciudadanos de esta ciudad. El acento sobre la sensualidad hace que uno sospeche que la prostitución e inmoralidad sexual se han convertido en las empresas de mayor atractivo comercial, tal y como lo son hoy en día para muchos "hombres de negocios" en el mundo. La adoración religiosa de un mundo impío no solamente está enfocado en rituales místicos y doctrinas demoníacas, sino también está fijada arraigadamente en el gran dios de la "riqueza material".

Este mensaje sigue siendo atractivo para muchos en el mundo, y ha capturado sus mentes como un pájaro hipnotizado por los ojos fijos de una serpiente.

Versículo 4.- Y oí otra voz del cielo que decía: Salid de ella, pueblo mío, para que no participéis de sus pecados y para que no recibáis de sus plagas;

Versículo 5.- porque sus pecados se han amontonado hasta el cielo, y Dios se ha acordado de sus iniquidades."

Otra voz se oirá del cielo. Las siguientes pocas palabras parecen indicar que es la voz de Jesús llamando al "***pueblo mío***" para que dejen Babilonia. Esto nos indica que posiblemente haya algunos seguidores fieles a Jesús que están viviendo en este ambiente. Posiblemente son individuos que se han convertido en Cristianos después de haber visto que sus seres queridos fueron llevados en el rapto. Posiblemente sean individuos que se convirtieron en seguidores de Dios debido a los 144,000 testigos Judíos o al mensaje de los dos testigos especiales de Dios en Jerusalén. Cualquiera que sea el caso, aparentemente habrá algunos testigos en esta ciudad. Uno podrá preguntarse, ¿Por qué están aquí para empezar? ¿Dinero, poder, la carga de ser testigos de lo que se ha perdido? Lo atractivo de tener un salario y prestigio puede atraer a hombres cristianos de negocios y profesionistas que son muy capaces – arquitectos, ingenieros, comerciantes, doctores, contadores y otros – para que participen en la planeación y desarrollo de esta excitante y dinámica nueva metrópolis. No hay ninguna duda que muchos de estos Cristianos racionalizaran el hecho de trasladarse a Babilonia como una oportunidad de "tener un testigo" en la ciudad más importante del mundo y en las personas importantes que viven en este lugar. Ciertamente este versículo parecer confirmarnos que algunos del pueblo de Dios van a estar en el mundo hasta el final de este.

El llamado a que se alejen de un mundo lleno de pecado ha marcado la preocupación de Dios por Sus elegidos a través de lo largo de la historia de la humanidad. Muchas veces en la historia bíblica Dios ha advertido a sus seguidores fieles de que dejen su tierra natal previo a que estos sean destruidos. Algunos ejemplos de esto son Noé y el diluvio, y Lot y la destrucción de Sodoma. Dios siempre está preocupado por Su gente, aun y cuando esta esté rodeada por un ambiente lleno de pecado – a lo mejor debiéramos decir *especialmente* cuando Su gente está rodeada por un ambiente lleno de pecado. En este versículo, Dios llama a su pueblo para que se aleje para que no sean tentados en participar en los pecados conectados con esta ciudad, y que puedan evitar los efectos del juicio que Dios esta pronto a pronunciar sobre esta ciudad.

La voz continúa diciendo que los pecados de esta ciudad se han amontonado tanto que Dios ya no puede evitar Su juicio sobre ellos. Babilonia ha tenido una larga historia de desafiar a Dios, y en este punto Dios ya tuvo suficiente.

Versículo 6. *"Pagadle tal como ella ha pagado, y devolvedle doble según sus obras; en la copa que ella ha preparado, preparad el doble para ella.*

Versículo 7. *"Cuanto ella se glorificó a sí misma y vivió sensualmente, así dadle tormento y duelo[1], porque dice en su corazón: "Yo* ESTOY SENTADA COMO REINA, Y NO SOY VIUDA Y NUNCA VERÉ DUELO.*"*

En respuesta a la voz de Dios desde el cielo, la cual exhortaba a Su pueblo a que se fueran de Babilonia, se escucha una plegaria implorando al Señor que no se olvide de castigar a Babilonia. La idea de rendir doble juicio por nuestros hechos es un principio del antiguo testamento, indicando el castigo en plena medida: Jeremías 16:18 *"Pero primero, pagaré al doble su iniquidad y su pecado, porque ellos han contaminado mi tierra con los cadáveres de sus ídolos abominables y han llenado mi heredad con sus abominaciones:"* y en Jeremías 17:18 *"Sean avergonzados los que me persiguen, pero no sea yo avergonzado; sean atemorizados ellos, pero que no me atemorice yo. Trae sobre ellos el día de calamidad, y destrúyelos con doble destrucción."* Aparentemente, debido a la naturaleza de los hechos de Babilonia, el glorificarse a sí misma y vivir sensualmente, se ha determinado que el doble castigo es adecuado. De hecho, sus actos son casi idénticos a aquellos que se enumeran en los versículos de Jeremías.

En el versículo 7, vemos el orgullo y la complacencia de Babilonia la Grande. Su pecado más grande radica en una fe incondicional en sus propios recursos inagotables. Como se puede ver, la prosperidad de Babilonia la ciega del juicio de Dios. Parece que la paz mundial se vislumbra, y que el optimismo estará a flor de piel. Sus pecados son descritos como saciedad ("lujo"), orgullo ("presume… sentada como una reina") y una confianza de que ella nunca sufrirá ("nunca veré duelo"). El lujo casi siempre conduce a autosuficiencia fanfarroneara. El deseo de evitar el sufrimiento conduce a la búsqueda de riqueza material en un punto de vista erróneo de que el ser exitoso en esta área proporcionará protección en contra de las miserias del sufrimiento. Babilonia, como la iglesia de Laodicea, había permitido que su riqueza le brindara un falso sentido de seguridad (Apocalipsis 3:17. *"Porque dices: "Soy rico, me he enriquecido y de nada tengo necesidad"; y no sabes que eres un miserable y digno de lástima, y pobre, ciego y desnudo,"*). Las palabras de Santiago 5: 1-6 son apropiadas aquí: *"¡Oíd ahora, ricos! Llorad y aullad por las miserias que vienen sobre vosotros. Vuestras riquezas se han podrido y vuestras ropas están comidas de polilla. Vuestro oro y vuestra plata se han oxidado, su herrumbre será un testigo contra vosotros y consumirá vuestra carne como fuego. Es en los últimos días que habéis acumulado tesoros. Mirad, el jornal de los obreros que han segado vuestros campos y que ha sido retenido por vosotros, clama contra vosotros; y el clamor de los segadores ha llegado a los oídos del Señor de los ejércitos. Habéis vivido lujosamente sobre la tierra, y habéis llevado una vida de placer desenfrenado; habéis engordado vuestros corazones en el día de la matanza. Habéis condenado y dado muerte al justo; él no os hace resistencia."*

Versículo 8. Por eso, en un solo día, vendrán sus plagas: muerte, duelo y hambre, y será quemada con fuego; porque el Señor Dios que la juzga es poderoso."

Aquí está la respuesta divina los versículos 6 y 7. Claramente identificados están los métodos que Dios utilizaré al juzgar Babilonia.

- Plagas – literalmente enfermedades incontrolables.
- Duelo – ser testigo de la muerte de los seres queridos.
- Hambre – falta de suficiente comida
- Fuego – muy posiblemente el fuego sea sobre natural, o por lo menos la manera en que este empieza y se libera; esto debido a las palabras con las que este versículo finaliza ***"porque el Señor Dios que la juzga es poderoso."***

Los siguientes once versículos realmente reflejan tres cantos fúnebres. En cada uno hay diferente conjuntos de dolientes.

Versículo 9. *"Y los reyes de la tierra que cometieron actos de inmoralidad y vivieron sensualmente con ella, llorarán y se lamentarán por ella cuando vean el humo de su incendio,*

Versículo 10. *"mirando de pie desde lejos por causa del temor de su tormento, y diciendo: "¡Ay, ay, la gran ciudad, Babilonia, la ciudad fuerte!, porque en una hora ha llegado tu juicio."*

En el capítulo 17, cuando el "Misterio Babilónico", la religión ecuménica mundial es destruida, los reyes se regocijan porque esta destrucción elimina cualquier duda sobre su autoridad. Ahora sin embargo, no hay ningún regocijo cuando la Babilonia comercial es destruida; sino al contrario, de hecho. Todos esos reyes que habían participado en su búsqueda inmoral de riquezas, ahora se encuentran enfrentando la perdida de las riquezas que Babilonia les había proporcionado. Esto representa un número mayor de reyes que los diez reyes que se habían identificado en el Capitulo 17, versículos 12 y 16. Los diez reyes han dado su autoridad y poder al anticristo; sin embargo, todos los reyes de la tierra participaron en el sistema de valores del anticristo.

En el capítulo 16, versículo 17, vemos la séptima y última copa de ira que será derramada sobre la tierra. En el versículo 18 vimos que esto precipitaría el terremoto más grande que la tierra haya sufrido jamás. En el versículo 19 vimos que la ciudad de Jerusalén se va a dividir en dos debido a este terremoto. Aquí en el versículo 10, se le dice a Juan que el tiempo para el juicio de Babilonia ha llegado. Con toda probabilidad habrá un corto periodo de tiempo entre el terremoto que destruye Jerusalén y la subsecuente destrucción de Babilonia que hace Dios, un periodo de tiempo en donde muchas ciudades qua habrán sido desbastadas por el terremoto están buscando sin duda alguna ayuda en Babilonia. Después de todo, su líder, la bestia del mar, el anticristo, habrá demostrado características sobre naturales en el pasado. Sin embargo, su líder no está en la ciudad, ya que esta guiando ejércitos que se aproximan a Jerusalén para librar la guerra contra la ciudad y contra Dios mismo. El anticristo sin duda alguna habrá decidido que este era el momento ideal para atacar, mientras Jerusalén continua recuperándose del terremoto.

Sin embargo, posiblemente al estar marchando hacia Jerusalén el anticristo escuchará las noticias de su base de operaciones de que su ciudad capital está siendo destruida. Esto lo llenará con temor al darse cuenta de que solo puede haber un resultado en la batalla inminente.

> La única esperanza para el anticristo era que su ejército ganara la victoria.

Mientras tanto, los hombres de su ejército solo pueden llorar la pérdida de todo lo que dejaron atrás, incluyendo sus seres queridos.

Mientras esto sucede, los reyes del mundo son cuidadosos en ver la destrucción de Babilonia desde la distancia. Posiblemente están esperando un destino similar. Es muy posible que la ciudad pueda ser destruida por una explosión atómica, y que están llenos de temor a cualquier exposición de residuos tóxicos de radiación en el área. Por lo que sea, no se van a acercar a la ciudad a brindar su ayuda. En todo caso, este versículo claramente indica que la destrucción sucede muy rápido (en una hora).

El siguiente canto fúnebre es de los mercaderes del mundo para quienes la destrucción de Babilonia también es un desastre.

Versículo 11. *"Y los mercaderes de la tierra lloran y se lamentan por ella, porque ya nadie compra sus mercaderías."*

Para los mercaderes, la pérdida es personal. Recuerde que cuando el anticristo estableció su capital, ésta se convierte en el centro comercial del mundo, sea Roma, el sitio de la antigua Babilonia, Nueva York o la ciudad que esta sea. Después de todo, será de este lugar que todo lo que se compra y se vende de comida y de bienes será controlado, vendido solamente a aquellos que poseen la marca de la bestia.

La palabra aquí traducida "mercaderes" (Griego *emporos*) no es utilizada en ningún otro lado en el Nuevo Testamento, sino que es usada en Apocalipsis 18 cuatro veces y se refiere particularmente a mayoristas, aquellos que venden en grandes cantidades artículos de comercio para comercio internacional.

Los grandes mercaderes de la tierra no lloran por sus pecados, ni tampoco están de luto por la muerte violenta de sus colegas en la ciudad de Babilonia. Su lamento y su dolor es solamente por sus pérdidas financieras.

Versículo 12. cargamentos de oro, plata, piedras preciosas, perlas, lino fino, púrpura, seda y escarlata; toda clase de maderas olorosas y todo objeto de marfil y todo objeto hecho de maderas preciosas, bronce, hierro y mármol;

Versículo 13. y canela, especias aromáticas, incienso, perfume, mirra, vino, aceite de oliva; y flor de harina, trigo, bestias, ovejas, caballos, carros, esclavos y vidas humanas.

Estos dos versículos enumeran la lista de productos que serán destruidos y que son la fuente de dolor de los mercaderes. Un total de veintiocho artículos específicos están mencionados en estos dos versículos. Si tiene la intención de ser una lista completa es muy poco probable. Lo que sí es muy claro es que los artículos identificados son productos que se usan en una sociedad opulenta. También vivimos en una era de lujo en donde muchos de estos productos son considerados esenciales para vivir cómodamente por muchas personas hoy en día. Los artículos se dividen en seis categorías básicas.

Claramente con esta lista Dios tiene la intención de mostrar lo que esta sociedad valorará.

1. Artículos de adorno personal y como medida de la riqueza de uno:

- Oro
- Plata
- Piedras preciosas (joyería)
- Perlas

2. Telas para vestidos caros (*los materiales más valiosos y los colores más valiosos*):

- Lino fino
- Púrpura (la tintura más cara para tela)
- seda
- escarlata (otra vez, una tintura de tela cara)

3.   Materiales para fabricación de bienes de menaje finos:

- Maderas olorosas (*mucho más que nuestro cedro de hoy en día*)
- Objetos hechos de marfil
- Artículos hechos de maderas preciosas (*la palabra Griega utilizada aquí se refiere a una madera obscura especial que provenía de África y que tenía una textura muy inusual, resultando en un patrón muy parecido a los ojos de la cola de un pavo real*)
- Objetos hechos de bronce
- Objetos hechos de hierro
- Objetos hechos de mármol

4.   Artículos de gratificación sensual (*sabor y olor*):

- Canela
- Especias aromáticas
- Perfume
- Mirra (incienso)

5.   Artículos lujosos de consumo:

- Vino
- Aceite de Oliva
- Flor de harina
- Trigo

6.   Posesiones identificadas con riqueza excepcional:

- Ganado
- Ovejas
- Caballos
- Carros (*La inclusión de "carros" en la lista es intrigante. La palabra Griega (rheda) utilizada aquí significa un vagón de cuatro llantas utilizado para viajar, que era solo usado por los ricos, no un carruaje de dos llantas. ¿cree que pudiéramos interpretar esto para que incluya los vehículos modernos de cuatro llantas?*)
- Esclavos

- Vidas humanas (*literalmente "almas de los hombres". Me pregunto ¿cómo designaríamos a personas quienes literalmente han vendido sus almas al alcohol y las drogas?*)

Versículo 14. *"Y el fruto que tanto has anhelado se ha apartado de ti, y todas las cosas que eran lujosas y espléndidas se han alejado de ti, y nunca más las hallarán"*

Versículo 15. *"Los mercaderes de estas cosas que se enriquecieron a costa de ella, se pararán lejos a causa del temor de su tormento, llorando y lamentándose,*

Versículo 16. *diciendo: "¡Ay, ay, la gran ciudad, que estaba vestida de lino fino, púrpura y escarlata, y adornada de oro, piedras preciosas y perlas!*

Dios les recuerda que la riqueza por la que tan desesperadamente trabajaron se ha ido para siempre, junto con todo aquello que fue responsable para producir su riqueza. Todos los mercaderes que se hicieron ricos a causa de Babilonia, mientras se lamentaban por su ingreso perdido, también tienen mucho cuidado de no acercarse mucho. Como los reyes, los mercaderes también lloraron "*Ouai, ouai!*" (griego para "ay"). Sin embargo, con toda su agonía y lamentos, no habrá una sola nota de reconocimiento de que la destrucción de Babilonia es resultado de juicio divino. Solamente lamentaron la pérdida de lo que era un gran centro de ingresos para ellos "*¡que estaba vestida de lino fino, púrpura y escarlata, y adornada de oro, piedras preciosas y perlas!*

Ahora tenemos el tercer y último canto fúnebre.

Versículo 17. *"porque en una hora ha sido arrasada tanta riqueza." Y todos los capitanes, pasajeros y marineros, y todos los que viven del mar, se pararon a lo lejos,*

Versículo 18. *"y al ver el humo de su incendio gritaban, diciendo:* "¿Qué *ciudad es semejante a la gran ciudad?"*

Versículo 19. *Y echaron polvo sobre sus cabezas, y gritaban, llorando y lamentándose, diciendo: "¡Ay, ay, la gran ciudad en la cual todos los que tenían naves en el mar se enriquecieron a costa de sus riquezas!, porque en una hora ha sido asolada"*

Todos los navegantes, marineros, importadores, casas de corretaje, y capitanes de barco – todos aquellos cuyas ganancias y salarios provenían del comercio internacional – se unen a este lamento, mientras ven esta espantosa escena en las pantallas de televisión y lloran amargamente al ver la fuente de sus ingresos destruida. Sin embargo, advierta que ellos también lloran en la distancia.

En medio de sus lamentos, su única preocupación es la pérdida de su riqueza. Esta elegía de lamentos expresa el lamento de las almas que están perdidas y condenadas, pero que no pueden reconocer o que no les importa el pecado que los ubicó en dicho lugar. Mientras se lamentan, ellos tampoco van a ofrecer ninguna ayuda a la ciudad condenada. De nueva cuenta, advierta en el versículo 19 que la destrucción sucede en muy poco tiempo.

En los últimos cinco versículos veremos el significado de la destrucción de esta ciudad, desde un punto de vista del cielo.

Versículo 20. *"Regocíjate sobre ella, cielo, y también vosotros, santos, apóstoles y profetas, porque Dios ha pronunciado juicio por vosotros contra ella"*

En este versículo somos testigos de una diferencia importante en la percepción de estos eventos por un grupo diferente de observadores. De los lamentos fúnebres de los habitantes de la tierra por la súbita destrucción de Babilonia, el humor cambia hacia un regocijo en el cielo. ¿Por qué? Porque en la destrucción de Babilonia se muestra el juicio de Dios. Los sufrimientos anteriores de los santos, los apóstoles, y los profetas será reivindicado. Justo como en el Antiguo Testamento, esta clase de personas habrán estado sometidas a persecución y muerte por su testimonio. Miles, a lo mejor millones, de fieles seguidores de Dios habrán muerto por los lideres de esta ciudad y su reinado de seguidores.

Versículo 21. *"Entonces un ángel poderoso tomó una piedra, como una gran piedra de molino, y la arrojó al mar, diciendo: Así será derribada con violencia Babilonia, la gran ciudad, y nunca más será hallada."*

Versículo 22. *"Y el sonido de arpistas, de músicos, de flautistas y de trompeteros no se oirá más en ti; ni artífice de oficio alguno se hallará más en ti; ni ruido de molino se oirá más en ti,"*

Versículo 23. *"luz de lámpara no alumbrará más en ti; tampoco la voz del novio y de la novia se oirá más en ti; porque tus mercaderes eran los grandes de la tierra, pues todas las naciones fueron engañadas por tus hechicerías"*

Estos tres versículos identifican seis "no más en ti" que Dios asocia con la destrucción de Babilonia.

- *"Babilonia, la gran ciudad, y nunca más será hallada."* Su destrucción es comparada con lo que pasa cuando una gran piedra de molino se avienta sobre el mar. La piedra podrá hacer una gran salpicadura cuando golpea el agua, pero en un poco tiempo desaparece de la vista, y cualquier evidencia de su existencia se va para siempre.

- *"El sonido de arpistas, de músicos, de flautistas y de trompeteros no se oirá más en ti".* Ningún sonido de música volverá a escucharse.

- *"Ni artífice de oficio alguno se hallará más en ti."* Todos los artesanos de la ciudad se irán para siempre.

- *"Ni ruido de molino se oirá más en ti,"* Todos los sonidos de trabajo de fabrica se habrán ido.

- *"Luz de lámpara no alumbrará más en ti;."* Recuerde que bajo el juicio de la quinta copa de ira (Ver Apocalipsis 16:10) el trono de la bestia y su reino son sometidos a una dura obscuridad. Las plantas hidroeléctricas no servirán pues se ha agotado la energía de agua, llegando a su clímax por la absoluta sequedad del rio Éufrates. Las plantas de energía solar no servirán de nada, dejando a la ciudad en una obscuridad perpetua. Las plantas nucleares y las que son manejadas con aceite no podrán funcionar ya que no hay un adecuado abastecimiento de agua de enfriamiento. Por lo tanto la ciudad de Babilonia, por algún periodo de tiempo, por lo menos, tendrá que usar velas o lámparas de queroseno para su iluminación. Ahora sin embargo tampoco esas lámparas se verán.

- *"Tampoco la voz del novio y de la novia se oirá más en ti;."*
Toda señal de perpetuidad de vida en la ciudad se habrá silenciado.

Aquí esta una imagen muy clara de la posible cesación total de toda vida. La destrucción de la ciudad es completa.

En los versículos 23 y 24 encontramos repetidas las razones por las cuales Dios determinó que la destrucción completa de Babilonia es necesaria. En el versículo 23 hay dos razones:

Una – *"porque tus mercaderes eran los grandes de la tierra."* Una mejor traducción del Griego pudiera ser que los mercaderes se habían considerado a sí mismos como príncipes de la tierra, no por su grandeza inherente, sino por su riqueza y la importancia que los habitantes de Babilonia les daban.

Dos – *"todas las naciones fueron engañadas por tus hechicerías."* Ellos habían convencido a las naciones del mundo a seguir su ejemplo a través de la decepción y el ejemplo personal. La palabra Griega *"pharmakeia,"* que se traduce aquí como "hechicería", también puede ser traducida como "administrar drogas". A lo mejor aquí hay aun una condenación más fuerte. En la economía de Babilonia es muy probable que el uso de drogas que alteran la mente sea una práctica común. Posiblemente habrán hecho estas drogas altamente disponibles, y al hacer esto, crearon una sociedad de individuos que ya no estaban en contacto con la realidad – verdaderamente el engaño más extremo.

Versículo 24. *"Y en ella fue hallada la sangre de los profetas, de los santos y de todos los que habían sido muertos sobre la tierra."*

Babilonia y sus defensores serán responsables por la muerte de miles de seguidores de Dios. No hay duda alguna que será violenta y antisemita.

Para su líder, la bestia, el anticristo, será muy importante la muerte de tantos seguidores de Dios como sea posible. Recuerde, cuando los reyes del gobierno universal destruyan completamente la religión universal falsa, ellos habrán substituido la adoración de Satanás. Para los Judíos esto habría sido reconocido como la ultima abominación y de manera violenta se opondrían a este movimiento.

Algunas Observaciones Personales

En este capítulo fuimos testigos de la destrucción de un imperio con una economía universal como lo representaba la ciudad de Babilonia. También nos dimos cuenta de las siguientes reacciones por su destrucción:

- Nadie quiere asociarse con un "perdedor" – por alguien que está bajo juicio.
- La destrucción de esta ciudad va a pasar muy rápido.
- No hay ningún regocijo en el mundo por la muerte de la ciudad.

En "El decline y caída del Imperio Romano", por Edward Gibbon, el autor da cinco razones básicas por la caída del Imperio Romano, razones que también contribuyeron al fracaso del reino representado por la ciudad de Babilonia.

1. La socavación de la dignidad y la santidad de la casa, la cual es la fundación de la sociedad humana.

2. Impuestos cada vez más altos; el gasto del dinero público para dar pan gratis y circo a la población.

3. El furor enloquecido por el placer; los deportes cada año se hacen más excitantes, más brutales, mas inmorales.

4. La creación de grandes armamentos cuando el enemigo real estaba adentro – la decadencia de la responsabilidad personal.

5. La descomposición de la religión, la fe que se pierde en mera formalidad, perdiendo contacto con la vida y de manera subsecuente perdiendo su poder en guiar y cambiar vidas.

Mientras vemos a nuestra sociedad en los Estados Unidos no podemos evitar darnos cuenta de que tan prominentes son estos movimientos hoy en día. A menos que hagamos cambios en nuestras actitudes y acciones, debemos aceptar la realización que estamos en peligro de sufrir el mismo juicio que Dios determinó para los imperios Romano y Babilónico.

Capítulo 19

Los eventos de este capítulo forman el puente entre la gran tribulación y los mil años.

Los eventos de este capítulo traen a cierre la septuagésima semana final de años y el periodo que nosotros describimos como "la gran tribulación". Este capítulo marca un cambio drástico en el tono del apocalipsis. El gran conflicto de las eras está por terminar. Las preparaciones para la venida del Mesías a la tierra están en vías de ejecución en los cielos. Aquí seremos testigos de la evolución del juicio y la rendición de una humanidad arrepentida cambiar a victoria y gozo por los seguidores de Cristo. Estamos a punto de ser testigos de la culminación del plan revelado de Dios para la humanidad. Hay regocijo en el cielo debido a la completa destrucción de Babilonia y debido a que la tan esperada boda del cordero ya ha tenido lugar. El Rey de reyes está a punto de aparecer mientras somos testigos de la segunda venida de Cristo a la tierra. Este capítulo fue escrito por el Cristiano que siempre ha querido que Cristo se ponga en pie y diga "¡estoy en camino!"

— — — — — — — — —

Preguntas importantes para meditar mientras estudia este capítulo:

1. La totalidad del Capitulo tiene que ver con el regreso del Mesías victorioso. ¿Quién es él? Y ¿como llaman los Cristianos a este evento?

2. Este capítulo inicia con el cielo y termina con la tierra. Hay cuatro eventos distintos en este capítulo, relacionados a la venida del Mesías. Aquí están las divisiones de los versículos correspondientes: Versículos 1-6; Versículos 7 - 10; Versículos 11 - 16; Versículos 17 - 21. ¿puede identificar estos eventos?

Un Comentario Sobre el Capítulo

Versículo 1. Después de esto oí como una gran voz de una gran multitud en el cielo, que decía: ¡Aleluya! La salvación y la gloria y el poder pertenecen a nuestro Dios;

Versículo 2. porque sus juicios son verdaderos y justos, pues ha juzgado a la gran ramera que corrompía la tierra con su inmoralidad, y ha vengado la sangre de sus siervos en ella

Versículo 3. Y dijeron por segunda vez: ¡Aleluya! EL HUMO DE ELLA SUBE POR LOS SIGLOS DE LOS SIGLOS,

Versículo 4. Y los veinticuatro ancianos y los cuatro seres vivientes se postraron y adoraron a Dios, que está sentado en el trono, y decían: "¡Amén! ¡Aleluya"!

Versículo 5. Y del trono salió una voz que decía: "Alabad a nuestro Dios todos sus siervos, los que le teméis, los pequeños y los grandes". Anuncio de las bodas del Cordero

Verse 6. Y oí como la voz de una gran multitud, como el estruendo de muchas aguas y como el sonido de fuertes truenos, que decía: ¡Aleluya! Porque el Señor nuestro Dios Todopoderoso reina.

Estos versículos constituyen un punto culminante apropiado a la sección de la caída de Babilonia, la cual inicia en el capítulo 17. Es un juicio que representa uno de los últimos pasos en preparar la tierra para la reaparición y presencia de Jesucristo. Mientras en la tierra los juicios de Dios en el reino de la bestia ramera y en el falso profeta guiando a la caída de Babilonia, hubiera dado motivo para luto y lamentaciones, en el cielo los mismos eventos serán una causa de regocijo.

Los versículos 1-3, 4 y 6 representan cantos de alabanza a Dios. En los versículos 1 al 3, esta canción está siendo cantada por una gran multitud que alaba a Dios por su salvación y por esta nueva evidencia de la gloria de Dios y de Su poder en la tierra. Esta gran multitud es la misma multitud que vimos en el capítulo 7, versículo 9, ya que tanto su descripción como su alabanza común a Dios por su salvación son la misma.

Este es el pueblo de la Iglesia qua ha resucitado. La palabra "aleluya" es de origen Hebreo, y puede ser traducida como "Alaba a Yave" o en español "alabado sea al Señor". La única aparición de esta palabra en el Nuevo Testamento es en este capítulo, y aquí aparece cuatro veces (versículos 1, 3, 4, y 6). Repiten sus canciones de alabanza en los versículos 1 y 2 en versículo 3, y le añaden las palabras *"EL HUMO DE ELLA SUBE POR LOS SIGLOS DE LOS SIGLOS".*

Esto probablemente no se refiere al humo literal de una ciudad en llamas, sino visto desde la perspectiva del cielo, representando el levantamiento de millones de almas perdidas destinadas a toda una eternidad de condenación por la justa ejecución de los juicios.

El versículo 2 identifica la causa de todo este regocijo. Debido al juicio que se declaró en Babilonia, la justicia de Dios ha triunfado, y la sangre de todos aquellos que han dado sus vidas por el testimonio será vengada. "¡Alabado sea el señor!"

En el versículo 4 vemos a dos grupos diferentes celebrando la destrucción de Babilonia. Son los 24 ancianos y los cuatro seres vivientes, los cuales fueron descritos rodeando el trono de Dios en el Capitulo 4. En nuestro estudio del capítulo 4, vimos que los ancianos eran representantes de los santos del Antiguo Testamento, a quienes aparentemente se les dio autoridad para ayudar administrar los asuntos de Dios, inclusive puede que se les haya dado autoridad para proporcionar consejo humano, o simplemente para adorar ante Dios en lugar de todos aquellos santos quienes todavía no han recibido sus cuerpos glorificados. Esta última interpretación se refuerza cuando nos damos cuenta que esta es la ultima mención que se hace en Apocalipsis sobre los 24 ancianos. Si nuestra interpretación es correcta, entonces la desaparición de esta escena es algo esperado, porque muy pronto el mismo Jesucristo estará dirigiendo los asuntos de la humanidad en la tierra y los santos todos ellos habrán recibido sus cuerpos glorificados. Así mismo vemos que los cuatro seres vivientes están alabando a Dios. De nueva cuenta, de nuestra interpretación del capítulo 4, vemos que estos seres vivientes son representantes de toda criatura animada viviente, y es bastante apropiado que también ellos alaben a Dios en este momento. Ambos grupos responden con un "Amen", lo cual parafraseado quiere decir "verdaderamente ó "así sea".

Ahora en el versículo 5, una voz literalmente viene del trono llamando a todos aquellos que temen a Dios para que se unan en un último coro de alabanza. Es poco probable que esta voz provenga de Jesús, ya que él llama a toda la creación a que le de Gloria y alabanza a Su Padre.

Finalmente en el versículo 6, encontramos la respuesta al llamado del trono que vimos en el capítulo 5. Una canción de alabanza parece resonar de toda creación, una voz que suena como el estruendo, una voz de incontables multitudes, levantando sus voces en un último coro grandioso de "Aleluya". Advierta el uso de la frase "nuestro" Dios. Verdaderamente esta es la voz de toda la creación mientras clama en jubilo "¡nuestro Dios todopoderoso reina!".

El siguiente bloque de cuatro versículos tiene que ver con las bodas del cordero. Para poder realmente apreciar estos versículos, necesitamos entender las tradiciones que rodean las bodas Judías en el Este alrededor del tiempo de Cristo, cuando estas palabras fueron escritas. Tómese tiempo de revisar la siguiente tabla, le ayudará a entender lo que ha pasado hasta ahora y lo que estará pasando en estos versículos.

Las tradiciones de una ceremonia de
Matrimonio en los tiempos bíblicos

La tradición establecida	Comparación con la religión
La selección – Durante este tiempo se escoge a la novia y se negocia la dote.	Efesios 1:4 dice que Jesús nos escogió (aquellos que somos creyentes) desde antes de la fundación del mundo. Los creyentes son miembros de la Iglesia verdadera (ejemplo, la novia, en esta comparación).

Los esponsales – Aquí se anuncia la pareja a unirse en matrimonio, conjuntamente con los términos de la dote.	Los términos de la novia – Juan 3: 16 Cree en Jesús y serás salvado. Los términos del novio – Romanos 5:8 como un reflejo del amor de Dios, Jesús va a morir por nosotros.
El intervalo – El novio paga la dote, y los novios se preparan para la boda y para su nuevo hogar.	1 Corintios 15:3 - 4: Cristo muere en la Cruz. Juan 14:3: Jesús promete regresar por nosotros después de preparar un lugar para nosotros en donde Él está.
La afirmación – El novio encabeza una procesión pública para afirmar su interés por la novia.	1 Tesalonicenses 4:16-17: El señor descenderá del cielo y los creyentes (la Iglesia) se levantará para reunirse con Él en el aire.
La Boda – El padre de la novia formalmente la entrega al novio y se consideran unidos en matrimonio.	Apocalipsis 19:7 - 8: La novia se ha preparado y la boda tiene lugar.
El banquete de bodas – Dura un poco más de siete días en la casa del novio.	Apocalipsis 19:9: la cena de la boda toma lugar en el cielo.

Versículo 7. "Regocijémonos y alegrémonos, y démosle a Él la gloria, porque las bodas del Cordero han llegado y su esposa se ha preparado"

Verse 8. Y a ella le fue concedido vestirse de lino fino, resplandeciente y limpio, porque las acciones justas de los santos son el lino fino

Inicia la Celebración. ¿Porque? Porque la novia se ha preparado. Inicia la celebración. Y la novia se ha preparado. Y ¿cómo se ha preparado la novia? Siendo fiel a su novio, Jesucristo. Esto lo hizo durante el intervalo de tiempo entre que el novio ha pagado la dote (la muerte de Cristo en la cruz) y la venida del novio a reclamar a su novia (el rapto). Ya que ahora ella está con el novio, ya vino a reclamarla y ahora están en el cielo. En estos versículos se describe lo que pasa en el cielo entre la afirmación del novio para con la novia y la boda en sí. Durante este tiempo, las obras que ella realizó mientras estaba en la tierra están siendo evaluadas y se le están dando las recompensas adecuadas. Como resultado de esta evaluación pre marital respecto a su fidelidad, ahora se le viste de lino blanco para que lo porte como indicación de su pureza y su justicia. Sería una especulación muy interesante el pensar que el lino que la novia lleva puesto es un signo de justicia, aquellos cuyas vidas reflejaron mas justicia pudieran haber portado vestimentas más elaboradas, y aquellos que llevaron a cabo menos actos de justicia debieran portar vestimentas más sencillas. Sin embargo, hay que tener mucho cuidado con dicha interpretación, ya que hace distinciones entre los creyentes que no tienen lugar en la presencia de Jesucristo (ya que todos los creyentes somos iguales ante los ojos de Dios).

Verse 9. Y el** ángel **me dijo: Escribe: "Bienaventurados los que están invitados a la cena de las bodas del Cordero." Y me dijo: "Estas son palabras verdaderas de Dios".

El "ángel" aquí se interpreta como el ángel del Capítulo 17, versículo 1, el cual le mostró a Juan lo que iba a pasar a la muerte de la iglesia apostata en la tierra. En este versículo, encontramos la cuarta bienaventuranza que hay en apocalipsis. Se proclama una bendición en todos aquellos que son invitados a la boda. ¿Quiénes son estos invitados? Bueno, podemos eliminar a los novios; después de todo es su boda. Jesús dijo dos parábolas muy interesantes respecto a aquellos que iban a ser invitados al banquete de las bodas. En Mateo 22: 1-14, describió los huéspedes que estaban invitados pero que no tenían interés en asistir. El propósito de esta parábola era describir como a pesar de que Dios había escogido personas para que vinieran a la boda (recuerde, Él estaba hablando aquí a los Judíos), estas personas habían declinado el privilegio de dicha invitación ignorándola, y decidiendo que había otras cosas más importantes. Como resultado, el organizador de la boda tuvo que ir a último minuto a invitar a aquellos que no habían sido invitados, los gentiles. La segunda parábola se encuentra en Mateo 25:1-13. En esta parábola Jesús describió a las personas que estaban invitadas a la boda y si tenían interés de asistir, pero cuando llegó la hora de ir a la boda no estaban listos.

Está claro que los invitados que asistieron a la boda, estuvieron ahí porque:

Habían sido escogidos.

Habían estado al pendiente de los términos de la invitación.

Habían hecho las preparaciones adecuadas.

Todo esto son calificaciones esenciales para los invitados que habrán de venir al gran banquete de la boda.

De dichos requisitos podemos concluir que los invitados que estarán en la boda serán:

A. Los santos Judíos del Antiguo Testamento -- Lucas 13: 28-29 (*Allí será el llanto y el crujir de dientes cuando veáis a Abraham, a Isaac, a Jacob y a todos los profetas en el reino de Dios, pero vosotros echados fuera. Y vendrán del oriente y del occidente, del norte y del sur, y se sentarán a la mesa en el reino de Dios.*").

B. Todas las personas que se convirtieron en seguidores de Dios y experimentaron la muerte -- Lucas 13: 29 (ver anterior) y Mateo 25: 31 – 34 (*Pero cuando el Hijo del Hombre venga en su gloria, y todos los ángeles con El, entonces se sentará en el trono de su gloria; y serán reunidas delante de Él todas las naciones; y separará a unos de otros, como el pastor separa las ovejas de los cabritos. Y pondrá las ovejas a su derecha y los cabritos a su izquierda. Entonces el Rey dirá a los de su derecha: "Venid, benditos de mi Padre, heredad el reino preparado para vosotros desde la fundación del mundo."*)

La única pregunta que queda hacerse es ¿Dónde tendrá lugar este banquete nupcial? La mejor pista que podemos tener se encuentra en Mateo 26:29: "*Y os digo que desde ahora no beberé más de este fruto de la vid, hasta aquel día cuando lo beba nuevo con vosotros en el reino de mi Padre.*" Esos discípulos que estuvieron en la mesa con Él eran creyentes en Jesucristo.

Entonces, ¿Dónde está el reino de Dios? En Juan 14: 2 Jesús habla de preparar un lugar en la casa de Su Padre para nosotros: *"En la casa de mi Padre hay muchas moradas; si no fuera así, os lo hubiera dicho; porque voy a preparar un lugar para vosotros."* Esto solo puede ser en el cielo. Recuerde, el reino del Padre está en los cielos, y no se debe de confundir con el reino de Cristo en la tierra. Por lo tanto, el banquete nupcial tendrá lugar en el cielo, entre el rapto de la Iglesia (la novia) y antes de la segunda venida de Cristo para iniciar Su reinado en la tierra.

Versículo 10. Entonces caí a sus pies para adorarle. Y me dijo: "No hagas eso; yo soy consiervo tuyo y de tus hermanos que poseen el testimonio de Jesús; adora a Dios. Pues el testimonio de Jesús es el espíritu de la profecía."

El mensaje que Juan escuchó fue tan conmovedor que cayó a sus pies y empezó a adorar la personificación de la voz que le estaba diciendo todas estas cosas. Este fue un error por parte de Juan, ya que Dios había dejado claro con anterioridad que no debemos adorar a nadie que no fuera a Dios, o a Su Hijo. Si esta voz de hecho estaba emanando de un ángel, es interesante advertir que el ángel se colocó en el mismo nivel que Juan, como un consiervo creyente de Cristo. Esto probablemente explique mucho sobre la guerra en el cielo entre esos ángeles que escogieron seguir a Satanás y esos ángeles quienes escogieron seguir a Dios. Aquellos que decidieron seguir a Dios también creyeron en Su Hijo y decidieron seguirle.

"Pues el testimonio de Jesús es el espíritu de la profecía.". Esta declaración deja muy claro que el mensaje y testimonio de Jesús es un cumplimiento de la profecía.

Versículo 11. Y vi el cielo abierto, y he aquí, un caballo blanco; el que lo montaba se llama Fiel y Verdadero, y con justicia juzga y hace la guerra.

Iniciando con este versículo y continuando a lo largo del versículo 16, vemos el siguiente evento mayor que se describe en este capítulo, la segunda venida de Jesús a la tierra, esta vez como el Mesías victorioso, por lo tanto cumpliendo la tradición Judía del Mesías. Estos versículos contienen una de las imágenes más graficas de la segunda venida de Cristo que se pudiera encontrar en cualquier otro lado de las escrituras. En este versículo y en los siguientes, seremos testigos de una serie de siete eventos importantes: el regreso de Cristo; la derrota y el juicio del anticristo y el falso profeta; la atadura de Satanás; el mileno; el juicio final de Satanás; el ultimo juicio sobre la humanidad, y finalmente la aparición de un nuevo cielo, nueva tierra y una nueva Jerusalén.

> *En muchos aspectos este evento no es solamente el punto culminante del libro del apocalipsis, sino también el punto culminante de toda la historia.*

Esta es la segunda vez que Juan ve que el cielo se abre. La primera vez la vemos en el Capitulo 4, en donde fue transportado en espíritu al cielo para ver la escena ahí. Aquí Juan se queda en la tierra y describe la escena como se le apareció delante de él. En esta escena él vio a Jesucristo sentado en un caballo blanco. El significado del caballo blanco es típico de la diferencia entre la segunda y la primera venida de Cristo. En Su primera venida Jesucristo entró en la ciudad de Jerusalén montando un asno pequeño, un animal simbólico de paz y anonimato. En Su segunda venida sin embargo, estará montando un caballo blanco, mientras continúa su camino para triunfar sobre la maldad en la tierra. Una persona que monta un "caballo blanco" de acuerdo a la tradición de aquellos tiempos, indicaba que el jinete tenía que ser honrado por alguna victoria importante o debido a su posición o autoridad. Será en esta aparición que aun aquel que tenga el corazón mas endurecido del pueblo de Israel escogido por Dios, finalmente será forzado a reconocer a Jesucristo como el Mesías profetizado.

En este versículo, se nos presenta el primero de los tres nombres importunes dados por Dios a Jesús, nombres que describen los atributos divinos de Su naturaleza. Aquí se le llama "***Fiel y Verdadero.***" (a lo mejor debería de corregir esto y decir que es el primero de los tres que se nos es dado a nosotros. Veremos en el siguiente versículo que Dios le da otro nombre, del cual no se nos dice).

Hasta este punto en el tiempo, Jesús estará juzgado la creación desde Su trono en el cielo. Debido a esto, Sus juicios habrán sido llevados a cabo por otros. En este siguiente versículo esto está a punto de cambiar, ya que ahora El actuará como Juez y como ejecutor.

Versículo 12. Sus ojos son una llama de fuego, y sobre su cabeza hay muchas diadema, y tiene un nombre escrito que nadie conoce sino Él.

En este versículo Cristo está siendo descrito como rey, llevando diademas, literalmente coronas de autoridad. Así que ahora Cristo está siendo identificado como juez, guerrero, y un rey, una clara declaración de Su carácter tripartito. El que lleve muchas coronas es una imagen simbólica muy clara de Su gran autoridad.

"Sus ojos son una llama de fuego." En el capítulo 1, versículo 14, leímos que Sus ojos son *semejantes* al fugo. En el capítulo 1 esta imagen de Jesús con ojos semejantes al fuego tiene la intención de mostrarle a los lectores que, mientras Él caminaba entre las iglesias sabía todo lo que acontecía en ellas, aun esas cosas que ellos estaban tratando de esconderle. Pero, ahora en este versículo hay una diferencia – sus ojos *son* una llama de fuego, porque ahora Él viene a ejecutar juicio en la humanidad, basado en Su conocimiento de los corazones de los hombres y en su injusticia (perversidad). En esta imagen, la misericordia ha sido reemplazada por el juicio.

Asimismo, en este versículo, se le identifica con un nombre que nadie conoce sino Él mismo. Siendo este el caso, cualquier intento de especular sobre este nombre será un ejercicio de futilidad. Recuerde, Sus nombres le son

Deberá ser llamado "?"

dados por Dios, y posiblemente en este nombre hay un aspecto de Su divinidad que el hombre no necesita conocer. Posiblemente, como las parejas enamoradas que tienen un nombre de cariño para el otro que expresa esa relación personal, Dios tenga un nombre para Su hijo que muestra de manera especial Su relación de amor con Él.

Versículo 13. Y está vestido de un manto empapado en sangre, y su nombre es: El Verbo de Dios.

Que Su manto esta empapado en sangre ha guiado al menos a dos interpretaciones. La primera de ella es que es la sangre de Sus enemigos. El mayor apoyo de esta interpretación esta en Isaías 63: 1-3: *"¿Quién es éste que viene de Edom, de Bosra con vestiduras de colores brillantes; éste, majestuoso en su ropaje, que marcha en la plenitud de su fuerza? Soy yo que hablo en justicia, poderoso para salvar. ¿Por qué es rojo tu ropaje, y tus vestiduras como las del que pisa en el lagar? El lagar lo he pisado yo solo; de los pueblos, ningún hombre estaba conmigo. Los pisé en mi ira y los hollé en mi furor; su sangre salpicó mis vestiduras y manché todo mi ropaje."* Sin embargo, sería extraño si, en esta situación en donde Jesús está viniendo de Su banquete nupcial en el cielo, Su manto estuviera empapado de sangre de Sus enemigos, cuando la batalla ni siquiera ha sido peleada. Recuerde, la descripción que estamos viendo es la imagen que Dios le mostró a Juan, como Él la veía a través de Sus ojos. Por lo tanto, parece más adecuado pensar que cuando Dios ve que Su Hijo regresa a la tierra a redimirla de Sus enemigos, es con Su propia sangre en Su manto, significando Su sacrificio en proporcionar la salvación a la humanidad a través de Su muerte en la cruz.

En este versículo se nos revela el segundo de los nombres especiales de Jesús: *"El Verbo de Dios."* Esta traducción viene de la palabra griega "logos." Literalmente traducida es una bella afirmación que significa "la expresión de Dios". Considere Juan capitulo 1, versículos 1 y 2: *"En el principio existía el Verbo, y el Verbo estaba con Dios, y el Verbo era Dios. El estaba en el principio con Dios."* Jesús es la expresión de Dios."

Versículo 14. Y los ejércitos que están en los cielos, vestidos de lino fino, blanco y limpio, le seguían sobre caballos blancos.

Advierta el plural de "ejércitos". Ciertamente esto nos indica que había más de uno. Con toda seguridad hay un ejército representando a la novia de Cristo, viniendo con Él para compartir con Él Su reinado en la tierra. Esto sería una lógica extensión de la conclusión del banquete nupcial – la luna de miel por decirlo así. Así mismo, habrá un ejército de los invitados a la boda, identificados en el versículo 9. También es posible que haya un ejército de ángeles. De cualquier modo estos ejércitos todos han venido a ser testigos de cómo el novio, Jesucristo, ejerce Su autoridad sobre la tierra, y la prepara para que sea su casa por los próximos 1000 años.

Advierta como estarán vestidos estos ejércitos. No hay mención que habrá armas de ningún tipo, y su vestimenta indica que no están esperando verse involucrados en ninguna pelea. De hecho están vestidos para la boda que acaban de atender. Así mismo, están montando caballos blancos, justo como su comandante está haciendo. No se tiene duda de la victoria.

Versículo 15. De su boca sale una espada afilada para herir con ella a las naciones, y las regirá con vara de hierro; y El pisa el lagar del vino del furor de la ira de Dios Todopoderoso.

Versículo 16. De su boca sale una espada afilada para herir con ella a las naciones, y las regirá con vara de hierro; y El pisa el lagar del vino del furor de la ira de Dios Todopoderoso. Y en su manto y en su muslo tiene un nombre escrito: REY DE REYES Y SEÑOR DE SEÑORES."

Hebreos 4:12 dice, "*Porque la palabra de Dios es viva y eficaz, y más cortante que cualquier espada de dos filos; penetra hasta la división del alma y del espíritu, de las coyunturas y los tuétanos, y es poderosa para discernir los pensamientos y las intenciones del corazón.*". No va a ser tanto de una guerra. Todo lo que Jesús tiene que hacer es hablar, y entonces acabará. No va a necesitar ninguna ayuda de Sus "ejércitos". Solamente están ahí como observadores. La palabra Griega para "espada" ("*hromphaia*") hace referencia a una espada larga traciana, una que generalmente es más larga que la mayoría de las espadas. No hay duda de cuál será el resultado. También la palabra Griega para "ira" ("*orge*") también puede significar "coraje", "indignación" y "venganza". Una cosa esta clara: en este tiempo, cuando Cristo ejerza Su juicio en la humanidad, será demasiado tarde para esperar la misericordia de Dios.

Mientras se está yendo a la batalla con la espada cabalgando un caballo, era costumbre que la espada se recargara en el muslo hasta que fuera necesaria sacarla para la batalla. Aquí vemos, que en el lugar en donde normalmente estaría recargada la espada, en dicho lugar hay un nombre escrito. Este es el último de los tres nombres dados por Dios a Jesús, de los cuales se nos dicen: "***REY DE REYES Y SEÑOR DE SEÑORES***". No puede haber un nombre más alto concedido a Jesucristo por Dios Su padre. Dios seguramente tiene la intención de mostrar que Su hijo es alguien supremo en el reino de Dios. No necesita ninguna espada; tiene la autoridad de Dios.

Versículo 17. Y vi a un ángel que estaba de pie en el sol. Y clamó a gran voz, diciendo a todas las aves que vuelan en medio del cielo: Venid, congregaos para la gran cena de Dios.

Versículo 18. Para que comáis carne de reyes, carne de comandantes y carne de poderosos, carne de caballos y de sus jinetes, y carne de todos los hombres, libres y esclavos, pequeños y grandes.

Iniciando con estos versículos y continuando al final del capítulo, vemos en la escena final que Dios le mostró a Juan esta serie de eventos que conducen al establecimiento del reino de Cristo en la tierra. Esta escena muestra el juicio de Dios en todos los seguidores del anticristo y de Satanás. La escena inicia mostrando un ángel que clama a todas las aves del cielo para que se reúnan, ya que Dios ha preparado una gran cena para ellas. Por un momento trate usted de imaginarse esta escena conmigo por favor. En la tierra hay un enorme ejército de cientos de miles, puede que inclusive sean millones de hombres que están desparramados en las llanuras de Megido. Este es el ejército que ha sido juntado por Satanás y sus representantes para desafiar a Dios una última vez. Mientras acampan aquí, ven hacia los cielos y ven que unas cuantas aves empiezan a hacer círculos en el aire. El número de aves empieza a crecer rápidamente y de repente el cielo está cubierto de millones de aves rapaces – buitres, águilas y otras aves que comen carne. Lo que al principio parece una molestia para el ejército que está ahí reunido, de repente se convierte en sentimientos de temor. ¿Por qué están reunidas aquí todas estas aves? ¿Qué hay en este lugar para que ellas coman? Pronto algunos de sus corazones empiezan a llenarse de temor, mientras poco a poco se dan cuenta de lo que su presencia significa. Muy pronto habrá suficiente comida para todas las aves. El problema está en que ellos son parte del menú. Aparentemente aquellos que no fueron invitados al banquete de las bodas del cordero, han sido invitados a este gran banquete.

Versículo 19. Entonces vi a la bestia, a los reyes de la tierra y a sus ejércitos reunidos para hacer guerra contra el que iba montado en el caballo y contra su ejército.

En este versículo somos confrontados con los líderes de este gran ejército. Hay reyes de todas las naciones de la tierra, con sus generales y su ejército, y está el comandante en jefe, la bestia del mar, el anticristo. La bestia tuvo que haber podido convencer a las naciones y a los reyes del mundo que se reunieran alrededor de él, aun y a pesar de que fueron testigos de la destrucción de su capital y muchas de sus ciudades y sus tierras. El los ha convencido que él por si mismo puede traer paz a través de su confrontación directa con los seguidores de Dios. Todo esto está tomando lugar en lugar llamado Armagedón (la antigua colina y valle de Megido, al oeste de Jordania en la meseta de Esdraelón). Este es lugar señalado para el inicio de la gran batalla en donde el Señor, en su venida en gloria con Su ejército vestido de lino blanco, entregará el resto de los Judíos en Jerusalén y confrontará los poderes del mundo de los gentiles bajo el mandato de la bestia del mar. El ejército acorralado ahora está alarmado por los millones de aves rapaces que están volando en círculos y han retrocedido a Megido. Aquí deciden hacer su postura final.

Desafortunadamente muchos de los soldados en las filas estarán pensando a estas alturas, que esta batalla no es una buena idea.

Versículo 20. *Y la bestia fue apresada, y con ella el falso profeta que hacía señales en su presencia, con las cuales engañaba a los que habían recibido la marca de la bestia y a los que adoraban su imagen; los dos fueron arrojados vivos al lago de fuego que arde con azufre.*

Ahora las cosas realmente se están poniendo mal para el anticristo y su ejército. En frente de sus propios ojos, sus máximos comandantes les han sido arrebatados. No saben que les pasó, pero están seguros de una cosa: no se ve como que ellos están ganando. Ahora esperan para ver que va a pasar a continuación. Su confusión y su miedo crecen de manera exponencial, mientras observan cómo se abren los cielos y ven a Jesús acercándose y a Su ejército de billones que empieza a llenar el cielo.

Mientras tanto, Dios ha tomado a su comandante en jefe, a la bestia del mar, y a su compatriota, el falso profeta y los ha condenado al lago de fuego. Esta es la primera mención en las escrituras de dicho lugar por este nombre. Debemos asumir que es un fuego literal, ya que las Escrituras describen una imagen literal de él. Al mismo tiempo debemos notar que este no es un lugar de muerte simultánea, ya que como veremos en el siguiente capítulo, estos dos individuos siguen ahí mil años después cuando Dios condena a Satanás al lago de fuego. Pero siendo real sin embargo sin llegar a consumir, debemos concluir que será un lugar de constante tormento físico y dolor.

Versículo 21. Y los demás fueron muertos con la espada que salía de la boca del que montaba el caballo, y todas las aves se saciaron de sus carnes.

Ahora está claro que los ejércitos que se reunieron para pelear en contra de Dios tienen toda la razón del mundo para sentir miedo. No hay ninguna descripción en este pasaje de la batalla que tuvo lugar, pero la terrible escena que se nos muestra en el versículo final de matanza y muerte es real. El tiempo vendrá cuando el gran propósito de Dios para Su creación solamente puede ser consumado purgando todo el pecado, y a todos los pecadores de la tierra. Jesús no va a venir a vivir en una tierra en donde el pecado continúa y tiene sus puños en la humanidad. Así que en este versículo vemos el destino de todos aquellos seguidores de Satanás. El siguiente capítulo nos contará el destino de Satanás.

Algunas Observaciones Personales

Este capítulo presenta una increíble imagen de los eventos que preceden y rodean a la segunda venida de Jesucristo. Primero, vemos la escena de celebración en el cielo después de que el reino y las posesiones de la Bestia de la tierra (el falso profeta) han sido destruidos. Después vemos que el cuartel general de la Bestia del mar (anticristo) ha sido destruido. La escena de celebración en el cielo es en reconocimiento de que Dios ha iniciado a actuar directa y justamente en los asuntos de los hombres, con el objetivo de limpiar el mundo de la influencia de maldad en él. Aquellos que están en el cielo saben que la tierra se está preparando para la presencia de Jesucristo.

Esto es seguido del banquete de bodas del Cordero. Los invitados son Jesucristo (el novio), los creyentes del Nuevo Testamento (la Iglesia, como la novia) y los invitados. Los invitados serán todos aquellos en el cielo debido a su fidelidad a Dios a través de los siglos, pero quienes no han sido desafiados con el mensaje de Jesucristo. Esto está tomando lugar ya que la novia se ha preparado así misma presentando sus actos justos ante Jesucristo, y habiendo recibido su recompensa debida y las instrucciones de que se vistiera de lino blanco.

Después del banquete nupcial, el novio y Su comitiva se preparan para ir a la tierra. Ahí Cristo, acompañado de Su ejército de seguidores confronta al ejército de la bestia. En la subsecuente confrontación, el anticristo y su anterior asistente, el falso profeta, serán tomados y arrojados al lago de fuego. Después Cristo destruye su ejército con la espada (palabras) de Su boca. De hecho en el capítulo 15 vimos que Jesús aparentemente hará caer granizos de 100 libras para que caigan en el ejército del anticristo y los aplasten. En este capítulo vemos que sus restos son comidos por aves de rapiña.

Cristo está ahora en la tierra y está listo para establecer Su reino eterno. Mientras en la tierra, Él tiene varias cosas que preparar para la eventual presencia en la tierra del Dios mismo. En el siguiente capítulo veremos los pasos finales para la redención de la tierra, los cuales son necesarios para preparar a la tierra y que se convierta en la nueva casa de Dios.

Jesucristo está de regreso en la tierra.
¡Que gran causa para celebrar!

Capitulo 20

Apocalipsis 20:1 - 15
El fin de la tierra y de la humanidad como la conocemos

Como resultado de los juicios del capítulo 19, la humanidad que no se ha arrepentido será destruida.

Después de la destrucción de la Bestia y del Falso Profeta, la atención de Juan ahora es dirigida hacia el regreso físico de Cristo a la tierra, la forma como Él trata con el dragón (ejemplo Satanás) y el juicio final de Dios en la humanidad. Como resultado de los juicios del último versículo en el capitulo anterior, la humanidad en la tierra que no se ha arrepentido será destruida. Concurrente con este juicio Jesús regresa a la tierra para reinar sobre la tierra acompañado por Su ejército de seguidores. El reino de Cristo en la tierra inicia con Su juicio de toda la humanidad no creyente a través de la historia del Gran Trono Blanco.

La palabra en latín "milenio" es utilizada seis veces en este capítulo y es correctamente traducida como "mil años". El Tárgum (frase Aramea del Antiguo Testamento), Talmud (un vasto compendio de Ley y conocimientos Judíos), y el Midrash (un método interpretativo para penetrar el significado más profundo de un pasaje Hebreo) todos ellos concluyen que literalmente habrá un periodo de mil años en donde el Mesías Judío reinará en la tierra.

El reinado de Cristo de mil años en la tierra también servirá como una prueba final de la lealtad del hombre a Dios bajo condiciones ideales. Durante este tiempo la tierra tendrá un ambiente físico perfecto. Recuerde, los desiertos llegaron a existir debido a la maldición que Dios puso en la tierra como resultado del pecado original de Adán y Eva en desobediencia a Él.

Isaías 11: 6-9 nos dice, *"El lobo morará con el cordero, y el leopardo se echará con el cabrito; el becerro, el leoncillo y el animal doméstico andarán juntos, y un niño los conducirá. La vaca y la osa pacerán, sus crías se echarán juntas, y el león, como el buey, comerá paja. El niño de pecho jugará junto a la cueva de la cobra, y el niño destetado extenderá su mano sobre la guarida de la víbora. No dañarán ni destruirán en todo mi santo monte, porque la tierra estará llena del conocimiento del SEÑOR como las aguas cubren el mar."* Durante el reinado de mil años de Cristo, muchas de las leyes que ahora rigen la creación cambiarán.

En Miqueas 4:4 leemos lo siguiente: *"Cada uno se sentará bajo su parra y bajo su higuera, y no habrá quien los atemorice, porque la boca del SEÑOR de los ejércitos ha hablado."* Esto nos dice que cada persona vivirá en su propio pedazo de tierra y lo disfrutará en paz.

━━ ━━ ━━ ━━ ━━ ━━ ━━ ━━ ━━

Preguntas importantes para meditar mientras estudia este Capitulo:

Hay cuatro eventos específicos que están sucediendo en este capítulo. ¿Cuáles son?

1. Evento No. 1: Versículos 1 - 3. ¿Cual crees que es el propósito de Dios para este evento? (versículo 3)

2. Evento No. 2: Versículos 4 - 6. ¿Cual crees que es el propósito de Dios para este evento?

3. Evento No. 3: Versículos 7 - 10. ¿Cual crees que es el propósito de Dios para este evento?

4. Evento No. 4: Versículos 11 - 15. ¿cual es el criterio que Dios utiliza para pronunciar juicio en estos individuos que están a punto de ser puestos delante de Él?

Un Comentario Sobre el Capítulo

Versículo 1. Y vi a un ángel que descendía del cielo, con la llave del abismo y una gran cadena en su mano.

Versículo 2. Prendió al dragón, la serpiente antigua, que es el Diablo y Satanás, y lo ató por mil años;

Versículo 3. Y lo arrojó al abismo, y lo cerró y lo selló sobre él, para que no engañara más a las naciones, hasta que se cumplieran los mil años; después de esto debe ser desatado por un poco de tiempo.

Estos tres versículos muestran claramente como Satanás estará atado por 1000 años. Cuando Dios interviene, el poder de Satanás esta tan disminuido que inclusive un ángel común y corriente puede controlarlo. La descripción de *"un ángel"* no nos dice nada para poder distinguir a dicho ángel de cualquier otro ángel, y es presentado exactamente de la misma manera como todos los demás ángeles, no se le hace mención de que es un ángel "fuerte", como muchos otros ángeles que hemos visto en Apocalipsis.

No hay ninguna razón para interpretar las cadenas como otra cosa que no sean cadenas. La palabra Griega traducida como "cadenas" (*halysis*) es la misma que encontramos en Marcos 5:3: *"que tenía su morada entre los sepulcros; y nadie podía ya atarlo ni aun con cadenas;"* Es también la misma que encontramos en Hechos 12:7 para describir las cadenas que se cayeron en prisión, y en Hechos 28:20 y 2 Timoteo 1:16 para describir las cadenas a las cuales estaba Pedro atado en prisión. En todos estos usos que se ven en estos pasajes, la palabra describe a una cadena tangible, verdadera; por lo tanto, no hay ninguna razón válida para interpretarla diferente en este pasaje. A lo mejor pudiéramos sentir que una cadena ordinaria no pudiera restringir a un ángel, como Satanás, sin embargo, a Juan le pareció una cadena común y ordinaria. De lo que haya sido que este hecha la cadena, esta era adecuada para el trabajo que Dios había designado para dicha cadena.

En el versículo 2 Dios quería que Juan dejara bien claro a quien estaba sujetando esta cadena. De hecho Satanás es claramente identificado con todos los cuatro títulos que se usan previamente en Apocalipsis para identificarlo:

* El dragón – Apocalipsis 12:7 – 8
* La serpiente – Apocalipsis. 12:9, 15 (también ver Génesis 3)
* El Diablo – Apocalipsis 12:12
* Satanás – Apocalipsis. 20:2

No hay ninguna batalla grande o terrible entre estos supremos antagonistas de la historia, ejemplo entre Cristo desde el Cielo y el dragón del infierno; en su lugar, un ángel sin nombre es suficiente para reducir a Satanás a la impotencia cuando Dios así lo decreta.

La primera referencia a "los mil años" se observa en los versículos 2 y 3. La razón más obvia para tomar este término de manera literal es que en el texto no se indica otra cosa que nos haga creer lo contrario. También parece que aquellos que están determinados a interpretar este texto como cualquier otra cosa menos su interpretación literal de 1000 años, lo hacen para confirmar una postura de una doctrina predeterminada. Este enfoque no ayuda en nada para fomentar el verdadero entendimiento de las escrituras. La mejor interpretación del versículo 2 es el decir que Satanás estará atado por un periodo literal de 1000 años.

De acuerdo al versículo 3, Satanás es arrojado al abismo durante este tiempo. De nuestra discusión anterior del abismo (específicamente el capítulo 9), vemos que el abismo es el lugar en donde se aprisiona a los espíritus malignos y a los demonios. El propósito de confinar a Satanás en este pasaje, no es un castigo, sino para prevenir que Satanás siga engañando a las naciones o a la humanidad durante este periodo de tiempo. Ahora hay tres fuerzas de tentación para la humanidad: el mundo, la carne y el demonio. La incapacidad de Satanás de influenciar a la humanidad y el reinado personal del Cristo en la tierra durante este tiempo, traerá como resultado un periodo de ambientes perfectos espirituales y morales en la tierra.

La única fuente de tentación para el hombre será la de su propia naturaleza.

Debido a que el mundo realmente será un mundo de justicia, administrada por Jesucristo, no habrá tentaciones mundanas que desorienten a los hombres. Ninguno será tentado por Satanás, porque estará atado e impedido de aplicar cualquier tipo de influencia. Habrá muchos creyentes emergiendo del periodo final de tribulación que sigan conservando sus cuerpos físicos. Ellos y sus descendientes seguirán teniendo naturaleza de pecado.

Al final de los 1000 años, Satanás será dejado en libertad por un breve periodo de tiempo. Mientras tanto, solo imagine como estará preparando los espíritus malignos y los demonios que viven en el abismo para lo que él sabe será la última oportunidad para confrontar a Dios. Satanás estará en su Gloria rodeado por todos sus amigos en el abismo.

Versículo 4. También vi tronos, y se sentaron sobre ellos, y se les concedió autoridad para juzgar. Y vi las almas de los que habían sido decapitados por causa del testimonio de Jesús y de la palabra de Dios, y a los que no habían adorado a la bestia ni a su imagen, ni habían recibido la marca sobre su frente ni sobre su mano; y volvieron a la vida y reinaron con Cristo por mil años.

Versículo 5. Los demás muertos no volvieron a la vida hasta que se cumplieron los mil años. Esta es la primera resurrección.

Versículo 6. Bienaventurado y santo es el que tiene parte en la primera resurrección; la muerte segunda no tiene poder sobre éstos sino que serán sacerdotes de Dios y de Cristo, y reinarán con Él por mil años.

En estos versículos se nos da un vistazo de quienes serán aquellos que estarán en la tierra durante los 1000 años que Cristo estará reinando aquí. Esto claramente es un preludio del reino eterno de Dios en la nueva tierra, la cual será presentada en el siguiente capítulo. Como se advirtió en nuestro comentario de los versículos 1 al 3, los 1000 años serán un tiempo en donde Cristo pondrá a prueba la verdadera naturaleza de los corazones de los hombres mientras viven bajo condiciones ideales. Le dará a la humanidad una última oportunidad para aceptar o rechazar personalmente a Cristo como su Salvador. Una pregunta importante es, ¿Quién estará aquí en la tierra durante el reinado de los 1000 años de Cristo? Estos versículos nos proporcionan una comprensión interesante del plan total de Dios para la salvación de la humanidad. Dentro de estos versículos, podemos identificar a cinco clases de personas quienes estarán en la tierra durante este tiempo.

1. Es evidente que los miembros de la iglesia verdadera estarán aquí. Recuerde, han acompañado a Cristo en Su regreso a la tierra de acuerdo al capítulo anterior. Este grupo está identificado en 1 Tesalonicenses Capitulo 4, versículo 14: *"Porque si creemos que Jesús murió y resucitó, así también Dios traerá con El a los que durmieron en Jesús."*, y en el versículo 16: *"Pues el Señor mismo descenderá del cielo con voz de mando, con voz de arcángel y con la trompeta de Dios, y los muertos en Cristo se levantarán primero."* Y finalmente en el versículo 17: *"Entonces nosotros, los que estemos vivos y que permanezcamos, seremos arrebatados juntamente con ellos en las nubes al encuentro del Señor en el aire, y así estaremos con el Seño siempre"* De lo que Pablo está hablando en estos versículos es el rapto de la Iglesia. Esto habrá tomado lugar antes del final de los siete años del reinado del hombre en la tierra cuando el pueblo de Dios, Israel, le fue dada la responsabilidad de evangelizar el mundo. Durante este periodo de siete años, la Iglesia habrá recibido sus recompensas, de acuerdo a sus obras en la tierra, se convierta en la novia de Jesús, haya sido participe del banquete y haya acompañado al novio cuando El regrese a la tierra a establecer su reino temporal. Este grupo está limitado a aquellos que han aceptado a Jesucristo, iniciando cuando Cristo estuvo en la tierra la primera vez, y terminando con el rapto de la Iglesia al cielo. Ahora estarán en la tierra y sus cuerpos glorificados, ya que ellos abran resucitado y abran estado con Cristo en el cielo.

    ¿Quién estará en la tierra? La Iglesia raptada estará ahí.

2. Los Santos del Antiguo Testamento estarán ahí. Estos son los santos quienes antes de la primera venida de Cristo a la tierra, probaron su lealtad en obediencia a Dios. Fueron invitados al banquete nupcial y acompañaron a

    ¿Quién estará en la tierra? Los Santos del antiguo testamento estarán ahí.

Cristo en su regreso a la tierra. Estas personas son aquellos a los que Pablo se refiere en el antiguo testamento en Efesios 4:8 "CUANDO ASCENDIÓ A LO ALTO, LLEVO CAUTIVA UNA HUESTE DE CAUTIVOS, Y DIO DONES A LOS HOMBRES." Este grupo está reunido junto con Cristo cuando descendió al "paraíso" (seno de Abraham) durante el tiempo de Cristo en la tumba y antes de Su resurrección. Este grupo inicio con Adán y terminó con la ascensión de Cristo al cielo, y ellos estarán en sus cuerpos glorificados, ya que ellos ya habrán resucitado y estado con Cristo en el cielo, y acompañado a Cristo en Su regreso a la tierra.

3. Los dos grupos anteriores acompañaron a Jesús en su regreso a la tierra. Ahora el versículo 4 identifica como presente **un grupo que se sentó sobre tronos.** Claramente, este grupo deben de ser personas que tenían un lugar en la primera resurrección. Estos incluirán a los santos del Antiguo Testamento, ya que ellos resucitaron y ascendieron al cielo con Cristo en Su ascensión, después de Su muerte en la cruz. También incluirá a los miembros de la Iglesia que resucitaron antes de los eventos de las últimas siete semanas que vimos en el capítulo 6. En Lucas 22:30 Cristo dijo a Sus discípulos, "que comáis y bebáis a mi mesa en mi reino; y os sentaréis en tronos juzgando a las doce tribus de Israel" En 1 Corintios 6:2 y 3 Pablo dijo, "*¿O no sabéis que los santos* han de juzgar al mundo? Y si el mundo es juzgado por vosotros, ¿no sois competentes para juzgar los casos más triviales? *¿No* sabéis que hemos de juzgar a los ángeles? ¡Cuánto más asuntos de esta vida!*". Aquellos que están en sus tronos, entonces, no representan un nuevo grupo, sino personas especiales escogidas por Dios de los dos grupos anteriores, merecedores de este honor especial.

4. Incluidos están todos aquellos que han sido mártires por su testimonio a Cristo o por haberse negado a participar en la adoración de la bestia o dejarse poner **su marca.** Estos están descritos en el versículo 4. Este grupo habrá

> ¿Quién estará en la tierra?
> Aquellos que fueron
> martirizados durante el tiempo
> de la gran tribulación.

iniciado después del rapto de la Iglesia y habrá terminado en la destrucción final de la bestia y el falso profeta. Este versículo indica que ellos resucitaron en este tiempo y reinaron con Cristo; por lo tanto ellos también están presentes en sus cuerpos glorificados.

5. También incluido en este reinado de 1000 años estarán **aquellos que han sobrevivido la persecución y tribulación que tuvo lugar en los últimos siete años del hombre y del reinado de Satanás en la tierra, y que se convirtieron en "creyentes" o seguidores del Dios verdadero y mantuvieron su testimonio hasta el final.** Este grupo incluirá tanto Gentiles como Judíos, quienes ya seaque se hayan convertido en creyentes en el Cristo mismo, y reconocieron la mano de Dios en las circunstancias alrededor de ellos, o bien que han sido convencidos de la autenticidad de Dios a través del testimonio de los evangelistas Judíos o por el mensaje del ángel que volaba sobre ellos. Incluidos también están esos Judíos que vinieron a reconocer a Jesús como el Mesías, cuando apareció en poder. Estos estarán en sus cuerpos naturales y formarán una base que se reproducirá muchas veces durante los 1000 años de vida idílica.

En el versículo 6, vemos que los primeros cuatro grupos forman la "primera resurrección". En 1 Corintios 15:51-53; o vemos lo que el termino resurrección significa: *"He aquí, os digo un misterio: no todos dormiremos, pero todos seremos transformados en un momento, en un abrir y cerrar de ojos, a la trompeta final; pues la*

¿Quién estará en la tierra? Los sobrevivientes justos de los últimos siete años.

trompeta sonará y los muertos resucitarán incorruptibles, y nosotros seremos transformados. Porque es necesario que esto corruptible se vista de incorrupción, y esto mortal se vista de inmortalidad." De estos versículos podemos ver que la resurrección toma lugar cuando aquellos que han muerto tienen sus cuerpos terrenales y sus almas nuevamente juntos para formar un cuerpo inmortal. En otras palabras, estarán en la tierra en sus cuerpos inmortales glorificados durante estos 1000 años. Estas personas habrán resucitado en tres grupos diferentes, en tres momentos diferentes.

1. **Las primicias:** Este grupo se identifica en 1 Corintios 15:20 *"Mas ahora Cristo ha resucitado de entre los muertos, primicias de los que durmieron."* En este capítulo vemos que **Cristo es una primicia.** Su resurrección llegó poco tiempo después de Su muerte en la cruz. Sin embargo, advierta que "primicias" en este versículo esta en plural, por lo tanto, debe de haber otros que son parte de esta resurrección. Cuando Cristo ascendió al cielo tenía compañía, una "hueste de cautivos". Estos fueron los santos del Antiguo Testamento, grupo 2, que murieron antes de la ascensión de Cristo y cuyas almas han estado cautivas en el Seol o en el "Seno de Abraham. Por lo tanto, **los santos del Antiguo Testamento eran parte de "las primicias"** presentadas a Dios.

2. **La cosecha:** 1 Corintios 15:23 *"Pero cada uno en su debido orden: Cristo, las primicias; luego los que son de Cristo en su venida."* Aquellos que son de Cristo no pueden ser nadie más que la Iglesia, estos están representados en el grupo 1.

3. **Las espigas:** aquellos que han sido martirizados por su testimonio a Cristo o por haberse negado a adorar a la bestia o dejarse poner su marca, este el grupo 4.

Vemos en el versículo 6, que durante este periodo de 1000 años del reinado de Cristo en la tierra todos aquellos que han experimentado la primera resurrección y tienen sus cuerpos inmortales servirán como sacerdotes de Dios y de Cristo. Qué experiencia tan grande será esta cuando nosotros como creyentes ayudaremos a Cristo a limpiar la tierra de todo el pecado y le asistiremos en llevar a cabo sus funciones como rey y juez.

En estos siguientes cuatro versículos vemos el ultimo intento de Satanás en alentar la rebelión de la humanidad del control de Jesucristo.

Versículo 7 - *Cuando los mil años se cumplan, Satanás será soltado de su prisión*

Recuerde el versículo 3: *"y lo arrojó al abismo, y lo cerró y lo selló sobre él, para que no engañara más a las naciones,* **hasta que se cumplieran los mil años; después de esto debe ser desatado por un poco de tiempo."**. Cuando entendemos el propósito de Dios para dejar libre a Satanás, y lo que Satanás va a lograr en su regreso a la tierra, sospecho que cuando Dios habla de "un poco de tiempo" (versículo 3), está hablando de unos pocos años según nosotros entendemos el tiempo.

Durante los 1000 años antes de la liberación de Satanás, el hombre estará viviendo bajo las condiciones ideales. Para el hombre y mujer que han nacido y han sido criados en un ambiente ideal, lo único que ellos habrán conocido es paz, prosperidad y justicia. Las historias que sus padres les contaron y sus gobernantes celestiales y maestras sobre el tiempo antes de que Cristo viniera a la tierra, les sonará cada vez más ilusorio conforme pasan los siglos. Pronto esos tiempos antiguos sonaran glamurosos, con su aparente libertad y emoción. Muchos de las generaciones más jóvenes interiormente empezaran a resentir el control bajo el cual deben de vivir. A pesar de que Satanás está atado y estas personas no tienen tentaciones externas para dudar de Dios o desobedecer Su voluntad, no son inocentes, como Adán y Eva en el jardín. Sus corazones de manera natural son "engañosos y desesperadamente perversos" (Jeremías 17:9 *"Más engañoso que todo, es el corazón, y sin remedio; ¿quién lo comprenderá?")* Simplemente por herencia genética, y deberán tomar una decisión consciente de aceptar a Cristo como su Salvador personal si quieren ser salvos como lo fueron sus ancestros. Con tan poco contacto con el pecado, y con la provisión de cualquier necesidad material fácilmente disponible, esto puede ser aun más difícil para ellos que lo que fue para sus ancestros. Sus condiciones ideales puede que evite que algunas personas acepten a Cristo como su Salvador, refutando la filosofía de hoy en día que dice que si le puedes dar a un hombre un ambiente ideal, entonces será intrínsecamente bueno. Desde Adán el hombre ha estado excusando sus fallas en base a ambientes pobres espirituales, morales y físicos. Durante el milenio, el hombre no podrá hacer esto.

El mundo experimentara una gran explosión demográfica. Ya no habrá guerras. El crimen casi no existirá. Las enfermedades serán eliminadas. Ya que la maldición del pecado será eliminada de la tierra física, producirá suficiente alimento para alimentar a toda la población. Es muy posible que la población del milenio pueda crecer para exceder la población mundial durante todo el periodo de historia bíblica.

Tal es el mundo en el cual Satanás será liberado (advierta que no se está escapando de su prisión sino que es liberado). Veremos en el siguiente versículo como reacciona Satanás cuando se le confronta a este mundo perfecto.

Versículo 8 - *y saldrá a engañar a las naciones que están en los cuatro extremos de la tierra, a Gog y a Magog, a fin de reunirlas para la batalla; el número de ellas es como la arena del mar.*

Las acciones de Satanás cuando es liberado y el éxito que experimenta demuestra dos cosas. Primero la naturaleza de Satanás sigue siendo la misma después de haber estado preso 1000 años. Esto prueba la justicia de Dios en Su último juicio eterno de Satanás. Segundo, demuestra que la naturaleza rebelde y pecaminosa del hombre no ha cambiado en 1000 años aun y que ha vivido en un ambiente perfecto.

Todas las personas que viven en la tierra y que entraron al milenio lo hicieron porque son justos y están arrepentidos. Sin embargo, sus descendientes que nacieron durante este periodo de 1000 años sin duda alguna son mucho más numerosos que los padres. Estos descendientes nunca experimentaron las tentaciones de Satanás. Nunca tuvieron que ejercitar su libre albedrío en escoger el bien sobre el mal, amor sobre odio, porque nunca habrán estado expuestos a nada que sea malo, malvado o lleno de odio. En el exterior se les habrá requerido que se adecuen al gobierno del Rey y que hagan de la obediencia a Cristo una profesión. En muchos casos sin embargo, esto puede ser solo una conversión exterior sin realmente estar convencidos en el interior. El vivir bajo un reinado de justicia es una cosa, pero el tener un corazón cambiado y contrito es otra totalmente diferente. Imagine lo vulnerable que estos descendientes estarán para Satanás y sus engaños. El hecho de que Satanás tiene bastante éxito en su engaño puede observarse claramente del siguiente enunciado "el numero de los que le siguen son como la arena del mar."

No debemos olvidar que hay un aspecto positivo en que Satanás sea liberado para engañar a la humanidad. Al separar a aquellos que solo le dan a Cristo obediencia de labios para afuera, identificará de una vez por todas a aquellos que no pueden ser engañados por Satanás y que permanecen fieles a Cristo, sin importar lo que pasa alrededor de ellos. Estos que permanecen fieles sin duda alguna experimentar el ridículo social y personal durante este tiempo por aquellos que se enamorarán de Satanás.

En los escritos Judíos apocalípticos, Gog y Magog representan naciones quienes se han organizado en alianzas para destruir al pueblo de Dios. Aquí simbólicamente parece que estos incluyen a todas las personas que han sido engañadas por Satanás y se están organizando con él para pelear por Satanás y junto a él. Sería un error tratar de identificar a este grupo con una sola nación. En el siguiente versículo veremos contra quien van a pelear, y cual será el resultado de esta batalla.

Versículo 9 -Y subieron sobre la anchura de la tierra, rodearon el campamento de los santos y la ciudad amada. Pero descendió fuego del cielo y los devoró.

Aquellos que serán escogidos para seguir a Satanás ahora se reúnen en el llano ante la ciudad de Jerusalén, el lugar donde Cristo habita y también el centro de gobierno para toda la humanidad durante los últimos 1000 años. Sin embargo, las cosas no salen como ellos esperan. Estoy seguro que se están preparando para una confrontación magna con Cristo y Sus seguidores. Probablemente se están imaginando el resultado y posiblemente determinan que los números los favorecen. Sin embargo Dios tiene otro plan. No hay negociaciones, no se presenta ningún argumento, no hay audiencia, no hay juicio, ninguna oferta para un tratado, y ninguna condición para rendirse antes de pelear. Dios no espera una batalla inclinada entre Sus seguidores y los seguidores de Satanás. Simplemente hay juicio inmediato: los seguidores de Satanás son destruidos por fuego que cae del cielo. Advierta lo que dice, no solamente morirán quemados en este fuego, sino que serán consumidos por él. Dios determinó la victoria anticipadamente.

Versículo 10 - Y el diablo que los engañaba fue arrojado al lago de fuego y azufre, donde también están la bestia y el falso profeta; y serán atormentados día y noche por los siglos de los siglos.

Cuando Satanás es arrojado al lago de fuego, se dará cuenta que tiene compañía. La Bestia (el anticristo) y el falso profeta ya están ahí. Fueron arrojados a este lago de fuego hace 1000 años, previo a la venida de Cristo a la tierra. La trinidad de Satanás ahora está unida para siempre por la eternidad. Este versículo muestra que aquellos que fueron arrojados al lago de fuego morirán ni dejarán de existir. De hecho nos dice que vivirán eternamente en este lugar. No será una existencia pacifica o feliz, sino una en donde sus residentes son atormentados sin descanso. Aparentemente Satanás no tiene un lugar especial en el lago de fuego, sino que será atormentado como cualquier otro ocupante.

En estos versículos finales, se nos presentará la escena final de este capítulo, el juicio ante el trono blanco.

Versículo 11 - *Y vi un gran trono blanco y al que estaba sentado en él, de cuya presencia huyeron la tierra y el cielo, y no se halló lugar para ellos.*

No se nos dice cuanto tiempo pasó después de los 1000 años para que tuviera lugar esta escena, solo que tiene lugar después de los 1000 años y después del periodo en que Satanás es dejado libre en la tierra. En Apocalipsis el trono es mencionado más de treinta veces. Sin embargo, aquí esta descrito como "un gran trono blanco", para distinguirlo de todos los otros tronos que han sido mencionados. Hay una razón importante para esto. Veamos si podemos ver cual es esta razón.

Leemos en este versículo que *"huyeron la tierra y el cielo"*. Esto nos dice tres cosas. Primera que el trono no está ubicado en la tierra, ni en la atmósfera que rodea la tierra, ya que se dice que huyeron. En los versículos subsecuentes, vemos que los no creyentes comparecen ante este trono; por lo tanto no puede ser el cielo que Dios actualmente llama Su casa, ya que sabemos que ningún no creyente tiene acceso a esto. Entonces debemos concluir que este trono está ubicado en algún lugar que nosotros llamamos "el espacio exterior". En segundo lugar, ¿Por qué desaparecen completamente la tierra actual y su atmósfera de la creación de Dios?. Solo puede ser porque un mundo imperfecto no puede coexistir con un Dios perfecto. En tercer lugar, se nos deja para que nos demos cuenta que ahora solo son el hombre y Dios cara a cara, incluyendo creyentes y no creyentes.

Nos debemos de dar cuenta de otras dos cosas aquí. Primero, no hay ningún arcoíris sobre este trono, como los que se describen en el capitulo 4:3 (*"Y el que estaba sentado era de aspecto semejante a una piedra de jaspe y sardio, y alrededor del trono había un arco iris, de aspecto semejante a la esmeralda").* Ya que el arcoíris es creado por Dios como una evidencia visible de Su pacto de misericordia con el hombre, solamente podemos concluir que, en este trono, la misericordia de Dios ya no es evidente en el hombre que no ha sido regenerado. También advierta que no hay ningún intento por describir una presencia en el trono. Dios evidentemente no siente que Juan debe de ver cual será Su apariencia esta vez. En cualquier caso, no puede ser ninguna otra apariencia que la del Creador, Rey y Juez de toda la creación.

Versículo 12 - Y vi a los muertos, grandes y pequeños, de pie delante del trono, y los libros fueron abiertos; y otro libro fue abierto, que es el libro de la vida, y los muertos fueron juzgados por lo que estaba escrito en los libros, según sus obras.

Versículo 13 - Y el mar entregó los muertos que estaban en él, y la Muerte y el Hades entregaron a los muertos que estaban en ellos; y fueron juzgados, cada uno según sus obras.

¿Quien está siendo juzgado? Y ¿cuales son las bases para ser juzgados? Lo primero que advertimos es que todos han muerto. También debemos guardar en mente que aquellos que están siendo juzgados son personas que no han sido previamente juzgadas. Esto elimina a todos los que entraron el milenio en sus cuerpos glorificados. Esto deja a dos grupos de personas: a todos los no creyentes que murieron en su pecado desde Adán, y un segundo grupo, mucho más pequeño que debe de ser todos aquellos que nacieron durante el milenio y que murieron en ese tiempo, pero han sido creyentes y seguidores de Cristo durante el milenio. El versículo 13 expande esta descripción, mencionando que el mar entregó los muertos que estaban en él. Ya que la muerte es muerte, con toda probabilidad lo que quiere decir aquí no es que sea el mar literalmente hablando, ya que esta distinción sería falsa, sino que habla metafóricamente de un mar de personas, como se describe en los versículos previos en Apocalipsis (ver Apocalipsis 17: 1, 15). Este versículo nos dice adicionalmente que la muerte y el hades entregan a los muertos que estaban en ellos. La muerte representa el destino físico de nuestros cuerpos, mientras Hades representa el destino de nuestras almas. Así que lo que está pasando aquí es una reunión de nuestros cuerpos físicos y nuestras almas, literalmente una segunda resurrección para aquellos que no han tenido parte en la primera resurrección.

El versículo 12 dice que la base para juzgar a estas personas estará en dos libros. Uno es llamado el libro de la vida; el otro, el libro de la vida del Cordero. Hay dos diferencias principales entre estos dos libros. Primero, el libro de la vida contiene los nombres de todas las personas que están vivas, mientras el libro de la vida del Cordero incluye solo los nombres de aquellos que han sido llamados por Cristo para salvación. En el libro de la vida ha sido escrito el nombre de cada persona que ha sido concebida, y que por lo tanto Dios le ha dado vida. El libro de la vida del Cordero es un libro en donde solamente se escriben los nombres de los creyentes que han vivido desde la cruz, cuando el sacrificio de Cristo como el cordero de

> *Estos dos libros juntos determinan tanto como y en donde pasaremos la eternidad.*

Dios hizo posible nuestra salvación. Jesucristo escribió los nombres de aquellos que han aceptado Su oferta de vida eterna (Apocalipsis 13:8 "*Y la adorarán todos los que moran en la tierra, cuyos nombres no han sido escritos, desde la fundación del mundo, en el libro de la vida del Cordero que fue inmolado*").

En Segundo lugar y más importante, es posible borrar el nombre de uno del libro de la vida, pero no se puede borrar del libro de la vida del Cordero. Tristemente, (cuando se hace evidente que de manera irrevocable han rechazado la provisión de Dios para su salvación a través de la obediencia a Él, o por medio de la aceptación de Jesucristo Su hijo como su salvador) a multitudes le fueron "eliminados sus nombres del libro de la vida" (Apocalipsis 3:5: "*Así el vencedor será vestido de vestiduras blancas y no borraré su nombre del libro de la vida, y reconoceré su nombre delante de mi Padre y delante de sus ángeles*", éxodo 32:33: "*Y el Señor dijo a Moisés: Al que haya pecado contra mí, lo borraré de mi libro*" y salmos 69:28 "*Sean borrados del libro de la vida, y no sean inscritos con los justos*").

El libro de la vida contiene todas las obras de las personas mientras vivieron en esta tierra. Las escrituras nos dejan claro en el libro de Romanos que Dios hará a todos responsables de acuerdo al grado de iluminación y la oportunidad que esta persona tuvo. Va a ser muy suave el infierno para aquel que nunca tuvo la oportunidad de escuchar la Palabra comparado con lo que será para aquellos quienes escucharon el evangelio de gracia y lo rechazaron. Los grados de juicio no serán en términos de duración del juicio, ya que todos los juicios serán para la eternidad, sino posiblemente en la dureza del tormento. El asunto aquí no es de una salvación por obras, ya que nuestras obras son evidencia irrefutable de la condición actual de nuestros corazones. Aquellos cuyos nombres están en el libro de la vida del Cordero no tendrán las obras que hicieron en vida registradas para ser juzgados, ya que su acto de fe al aceptar a Jesucristo como su Salvador previene todo eso. Sin embargo se registraran las obras que ejecuten mientras están en la tierra y las cuales Dios considere dignas de recompensa.

Versículo 14 - Y la Muerte y el Hades fueron arrojados al lago de fuego. Esta es la muerte segunda: el lago de fuego.

En este versículo podemos ver que Dios elimina para siempre tanto la muerte espiritual como física. El carácter exacto y la ubicación del lago de fuego no ha sido revelado en las escrituras, pero no hay ninguna razón para cuestionar su existencia. Por lo menos, uno tendría que concluir que debe de ser tan temeroso y tormentoso como es el fuego en la actualidad, así que nadie puede sentir confort pensando que este lago de fuego no es de fuego real.

El lago de fuego significa que no hay extinción de manera opuesta a la existencia, sino una existencia tormentosa por la eternidad en la sociedad de maldad, opuesto a vida eterna en la presencia de Dios.

Versículo 15 - Y el que no se encontraba inscrito en el libro de la vida fue arrojado al lago de fuego.

Aquí vemos el grupo final de individuos juzgados, aquellos que han sobrevivido a la batalla final de Cristo en la tierra con Satanás y sus seguidores. Yo creo que esto consiste de tres grupos.

1. Habrá las personas que nacieron durante el milenio, que rechazaron a Dios y a Cristo durante el milenio, y que están vivas para este juicio final.

2. Habrá individuos que nacieron durante el milenio, que decidieron seguir a Cristo y están vivos durante este juicio final.

3. Habrá individuos que entraron en el milenio y que basado en su testimonio de fe durante los últimos siete años en la tierra y quienes sobrevivieron la persecución durante este tiempo, y han entrado al milenio en sus cuerpos terrenales. Todos ellos han permanecido fieles al seguir a Cristo, y siguen vivos a la fecha.

Estos individuos ahora enfrentan su momento de juicio. Si permanecieron fieles a Dios durante su tiempo en la tierra, ahora se les permitirá pasar la eternidad en la presencia de Dios. Si su nombre fue eliminado del libro de la vida debido a su rechazo a Cristo y a Dios, entonces serán arrojados al lago de fuego con aquellos que ya han sido previamente juzgados.

Las decisiones que tomamos en la tierra respecto a Dios, determinará nuestro destino para la eternidad.

Algunas Observaciones Personales

Este ha sido un capitulo muy emocionante. Inició con el reinado de 1000 años de Cristo en la tierra. Serán 1000 años donde el hombre estará libre de las tentaciones de Satanás. Esto deberá de ser un ambiente perfecto para vivir y para crecer en él. Al final de los 1000 años, Dios libera a Satanás y le permite que vuelva a tentar al hombre. Mientras se dice que será liberado solo por un periodo corto de tiempo, es tiempo suficiente para descubrir que la naturaleza natural del hombre no habrá cambiado aun y que está viviendo en un ambiente perfecto. Satanás pronto tendrá millones de nuevos seguidores, a quienes convencerá de que pueden ser independientes de la autoridad de Dios. Se juntaran para pelear, pero desafortunadamente para ellos Dios hará caer fuego del cielo y los devorará completamente.

Después de esto Dios creará un Nuevo cielo y una nueva tierra en la cual Él eventualmente vivirá con el hombre. Pero antes de que esto pueda pasar, Dios iniciará Su juicio final en la humanidad. Toda la humanidad no arrepentida desde el principio de los tiempos será juzgada y arrojada al lago de fuego. En este lugar pasaran una eternidad de tormento. Las personas que han decidido seguir a Dios y que no han sido previamente raptadas para estar con Dios en el cielo, ahora son juzgadas e invitadas a pasar una eternidad con Dios en Su nueva creación.

Este capítulo sirve como una clara advertencia para todos nosotros. La pregunta es "¿en donde quieres pasar tu eternidad?"

Ama y sigue a Cristo, y pasaras la eternidad con Él. Desprecia y rechaza a Cristo, y pasaras la eternidad en tormento. La elección es tuya.

Capítulo 21

Apocalipsis 21:1 – 27
Una introducción a la nueva creación de Dios y a la Eternidad

"Hoy es el primer día del resto de tu vida"
Este capítulo nos introduce a ese día.

Mientras esta noción puede parecer atractiva y hasta sentimental, vendrá un tiempo en donde esto será verdaderamente cierto. El clímax del libro de Apocalipsis – ciertamente, el clímax del propósito de Dios en la creación está a punto de sernos develado. Estos dos capítulos finales nos introducen a las maravillas de la eternidad, y a los resultados finales de los planes que un Dios amoroso tiene para la humanidad. Dios quien creó todas las cosas en el principio y después descansó del trabajo de su creación, una vez más asumirá el rol de creador al producir su gran obra de arte maestra, una que va a compartir con Sus fieles seguidores por toda la eternidad.

Pronto olvidaremos aquellos juicios de los que fuimos testigos en los capítulos anteriores y consideraremos el placer de vivir en donde para siempre disfrutaremos de Su gloria y su presencia. La eternidad se nos devela con un nuevo cielo, una nueva tierra, una nueva Jerusalén (literalmente una ciudad de belleza inexpresiva), y una nueva era en donde las leyes naturales van a regular un nuevo universo.

En nuestro estudio de Apocalipsis ahora hemos alcanzado el final de los tiempos, tal y como el hombre lo considera, e iniciaremos una eternidad en donde el tiempo tiene muy poco significado. Mientras lee este capítulo, crea en su mensaje literal, tal y como Dios espera que lo haga, ya que es una descripción de la casa que a usted le espera – **si es usted salvo.**

— — — — — — — — —

Preguntas importantes para meditar mientras estudia este capitulo

1. Mencione tres "nuevas" cosas que se nos presentan en este capítulo (versículos 1 y 2)

2. ¿De qué cinco traumas emocionales se le reserva a la humanidad? (ver versículo 4)

3. Para que puedan pasar las cosas antes mencionadas, ¿que habilidades utilizará Dios?

4. Multiplique los números definiendo el tamaño de la nueva Jerusalén. Haga el cálculo como si 20 billones de personas estuvieran viviendo ahí. ¿habrá suficiente espacio? (Ver versículo 16 – un estadio[4] equivale a 183 metros)

5. De todo lo que habrá en la Nueva Jerusalén, ¿que será lo más impresionante?

_____

Un Comentario Sobre el Capítulo

Versículo 1 -Y vi un cielo nuevo y una tierra nueva, porque el primer cielo y la primera tierra pasaron, y el mar ya no existe

Versículo 2 - Y vi la ciudad santa, la nueva Jerusalén, que descendía del cielo, de Dios, preparada como una novia ataviada para su esposo

Versículo 3 - Entonces oí una gran voz que decía desde el trono: He aquí, el tabernáculo de Dios está entre los hombres, y El habitará entre ellos y ellos serán su pueblo, y Dios mismo estará entre ellos

---

4   *Estadio era una unidad de longitud griega que tomaba como patrón la longitud del estadio de Olimpia.*

En estos tres versículos encontramos la descripción de la nueva morada para el hombre en donde pasará la eternidad. Génesis 1:1 dice *"En el principio creó Dios los cielos y la tierra"*. Apocalipsis 21:1 dice *"Y vi un cielo nuevo y una tierra nueva, porque el primer cielo y la primera tierra pasaron, y el mar ya no existe"* El cielo y tierra originales fueron maldecidos por la rebelión del hombre y la presencia de Satanás, y tenían que ser purgados. Para que Dios viva en la tierra, todo aquello que fue profanado por el pecado y por Satanás tenía que ser purificados y ser hechos nuevo. La Biblia identifica tres cielos. El primero es la atmósfera que rodea a la tierra y que se identifica en Génesis 1:8, como aquella que separa las aguas de la tierra de aquello que está por encima. La segunda es lo que llamamos el espacio exterior y se identifica en Génesis 1:14 como el lugar en donde el sol y las estrellas existen. El tercero cielo se identifica en 2 Corintios 12:2, y es la morada de Dios. El cielo que Juan identificó aquí es la atmósfera alrededor de la tierra. Este "cielo" se convirtió en la residencia de Satanás después de que se le expulsó del Cielo (ver Apocalipsis 123:7-9, en donde Satanás es expulsado del cielo en donde vivía Dios). En Efesios 2:2, se identifica a Satanás como el príncipe del aire.

En el versículo 1, la palabra Griega "kainos," traducida "nuevo" literalmente fue usada para designar algo que ya existía pero que fue hecho para que pareciera como nuevo en aspecto o en frescura. En otras palabras, lo que Juan describe en el versículo 1 es un cielo y una tierra que han sido completamente transformados para que parezcan completamente nuevos, no solamente en apariencia, pero también es substancia. Esto es importante que se entienda, porque lo que Juan vio lo siguió reconociendo. Esto también indica que nuestra apariencia física con mucha probabilidad será la misma que la que tenemos ahorita, pero con algunas mejoras importantes, identificadas más tarde en el versículo 4.

La segunda cosa interesante identificada en el versículo 1 es que *"el mar ya no existe"*. Esto automáticamente cambiara el clima y la atmósfera de la tierra. La ausencia de grandes cuerpos de agua indica que no habrá lluvias. El versículo no dice que no habrá más agua en la tierra, y veremos en versículos subsecuentes que definitivamente habrá manantiales y ríos. Debido a que ya no hay grandes cuerpos de agua, el agua de los manantiales y ríos sin duda alguna desaparecerá bajo el agua para reabastecer los acuíferos, lo que a cambio alimentará a los manantiales y ríos. Así mismo, casi tres cuartas partes de la tierra actual está cubierta de agua, la ausencia de los grandes mares de manera substancial aumentará el área de la tierra que está disponible para que sea ocupada por el hombre.

Antes del diluvio del tiempo de Noe, la tierra era regada por el rocío que caía en la tierra.

En el versículo 2, vemos que se nos presenta la descripción de la morada para los creyentes. "Y vi la ciudad santa, la nueva Jerusalén, que descendía del cielo, de Dios, preparada como una novia ataviada para su esposo." Esta es una ciudad, y claramente es el mismo lugar del que se habla en el libro de Juan 14:2-3 ("En la casa de mi Padre hay muchas moradas; si no fuera así, os lo hubiera dicho; porque voy a preparar un lugar para vosotros. Y si me voy y preparo un lugar para vosotros, vendré otra vez y os tomaré conmigo; para que donde yo estoy, allí estéis también vosotros.") y en Hebreos 12: 22 ("Vosotros, en cambio, os habéis acercado al monte Sion y a la ciudad del Dios vivo, la Jerusalén celestial, y a miríadas de ángeles"). El versículo también dice que la ciudad estaba "preparada como una novia ataviada para su esposo". Toda vez que la Iglesia (los creyentes conversos por la gracia de Cristo) está identificada en el Nuevo Testamento como la novia, entonces lo que está aquí descrito es la morada de la Iglesia. Advierta como dice que la ciudad desciende de Dios. Esto solamente puede indicar que fue una creación de Dios, y hasta este momento, ha estado en la presencia de Dios. Este es el lugar en donde la Iglesia resucitada estaba viviendo con Cristo antes de que Cristo regresara a la tierra. En esta escena vemos que su antigua residencia se movió hacia la nueva tierra, en donde ahora estarán viviendo en la presencia de Dios y Jesucristo.

Este es el día de mudanza para los creyentes.

La nueva Jerusalén, de acuerdo al lenguaje de este versículo, habrá estado existiendo en el cielo como el lugar de residencia de la Iglesia antes de este tiempo. Si estará existiendo a lo largo del reinado milenario de Cristo, pero no en la tierra, es muy posible que sea una ciudad satelital suspendida en el espacio durante este tiempo. Como la morada de los santos resucitados y trasladados quienes también tienen acceso a la escena terrenal, de acuerdo al capítulo anterior, esto nos ayudara a explicar esta pregunta intrigante: ¿Cómo es posible para los santos resucitados y trasladados el poder cohabitar la tierra en el mismo tiempo en el cual algunos hombres siguen estando en sus cuerpos naturales y viviendo vidas normales en la tierra? La posibilidad de que Jerusalén sea una ciudad satelital suspendida en el espacio durante el milenio no se nos enseña en las escrituras, y a lo mucho es una inferencia basada en la implicación que estaba en existencia antes de su presentación en este capítulo. No es tan importante en este momento saber de dónde viene, como lo es el significado detrás de su dramática llegada a la tierra en esta fecha.

Finalmente, en el versículo 3 encontramos la ultima adición a la situación de los creyentes vivos: *"Entonces oí una gran voz que decía desde el trono: He aquí, el tabernáculo de Dios está entre los hombres, y El habitará entre ellos y ellos serán su pueblo, y Dios mismo estará entre ellos."* No se puede poner mejor que esto. Dios está moviendo su lugar de residencia a la tierra, solo para poder estar cerca de nosotros. Es muy difícil imaginar el gozo que vamos a sentir al estar constantemente en la presencia de Dios. La palabra Griega traducida como "tabernáculo" usada en este versículo proviene de la misma raíz que la traducción de "habitar" en Juan 1:14. Literalmente quiere decir "montó su tienda de campaña".

Que pensamiento tan emocionante que Dios está montando Su tienda de campaña con el hombre.

Versículo 4 - *"El enjugará toda lágrima de sus ojos, y ya no habrá muerte, ni habrá más duelo, ni clamor, ni dolor, porque las primeras cosas han pasado."*

En este versículo, vemos que muchos disfrutaran de un nuevo ambiente físico y emocional en esta nueva tierra. Considere los siguientes "ya no habrá más" en este versículo:

- No mas lagrimas – ya no habrá sufrimientos emocionales;
- Y no habrá más muerte – esto será cierto para toda la creación. (esta es una descripción de la creación original, totalmente redimida y restablecida por Dios).

- Ya no habrá más duelo – literalmente no habrá más motivos para estar tristes. (esto inclusive puede significar que no recordaremos ya ningún ser querido quien rechazó a Cristo y se hizo sujeto a la condenación eterna.

- Ya no habrá más dolor – ni emocional ni físico.

Cuando Dios crea el Nuevo cielo y tierra, será tan maravilloso que ni siquiera recordaremos el mundo que ahora llamamos tierra.

Este versículo termina con la declaración *"las primeras cosas han pasado"*. Este el último elemento de diseño del nuevo cielo y tierra que hacen que todas estas cosas sean posibles. Este planeta nos está mostrando signos de edad. El aire está contaminado, los recursos naturales como el aceite, carbón, los arboles y el agua potable ya no se consideran como de abastecimiento ilimitado. Parte del deterioro de este planeta ha sido causado por daños que el hombre ha causado de manera intencional y egoístamente infligido, y parte de este daño es simplemente debido al deterioro que trae la edad de nuestro planeta. Después de la desobediencia de Adán y Eva, Dios puso la maldición de la tierra en este planeta. Esta maldición significó que esta tierra no iba a durar para siempre. Este versículo promete la remoción de esta maldición pronunciada por Dios en la tierra y sus habitantes cuando Adán pecó (Génesis 3:17-19). En este nuevo cielo y tierra nada se va a desgastar, pudrirse o morir. Las leyes de la naturaleza, como las conocemos actualmente, van a cambiar.

Versículo 5 - "Y el que está sentado en el trono dijo: He aquí, yo hago nuevas todas las cosas. Y añadió: "Escribe, porque estas palabras son fieles y verdaderas."

En este versículo Dios afirma que la precisión y veracidad de la verdad que Él acaba de mostrarle a Juan. Dios quería dejarle bien claro a Juan y a sus lectores que esta profecía estaba siendo prometida nada más ni nada menos que por Él mismo. La prueba final de autenticidad de cualquier profeta y su profecía, es que su profecía se cumpla al pie de la letra.

La palabra para "nuevo" (Griego *kainos*) es la misma que se usa en el versículo 1. En otras palabras, todas las cosas parecerán nuevas y frescas. Una extensión interesante de este pensamiento, *"estoy haciendo todas las cosas nuevas*", es que cuando Adán y Eva fueron creados, ya era adultos maduros (posiblemente entre dieciocho y treinta años de edad), capaces de producir hijos. Ya que el envejecimiento y la muerte eran parte de las consecuencias de su pecado, muy seguramente se hubieran quedado de la misma edad que cuando Dios los creó si no hubieran pecado. Al mismo tiempo se les ordenó que procrearan hijos los que se supone iban a crecer para tener una edad de madurez similar antes de que su edad se "estabilizara" por decirlo así. Puede ser (aunque la escritura no nos dice esto), que cuando resucitemos en nuestros nuevos cuerpos, seremos de la edad de Adán y Eva cuando fueron creados.

Versículo 6 - También me dijo: Hecho está. Yo soy el Alfa y la Omega, el principio y el fin. Al que tiene sed, yo le daré gratuitamente de la fuente del agua de la vida.

Versículo 7 - "El vencedor heredará estas cosas, y yo seré su Dios y él será mi hijo.

Versículo 8 - "Pero los cobardes, incrédulos, abominables, asesinos, inmorales, hechiceros, idólatras y todos los mentirosos tendrán su herencia en el lago que arde con fuego y azufre, que es la muerte segunda."

En el versículo 6 vemos que aquellos que vengan a Él les será dado el agua de la vida para que beban gratuitamente. Esta es una representación simbólica de nuestra salvación. Aquellos que creen en Él y le buscan les serán dada vida eterna, sin costo alguno, porque Su Hijo ya pagó el precio.

En el versículo 7, se nos dice que el vencedor (literalmente, el que permaneció fiel a Dios hasta la muerte) heredará estas cosas. Aquí esta una descripción de aquellos que no se les ofreció la salvación por gracia, y que aun así permanecieron obedientes y fieles a Dios. Estos son los santos del Antiguo y del Nuevo Testamento que encontraron a Dios por si solos. Vemos la frase *"El vencedor"* en el cierre de cada una de las siete cartas dirigidas a las siete iglesias. El que aparezca en este versículo es un resumen de los resultados de ser un vencedor, tal y como se resumen en cada una de aquellas siete cartas.

En el versículo 8 Dios identifica una lista de aquellos a quienes no se les permitirá ser parte de esta nueva creación, pero que de hecho pasaran la eternidad en el lago que arde con fuego. Cuando Dios habla de cobardía, no es una referencia a la cobardía física, sino de aquellas personas que han permitido que sus miedos personales sean más poderosos que su deseo de colocar su fe en Dios. Ellos han permitido que les domine su preocupación por la desaprobación del resto de los hombres o que su deseo por seguridad personal. La lista continua con seis tipos específicos de pecado que Dios odia de manera específica, y que hace que los hombres se aparten de su búsqueda de Dios.

1. Los abominables – aquellos que habitualmente practican el pecado en contra de Dios.

2. Los asesinos – aquellos que no valoran la vida de los demás.

3. Los inmorales – la palabra griega *"pornos"* es la raíz de la cual obtenemos la palabra "pornografía". Aquellos que practican la inmoralidad sexual en pensamiento y obra.

4. Los hechiceros – la palabra griega *"pharmakeus"* es la raíz de donde obtenemos la palabra "farmacología". Aquellos que se gratifican con el uso de drogas para inducir experiencias fantasiosas.

5. Los idolatras – aquellos que adoran otros dioses e imágenes.

6. Los mentirosos. Para Juan (1 Juan 2:22: *"¿Quién es el mentiroso, sino el que niega que Jesús es el Cristo? Este es el anticristo, el que niega al Padre y al Hijo"*) todo aquel que niega la deidad de Cristo es un mentiroso. No habrá una segunda oportunidad para los no arrepentidos.

Versículo 9 - Y vino uno de los siete ángeles que tenían las siete copas llenas de las últimas siete plagas, y habló conmigo, diciendo: "Ven, te mostraré la novia, la esposa del Cordero".

Versículo 10 - Y me llevó en el Espíritu a un monte grande y alto, y me mostró la ciudad santa, Jerusalén, que descendía del cielo, de Dios,

Versículo 11 - *y tenía la gloria de Dios. Su fulgor era semejante al de una piedra muy preciosa, como una piedra de jaspe cristalino.*

Después Dios le mostró a Juan los detalles de la Nueva Jerusalén que ya había visto en el versículo 2. Empezó describiendo la escena rodeando la llegada de la ciudad a la tierra. En el versículo 9 se le acercó uno de los ángeles que tenían una de las siete copas de ira (plagas). Este posiblemente sea el mismo ángel que vino a Juan en el capítulo 17:1, ya que lo describió exactamente con las mismas palabras. En el capítulo 17, versículo 1 se le dijo a Juan *"Y uno de los siete ángeles que tenían las siete copas, vino y habló conmigo, diciendo: Ven; te mostraré el juicio de la gran ramera que está sentada sobre muchas aguas";* Ahora en un agudo contraste, el ángel llamó a Juan y le dijo *"Ven, te mostraré la novia, la esposa del Cordero."* ¿Quién es la novia? Serán aquellos que fueron parte de la Iglesia verdadera en la tierra. Lo que el ángel le dijo a Juan es que el lugar no es lo que es realmente importante, sino las personas que ocupan dicho lugar. No es importante la ciudad, sino aquellos que ocupan la ciudad.

Después advierta en el versículo 10 como vio Juan la ciudad. Primero vemos que Juan fue llevado en el Espíritu. La inferencia es que no fue físicamente transportado al monte grande y alto, sino que Dios se lo mostró como si Juan hubiera estado físicamente presente ahí. En otras palabras lo que vio y describe fue colocado en su mente por Dios, tal y como Dios quería que lo viera. Aparentemente la vista de la montaña era necesaria para que Juan pudiera obtener una perspectiva adecuada de la ciudad. Ahí el vio la ciudad santa de la Nueva Jerusalén.

Una ciudad es tan solo edificios y calles. ¿Qué hace a esta ciudad santa? Lo que lo hace santa son sus habitantes. Sabemos por versículos anteriores que sus ocupantes son la novia de Cristo (los creyentes salvados por la gracia) así como tanto Cristo y Dios. Es la ciudad más santa que la humanidad habrá conocido jamás. Finalmente Juan se dio cuenta que la ciudad estaba descendiendo del cielo, de la presencia misma de Dios. La ciudad obviamente es un regalo de Dios, y ya está ocupada. En este punto es interesante revisar el texto de Hebreos 11:16: *"Pero en realidad, anhelan una patria mejor, es decir, celestial. Por lo cual, Dios no se avergüenza de ser llamado Dios de ellos, pues les ha preparado una ciudad."* Sus habitantes son los creyentes que habrán resucitado antes de los últimos siete años del dominio de Satanás en la tierra. Como resultado, están en sus cuerpos resucitados, y esta ciudad es su lugar de residencia para la eternidad.

La característica principal de la ciudad parece ser que el fulgor que emana de ella. La palabra traducida "fulgor" (phoster) es la palabra Griega que significa "fuente de luz". La ciudad literalmente es fuente de luz, una luz brillante que refleja la gloria de Dios, quien es el residente principal. Juan solamente podía comparar la luz que vio con la luz que emana de una piedra de jaspe cristalino. "jaspe" es la transcripción de la palabra "iasipis" que es de origen Semita. Era una piedra clara, que cuando la luz pasaba a través de ella, daba una luz brillante con un tono ligeramente dorado. El diamante moderno parecer ser que se ajusta a esta descripción mejor que cualquier otra piedra que conocemos hoy en día. Inclusive puede ser que la piedra jaspe era un tipo de diamante.

Lo que sigue a continuación en los siguientes diez versículos es la descripción física de la ciudad, tal y como Dios la puso en la mente de Juan. Como resultado de esto la descripción de Juan está llena de simbología. Juan nunca había visto nada similar, y solamente podía describir lo que veía en palabras y términos con los que él estaba familiarizado.

Versículo 12 – Tenía un muro grande y alto con doce puertas, y en las puertas doce ángeles; y en ellas había nombres escritos, que son los de las doce tribus de los hijos de Israel.

Guardando en mente que la ciudad apareció como Dios quería que Juan la viera, todo lo que describió Juan sobre la ciudad tiene detrás un significado simbólico que Dios espera que nosotros entendamos. Primero, se ve que la ciudad tiene un muro grande y alto. Después en este capítulo Juan lo describe a detalle. Pero la pregunta que surge en este momento es ¿para que se necesita un muro grande y alto alrededor de la ciudad? ¿Por qué querría Dios que viéramos esta ciudad con un gran muro alrededor de ella, la cual es nuestra futura casa? Seguramente físicamente no es necesario, ya que no hay enemigos que amenacen a sus habitantes. Solamente puede ser simbólico para demostrar la eterna seguridad que existirá para aquellos que habitan dicha ciudad. Qué imagen tan emocionante se nos presenta aquí, lo cual nos asegura que aun cuando estamos con Dios estamos bajo su protección. Después vemos que hay doce puertas en este muro. Cada puerta tiene un ángel que la cuida, y cada puerta esta nombrada después de cada una de las tribus de Israel. Esto era una práctica común en los días de Juan el de nombrar las puertas de una ciudad. El nombre de una de las tribus de Israel sobre cada puerta simbólicamente nos muestra que la entrada a la ciudad solamente puede ser hecha por medio del pueblo escogido de Dios. Nuestra salvación viene de Cristo, y ya que Cristo viene de esta nación de personas de manera literal podemos decir que nuestra salvación (y por lo tanto el permiso de vivir en esta ciudad) viene a través de esta nación de personas. Los ángeles en cada puerta nos muestran que cuando estemos en la ciudad nada podrá acercarse a nosotros sin la autorización de Dios.

Versículo 13 - Había tres puertas al este, tres puertas al norte, tres puertas al sur y tres puertas al oeste

Este versículo tiene significados simbólicos interesantes. Primero, la ciudad estará orientada de acuerdo a la brújula. En segundo lugar, hay tres puertas en cada pared. En el libro de Números capítulos 2 y 3 las tribus de Israel se les ordena acampar alrededor del tabernáculo en cuatro grupos de tres tribus cada uno, orientadas de acuerdo a las direcciones de la brújula. Por lo tanto, tres puertas en cada lado de la ciudad. Cuando Dios tiene un plan, sigue con él hasta el final.

Como dato interesante cuando los Israelitas acamparon alrededor del Tabernáculo en el desierto la tribu líder en el lado este del campamento era la tribu de Judá. También era en este lado este del tabernáculo que Moisés, Aarón y los hijos de Aarón acamparon. Finalmente las escrituras nos dicen que fue a través de la puerta del este que la gloria de Dios partió del templo en Jerusalén, y la tradición Judía dice que es a través de la puerta del este que el Mesías entrará de nuevo en el Templo.

Versículo 14 - El muro de la ciudad tenía doce cimientos, y en ellos estaban los doce nombres de los doce apóstoles del Cordero

Los cimientos de la ciudad estaban construidos en los doce apóstoles de Cristo. Es instructivo el referirse al texto de Efesios 2: 18-22 "porque por medio de El los unos y los otros tenemos nuestra entrada al Padre en un mismo Espíritu. Así pues, ya no sois extraños ni extranjeros, sino que sois conciudadanos de los santos y sois de la familia[*] de Dios, edificados sobre el fundamento de los apóstoles y profetas, siendo Cristo Jesús mismo la piedra angular, en quien todo el edificio, bien ajustado, va creciendo para ser un templo santo en el Señor, en quien también vosotros sois juntamente edificados para morada de Dios en el Espíritu." Fue este mensaje y

¡ Que emoción tan grande debió de haber sentido Juan al ver su propio nombre escrito en los cimientos de la ciudad ¡

el ministerio de los doce apóstoles que proporcionaron los cimientos de la ciudad, así como la entrada a la misma a través del pueblo escogido de Dios, tal y como se representa en Jesucristo.

Los siguientes tres versículos describen las medidas físicas de la ciudad. La pregunta que debe de hacerse uno es ¿Por qué Dios nos da las medidas de la ciudad? Cuando revisemos estos versículos vamos a ver si podemos descubrir lo que Dios quiere que veamos en esta simbología.

Versículo 15 - Y el que hablaba conmigo tenía una vara de medir de oro, para medir la ciudad, sus puertas y su muro.

Vemos que es un ángel quien está midiendo. Solamente podemos concluir que está haciendo esto por instrucciones de Dios. La Biblia identifica tres razones por las cuales Dios mide las cosas. La primera razón la encontramos en Ezequiel 42:20 *"Por los cuatro lados lo midió; tenía un muro todo alrededor de quinientas cañas de largo y quinientas de ancho, **para dividir entre lo sagrado y lo profano.**"* La segunda razón la encontramos en Ezequiel 43:10-11 *"Y tú, hijo de hombre, describe el templo a la casa de Israel, para que se avergüencen de sus iniquidades, y tomen las medidas de su plano. Y si se avergüenzan de todo lo que han hecho, **enséñales el diseño del templo,** su estructura, sus salidas, sus entradas, todos sus diseños, todos sus estatutos y todas sus leyes. **Y escribe esto ante sus ojos para que guarden todas sus leyes** y todos sus estatutos, y los cumplan."* Literalmente aquí la razón por la que se mide es para preservar el diseño. Finalmente la tercer razón la encontramos en Mateo 7:2 *"Porque con el juicio con que juzguéis, seréis juzgados; y con la medida con que midáis, se os medirá.".* Aquí la medición es para ver si reúne la medida de Dios.

Ya que la ciudad vino directamente de Dios y Él la creó, seguramente puede decirse que esta ciudad está hecha a la medida de Dios. Por lo tanto, esta no sería una razón válida para medirla. Sin embargo, las dos primeras razones si parecerán ser aplicables. Primero, para simbolizar en cierto modo lo santo de lo profano. Ya que esta ciudad es la residencia de Dios mismo, es válido asumir que está separada como una ciudad santa de todo aquello que esta fuera de la ciudad. En segundo lugar, también pudo haber sido medida para que Juan pudiera apreciar su tamaño. La ciudad era lo suficientemente grande para todo el mundo.

Se dice que el ángel tenía una vara de medir de oro. Una mejor traducción de esto pudo haber sido una "caña dorada". En aquellos días se usaba una caña como un estándar de medición. Era de seis codos de largo. Un codo era la distancia entre el codo de un hombre hasta el final de su dedo del medio, apropiadamente el equivalente a 46 centímetros en nuestro sistema de medición actual. Por lo tanto, la caña era una vara para medir de aproximadamente 2.74 metros.

Versículo 16 - *Y la ciudad está asentada en forma de cuadro, y su longitud es igual que su anchura. Y midió la ciudad con la vara, doce mil estadios; y su longitud, anchura y altura son iguales*

La ciudad estaba distribuida como un cuadrado, y tenía la misma altura como lo ancho de su base, haciendo que se viera como un tipo cubo. En 1 Reyes 6:20 leemos, *"Y el santuario interior tenía veinte codos de largo, veinte codos de ancho y veinte codos de alto, y lo revistió de oro puro; y el altar lo recubrió de cedro."*. Esto era lo más santo de lo santo en el Templo, y esta descrito como un cubo, así que podemos ver que hay una simbología conectada a la forma de la ciudad siendo esta como un cubo. Esta es la residencia de Dios. En tanto que en el lugar más santo de lo santo solo se le permitía a un hombre ingresar quien representaba al pueblo escogido de Dios (los Judíos) ante Dios, aquí en la Nueva Jerusalén toda la comunidad de creyentes tendrán permitida la entrada y sobre todo el vivir en la presencia de Dios.

Veamos el tamaño de esta ciudad y veamos lo que esto nos dice. Una mejor traducción de las medidas es que media 12,000 "estadios" a lo largo de cada uno de sus lados. Ahora bien, un estadio es una medida Griega de longitud de 600 pies griegos, lo cual es aproximadamente 607 pies en el sistema Ingles, o 185.928 metros en el sistema métrico decimal. Esto quiere decir que la ciudad media aproximadamente 1380 millas (1220 kilómetros) de largo en cada uno de sus lados. Si asumimos adicionalmente que solo 25 por ciento de esta ciudad estaba ocupada por mansiones, esto quiere decir que había aproximadamente 900 millones de millas cubicas (1593 millones de kilómetros) disponibles de espacio para mansiones. Si asumimos que los techos tienen una altura de 10 pies (3.04 metros), esto se traduciría en aproximadamente 475 trillones de pies cuadrados (144.78 trillones de metros cuadrados) de espacio disponible para casas. Aunque no hay manera de saber precisamente cuantas personas vivirán en esta ciudad, podemos darnos una idea de la magnitud de un estimado. Puede ser calculado que el número total de personas que han vivido entre el tiempo de Adán y nuestro tiempo es de aproximadamente 40 billones (ver libro de *Cosmología Bíblica y Ciencia Moderna* de Henry M. Morris, Craig Press, 1960 pp 72-83). Entonces, asumiendo que un número similar nacerá durante el milenio, y permitiendo otros 20 billones para aquellos que murieron antes de nacer o poco después de haber nacido, es razonable pensar que aproximadamente 100 billones de hombres, mujeres y niños han sido o serán miembros de la raza humana – pasada, presente y futura. Vamos también a asumir que el 20 por ciento de estas personas serán seguidoras de Cristo. Esto obviamente es solo una suposición, pero el Señor Jesús definitivamente dejó claro que la gran mayoría nunca serán salvos (Mateo 7:13-14. *"Entrad por la puerta estrecha, porque ancha es la puerta y amplia es la senda que lleva a la perdición, y muchos son los que entran por ella. Porque estrecha es la puerta y angosta la senda que lleva a la vida, y pocos son los que la hallan."*

Si esta cantidad es utilizada entonces la nueva Jerusalén podrá acomodar a 20 billones de residentes. Esto quiere decir que cada habitante pudiera poseer una mansión de aproximadamente 76,200 metros cuadrados. Esto es una casa enorme. El punto de todo este ejercicio matemático es mostrarle que el encontrar espacio en la nueva Jerusalén para todos los creyentes salvados por la gracia no va a ser ningún problema.

La Nueva Jerusalén será una ciudad bastante ante grande. Serán estas medidas solamente simbólicas

*y están siendo utilizadas para asegurarnos que
esta ciudad es lo suficientemente grande como
para que quepa todo el pueblo de Dios?*

**Versículo 17 - Y midió su muro, ciento cuarenta y cuatro
codos, según medida humana, que es también de ángel.**

Aquí vemos la última de las mediciones. Los muros tienen 144 codos de ancho. Esto es equivalente a 216 pies (65.84 metros) de ancho. Muchos comentaristas han por alguna razón interpretado que los 144 codos representan la altura del muro, pero si este fuera el caso, la altura estipulada de la ciudad haría que la altura de los muros fuera poco importante; un muro de 216 pies (65.84 metros) de alto rodeando estructuras de 1,380 millas de alto (1220 kilómetros) no hace ningún sentido. Es mucho más probable que el grosor del muro sea de 144 codos.

Se pueden hacer algunas observaciones importantes sobre los números de las medidas. Advierta que la ciudad es de 12,000 estadios. En el capítulo 6, ¿cual fue el número que Dios seleccionó de cada tribu? La respuesta es 12,000. También multiplique eso por doce, el numero de tribus y obtendrá 144,000. Debemos tener mucho cuidado en que tanto nos dejamos llevar por el simbolismo de los números, pero es interesante.

En los siguientes cuatro versículos se nos da una descripción gráfica de cómo la ciudad surgió a la vista a Juan. La ciudad es mucho más hermosa al ojo que cualquier otra cosa que el hombre pudiera haber creado. Juan debió de haber estado lleno de asombro cuando intentó describir lo que estaba viendo. Su descripción por lo tanto esta en el lenguaje de apariencia.

Versículo 18 - El material del muro era jaspe, y la ciudad era de oro puro semejante al cristal puro.

Versículo 19 - Los cimientos del muro de la ciudad estaban adornados con toda clase de piedras preciosas: el primer cimiento, jaspe; el segundo, zafiro; el tercero, ágata; el cuarto, esmeralda;

Versículo 20 - el quinto, sardónice; el sexto, sardio; el séptimo, crisólito; el octavo, berilo; el noveno, topacio; el décimo, crisopraso; el undécimo, jacinto; y el duodécimo, amatista.

Versículo 21 - Las doce puertas eran doce perlas; cada una de las puertas era de una sola perla; y la calle de la ciudad era de oro puro, como cristal transparente.

Primero Juan describe la apariencia externa de la ciudad. La naturaleza exacta de piedra jaspe no se sabe, pero se remonta al mundo antiguo. Las referencias bíblicas extras sugieren que era una piedra fina transparente, en principio clara pero con tonos rojizos y/o púrpuras. Los muros entonces tenían una apariencia semi-transparente, con reflejos de color emanando de los mismos. También esta ciudad a Juan le parecía como si fuera de oro, tan transparente que parecía de cristal. Recuerde, la ciudad contenía a Dios, que es una fuente de luz brillante emanando dentro de sí.

En los versículos 19 y 20, se nos da una descripción de la ciudad de doce cimientos. A pesar de que los colores precisos y la apariencia de alguna de estas piedras no se sabe a ciencia cierta, la imagen general que tiene es de una belleza y color inigualable. La siguiente cosa que hay que recordar es que del versículo 14 sabemos que estos cimientos de piedras preciosas representaba a los doce apóstoles. Posiblemente no pueda ser llevar la simbología al extremo si entendemos que la apariencia de cada una de estas piedras de alguna manera representaba a Dios una descripción de la contribución que cada apóstol al ministerio de Dios. Para tratar de identificar una piedra especifica con un apóstol en particular seria un ejercicio en vano. Lo que sigue a continuación es la mejor descripción de la apariencia de cada piedra que puedo hacer con la información que tengo disponible. Recuerden que lo que hace 2000 años pudo haber sido un conocimiento común ahora se ha perdido en la antigüedad, y aun los nombres de las piedras pueden haber cambiado. También recuerden que para hacer que estas piedras puedan reflejar sus colores verdaderos se tenía que tener la presencia de una luz brillante detrás de ellas.

1. Jaspe – es de suponer que la apariencia de esta piedra reflejaba una característica diferente que los muros que eran hechos de la misma piedra. Posiblemente su translucidez enfatizaba un color diferente, a lo mejor su rubicundez o inclusive una apariencia dorada.

2. Zafiro – una piedra similar al diamante en dureza y translucidez, reflejando un color azul.

3. Ágata – una piedra ágata de Calcedonia (Turquía en estos días), se cree que principalmente es un azul cielo, con otros colores que pasan a través de ella.

4. Esmeralda - de nueva cuenta, una piedra translucida, que produce un color verde brillante

5. Sardónice – una piedra compuesta de capas de piedra roja (sard) y blanca (onyx), muy comúnmente usada en la elaboración de camafeos.

6. Sardio – probablemente una piedra roja de cuarzo calcedonio, comúnmente usada para hacer gravados. El sardio es usado con el Jaspe en Apocalipsis 4:3 cuando se describe la gloria de Dios en el trono.

7. Crisólito – una piedra transparente, de color dorado, de acuerdo a Plinio el viejo, el antiguo escritor, y por lo tanto algo diferente de la piedra moderna Crisólito color verde pálido.

8. Berilo – es color verde agua, inclusive un poco Amarillo, como nuestra piedra berilo actual.

9. Topacio – una gema de color traslucido verde pálido, puede tener sombras amarillentas, a menudo se encuentra en las venas de estaño. Plinio el viejo dice que se originó en Arabia y que su nombre se deriva de la isla Topazos.

10. Crisoprasa – otra piedra de tonos verdes.

11. Jacinto – es de color azul-morado, un poco similar a nuestro zafiro de hoy en día.

12. Amatista – una piedra cuarzo de color morada.

Después Juan escribió que parecía que las puertas estaban hechas de grandes perlas. Recuerde que a cada una de las perlas se les puso un nombre de cada una de las tribus de Israel (ver versículo 12). Aquí puede ser interesante leer el libro de Mateo 13: 45-46 *"El reino de los cielos también es semejante a un mercader que busca perlas finas, y al encontrar una perla de gran valor, fue y vendió todo lo que tenía y la compró."* Para entrar a esta ciudad debes de entrar a través de una perla de mucho valor, literalmente a través de Cristo mismo. Se puede decir que Jesucristo está representado por el pueblo escogido de Dios, ya que Él era descendiente de este pueblo. Aquí tenemos una tremenda simbología.

En el versículo 21, hay dos cosas de las que vale la pena darse cuenta. (1) no son calles (en singular) sino calle (en plural) – esta no es una ciudad de muchas calles, y (2) la calle era "transparente" – es de oro, pero de un oro transparente. ¿Podemos imaginar algo más hermoso e impresionante que la imagen que Juan nos da de esta descripción de la ciudad santa de Dios?

Versículo 22 – *Y no vi en ella templo alguno, porque su templo es el Señor, el Dios Todopoderoso, y el Cordero.*

Ya no es necesario tener un templo porque Dios y Cristo ahora habitan directamente entre su gente ya que todos están sin pecado. El propósito para el cual el templo fue creado, ha dejado de tener validez, y lo que se realizaba en el templo ya no es necesario. En esta ciudad, vamos a poder acercarnos a Dios en persona. En un sentido, la Nueva Jerusalén simboliza el lugar santísimo del templo Judío, tal y como lo designa Dios en el Antiguo Testamento, tanto en apariencia física ya que tiene la forma (cubo) como en cuanto a la función del mismo (como un lugar para que Dios se pudiera comunicar con el hombre). La declaración de Juan, "*Y no vi en ella templo alguno*", ciertamente lo separa de la forma de escribir de los escritores Judíos contemporáneos. La idea de que la ciudad Santa de Jerusalén pudiera existir sin existir un templo era totalmente inconcebible para los Judíos, para quienes las bases de toda su existencia religiosa se encuentran en un templo y las funciones que ahí se llevan a cabo.

> *Podremos acercarnos a Dios cara a cara.*

Versículo 23 - *La ciudad no tiene necesidad de sol ni de luna que la iluminen, porque la gloria de Dios la ilumina, y el Cordero es su lumbrera.*

No dice que el sol y la luna no existen, solamente dice que su función como fuentes importantes de luz ya no es necesaria en la ciudad. Salmos 148; 1, 3, y 6 dicen algo al respecto de esto. Versículo 1: "*¡Aleluya! Alabad al Señor desde los cielos; alabadle en las alturas.*", versículo 3: "*Alabadle, sol* *y luna; alabadle, todas las estrellas luminosas.",* versículo 6: *"los estableció eternamente y para siempre, les dio ley que no pasará."* Dios tiene la intención de que el sol y la luna existan para siempre; sin embargo su luz ya no será necesaria en la ciudad santa. Interesantemente esto también implica que ya no habrá nunca más ninguna obscuridad o sombra en la ciudad.

La fuente de luz en la ciudad ahora esta revelada. Viene de Dios, mostrada a través de Su Hijo Jesucristo. En el libro de Juan 8:12 leemos *"Jesús les habló otra vez, diciendo: Yo soy la luz del mundo; el que me sigue no andará en tinieblas, sino que tendrá la luz de la vida".* Teniendo a Jesús presente, no habrá necesidad de ninguna otra fuente de luz.

Versículo 24 - Y las naciones andarán a su luz, y los reyes de la tierra traerán a ella su gloria.

Aquí tenemos un versículo bastante intrigante. Este versículo identifica la existencia de naciones fuera de la ciudad, así como reyes, quienes aparentemente pueden entrar a la ciudad para traer a ella "su gloria". ¿Quienes son estas naciones?

El Nuevo Testamento deja bastante claro que solamente la Iglesia habitará en la ciudad con Cristo. En Juan 14:1 y 2 Cristo dice *"No se turbe vuestro corazón; creed en Dios, creed también en mí. En la casa de mi Padre hay muchas moradas; si no fuera así, os lo hubiera dicho; porque voy a preparar un lugar para vosotros."* Cristo estaba diciendo que Él prepararía un lugar para aquellos que "creen también en mí". Si vemos más adelante en el versículo 27, se nos dice claramente que nadie entrará en la ciudad si su nombre no está escrito en libro de la vida del Cordero. El libro de la vida del Cordero contiene los nombres de todos aquellos que han aceptado a Jesús como el Hijo de Dios, y quienes reconocen que Él murió por nuestros pecados. El reconocer que aquellos que forman la Iglesia serán los ocupantes de la ciudad, ahora tenemos una imagen más clara de quienes son aquellas naciones que viven fuera de la ciudad. Los habitantes de estas naciones incluirán a todos los seguidores de Dios del Antiguo Testamento, tanto Judíos como Gentiles, mas todos aquellos desde el tiempo de Cristo quienes han creído en el Dios verdadero y vivieron una vida en obediencia a Él, mas todos aquellos, tanto Judíos como Gentiles, quienes aceptaran la oferta de Cristo para salvación después del rapto de la Iglesia.

En 1 Corintios 6:2 y 3 se lee, *"¿O no sabéis que los santos han de juzgar al mundo? Y si el mundo es juzgado por vosotros, ¿no sois competentes para juzgar los casos más triviales?.... ¿No sabéis que hemos de juzgar a los ángeles? ¡Cuánto más asuntos de esta vida!".* Los santos que Pablo identificó aquí son los creyentes en Cristo, los miembros de la Iglesia. Como miembros de la Iglesia tendremos la autoridad de juzgar al mundo. Si tomas en consideración la parábola de los diez talentos, te darás cuenta de que a cada creyente se le dará la autoridad sobre las naciones o las ciudades o las personas, de acuerdo a que tan sabiamente utilicemos esos regalos que Cristo nos dio para seguir su reino mientras todavía estamos en la tierra. Así que ahora hemos identificado a los reyes de estas naciones. Por ello, como miembros de la Iglesia, cuyos nombres están en el libro de la vida del Cordero, y como reyes, podremos entrar en la ciudad y colocar nuestros resultados ante Dios para darle a Él honor y gloria.

Versículo 25 - Sus puertas nunca se cerrarán de día (pues allí no habrá noche);

Versículo 26 - y traerán a ella la gloria y el honor de las naciones;

Versículo 27 - y jamás entrará en ella nada inmundo, ni el que practica abominación y mentira, sino sólo aquellos cuyos nombres están escritos en el libro de la vida del Cordero.

Esos tres versículos van juntos como una sola entidad. Primero vemos que las puertas de la ciudad nunca se cierran. Segundo vemos que ellos (los reyes del versículo 24) traerán a la ciudad las contribuciones de las naciones que viven fuera de la ciudad, como sus regalos para reconocer toda la gloria a Dios y para honrarlo. Obviamente en la eternidad todavía habrá actividades que se hacen para glorificar a Dios. Posiblemente estas actividades puedan incluir actividades fuera del planeta tierra, e incluyan toda la creación de Dios. ¿Incluirá nuestro servicio a Dios el viajar en el espacio?

Finalmente está establecido muy claro que solamente aquellos cuyos nombre están en el libro de la vida del Cordero los que puedan entrar a la ciudad. De nueva cuenta, estos solo pueden ser aquellos quienes tomaron la decisión de seguir a Cristo durante el tiempo cuando la tierra estaba bajo la influencia de Su gracia en la tierra (e.i., del tiempo de Su resurrección al tiempo del rapto de la Iglesia).

Algunas Observaciones Personales

Lo que Dios nos está presentado es una hermosa imagen del lugar que Cristo está preparando para aquellos que aceptan Su oferta de perdón por nuestros pecados. Es hermoso mas allá de la capacidad de Juan para describirla utilizando el lenguaje y conocimiento que poseía en dicho momento. Refleja alguna simbología en la descripción que Juan hace, sin embargo la realidad atrás de esto es aun más grande. Que tan enardecedora será esta imagen para nosotros cuando entendamos que vamos a compartir este lugar con Cristo, especialmente cuando este lugar llega a nosotros después de las horribles escenas de juicio que se han descrito en los capítulos anteriores. Es interesante el considerar que literalmente estaremos viviendo en el tabernáculo de Dios. Es muy fácil ver porque Pablo puede haber cuestionado el dejar su vida aquí en la tierra para estar con Cristo, o quedarse en esta tierra para continuar sirviendo a Cristo.

Oh, qué gran día de regocijo será, cuando finalmente podamos ver a Dios cara a cara, y darnos cuenta que estaremos compartiendo Su casa con Él.

Capítulo 22

Apocalipsis 22:1 - 21
La eternidad y algunas cosas menos importantes

En este último capítulo del libro de Apocalipsis, Juan continúa con su descripción de la ciudad santa y nos guía a la eternidad. Los primeros cinco versículos deberían de haber estado incluidos en el capítulo anterior, ya que ellos concluyen con la descripción que hace Juan de la ciudad Santa. Se puede decir que los versículos del 6 al 21 son la última voluntad y testamento de Dios para el hombre.

Esta climática revelación termina la palabra escrita de Dios para el hombre. En la providencia de Dios, todo lo que necesitamos saber ya nos ha sido revelado y ha quedado registrado. Ahora debemos de aprender a vivir como si su cumplimiento es inminente.

La Biblia inicia con el libro de Génesis, con Dios en escena creando un cielo y una tierra especial para el hombre. Concluye con Dios en escena creando un cielo y una tierra nueva para el hombre, una que Él compartirá con una humanidad compartida. En los consejos de Dios, el tiempo tendrá que llegar para que se cumpla Su último propósito para la humanidad. Este último mensaje profético tiene la intención de dar énfasis al hecho de que la hora crítica para la humanidad está llegando muy rápido en el gran reloj de la eternidad que Dios tiene.

— — — — — — — — — — —

Preguntas importantes para meditar mientras estudia este Capítulo

1. En la descripción de la nueva tierra que se ve en este capítulo, ¿puede ver algo que pudiera indicar que lo que pudiéramos comer durante la eternidad y lo que la palabra eternidad quiera decir en tiempo como lo conocemos hoy en día, ha terminado? (ver versículo 2)

2. Nombre tres cosas que Dios dice en los versículos 6 al 10 para enfatizar la importancia del libro de Apocalipsis. Las encontrará en los versículos 6, 7 y 10.

3. Los versículos 11 al 19 representan el mensaje final de Dios para la humanidad, el cual consiste en tres advertencias. ¿las puede identificar en los versículos 11 y 12, y versículos 14 y 15, y versículos 18 y 19?

4. El versículo 17, ¿es el último "que" de Dios?

5. ¿Qué cree que Juan sintió que debiera de ser nuestra actitud respecto al regreso de Dios en el día del juicio?

Un Comentario Sobre el Capítulo

Estos cinco versículos son una continuación al capítulo anterior. Los últimos versículos del Capítulo 21 describen la apariencia física de la ciudad santa, Jerusalén, tal y como Juan la ve a través de los ojos de Dios. La descripción es una combinación de la realidad física, acompañada por un simbolismo que precipita dicha realidad. Ahora, en estos versículos, vemos mas de esta simbología, ya que Dios nos presenta con un punto de vista más intimo de la humanidad dentro de y rodeando la ciudad.

Versículo 1 - Y me mostró un río de agua de vida, resplandeciente como cristal, que salía del trono de Dios y del Cordero

Este versículo describe un rio de agua viva emanando del trono de Dios y del Cordero. El agua esta "resplandeciente como el cristal", o en otras palabras, libre de toda impureza. El hecho de que la fuente será el trono de Dios y Jesús enfatiza el hecho de que la vida se origina de ellos. Esto ayuda a identificar la realidad detrás del símbolo. En el trono esta Dios el Padre y Jesús Su hijo. Emanando de este trono esta la vida. Con la misión de comunicar esta vida a la humanidad se encuentra el Espíritu Santo, simbolizado por el rio. Lo que Dios describió será una realidad en la nueva Jerusalén, pero es una realidad llena con simbología importante. Aquí esta una imagen de la Trinidad como la ve Dios. En la eternidad, los fieles vivirán cerca de la fuente del rio de agua viva que procede de la presencia de Dios mismo. Posiblemente podamos ver también este versículo como una indicación de que estaremos tomando agua en el cielo.

Versículo 2 - En medio de la calle de la ciudad. Y a cada lado del río estaba el árbol de la vida, que produce doce clases de fruto, dando su fruto cada mes; y las hojas del árbol eran para sanidad de las naciones.

En este versículo hay varias cosas importantes. Primero el uso en singular de la palabra *calle*. Después, el rio que emana del trono que fluye hacia el centro de la calle. Aquí vemos una enseñanza implícita de que hay ciclos de meses, tal y como los conocemos, los cuales van a continuar para siempre. En cada lado de este rio hay árboles. No son árboles ordinarios, ya que cada uno produce doce tipos diferentes de frutos. Advierta que la aparición del fruto coincide con un periodo de tiempo con el cual estamos familiarizados – meses. Esto indicaría que el sol y la luna seguirían existiendo en los cielos alrededor de la tierra. La presencia de la fruta en los árboles también sugiere que se espera que la humanidad coma de estos frutos. Todo esto sugiere una pregunta interesante. Si nosotros como creyentes tendremos cuerpos glorificados en la imagen de Cristo mismo, ¿Por qué tendríamos que tomar agua (sugiriendo que nos daría sed) y comer frutos (sugiriendo que nos daría hambre)? Vamos a ver si el resto de este versículo puede darnos una posible respuesta para esta pregunta.

Las palabras finales de este versículo indican que las hojas de los árboles son útiles para sanidad de las naciones. La palabra Griega *therapeia* aquí traducida como "sanidad", tiene su significado literal "sirviendo, cuidando o sanando" (de aquí viene la palabra "terapia"). Ya que no habrá más heridas o enfermedades en este reino eterno (capitulo 21, versículo 4 de Apocalipsis), las hojas de los arboles no deben de ser para sanidad de aquello que esta lastimado o decaído. Por lo tanto, las frutas de este árbol deben de ser para el "servicio y cuidad", - esto es, para su nutrición y bienestar – de las naciones que viven fuera de la ciudad. Aquellos que viven en la ciudad, la Iglesia (creyentes), tendrán cuerpos glorificados como Cristo. (nosotros seremos vistos por Dios a través de Su hijo Jesucristo, cuya muerte y resurrección limpió nuestros pecados, y por lo tanto estamos delante de Dios como si fuéramos perfectos). Entonces parece ser que los cuerpos de aquellos que viven fuera de la ciudad, todos aquellos cuya salvación estaba basada en el hecho de que vivieron vidas llenas de obediencia al Dios verdadero, los santos, no poseen los mismos cuerpos que aquellos que viven en la ciudad (la Iglesia resucitada, los creyentes). No hay nada en las escrituras indicando que los "santos" de Dios posean cuerpos glorificados en el cielo. Así mismo el uso de la palabra "naciones" en este versículo indicaría que aquellos que viven fuera de la ciudad mantendrán alguna de sus características étnicas. A lo mejor los cuerpos de aquellos que viven fuera de la ciudad pueden necesitar ser renovados de vez en cuando, tal y como en el jardín del Edén, en donde lo único que Adán tenía que hacer era comer del árbol de la vida para continuar su vida de manera indefinida. Recuerde, era por esta razón que fue expulsado del Jardín del Edén y que Dios puso un ángel a custodiar la entrada de este jardín. Esto entonces puede ser la razón por la cual las naciones vienen a la Nueva Jerusalén – no solamente para alabar, sino para ser renovados física y espiritualmente (ejemplo, para tomar agua del rio de vida y para comer del árbol de la renovación).

Versículo 3 - Y ya no habrá más maldición; y el trono de Dios y del Cordero estará allí, y sus siervos le servirán;

Versículo 4 - Ellos verán su rostro, y su nombre estará en sus frentes.

Adam nació con vida eterna. La posibilidad de su vida eterna estaba ligada al acceso que tenia al árbol de la vida. Cuando fue expulsado del jardín, se le maldijo con cierta muerte, y Dios extendió la maldición a toda la creación. Ahora con acceso directo al agua de la vida, esa maldición ha sido removida.

Dentro de la ciudad estará el trono de Dios y Su Hijo. El versículo 3 nos dice que no solo nos entregaremos a alabanza del Creador, sino que también le estaremos sirviendo. Sería una mera especulación el definir la naturaleza de nuestro trabajo, ¿pero quién no se emocionaría de la posibilidad de servir al Creador del universo? Estoy seguro que Él puede encontrar algo que podamos hacer nosotros. Puede ser que pudiéramos ser los representantes de Dios ante las naciones fuera de la ciudad. Después de todo, ¿Quién querría pensar en la eternidad como tiempo cuando nos sentemos alrededor sin tener que usar nuestras mentes?

El versículo 4 continúa diciendo que aquellos que le sirven a Él verán su cara frente a frente, y serán claramente identificados pertenecientes a Él. Cualesquiera que esta forma de identificación será, es algo que yo estoy esperando ansioso.

Versículo 5 - Y ya no habrá más noche, y no tendrán necesidad de luz de lámpara ni de luz del sol, porque el Señor Dios los iluminará, y reinarán por los siglos de los siglos.

¿Quién necesita el sol cuando se tiene la presencia de Dios? Él es la esencia misma de luz. En versículos anteriores vimos que todavía habrá el paso de periodos de tiempo (ejemplo; meses), pero al mismo tiempo ya no vamos a necesitar la luz del sol o de la luna. El versículo completa el pensamiento que aquellos que viven en la ciudad "reinarán" para siempre. El reinar indica la presencia de una autoridad y de dominio sobre el territorio y las personas. Qué tiempo tan emocionante será éste.

Vale la pena revisar las siete cosas perfectas que tiene la ciudad santa y que se identifican en estos versículos.

- ***"ya no habrá más maldición;"*** – redención perfecta
- ***"el trono de Dios y del Cordero estará allí,"*** – autoridad perfecta
- ***"sus siervos le servirán;"*** – trabajo perfecto
- ***"Ellos verán su rostro,"*** – justificación perfecta
- ***"su nombre estará en sus frentes."*** – identificación perfecta

- ***"Y ya no habrá más noche, y no tendrán necesidad de luz de lámpara ni de luz del sol, porque el Señor Dios los iluminará;"*** } - luz perfecto

- *"reinarán por los siglos de los siglos."* – resultados perfectos

¿En dónde quieren pasar la eternidad?

Según vamos llegando al final de esta revelación de Dios, vemos que Él enfatiza la autenticidad de su mensaje a Juan.

Versículo 6 - Y me dijo: "Estas palabras son fieles y verdaderas"; y el Señor, el Dios de los espíritus de los profetas, envió a su ángel para mostrar a sus siervos las cosas que pronto han de suceder.

"Estas palabras son fieles y verdaderas" es una declaración hecha intencionalmente por Dios para advertirnos que nadie puede pensar que pueden cambiar esta revelación al tratar de espiritualizarla o tratar de reducirla a interpretaciones sin significado. El alterar con el mensaje de esta profecía es retar la veracidad de Dios mismo. Todo lo que está escrito proviene de Dios mismo, y todas las palabras están correctamente escritas tal y como constan.

"Y me dijo" en este versículo claramente está identificado como el ángel del capítulo 21 versículo 9. En muchas maneras este versículo es una repetición de los versículos 1 y 2 del capítulo 1. Aquí de nueva cuenta se identifica el camino triple de inspiración para este libro: de Dios a Jesucristo; de Jesucristo al ángel quien actúa como su mensajero y representante; y finalmente a Juan. Nosotros progresamos de Dios, quien da la Palabra a Jesús, quien es la Palabra misma, de Jesus a los ángeles que comunican la Palabra, y finalmente al hombre, quien esa inspirado para escribir la Palabra. El uso plural de "espíritus" indicaría que la referencia que se hace no es al Espíritu Santo. Los espíritus de los profetas son la "habilitad natural de los profetas, levantados y acelerados por el Espíritu Santo". Estos mismos espíritus son los que inspiran a Juan mientras escribe este libro.

El adverbio *"pronto"* son dos palabras en Griego, *en tachos*, significando "de prisa." Su uso en este versículo tiene la intención de hacer referencia a la brevedad de lo corto del tiempo humano, en contraste con la eternidad de Dios. Dios está más interesado en que la humanidad reconozca la consumación inconfundible de Sus propósitos de redención en la tierra, en lugar de estar interesado en satisfacer el concepto adecuado que el hombre pudiera tener respecto al tiempo.

Versículo 7 - "He aquí, yo vengo pronto. Bienaventurado el que guarda las palabras de la profecía de este libro".

"He aquí, yo vengo pronto" no se refiere tanto a un tiempo específico de Su venida, sino significa que Su venida va a tener lugar de repente y sin aviso.

Este es el sexto de siete versículos que identifican una bienaventuranza especial disponible para los lectores. Esta bienaventuranza especial se promete a aquellos que guardan las palabras de esta profecía. No solo se tienen que leer estas palabras, sino que se tienen que hacer parte de la vida del creyente. Las palabras de este libro no fueron escritas para satisfacer la curiosidad del hombre respecto al futuro, sino para animarlo a vivir en obediencia a Dios, y evitar juicios futuros descritos en esta revelación.

Versículo 8 - Yo, Juan, soy el que oyó y vio estas cosas. Y cuando oí y vi, me postré para adorar a los pies del ángel que me mostró estas cosas.

Versículo 9 - Y me dijo ": No hagas eso; yo soy consiervo tuyo y de tus hermanos los profetas y de los que guardan las palabras de este libro. Adora a Dios."

Estos dos versículos naturalmente van juntos, ya que proporcionan una observación sobre la naturaleza humana. Ya sea un orador carismático, una imagen, una atmósfera "espiritual" especial, o aun un evento, continuamente pensamos que el mensaje que se nos está comunicando y la persona que nos da dicho mensaje ambos tienen igual importancia. Esto es lo que le pasa a Juan. De hecho no fue una reacción extraña por parte de Juan. Por algún tiempo estuvo expuesto a escenas visuales y palabras que estaban casi más allá de su entendimiento. Ahora un ángel, quien ha sido su guía, se le aparece. Yo considero que todos hubiéramos reaccionado de la misma manera. El texto no dice que Juan adoró al ángel, sino que se postró para adorar a los pies del ángel. Sin embargo, aun esto no era adecuado y tenía que ser corregido. En las palabras del versículo 9 se encuentra una advertencia para todos aquellos que sienten que deben de confiar en cosas de apoyo hechas por el hombre para alabar a Dios – tales como imágenes, una atmósfera solemne, una atmósfera musical de aplausos, cuentas de oración, un cuarto o edificio especial para orar, o cualquier ambiente manipulado. Si aun la presencia de un ángel poderoso de Dios no proporciona una atmósfera adecuada para alabanza, ciertamente ninguna de estas cosas hechas por el hombre podrá proporcionarla.

> *En cualquier momento cuando algún humano está expuesto a la adoración espiritual de otro humano, se convierte una tentación el llenarse de orgullo por aquellos que reciben dicha adoración, y en un acto de idolatría para aquellos que ofrecen dicho adoración.*

Versículo 10 - También me dijo ": No selles las palabras de la profecía de este libro, porque el tiempo está cerca."

De nueva cuenta se le advierte a Juan que no olvide escribir y publicar lo que ha visto y ha escrito. Cuando se tiene una profecía con tanto tiempo como aquella que fue revelada a Daniel, se le dijo que sellara su profecía (Daniel 12:4: *"Pero tú, Daniel, guarda en secreto estas palabras y sella el libro hasta el tiempo del fin. Muchos correrán de aquí para allá, y el conocimiento aumentará.*). Aquí se le dijo a Juan que las profecías que le han sido reveladas no deberían de ser selladas y guardadas bajo llave. En su lugar se le dijo que fueran abiertas, explicadas y proclamadas – en otras palabras; comunicadas. Esta profecía no era solo para una generación muy distante en el futuro, sino para todos los creyentes, iniciando con la propia generación de Juan. Las profecías reveladas a Juan tenían la intención de enfatizar la necesidad de tomar una decisión que afecta nuestro estilo de vida. Debemos ya sea aceptar las palabras de esta revelación y darnos cuenta de que Dios está en control de todas las cosas y que al final vencerá sobre toda creación, o bien debemos delegar nuestro dios a uno que tenga una autoridad más humilde.

Los siguientes nueve versículos representan la comunicación final de Dios escrita al hombre. Cuando entendemos que Dios quería que recordáramos estas palabras para siempre, toman una nueva importancia en nuestras vidas.

Versículo 11 - "Que el injusto siga haciendo injusticias, que el impuro siga siendo impuro, que el justo siga practicando la justicia, y que el que es santo siga guardándose santo."

Dios declaró que Él va a dejar que la humanidad actúe conforme a sus deseos naturales. En los ojos de Dios, viene un momento cuando un cambio en nuestro estilo de vida es imposible porque nuestro carácter ya ha sido determinado por toda una vida de hábitos. La pregunta es, ¿Cuál de los estilos de vida identificados en este versículo representa nuestras vidas? Si la humanidad rechaza las advertencias de Dios, la única alternativa es el juicio. Si se rechaza el cielo, la única alternativa es el infierno. La persona que cree que puede esperar por el tiempo y lugar ideales para reconocer a Dios, puede que se dé cuenta que ha esperado demasiado tiempo y no puede escapar de la propia prisión que él mismo se ha creado.

Versículo 12 - "He aquí, yo vengo pronto, y mi recompensa está conmigo para recompensar a cada uno según sea su obra."

Para estos siguientes cinco versículos, el acento esta en el ministerio de Jesucristo, Hijo de Dios. La venida a la que aquí se hace alusión es aquella del rapto de la Iglesia, ya que solamente los creyentes recibirán recompensas de Dios. Los no creyentes recibirán solo juicio. El desvanecimiento de las recompensas tendrá lugar en el cielo. Sin embargo, la realización que como creyentes vamos a ganar recompensas basadas en nuestros hechos debiera ayudarnos a enfocar nuestras vidas a no *"crecer cansados de hacer el bien."*

El justo escoge donde va a pasar la eternidad, mientras Dios escoge en donde va a pasar la eternidad el injusto. Sin embargo, ambos serán juzgados por sus obras para determinar <u>cómo</u> van a pasar la eternidad.

En los siguientes tres versículos, vemos que Jesús identifica porque tiene autoridad para pasar juicio en los hechos de la humanidad.

Versículo 13 - *"Yo soy el Alfa y la Omega, el primero y el último, el principio y el fin."*

Esta es la cuarta vez en Apocalipsis que Dios se identifica así mismo por este nombre (Apocalipsis 1:8, 11; 21:6 y aquí). Dios está diciendo que ya que Jesús siempre ha existido, Él sabe todo. Y como Él sabe todo, perfectamente y claramente está calificado para ser el juez de la creación y la humanidad.

Versículo 14 - *Bienaventurados los que lavan sus vestiduras para tener derecho al árbol de la vida y para entrar por las puertas a la ciudad.*

Esta es la séptima y última de las bienaventuranzas en Apocalipsis (Apocalipsis 1:3; 14:13; 16:15; 19:9; 20:6; 22:7). Esta es la manera en que Dios nos dice que aquellos que han aceptado el perdón a través de la obra redentora de Cristo disfrutarán de vida eterna con Dios en la ciudad Santa, y habrán ganado el derecho de entrar en la ciudad y disfrutar las bendiciones de la vida eterna.

Versículo 15 - *Afuera están los perros, los hechiceros, los inmorales, los asesinos, los idólatras y todo el que ama y practica la mentira.*

La palabra "afuera" es en sentido figurativo usado para mostrar que aquellos mencionados están excluidos de la ciudad Santa y de recibir las bendiciones de Cristo. Aquellos que practican el pecado nunca van a recibir las bendiciones de Dios o de Cristo. Esta es una manera pintoresca de contrastar el destino del impío contra el del justo. La verdad es que aquellos que no pueden entrar en la ciudad están pasando la eternidad en el lago de fuego.

El objeto de este versículo es que los pecadores mencionados poseen características en sus vidas de las cuales nunca han buscado la ayuda de Dios para salvación.

Hay seis tipos de pecadores identificados en este versículo. La existencia de estos pecados continua prevaleciendo en nuestros días, inclusive puede que ahora más que nunca.

- Perros – En los tiempos antiguos los perros eran carroñeros de las calles en lugar de mascotas, y eran vistos por los Judíos como criaturas despreciables. Como resultado, ellos usaban el término "perro" en el antiguo Israel como un eufemismo para los hombres que se prostituían. En aquellos días, la existencia de estos prostitutos eran en gran medida una parte de adoración de templos libertinos de algunos de los dioses paganos.

- Hechiceros – aquellos que practican la brujería y usan drogas alucinógenas.

- Personas inmorales – aquellas involucradas en pecados sexuales.

- Asesinos – aquellos que toman la vida de otra persona innecesariamente.

- Idolatras – aquellos involucrados en adoración de ídolos.

- Mentirosos – aquellos que confunden y desorientan a otras personas o a ellos mismos al desviarse de la verdad.

El mundo está lleno con estos mismos pecados hoy en día, ya sea la aceptación evidente de desviaciones sexuales, de la norma establecida por Dios, o la perversión general del sexo; el levantamiento de prácticas ocultas y adoración; la aceptación en general de la sociedad del uso de las drogas; la aceptación de la sociedad del punto de vista que los derechos de aquellos que toman las vidas de otras personas tienen una prioridad más alta que los derechos de las víctimas: la falta de voluntad de la sociedad, o la incapacidad de ésta para castigar a aquellos que se involucran en estas actividades; o la aceptación de las pequeñas mentiras "blancas".

No se me quita la sensación de que estamos ayudando a condenar a aquellos individuos que practican estos pecados a una eternidad de condenación porque hemos aceptado su comportamiento como si no fuera su culpa, sino la culpa de una sociedad imperfecta.

Gaylord Bowman

Versículo 16 - "Yo, Jesús, he enviado a mi ángel a fin de daros testimonio de estas cosas para las iglesias. Yo soy la raíz y la descendencia de David, el lucero resplandeciente de la mañana".

Este versículo es casi una réplica exacta del capítulo 1, versículo 1. Algo importante en este versículo es que es la primera vez desde el capitulo 3 que la palabra "iglesia" o "iglesias" ha aparecido. Esto puede ser mejor entendido cuando nos damos cuenta que entre el capitulo 3 y aquí Dios ha estado más que nada involucrado en describir el destino final de la humanidad. No estaba tratando solamente con personas redimidas o iglesias en estos versículos y capítulos. Ahora que el libro de Apocalipsis está por concluir, Dios le estaba diciendo a Juan claramente que esta profecía en su totalidad debe de ser presentada a las iglesias. La iglesia de Dios tiene un mandamiento de comunicar, mantener y proclamar el mensaje del Apocalipsis a los creyentes quienes forman las bases de la Iglesia.

Es interesante como Jesús se identifica asimismo en este versículo. Isaías 11:10 dice, "Acontecerá en aquel día que las naciones acudirán a la raíz de Isaí, que estará puesta como señal para los pueblos y será gloriosa su morada", que para los Judíos era una descripción del Mesías que estaba por llegar. Apocalipsis 5:5 dice, "Entonces uno de los ancianos me dijo: "No llores; mira, el León de la tribu de Judá, la Raíz de David, ha vencido para abrir el libro y sus siete sellos." Cuando revisamos ese versículo, vimos que claramente se refería a Jesucristo. Así

> El lucero de la mañana es el indicador final de que la noche ya casi termina y que los cielos pronto estarán llenos con la luz del sol.

que ahora en este versículo Jesucristo se identifica asimismo como el Mesías, pero también se identifica como el lucero resplandeciente de la *mañana"*. Este título de Jesús no es utilizado en ningún otro lugar en las escrituras para referirse a Cristo. Este es el único lugar de la palabra única para "mañana" (Griego '*orthrinos*', un término aplicado por los Griegos primeramente para Venus, al describir el resplandor tan brillante de ese planeta aun en el amanecer). Cuando Cristo prometió el "lucero de la mañana" a los vencedores (Apocalipsis 2:28 *"y le daré el lucero de la mañana"),* Juan utilizó una palabra completamente diferente (Griego '*proinos*') para referirse a "mañana". El lucero de la mañana tal y como se está usando en este versículo, describe al planeta Venus ya que es la última estrella que desaparece en la obscuridad previa al amanecer antes de que el sol salga. La referencia en este versículo de que Jesús es el lucero de la mañana es una indicación simbólica de que, con Su apariencia, Él trae consigo un nuevo día lleno de esperanza y una promesa de que la larga noche de tribulaciones está por terminar, y que muy pronto será llenada con la luz del Dios mismo. 2 Pedro 1:19 dice *"Y así tenemos la palabra profética más segura, a la cual hacéis bien en prestar atención como a una lámpara que brilla en el lugar oscuro, hasta que el día despunte y el lucero de la mañana aparezca en vuestros corazones."*

Versículo 17 - Y el Espíritu y la esposa dicen: Ven. Y el que oye, diga: Ven. Y el que tiene sed, venga; y el que desea, que tome gratuitamente del agua de la vida.

La suplica a la humanidad para que venga es la única oración registrada en toda la Biblia del Espíritu Santo. La esposa en este versículo es la iglesia redimida. El espíritu y la esposa están unidos en la misma suplica. Ambos invitan a todos los que oyen las palabras de la profecía y que están dispuestos a aceptarlas para venir y recibir el regalo de vida eterna que Cristo brinda. Este es el primer ministerio de ambos, los creyentes y la Iglesia: Decirle a toda la humanidad pérdida sobre el Salvador e invitarlos a "venir". Dejen que aquellos que desean vida eterna "vengan".

Según nos acercamos al cierre de este libro, descubrimos una advertencia final de Dios sobre aquellos que alteran Su palabra y estas profecías.

Versículo 18 - Yo testifico a todos los que oyen las palabras de la profecía de este libro: Si alguno añade a ellas, Dios traerá sobre él las plagas que están escritas en este libro;

Versículo 19 - y si alguno quita de las palabras del libro de esta profecía, Dios quitará su parte del árbol de la vida y de la ciudad santa descritos en este libro.

Dios no solo condena a aquellos que intentan alterar el contenido de este libro, también añade promesas especificas de juicio para ellos. Dios estaba preocupado que el mensaje que Juan recibiera del Señor fuera entregado a las iglesias en su totalidad, sin disminuirle o pervertir el mensaje. Esto era cierto en aquel entonces y hoy en día. En vista de la proliferación hoy en día de cultos y doctrinas desviadas que están ganando popularidad en el mundo, esta advertencia se necesita más ahora que nunca antes. Esto es particularmente cierto cuando te das cuenta que la mayoría de las religiones falsas son fundadas en base a algún personaje carismático quien proclama que tiene iluminación divina y autoridad respecto a la palabra de Dios.

Dese cuenta como esta advertencia identifica dos maneras de alterar la palabra de Dios: aquellos que añaden a esta profecía, y aquellos que quitan algo de ella. En el versículo 18 vemos que para aquellos que añaden a las palabras de esta profecía Dios les promete que sufrirán las plagas escritas en este libro. Sin embargo, en el versículo 19, vemos que para aquellos que quitan de las palabras de esta profecía nunca van a experimentar los beneficios de la vida eterna, ni tendrán acceso a la ciudad Santa. Esto verdaderamente es un juicio serio. Es un crimen serio el añadir palabras a la escritura, y es aun un crimen más peligroso el quitarle palabras. El añadir palabras falsas a las escrituras por lo menos deja el mensaje intacto, aunque sea modificado. El quitar ciertas palabras de Dios de la Biblia puede fácilmente traer como resultado la disolución o destrucción del mensaje de Dios. Es también un indicador seguro de la falta de confianza de esa persona en la habilidad de Dios para hablar "toda la verdad y nada más que la verdad", y refleja una falta de fe en Dios. El libro de Apocalipsis, aunque se escribe por un profeta terrenal, asevera no solamente estar inspirado por Dios, sino que representa la participación especifica de Dios. Se trata de una pretensión exclusiva de todas las otras Escrituras.

El Apocalipsis no permite ser transigente con las presiones de la sociedad, ni aun con esos pseudo-evangelistas intelectuales que están dispuestos a acomodar las declaraciones hechas en las escrituras en un intento de hacer que la Biblia sea "más aceptable".

Versículo 20 - El que testifica de estas cosas dice: Sí, vengo pronto. Amén. Ven, Señor Jesús.

Dios ha prometido que vendrá pronto; por lo tanto, es nuestro privilegio como creyentes el estar emocionados por Su venida. De acuerdo a una escala de tiempo humano, puede parecer que ha pasado mucho tiempo, pero

> *Aquí está la última llamada de Dios para esperar en la Fe por parte de los creyentes.*

desde el punto de vista de la eternidad, Su venida será muy pronto.

El teólogo Seiss comparó esta imagen de la espera paciente de la Iglesia de Cristo para la segunda venida de Cristo, con una joven esperando para que su amado regrese: "La ficción ha pintado una imagen de una joven cuyo amado la dejo para irse de viaje a la Tierra Santa, prometiéndole que a su regreso la iba a desposar. Muchos le dijeron que nunca más lo iba a volver a ver. Pero ella creyó en la palabra de su amado, y noche tras noche ella se iba solitaria hacia la orilla, y encendía ahí un faro de luz a la vista de las rugientes olas, para saludar y dar la bienvenida al barco que traería de regreso a casa a su amado. Y al pie de ese faro ella se paraba cada noche, orándole a los vientos que aceleraran las lentas velas del barco, para que aquel que era todo para ella regresara pronto. Cuanto más nuestro bendito Señor, quien nos ha amado hasta la muerte, se ha ido al misterioso cielo Santo, prometiéndonos que a su regreso nos va a convertir en su feliz y eterna esposa. Algunos dicen que se ha ido para siempre y que aquí nunca más lo volveremos a ver. Pero su última palabra fue, "Si, regreso pronto". Y en la oscura y brumosa playa inclinado en el extenso mar, cada creyente verdadero se mantiene de pie junto al faro, buscando y esperando, y orando y esperando por la consumación de su obra, en nada más contento que la garantía de su palabra y su promesa, y llamando con el alma y con el amor sagrado, "AUN ASÍ, VEN SEÑOR JESÚS". Y una de esas noches, mientras el mundo está ocupado con sus frivolidades de homosexuales, y riéndose de la joven que está en la orilla, una forma se divisa entre las olas, que una vez en Galilea para vindicar para siempre toda su espera y su devoción, y traerle al corazón fiel y constante gozo, y gloria, y el triunfo que nunca terminará". [5]

---

[5] Extraido de "La Revelación de Jesucristo" por John F. WALVOORD, Moody Press; Chicago, Illinois

"Ven Señor Jesús" es una traducción de la palabra Griega "Maranatha." La última vez que gritemos estas palabras es cuando con gozo veamos a Cristo bajando del cielo para recibir a su esposa, la Iglesia.

Versículo 21 - La gracia del Señor Jesús sea con todos Amén

No hay una mejor manera que terminar esta gran profecía de Dios que esta simple oración de despedida y bendición a los lectores de este libro. El Antiguo Testamento termina con una maldición; el Nuevo Testamento termina con una bendición de gracia sobre los creyentes. Así como pasa en Apocalipsis, así como pasa en la historia: la gracia debe de tener la última palabra. Verdaderamente solo podemos hacer eco en la palabra "Amen", es totalmente cierto.

Algunas Observaciones Personales

Dios y Jesús estarán pasando la eternidad aquí, en una tierra y un cielo regenerado. La eternidad no se puede poner mejor que esto.

Que excelente manera de terminar un libro. El capítulo inicia con una descripción de cómo vivir en la tierra con Dios y Su Hijo Jesucristo. Viviremos en la eternidad y aun mas importante, podernos ver cara a cara a Dios y servirle. Habrá agua y fruta en abundancia. No necesitaremos ya más al sol o la luna para que nos den luz, sino que disfrutaremos la luz que proviene de la presencia misma de Dios. Muchas personas, cuando se les pregunta dicen que van a pasar la eternidad con Dios y Jesucristo. La verdad es que Dios y Jesucristo estarán pasando la eternidad aquí, en una tierra y un cielo regenerado. La eternidad no se puede poner mejor que esto.

Juan, bajo la guía de Dios, terminó este capítulo y este libro con algunas exhortaciones severas:

Las palabras de esta profecía no deben de ser ignoradas, sino que deben ser cuidadosamente estudiadas, y aquellos que las estudien y las sigan serán bendecidos.

- Dios y Su Hijo Jesús van a venir pronto, y Jesús le dará a cada persona lo que merece; al justo vida eterna con Él, al injusto, una vida eterna en el lago de fuego, disfrutando de la compañía de Satanás y el resto de sus seguidores.

- Cualquiera que altere las palabras de esta profecía será castigado, ya sea por las plagas descritas en este libro o la pérdida de la eternidad con Dios.

Que mejor manera de terminar este estudio que con las palabras de la canción "Sublime Gracia" de John Newton:

Sublime gracia del Señor,

que a un infeliz salvó;

Fui ciego, mas hoy miro yo,

perdido y El me halló.

Su gracia me enseñó a temer,

mis dudas ahuyentó,

¡Oh, cuan precioso fue a mi ser,

cuando Él me transformó!

En los peligros o aflicción,

que yo he tenido aquí,

su gracia siempre me libró,

y me guiará feliz.

Y cuando en Sión por siglos mil,

brillando esté cual sol,

yo cantaré por siempre allí,

su amor que me salvó.

Apéndice A

Génesis / Apocalipsis
Una comparación de revelaciones

Génesis es "el libro del inicio del mundo y la primera creación de Dios", mientras el Apocalipsis es "el libro del final de la primera creación de Dios y el inicio de Su segunda creación". La primera creación de Dios tenía fin en el tiempo. La segunda creación de Dios es eterna. Hay un importante contraste/comparación entre los primeros tres capítulos del Génesis y los últimos tres capítulos del Apocalipsis. Para poder apreciar esto de manera adecuada, vale la pena tomarse un poco de tiempo y leer con atención lo siguiente:

Génesis – Primera Creación	Apocalipsis - Segunda Creación
En el principio creó Dios los cielos y la tierra. Génesis 1:1	Y vi un cielo nuevo y una tierra nueva, porque el primer cielo y la primera tierra pasaron, Apocalipsis 21:1
y a las tinieblas llamó noche. Génesis 1:5	pues allí no habrá noche Apocalipsis 21:25
Y llamó Dios a lo seco tierra, y al conjunto de las aguas llamó mares. Génesis 1:10	y el mar ya no existe. Apocalipsis 21:1

E hizo Dios las dos grandes lumbreras, la lumbrera mayor para dominio del día y la lumbrera menor para dominio de la noche; Génesis 1:16	La ciudad no tiene necesidad de sol ni de luna que la iluminen, Apocalipsis 21:23

Génesis – Primera Creación	Apocalipsis - Segunda Creación
Creó, pues, Dios al hombre a imagen suya, Génesis 1:27	y Dios mismo estará entre ellos Apocalipsis 21:3
Y del Edén salía un río para regar el huerto (la primera casa del hombre) Génesis 2:10	Y me mostró un río limpio de agua de vida (la casa final del hombre será junto a un río) Apocalipsis 22:1
Y plantó el SEÑOR Dios un huerto (el primer huerto del hombre) Génesis 2:8	la ciudad santa, la nueva Jerusalén, que descendía del cielo, (la morada final del hombre será en una ciudad) Apocalipsis 21:2
asimismo, en medio del huerto, Génesis 2:9	Y a cada lado del río estaba el árbol de la vida, Apocalipsis 22:2
porque el día que de él comas, ciertamente morirás Génesis 2:17	y ya no habrá muerte, Apocalipsis 21:4
(El pecado, la vergüenza y la muerte entraron a la tierra) Génesis 3:6	y jamás entrará en ella nada inmundo, ni el que practica abominación y mentira Apocalipsis 21:27

Y oyeron al SEÑOR Dios que se paseaba en el huerto al fresco del día; y el hombre y su mujer se escondieron de la presencia del SEÑOR Dios Génesis 3:8	He aquí, el tabernáculo de Dios está entre los hombres, y El habitará entre ellos y ellos serán su pueblo Apocalipsis 21:3

Génesis – Primera Creación	Apocalipsis - Segunda Creación
¿Qué es esto que has hecho? Y la mujer respondió: La serpiente me engañó, y yo comí. Génesis 3:13	Y el diablo que los engañaba fue arrojado al lago de fuego y azufre, Apocalipsis 20:10
Entonces dijo a Adán: Por cuanto has escuchado la voz de tu mujer y has comido del árbol del cual te ordené, diciendo: "No comerás de él", maldita será la tierra por tu causa; Génesis 3:17	Y ya no habrá más maldición: Apocalipsis 22:3
y comerás de las plantas del campo. Con el sudor de tu rostro comerás *el* pan Génesis 3:18 - 19	Y a cada lado del río estaba el árbol de la vida, que produce doce *clases de* fruto, Apocalipsis 22:2
Y el SEÑOR Dios lo echó del huerto del Edén, para que labrara la tierra de la cual fue tomado. Génesis 3:23	Sus puertas nunca se cerrarán Apocalipsis 21:25
pues polvo eres, y al polvo volverás (el hombre perdió su dominio) Génesis 3:19	y reinarán por los siglos de los siglos. Apocalipsis 22:5

Y el SEÑOR Dios hizo vestiduras de piel para Adán y su mujer, y los vistió. Génesis 3:21	Y a ella le fue concedido vestirse de lino fino, resplandeciente *y* limpio, Apocalipsis 19:8

Génesis – Primera Creación	Apocalipsis - Segunda Creación
Expulsó, pues, al hombre; y al oriente del huerto del Edén puso querubines, y una espada encendida que giraba en todas direcciones, para guardar el camino del árbol de la vida. Génesis 3:24	Bienaventurados los que lavan sus vestiduras para tener derecho al árbol de la vida y para entrar por las puertas a la ciudad. Apocalipsis 22:14

Datos misceláneos para ponerte a pensar

En Génesis	En Apocalipsis
La primera rebelión de Satanás fue en Génesis	La ultima rebelión de Satanás fue ésta en el Apocalipsis
En Génesis el sol, la luna y las estrellas eran para regir el tiempo en la tierra.	En Apocalipsis el sol, la luna y las estrellas ya no rigen el tiempo de una tierra eterna.
En Génesis se observa el matrimonio del primer Adán	En Apocalipsis se encuentra el matrimonio del último Adán.
En Génesis, vemos a la ciudad del hombre, Babilonia ser construida.	En Apocalipsis vemos la ciudad del hombre, Babilonia, destruida y la ciudad de Dios, la Nueva Jerusalén surge de nuevo.
En Génesis se predice la ruina de Satanás	En Apocalipsis se lleva a cabo la ruina de Satanás

Apéndice B

¿Existe un período de tribulación de siete años?

La palabra griega "thlipsis," está escrita 45 veces en la Versión de la Biblia de las Américas (NASB – New American Standard Bible - por sus siglas en Ingles). 15 veces esta palabra se traduce como "tribulación".

*Mateo 24:9 - "Entonces os entregarán a **tribulación**, y os matarán, y seréis odiados de todas las naciones por causa de mi nombre".*

*Mateo 24:21 – "porque habrá entonces una gran **tribulación**, tal como no ha acontecido desde el principio del mundo hasta ahora, ni acontecerá jamás".*

*Mateo 24:29 - "Pero inmediatamente después de la **tribulación** de esos días, el sol se oscurecerá, la luna no dará su luz, las estrellas caerán del cielo y las potencias de los cielos serán sacudidas".*

*Marcos 13:19 - "Porque aquellos días serán de **tribulación**, tal como no ha acontecido desde el principio de la creación que hizo[j] Dios hasta ahora, ni acontecerá jamás."*

*Marcos 13:24 - "Pero en aquellos días, después de esa **tribulación**, el sol se oscurecerá y la luna no dará su luz",*

*Juan 16:33 - "Estas cosas os he hablado para que en mí tengáis paz. En el mundo tenéis **tribulación**; pero confiad[j], yo he vencido al mundo."*

*Romanos 2:9 - Habrá **tribulación** y angustia para toda alma humana que hace lo malo, el judío primeramente y también el griego,*

*Romanos 5:3 - Y no sólo esto, sino que también nos gloriamos en las tribulaciones, sabiendo que la **tribulación** produce paciencia;*

Romanos 8:35 - ¿Quién nos separará del amor de Cristo? *¿**Tribulación**, o angustia, o persecución, o hambre, o desnudez, o peligro, o espada?*

*1 Tesalonicenses 1:6 - Y vosotros vinisteis a ser imitadores de nosotros y del Señor, habiendo recibido la palabra, en medio de mucha **tribulación**, con el gozo del Espíritu Santo,*

*Apocalipsis 1:9 - Yo, Juan, vuestro hermano y compañero en la **tribulación**, en el reino y en la perseverancia en Jesús, me encontraba en la isla llamada Patmos, a causa de la palabra de Dios y del testimonio de Jesús.*

*Apocalipsis 2:9 - 'Yo conozco tu **tribulación** y tu pobreza (pero tú eres rico), y la blasfemia de los que se dicen ser judíos y no lo son, sino que son sinagoga de Satanás. .*

*Apocalipsis 2:10 - No temas lo que estás por sufrir. He aquí, el diablo echará a algunos de vosotros en la cárcel para que seáis probados, y tendréis **tribulación** por diez días. Sé fiel hasta la muerte, y yo te daré la corona de la vida.*

*Apocalipsis 2:22 - Mira, la postraré en cama, y a los que cometen adulterio con ella los arrojaré en gran **tribulación**, si no se arrepienten de las obras de ella.*

*Apocalipsis 7:14 - Y yo le respondí: Señor mío, tú lo sabes. Y él me dijo: Estos son los que vienen de la gran **tribulación**, y han lavado sus vestiduras y las han emblanquecido en la sangre del Cordero.*

En estas dieciséis referencias solamente cinco veces se usa la palabra "tribulación" en el contexto profético. De estos cinco usos proféticos de la palabra, cuatro de ellas se encuentran en los Evangelios como enseñanzas del Señor, y la quinta de ellas aparece en el libro de Apocalipsis.

Primero, vamos a revisar en dónde aparece en los Evangelios. En el discurso del Olivo en Mateo 24:21 el Señor dice, *"porque habrá entonces una gran tribulación, tal como no ha acontecido desde el principio del mundo hasta ahora, ni acontecerá jamás."* Aquí se pueden identificar dos cosas sobre el uso de dicha palabra en este versículo. La primera, el tiempo de la tribulación de la que el Señor está hablando se encuentra relacionada directamente con la destrucción del templo. Esto lo podemos ver leyendo los versículos que le preceden, Mateo 24:15-20 – *"Por tanto, cuando veáis la ABOMINACION DE LA DESOLACION, DE QUE SE HABLÓ POR MEDIO DEL PROFETA DANIEL, COLOCADA EN EL LUGAR SANTO (EL QUE LEA, QUE ENTIENDA),* "entonces los que estén en Judea, huyan a los montes; "el que esté en la azotea, no baje a sacar las cosas de su casa; "y el que esté en el campo, no vuelva atrás a tomar su capa. "Pero, ¡ay de las que estén encinta y de las que estén criando en aquellos días! "Orad para que vuestra huida no suceda en invierno, ni en día de reposo."* La segunda, la palabra tribulación tiene el adjetivo "gran" anteponiéndose.

Ocho versículos después, en Mateo 24:29, Jesús una vez más usa la palabra "tribulación" en el sentido profético. *"Pero inmediatamente después de la tribulación de esos días, el sol se oscurecerá, la luna no dará su luz, las estrellas caerán del cielo y las potencias de los cielos serán sacudidas".* No hay ninguna duda de que la tribulación que el Señor tenía en mente en este versículo era la misma gran tribulación a la que Él se había referido en Mateo 24:21.

Marcos también escribió sobre este mismo versículo de la siguiente manera: *"Porque aquellos días serán de tribulación, tal como no ha acontecido desde el principio de la creación que hizo Dios hasta ahora, ni acontecerá jamás"* (Marcos 13:19). Nuevamente, y justamente en los versículos precediendo a éste, Marcos 13:14-18, vemos que Jesús se está refiriendo a la destrucción del Templo.

Cinco versículos después, estas palabras son registradas: *"Pero en aquellos días, después de esa tribulación, el sol se oscurecerá y la luna no dará su luz."* (Marcos 13:24). Así que podemos ver que las cuatro veces que el Señor habló de tribulación en un contexto profético en los Evangelios, Él estaba hablando de la gran tribulación que inicia en la fecha de la abominación y desolación del Templo. Esto se identifica en Daniel 9:27, aconteciendo precisamente tres y medio años antes dentro del periodo de los siete años identificado como la semana setenta del Pueblo de Dios, los judíos y su evangelización en la tierra. Asímismo, en cada lugar en donde la gran tribulación es utilizada en un sentido profético, siempre se refiere a la persecución de los elegidos de Dios por hombres perversos, nunca se refiere a la ira de Dios dirigida sobre la humanidad. Proféticamente, por lo tanto, la gran tribulación habla de la gran ira del hombre en contra de la misma raza humana, no de la ira de Dios en contra del hombre.

La palabra "tribulación" se encuentra una vez más en un claro sentido profético en Apocalipsis 7:14 *"Y yo le respondí: Señor mío, tú lo sabes. Y él me dijo: Estos son los que vienen de la gran **tribulación**, y han lavado sus vestiduras y las han emblanquecido en la sangre del Cordero".* Aquí una vez más encontramos el adjetivo "gran" y la referencia se hace respecto a la gran tribulación, la cual inicia no con la inauguración de la semana setenta de Daniel, sino a la mitad de ella.

Hay un hecho claro que emerge de realizar un análisis de la palabra "tribulación" tal y como se usa en la Biblia. En un contexto profético, se utiliza para describir solamente el periodo de tiempo que inicia a la mitad de la semana setenta de Daniel, nunca a la primera parte de ella. Basado en ello, el referirse a todo el periodo de los siete años como "el periodo de la gran tribulación" es inventar una frase e interpretar las Escrituras con un significado que el texto bíblico no soporta.

Sin embargo, derivado de estos versículos podemos ver la definición de la "Gran Tribulación". El punto de inicio puede identificarse como que coincide con la destrucción del Templo por el Anticristo a la mitad de la semana setenta (Ver Daniel 9:27). La Gran Tribulación, entonces, es el periodo de tres años y medio de duración y coincide con la última parte de la semana setenta de Daniel.

Dios mismo, nos enseña que la Gran Tribulación será acortada en Mateo 24:22. *"Y si aquellos días no fueran acortados, nadie se salvaría; pero por causa de los escogidos, aquellos días serán acortados.".* Advierta que "aquellos días" se refiere la "gran tribulación" de la que se habla en el versículo anterior. En este mismo versículo vemos porqué se acorta. *"por causa de los escogidos"* ¿Por qué? Porque lo que sigue es la ira de Dios y Dios ha prometido que ninguno de los elegidos va a experimentar su ira.

Leamos nuevamente de Mateo 24. En los versículos 4 al 7 Jesús describe el inicio de la semana setenta de Daniel. Termina el versículo 8 diciendo *"pero todo esto es sólo el comienzo de dolores"*. Entonces la descripción que el Señor hace de la primera parte de la semana setenta es el de una mujer en sus primeros dolores de parto. El tiempo inmediato anterior al Día del Señor se compara con una mujer en pleno trabajo de parto (1 Tesalonicenses 5:2-3 e Isaías 13: 6-8). Una revisión cuidadosa de estos versículos nos muestra que hay tres secciones en este periodo de la semana setenta – los primeros dolores de parto, la gran tribulación y el Día del Señor.

En conclusión, podemos ver que no hay bases para llamar a un periodo particular de tiempo que se caracteriza por la presión, la aflicción o la angustia, el periodo de "Tribulación".

El uso de la frase "Periodo de Tribulación" empleado por el hombre, pero no justificado en la Biblia crea, a lo mucho, una inclinación para la doctrina que se conoce como "pre-tribulacionismo" (la creencia de que el rapto de la Iglesia va a tener lugar antes del periodo de tribulación). Mientras la mayoría de los teólogos verían todo el periodo completo de los siete años de la semana setenta de Daniel como el periodo de tribulación y los últimos tres años y medio como la gran tribulación, en verdad la designación de "periodo de tribulación" no debiera de ser aplicada a este periodo de tiempo. De hecho, la primera mitad de los siete años en cuestión serán años de una paz relativa, cuando el pueblo de Dios sea animado a adorar a Dios en el Templo de Jerusalén.

Apéndice C

Entendiendo los eventos del final de los tiempos

Se nos conmina a *"creced en la gracia y el conocimiento de nuestro Señor y Salvador Jesucristo"* (2 Pedro 3:18). Creced en el "conocimiento" incluye el aprender nuevas verdades, examinar viejas verdades y corregir lo que erróneamente creíamos que era cierto. En el momento en que dejamos de aprender, de examinar o de corregir nuestra doctrina, en ese momento dejamos de crecer. Es mi oración que usted lea con mucho cuidado esta sección, reconociendo que aun si reta algunas creencias personales, le va a proporcionar la oportunidad de crecer, según vayamos examinando de manera conjunta los hechos que aquí se presentan.

Parece haber mucha confusión alrededor de los eventos y la cronología de aquellos eventos que ocurrirán cuando Dios valide las profecías que se encuentran escritas en Apocalipsis. Muchos teólogos parecen estar convencidos de tener información detallada alrededor de estos eventos, inclusive llegan a afirmar que conocen las fechas en que dichas profecías habrán de cumplirse. Toda vez que la Biblia establece de manera clara que ni siquiera Jesucristo sabe la fecha exacta (Mateo 24:36 – *"Pero de aquel día y hora nadie sabe, ni siquiera los ángeles del cielo, ni el Hijo, sino sólo el Padre")* estos individuos deben de estar reclamando una sabiduría superior a la que Jesucristo posee. Lo que sigue en esta sección es mi punto de vista, basado en mi estudio realizado sobre este periodo, de lo que yo creo que es una secuencia lógica de los eventos que harán que se cumplan las profecías que se encuentran en Apocalipsis y reconciliar estas profecías con las profecías que se encuentran en otros libros de la Biblia relacionadas a ese mismo periodo de tiempo. Los eventos y secciones que se presentan a continuación están en un orden cronológico; sin embargo, si está esperando encontrar fechas especificas, se va a llevar una desilusión.

Así, según vamos viendo lo que las Escrituras tienen que decir, debemos de interponer algunas palabras de precaución. Va a tomar un cierto nivel de interpretación de las Escrituras el descubrir el significado. El problema es que muchos teólogos confunden una interpolación de las Escrituras con la interpretación de las mismas. Incluso llegan a la postura en donde piensan que esos dos términos son uno solo (interpolación vs interpretación). La interpretación tiene que ver con la traducción de un texto con vista a mantener la precisión de su significado. Esto generalmente se requiere cuando un texto está escrito en otro idioma o involucra un hecho de diferencia cultural. La interpolación tiene que ver con la manipulación de un texto de manera tal que el texto apoye un punto de vista predeterminado. Hay religiones enteras o cultos que se establecen o justifican su existencia utilizando la interpolación de las Escrituras. Debemos de tener mucho cuidado, entonces, en cómo manejamos las Escrituras, y si estamos en error que éste sea por el lado de la interpretación por precisión, inclusive si esto no nos deja las cosas tan claras como a nosotros nos gustaría.

— — — — — — — — —

Escogiendo la escuela adecuada para la interpretación del Apocalipsis

Es muy importante que cuando intentemos entender e interpretar el Apocalipsis seamos consistentes en nuestra metodología. Lo que veremos a continuación será una definición corta de cuatro escuelas de pensamiento que se utilizan comúnmente en la interpretación del Apocalipsis.

1. *El Preterismo* – El punto de vista de esta escuela es que el Apocalipsis básicamente representa la historia de la iglesia durante el periodo de tiempo en que fue escrita. Los Preteristas visualizan la mayor parte de este libro como si todo lo que ahí está escrito ya hubiese tomado lugar durante el periodo temprano de la Iglesia. Como un sistema, esta escuela no apareció hasta el año de 1614, cuando un jesuita español de nombre Alcázar desarrolló sus ideas principales. Para él, muchas de las expresiones simbólicas en el libro fueron escritas para animar a la Iglesia durante sus

tribulaciones bajo el Imperio Romano, y de manera intencional este libro se escribió para prevenir que pudiera ser entendido por personas que no fueran creyentes. El mantener este punto de vista significa que el libro de Apocalipsis tiene un significado mínimo o ningún significado en el tiempo presente. El principal problema con esta posición es que las victorias decisivas que se describen en los últimos capítulos de Apocalipsis nunca serán realizadas.

2.   *El Historicismo* – Esta escuela ve el libro de Apocalipsis como un plan profético para cubrir toda la historia desde los días apostólicos hasta el establecimiento del reino eterno de Dios. Se originó con Joaquín de Floris (d. 1202). Joaquín de Floris era un monje quien clamaba haber recibido una visión especial la víspera de la Pascua en la cual se le revelaron los planes de Dios para las eras. En esta escuela de interpretación el Apocalipsis es considerado como una historia continua, en donde la mayor parte de la misma trata con la historia de Europa occidental hasta hoy. Para esta escuela, gran parte de este libro, especialmente las secciones que tratan de Babilonia y "la bestia", están identificadas con la Iglesia Católica Romana y el Papa, atando otros símbolos a tales eventos como el levantamiento del Islam y las guerras Napoleónicas. Este punto de vista involucra la datación y el malabarismo arbitrario de eventos históricos para que se ajusten a las profecías de las que se habla en Apocalipsis. Por ejemplo, los seguidores del Historicismo ven los sellos como un rompimiento del Imperio Romano, y la invasión de las langostas como la invasión islámica de Europa.

3.   *El futurismo* – Los interpretadores del futurismo, a pesar de que difieren entre ellos en varios detalles, con la excepción de los capítulos 1 al 3, de manera general ellos creen que todas las visiones de las que se habla en Apocalipsis se relacionan a un periodo inmediato precediendo y siguiendo la segunda venida de Cristo al final de los tiempos. Por lo tanto, los sellos, las trompetas y las copas se refieren a eventos que van a suceder en el futuro; las bestias de los capítulos 13 y 17 están identificadas con el anticristo futuro, quien va a llegar en el último momento de la historia del mundo y será vencido por Cristo en Su segunda venida cuando

venga a juzgar al mundo y a establecer Su reino milenario terrenal. Las variaciones de este punto de vista fueron sostenidas por algunos de sus expositores más antiguos, tales como Justino Mártir (d.165), Ireneo de Lyon (d.c. 195), Hipólito (d.236) y Victoriano (d.c. 303). La mayor debilidad en esta posición es que deja al libro sin ningún significado particular para aquellos para los que fue escrito.

4. *El Idealismo* – Esta escuela ve al libro de Apocalipsis desde el punto de vista de que básicamente trata con grandes verdades y principios espirituales y no debe de ser interpretado de manera literal. El Apocalipsis es tratado como una serie de parábolas del bien sobre el mal y de Cristo sobre Satanás. En otras palabras, no describe eventos actuales de la historia, ya sean pasados o futuros. Como un sistema es mucho más reciente que los últimos tres mencionados, y de alguna manera difícil de distinguir de los enfoques anteriores de los Alejandrinos (Clemente y Origen). El amilenismo ha adoptado este punto de vista. Es una "filosofía de la historia" en donde las fuerzas cristianas se reúnen continuamente y vencen a las fuerzas diabólicas de maldad. Desafortunadamente, la degeneración perpetua del hombre durante este último siglo hasta el día de hoy, ahora ha hecho esto una posición insostenible.

No he seguido ninguna escuela de interpretación de manera individual, pero considero que el punto de vista futurista es con la que pudiera estar más de acuerdo. Con esto en mente lo que sigue a continuación es una cronología de eventos que considero son los que mejor se adaptan a los requerimientos de las profecías de las Escrituras.

Evento Número 1 – El rapto de la Iglesia

La pregunta del rapto está, por su propia naturaleza, llena de emoción y controversia. Para empezar, tratar de entender la naturaleza y el propósito del rapto. Nuestros cuerpos presentes de carne y hueso están sustentados en su existencia por los elementos de la tierra que son corruptibles. Si de manera corpórea estamos con Cristo en el cielo espiritual, incorruptible y eterno, debe de ser con una nueva forma. Esta nueva forma puede tener un aspecto material, pero debe de haber una diferencia. El Señor Jesucristo resucitado puede ser un ejemplo de esta nueva forma corpórea. Después de Su resurrección, Él podía aparecer y desaparecer según quisiera. Podía moverse a través de las paredes. Podía ser visto y tocado. Podía comer, no obstante que esto no era necesario. A pesar de estar glorificado, Jesús poseía la apariencia de un cuerpo físico. Puede ser que el texto más claro en la Palabra de Dios que describa esto se encuentra en los versículos que Pablo escribió en 1 Corintios 15: 51-53 *"He aquí, os digo un misterio: no todos dormiremos, pero todos seremos transformados en un momento, en un abrir y cerrar de ojos, a la trompeta final; pues la trompeta sonará y los muertos resucitarán incorruptibles, y nosotros seremos transformados. Porque es necesario que esto corruptible se vista de incorrupción, y esto mortal se vista de inmortalidad."*

Lo siguiente que tenemos que entender es : ¿Qué es el rapto?. El rapto **no es** la segunda venida de Cristo a la tierra, sino una reunión en el cielo entre Cristo y Sus seguidores de la tierra (muertos y vivos). Esto puede ser leído en 1 Tesalonicenses 4: 16-17 *"Pues el Señor mismo descenderá del cielo con voz de mando, con voz de arcángel y con la trompeta de Dios, y los muertos en Cristo se levantarán primero. Entonces nosotros, los que estemos vivos y que permanezcamos, seremos arrebatados juntamente con ellos en las nubes al encuentro del Señor en el aire, y así estaremos con el Señor siempre."* La palabra "rapto" no viene del griego sino del latín. Es la traducción de la palabra *"rapio"* que quiere decir "arrebatar rápidamente". Por su descripción en los versículos anteriores, un instante después de que tenga lugar el rapto, no habrá un solo creyente **verdadero** que se haya quedado en todo el planeta. La conciencia moral de hombres piadosos ya no existirá más en la tierra. Ahora vamos a revisar 2 Tesalonicenses 2: 1-13 con atención particular en los versículos 7 y 8 (*"Porque el misterio de la iniquidad ya está en acción, sólo que aquel que por ahora lo detiene, lo hará hasta que él mismo sea quitado de en medio. Y entonces será revelado ese inicuo, a quien el Señor matará con el espíritu de su boca, y destruirá con el resplandor de Su venida).* Si entendemos que el que restringe al ingobernable es el Espíritu Santo, entonces vemos que Él será removido por Dios en algún momento para que el ingobernable (Satanás) pueda actuar sin restricciones hasta que sea derrotado por Jesucristo en Su segunda venida. Si vemos que este evento coincide con el rapto de todos los creyentes de la tierra, entonces ahora tenemos un evento que de manera esencial es lo opuesto a lo que pasó en Pentecostés. En el rapto el Espíritu Santo regresará a su ministerio del Antiguo Testamento en el cielo, ante el trono de Dios.

Ahora que entendemos el propósito del rapto y que esto va a suceder, necesitamos ver si podemos determinar la fecha de este evento. Es importante recordar que el tiempo del rapto sólo puede ser resuelto por una interpretación de la Palabra de Dios – no por precedente histórico. Al mismo tiempo necesitamos tener en mente que los signos proféticos en la Biblia tienen la intención de estar más direccionados en naturaleza que en orden cronológico: ellos le dicen al hombre qué camino, en lugar de qué fecha. Sin embargo, al revisar lo que dice la Escritura, posiblemente podamos identificar una envoltura de tiempo en la cual se pudiera anticipar el rapto de la iglesia. Con estas reglas establecidas, vamos a ver qué podemos descubrir.

Regresemos a leer 1 Corintios 15:51-53, ahora desde este punto de vista: *He aquí, os digo un misterio: no todos dormiremos, pero todos seremos transformados en un momento, en un abrir y cerrar de ojos, a la trompeta final; pues la trompeta sonará y los muertos resucitarán incorruptibles, y nosotros seremos transformados. Porque es necesario que esto corruptible se vista de incorrupción, y esto mortal se vista de inmortalidad.* Aquí está claro que Pablo está hablando del rapto de los creyentes. *"He aquí, os digo un misterio…."* El propósito de un misterio bíblico tiene su núcleo la revelación de una verdad espiritual que no ha sido revelada antes. Pablo continúa declarando que este misterio será revelado *"a la trompeta final".* Estas cuatro palabras nos dan una clave en cuanto al marco de tiempo en el cual el rapto de la iglesia puede suceder. Ya que la epístola de Pablo a los Corintios fue escrita por lo menos 20 años antes de que se escribiera el libro de Apocalipsis, los corintios tenían que entender el significado de la frase *"a la trompeta final"* aun sin tener ningún conocimiento de Apocalipsis pues éste no había sido escrito.

Reconociendo esto, entonces podemos asumir que ellos pudieron encontrar la respuesta a lo aludido en el Antiguo Testamento. El profeta Joel, cuando anunció el Día del Señor, escribió sobre el derramamiento de la ira de Dios, *"Tocad trompeta en Sion, y sonad alarma en mi santo monte.*

Tiemblen todos los habitantes de la tierra, porque viene el día del Señor, porque está cercano", (Joel 2:1).

Se debería de tocar una trompeta anunciando la venida del Día del Señor. En Apocalipsis, el séptimo sello involucra un juicio directo por sí mismo, como se ve en los primeros seis sellos. Cuando se abre el séptimo sello, se revelan progresivamente la séptima trompeta y las copas de juicio. Son parte de un todo. Colectivamente, todo ello representa el Día del Señor, sus últimos juicios escatológicos – el último triunfo. Por lo tanto, el rapto debe ocurrir ya sea un poco de tiempo antes o de manera concurrente con la apertura del séptimo sello, el cual introduce el sonido de la primera trompeta anunciando el inicio de la ira de Dios sobre la tierra y la humanidad. En nuestro estudio de Apocalipsis vemos que el sexto sello se abrió en el capítulo 6, pero el séptimo sello no fue abierto sino hasta el capitulo 8. El capitulo de enmedio, es decir el capitulo 7, contenía dos eventos interesantes. El primer evento presenta el que Dios identifique 144,000 de su gente escogida como evangelistas para que lleven Su mensaje al mundo. El segundo evento presenta una gran multitud parada delante de Dios, alabándole por su salvación. Por las razones expuestas en nuestro repaso de ese capítulo, éste último grupo no puede ser nadie más que los redimidos, la iglesia raptada. La única duda que queda entonces es, ¿en dónde estamos en referencia a la apertura de los sellos?

En nuestro estudio del capítulo 6 de Apocalipsis concluimos que los primeros cuatro sellos ya habían sido abiertos. El quinto sello pudo haber sido abierto en cualquier momento y sólo faltaba que el sexto sello fuera abierto.

El Señor nos dice que El vendrá ante nosotros – los creyentes – en una hora que no esperamos. Ahora, déjenme preguntarles esto: si los creyentes estuvieran presentes para ver emerger al líder universal carismático que empezará a unir varios países bajo su única y total autoridad, pudieran ver la reconstrucción del Templo y la introducción del sacrificio en Jerusalén, la firma de un tratado de paz entre el líder universal antes mencionado e Israel por siete años, el levantamiento de una religión ecuménica universal y el levantamiento de una sociedad económica universal, ¿no cree usted que debiera haber una preocupación entre los creyentes sobre todo esto que se está evidenciando? ¿no cree que pudieran estar usando sus recursos para comunicar al mundo lo que realmente está sucediendo?. La respuesta es "por supuesto que lo harían". Si yo viera que Israel está empezando a construir un templo para alabanza y sacrificio en el Monte del Templo, empezaría a empacar mis maletas. Entonces, ¿qué significa todo esto? La lógica me dice que la Iglesia (todos los verdaderos creyentes) estarán ausentes cuando este anticristo inicie su reinado. La razón de esto es que para que el anticristo tenga éxito, la influencia del Espíritu Santo en la humanidad debe de ser removida (recuerde 2 Tesalonicenses 2:7-8). Con la ausencia de los verdaderos creyentes, la influencia moral que viene de éstos y todas las restricciones no existirán. Con la ausencia del Espíritu Santo, el que condena y restringe la conciencia del hombre estará ausente. En esta atmósfera los planes de Satanás para la humanidad van a florecer.

Al final, he concluido que no hay quien prevenga el rapto de iglesia en cualquier momento. Ciertamente, como vemos hoy, las barricadas a los eventos descritos anteriormente se están reduciendo y debemos esperar que el Rapto llegue pronto. No sería yo tan insensato como para predecir una fecha específica, pero no puedo dejar escapar la conclusión de que, si los eventos del mundo continúan constantes como hasta hoy, entonces podemos esperar que el Rapto ocurra dentro de los años siguientes, en lugar de los siglos siguientes. Puede suceder en cualquier momento. ¡Señor ven pronto! ¡Maranatha!.

Evento Número 2 – Anarquía, el anticristo, Guerra

Solamente piense en un mundo en donde a lo mejor hasta más de un billón de personas repentinamente desaparecen en un día. Para que esa imagen quede más clara en la mente, piense que esas personas están representando a todos aquellos en el mundo que tienen las convicciones morales más fuertes y los estilos de vida más moralistas. Y para hacerlo aún peor, se reconoce que el Espíritu Santo ya no está más entre nosotros, y con Su partida ya no existe ninguna restricción en la conciencia del hombre. ¿Se puede imaginar esta escena?

Ahora, vamos a ver esta imagen desde un ángulo de vista distinto. Vamos a enfocarnos en los Estados Unidos, a pesar de que esta escena será repetida en todos los países a lo largo del mundo en diferentes grados. Usted vive en una casa bonita, tiene uno o dos automóviles y tiene algo de dinero guardado en el banco. ¿Qué cree que pase con estas cosas si usted desapareciera de repente? Combine esto, repitiendo esta misma escena en cerca de 30 a 40 familias a lo largo de Estados Unidos. Seguramente la puerta de estas casas no estará cerrada con llave. Su carro puede haber sido abandonado en alguna calle, posiblemente aún con las llaves puestas. ¿Qué cree que pasará con estas cosas? ¿Cuánto tiempo pasará antes de que alguien se dé cuenta que lo único que tiene que hacer es subirse al carro y llevárselo? ¿Cuánto tiempo pasará antes de que alguien se dé cuenta que su casa está sola y sin llave? ¿Cuánto tiempo antes de que alguien se dé cuenta en el banco de que ya no va a regresar usted a reclamar su dinero? Recuerde, ya no hay restricciones morales o sentimientos morales de ningún tipo.

Inmediatamente después del Rapto, el mundo estará en una confusión masiva. Al principio dominará el miedo, mientras la gente y sus líderes tratan de descubrir qué es lo que pasó. Después el miedo irá disminuyendo, muchos verán los bienes abandonados de estas personas que han desaparecido como una oportunidad de obtener más riqueza. Pronto los más fuertes empezarán a asumir el mando y robarán todo aquello en lo que ellos o sus secuaces puedan poner sus manos. Reinará la anarquía y súbitamente el mundo será muy peligroso para aquellos que son menos agresivos. Empezarán las peleas entre los líderes fuertes y sus seguidores cada vez que alguno quiera más para si mismo. De manera incontrolada reinará el caos y la violencia.

Rápido los países utilizarán esto como una oportunidad de arreglar disputas que llevan mucho tiempo sin solucionarse, pero ahora lo harán con guerra. Las naciones estarán una en contra de la otra, cada una buscando su propia supervivencia.

Entre todo esto que está sucediendo llega un hombre. Al principio se hará notar de manera local, posiblemente sólo en una ciudad o aun en una nación, y él propondrá una solución a todo lo que está pasando. Posiblemente su solución involucrará distribuir entre todos de manera equitativa aquellos bienes que ya no tienen dueño.

Es carismático y muy pronto la gente aceptará sus consejos y empezarán a ver que sus sugerencias tienen sentido y que están basadas en el interés de todas las personas, trayendo esto un grado de seguridad y de paz entre las personas. Su autoridad se va a empezar a expandir y su plan parece estar funcionando. Pronto las naciones y los lideres a lo largo del mundo vendrán a este hombre por asesoría. Estarán sorprendidos de su sabiduría y humildad. Rápidamente será reconocido a lo largo del mundo como un líder brillante e igualmente varias naciones se unirán y le pedirán a él que sea su líder.

Ahora, todo esto no sucederá de la noche a la mañana. Tomará meses e inclusive aun años para que todos estos pasos se acomoden uno a uno. Cuando finalmente asuma el liderazgo de todas estas naciones, él ya será el líder de diez naciones, centradas en Europa, y a lo largo del Mar Mediterráneo. Por ahora, mientras Europa y gran parte del resto del mundo se han colocado bajo su influencia, habrá algunas naciones que todavía no estén dispuestas a someterse bajo su autoridad. Sin embargo, él se dará cuenta que el núcleo de este problema se encuentra en las diferencias religiosas importantes entre las naciones. Entonces seleccionará una persona para que inicie el proceso de reconciliar dichas diferencias religiosas. Muy pronto se llevarán a cabo conferencias religiosas a lo largo del mundo. Se hace evidente a los asistentes que la paz sólo será alcanzada si de manera conjunta se unen bajo el estandarte de una filosófía central religiosa. La fundación será construida encontrando el común denominador más bajo entre las religiones y a partir de ahí empezar a llegar a un acuerdo. Finalmente, se llegará a un consenso, y todos reconocerán que esta paz solamente va a funcionar bajo la autoridad de los nuevos líderes.

No obstante, existe un serio problema. El odio que se da entre las naciones Musulmanas e Israel ha traído como consecuencia una guerra abierta en el Medio Oriente. Jerusalén está bajo ataque. Parece ser que nada puede detener esta guerra de genocidio. En esta diferencia entra el nuevo líder mundial. Con su socio convence a las naciones que cesen su guerra en contra de Israel, y les ofrece una garantía de que ambos tendrán libertad religiosa de profesar su creencia respectiva.

Evento Número 3 -- La Septuagésima Semana de siete años de Daniel

Una de las profecías mas trilladas del Antiguo Testamento que apunta a Cristo se encuentra en el libro de Daniel 9:24-27

9:24 – "Setenta semanas han sido decretadas sobre tu pueblo y sobre tu santa ciudad, para poner fin a la transgresión, para terminar con el pecado, para expiar la iniquidad, para traer justicia eterna, para sellar la visión y la profecía, y para ungir el lugar santísimo,

9.25 – Has de saber y entender que desde la salida de la orden para restaurar y reconstruir a Jerusalén hasta el Mesías Príncipe, habrá siete semanas y sesenta y dos semanas; volverá a ser edificada, con plaza y foso, pero en tiempos de angustia.

9:26 – Después de las sesenta y dos semanas el Mesías será muerto y no tendrá nada, y el pueblo del príncipe que ha de venir destruirá la ciudad y el santuario. Su fin vendrá con inundación; aun hasta el fin habrá guerra; las desolaciones están determinadas.

9:27 – Y él hará un pacto firme con muchos por una semana, pero a la mitad de la semana pondrá fin al sacrificio y a la ofrenda de cereal. Sobre el ala de abominaciones vendrá el desolador, hasta que una destrucción completa, la que está decretada, sea derramada sobre el desolador."

La mayoría de los escolásticos de la Biblia reconocen que las setenta semanas deberían de ser traducidas como setenta unidades de siete. Asimismo, que cada unidad representa siete años y las que setenta unidades de siete, por lo tanto, representan un periodo de 490 años. Es el mismo principio de un año por un día que se utilizó en Números 14:34 *"Según el número de los días que reconocisteis la tierra, cuarenta días, por cada día llevaréis vuestra culpa un año, hasta cuarenta años, y conoceréis mi enemistad"* Debido a su incredulidad, los israelitas anduvieron errantes por cuarenta años en el desierto, un año por cada día que sus espías estuvieron ausentes, buscando la tierra.

Dése cuenta que en los versículos de Daniel 9, en el marco de los 490 años, hay tres divisiones principales: 49 años (siete unidades de siete); luego 434 años (sesenta y dos unidades de siete); y después un periodo final de siete años (la septuagésima unidad de siete).

El principio de estas semanas de años se define claramente en el versículo 25 arriba descrito, el cual se dice inicia con "*de la orden para restaurar y reconstruir a Jerusalén.*"; Isaías 45:1" *Así dice el SEÑOR a Ciro, su ungido, a quien he tomado por la diestra, para someter ante naciones, y para desatar lomos de reyes, para abrir ante él las puertas, para que no queden cerradas las entradas*". El decreto de Ciro para reconstruir el templo en Jerusalén esta registrado en Esdras 1: 1-3 : "*En el primer año de Ciro, rey de Persia, para que se cumpliera la palabra del SEÑOR por boca de Jeremías, el SEÑOR movió el espíritu de Ciro, rey de Persia, y éste hizo proclamar por todo su reino y también por escrito, diciendo: Así dice Ciro, rey de Persia: "El SEÑOR, el Dios de los cielos, me ha dado todos los reinos de la tierra, y El me ha designado para que le edifique una casa en Jerusalén, que está en Judá. "El que de entre todos vosotros pertenezca a Su pueblo, sea su Dios con él. Que suba a Jerusalén, que está en Judá, y edifique la casa del SEÑOR, Dios de Israel; El es el Dios que está en Jerusalén.*" El decreto para reconstruir Jerusalén está ordenado en Nehemías 2:1 y 5,6 : "*Aconteció que en el mes de Nisán, en el año veinte del rey Artajerjes, estando ya el vino delante de él, tomé el vino y se lo di al rey. Yo nunca había estado triste en su presencia. y respondí al rey: Si le place al rey, y si tu siervo ha hallado gracia delante de ti, envíame a Judá, a la ciudad de los sepulcros de mis padres, para que yo la reedifique. ⁶ Entonces el rey me dijo, estando la reina sentada junto a él: ¿cuánto durará tu viaje, y cuándo volverás? Y le agradó al rey enviarme, y yo le di un plazo fijo.*"

De acuerdo a los historiadores en el año 586 A.C, Jerusalén fue totalmente destruida, incluyendo la quema y destrucción del Templo. En el año 538 A.C., Ciro, entonces Rey de Persia, emitió un decreto diciendo que los judíos debían regresar y reconstruir el templo. Esto está en concordancia con lo que leemos en Esdras 1: 1-3. De acuerdo a Esdras 6:15, "*Y este templo fue terminado el tercer día del mes de Adar; era el año sexto del reinado del rey Darío.*" Esto sería aproximadamente en el año 515 A.C.. En otras palabras, los judíos estuvieron sin un templo para realizar sacrificios por aproximadamente 70 años. Finalmente, en el año 445 A.C., Artajerjes

I, entonces Rey de Persia, emitió un decreto para reconstruir la ciudad de Jerusalén. Esto en concordancia de Nehemías 2:1 y 5,6. Sin embargo, la Biblia indica que hubo mucha oposición por los residentes locales, lo cual causó que la reconstrucción de la ciudad se retrasara. La ciudad finalmente fue reconstruida en el año 432 A.C.. Nehemías había terminado la tarea y había regresado con Artajerjes. En algún momento alrededor del año 400 A.C., hubo una revuelta dentro de las más altas esferas del sacerdocio a causa del poder, y el gobernador persa local tuvo que intervenir. Como resultado hubo un periodo de casi exactamente 49 años de la fecha que se emitió el decreto para reconstruir la ciudad de Jerusalén, en que los Sumos Sacerdotes judíos para el templo reconstruido fueron seleccionados por medio de prioridades religiosas y por su descendencia (del linaje de Aarón). De manera subsecuente a la revuelta, las autoridades locales políticas seleccionaron a los Sumos Sacerdotes de acuerdo a su lealtad y sumisión a las autoridades gobernantes.

Si fuéramos a sumar 434 años a la fecha en que inició cuando el sacerdocio estuvo bajo la influencia de la política, llegaríamos al año aproximado de 34 D.C., lo cual con la incertidumbre de las fechas actuales (los judíos usaban un calendario de 360 días al año) y la pérdida de dos años cuando se aprobó el Calendario Romano, aparentemente llegamos a una fecha muy cercana a la ubicada en que Cristo murió. Por lo tanto, termina el periodo de sesenta y dos unidades de siete años, tal y como se describe en el versículo 25 anterior.

Un escolástico ha determinado que si se inicia con la fecha del primero de los Nisán 445 A.C., o el 14 de Marzo, como la fecha en que el gobernante persa Artajerjes emitió el edicto para restaurar la autonomía de Judá y reconstruir Jerusalén, nos encontraríamos con increíbles coincidencias. Si contamos hacia adelante 483 años bíblicos, o 173,880 días de esta fecha, llegaríamos a la fecha del décimo de Nisán o Abril 6, D.C 32. Algunos historiadores sienten que esta es la fecha exacta en que Jesús entró a Jerusalén por última vez. El entró como el Mesías, montado en un asno, pero fue rechazado por los judíos. ¿Coincidencia o realidad simbólica?

En el año 70 D.C., el ejército romano, bajo la dirección del General Tito, destruyó la ciudad de Jerusalén y el Templo.

En el versículo 26, dice que un príncipe vendrá y destruirá la ciudad de Jerusalén. En el versículo siguiente, el 27, dice que el príncipe, representando a esta misma nación, iniciará el último periodo de los siete años con la firma de un pacto de paz entre Israel y otras naciones. Con la firma de este pacto, el reloj del tiempo inicia para el último septuagésimo periodo de siete años de Daniel. Aquí está el inicio del final para la humanidad. Con el inicio de este periodo final de tiempo, los judíos nuevamente asumirán la responsabilidad de evangelizar a la humanidad y el mensaje de la Ley del Antiguo Testamento será proclamado.

Son estos últimos siete años los que claramente definen el tiempo exacto hasta la venida de Cristo y el comienzo exacto de estos siete años está determinado por la firma de un pacto de paz entre Israel y el anticristo.

Evento Número 4 – La Luna de miel y el Día del ajuste de cuentas

Cuando el tratado se haya firmado, el reloj de Dios habrá iniciado. En un periodo de unos pocos años Jesucristo aparecerá en escena. Sin embargo, antes de que eso suceda van a ocurrir diferentes cosas.

Los primeros años después de haber firmado el tratado, literalmente todo será como una luna de miel para la humanidad. La tierra estará en paz. Cada quien podrá alabar como quiera. Sin embargo, en un corto tiempo, se verán nubes de tormenta en el horizonte. Todo iniciará de una manera muy inocente. El nuevo líder mundial le informará a todo mundo que tenemos que dejar el dinero. Después de todo, el dinero es la razón real atrás del crimen. Asímismo, si consolidamos nuestro poder adquisitivo, todos vamos a ganar. Porque, si nosotros tenemos una economía universal, entonces piense qué barato será comprar todo. Lo que necesitamos es un método a prueba de errores para identificar a cada individuo. De esta manera nadie puede robar tu identidad, y no tienes que preocuparte de que alguien esté utilizando tu crédito. Afortunadamente, debido a los grandes avances de la tecnología, justamente tenemos la solución ideal. La ciencia ha diseñado este pequeño dispositivo de computación, el cual, una vez colocado bajo tu piel te permitirá establecer tu identificación en cualquier tiempo y lugar. Por supuesto que esto no va a violar tu libertad de selección e igualmente no va a ser utilizado para rastrearte. Es sólo para tu conveniencia. En un periodo muy corto de tiempo descubrirás que será muy difícil comprar o vender algo si no tienes este dispositivo (chip) implantado ya sea en tu frente o en tu muñeca.

En un frente paralelo, el mundo verá al líder religioso sugerir de manera silenciosa que las religiones del mundo empiecen a incluir al líder político mundial en sus oraciones. Después de todo, él es el salvador literal del mundo. La presión para hacer esto incrementará gradualmente, hasta que la adoración del líder mundial ocupe la parte principal de cada servicio religioso. La extensión natural de esto es que si ya todos estamos honrando a nuestro líder, ¿para qué tenemos todas estas religiones? Vamos a establecer una verdadera religión ecuménica centrada en adorar a nuestro líder político.

Pronto parece que el nuevo líder mundial sufre de paranoia. Aprueba una ley en donde se establece que aquella persona que no tenga la marca del líder (el chip implantado) no podrá comprar ni vender, y serán castigados con la muerte. Asimismo, ahora establece una religión de Estado, haciendo obligatorio que los servicios sean para adorarle a él. Ya han pasado tres años y medio y el periodo de luna de miel ha terminado.

El corazón de la resistencia al movimiento de adorar a este líder parece centrarse en Jerusalén, en aquellos judíos que están alabando en el Templo, desafiando al líder. Ellos parecen tomar valor de dos fanáticos que están predicando sobre un Dios que todos los hombres deberían de estar alabando. El líder mundial ha pedido a su gente que maten a estos dos fanáticos en varias ocasiones, pero parece que ambos fanáticos tienen algún tipo de protección. Finalmente, tiene éxito y decide hacer un movimiento atrevido. Daniel 9: 27 *"Y él hará un pacto firme con muchos por una semana, pero a la mitad de la semana pondrá fin al sacrificio y a la ofrenda de cereal."* ¡Esto les dará una lección a los judíos! Después pasará una ley que diga que todo aquel que no le alabe será aniquilado. Se anima a la gente a la persecución de todos aquellos que le desafíen y como resultado muchos son designados enemigos del Estado y sus ejecuciones son cosa de todos los días.

De un tiempo de paz aparente, ahora el mundo parece entrar en tiempo de caos desenfrenado. Para esta fecha el líder del mundo sentirá que su posición es inatacable y que es tan fuerte como el Dios del que hablaban los dos testigos en Jerusalén antes de que fueran asesinados. Después de todo, al final pudo matarlos, aun y si algo hizo que sus cuerpos desaparecieran. Jesús mismo dijo en Mateo 24: 21 – 22; *"porque habrá entonces una gran tribulación, tal como no ha acontecido desde el principio del mundo hasta ahora, ni acontecerá jamás. Y si aquellos días no fueran acortados, nadie se salvaría; pero por causa de los escogidos, aquellos días serán acortados."* Cuando parezca que todo es oscuridad, entonces Dios entrará en acción.

La Palabra de Dios se refiere a la colisión futura entre Dios y un hombre no regenerado como el Día del Señor. El Día del Señor debe de ser visto en contraste con el Día del hombre. El día del hombre puede ser definido como el tiempo que inicia con la caída de Adán hasta la final aparición de Cristo, durante el cual Dios permitió al hombre actuar de acuerdo con los deseos de su corazón. Este periodo de tiempo terminará cuando Dios determine que la rebelión del hombre ha sido completada. Esto será evidente cuando el nuevo líder del mundo (el anticristo) intente ser canonizado. En tal momento el Día del Señor iniciará y Dios juzgará a este planeta pecaminoso y terminará con la rebelión del hombre.

El Día del Señor también será un tiempo de juicio sobre Israel cuando se le llame a cuentas por sus pecados (Isaías 40: 2; 17; 4-8; 33: 10-14; Zacarías 13: 8-9; Malaquías 3:2-5; 4:1) y sobre las naciones gentiles por su rebelión, falta de arrepentimiento y persecución de Israel (Abdías 1:15; Romanos 2:3, 5-6, 8-9).

Una vez que Dios entre a escena y se haga cargo, ¿qué podemos esperar que suceda? De ciertas referencias que hay en la Biblia, se puede hacer la siguiente descripción del Día del Señor:

1. Un tiempo de terror (Isaías 2: 19-21) – *"Se meterán los hombres en las cuevas de las rocas y en las hendiduras de la tierra, ante el terror del Señor y ante el esplendor de su majestad, cuando Él se levante para hacer temblar la tierra. Aquel día el hombre arrojará a los topos y a los murciélagos, sus ídolos de plata y sus ídolos de oro que se había hecho para adorarlos; y se meterá en las cavernas de las rocas y en las hendiduras de las peñas, ante el terror del Señor y ante el esplendor de su majestad, cuando Él se levante para hacer temblar la tierra."*

2. Un tiempo de destrucción (Joel 1:15) -- *"¡Ay de ese día! Porque está cerca el día del SEÑOR, y vendrá como destrucción del Todopoderoso.*

3. Un tiempo en donde se experimentará la furia de Dios (Isaías 13:13) – *"Por tanto, haré estremecer los cielos, y la tierra será removida de su lugar ante la furia del SEÑOR de los ejércitos, en el día de su ardiente ira."*

4. Un tiempo de castigar la iniquidad (Isaías 13:11) – *"Castigaré al mundo por su maldad y a los impíos por su iniquidad; también pondré fin a la arrogancia de los soberbios, y abatiré la altivez de los despiadados."*

5. Un tiempo para juzgar a las naciones (Abdías 1:15) – *"Porque se acerca el día del SEÑOR sobre todas las naciones. Como tú has hecho, te será hecho; tus acciones recaerán sobre tu cabeza."*

6. Un tiempo en donde la venganza de Dios caerá sobre aquellos que han perseguido a Su gente (Isaías 34:8) – *"Porque es día de venganza del SEÑOR, año de retribución para la causa de Sion."*

7. Un tiempo en donde los pecadores serán muertos y los cielos oscurecidos (Isaías 13: 9-10) – *"He aquí, el día del SEÑOR viene, cruel, con furia y ardiente ira, para convertir en desolación la tierra y exterminar de ella a sus pecadores. Pues las estrellas del cielo y sus constelaciones no destellarán su luz; se oscurecerá el sol al salir, y la luna no irradiará su luz".*

8. Un tiempo de fuego proveniente del Señor (Joel 2:30) – *"Y haré prodigios en el cielo y en la tierra: sangre, fuego y columnas de humo."* (Sofonías 1: 18) -- *Ni su plata ni su oro podrán librarlos en el día de la ira del SEÑOR, cuando por el fuego de su celo toda la tierra sea consumida; porque El hará una destrucción total y terrible de todos los habitantes de la tierra."*

9. Será un Día, muy, muy malo (Ezequiel 30: 3) – *"Porque cerca está el día, sí, está cerca el día del SEÑOR; día de nubarrones, la hora de las naciones.";* (Amós 5:20) – *"¿No será tinieblas el día del SEÑOR, y no luz, oscuridad, y no resplandor?";* (Sofonías 1:15) *"Día de ira aquel día, día de congoja y de angustia, día de destrucción y desolación, día de tinieblas y lobreguez, día nublado y de densa oscuridad,".*

Las cosas se verán mal para el nuevo líder mundial. Habrá iniciado su periodo final de tres años y medio sintiéndose como que está en completo control. Pero ahora las cosas parecen estarse saliendo de control. A donde quiera que voltea ve nuevos desastres. La creación misma parece que esta conspirando en contra de él. Si no es cuidadoso, sus seguidores perderán la confianza en él. ¿Qué puede hacer?

Evento Número 5 – Un tiempo de llamar a la Humanidad a cuentas

Cuando parece que estás enfrentando al desastre total, ¿qué debes hacer? En el caso del anticristo, decide que es tiempo de atacar. Reúne todos sus recursos y decide atacar la fuente de sus desastres. Para él, la fuente de su oposición parecer provenir del Dios de los judíos. ¿la solución? ¡destruir a los judíos! Convence a todos sus seguidores de la sabiduría de su plan. Para hacer esto, él los convencerá que sólo tienen que vencer a un pequeño grupo de personas que viven en todo Jerusalén. Esto debe de ser una tarea fácil. Inclusive él se hace cargo del ejército. Para fortalecer la determinación de sus seguidores, enlista el apoyo de demonios y espíritus malvados. Estos van aquí y allá, convenciendo primero a una persona y luego a otra. Muy pronto millones de sus seguidores se encuentran reunidos en el valle en frente de Jerusalén. Ellos están muy animados, ya que es obvio para ellos que son muchos más de los que viven en aquella ciudad. Mientras se preparan para atacar, extrañas cosas empiezan a suceder. Primero ellos escuchan que la ciudad capital de su Comandante en jefe ha sido misteriosamente destruida. Dándose cuenta que está enfrentando dudas en las filas, el general concentra fuerzas en su ejército. Entonces algo empieza a hacer temblar su confianza. Los pájaros empiezan a congregarse en los cielos arriba de ellos. Muy pronto se dan cuenta que son buitres y que crecen en número cada minuto. Y ven luego que el cielo está cubierto con pájaros que dan círculos, y el pesar y el miedo empiezan a apoderarse de los seguidores del anticristo. Ahora el cielo se empieza a nublar con nubes de tormenta. Los cielos se oscurecen aún más y parece que esas nubes negras enrollan los cielos. No hay ningún lugar a donde correr ni en donde esconderse. La única cosa que el ejército siente en estos momentos es temor y un terror creciente.

Evento Número 6 – La Segunda Venida de Cristo

Las cosas se verán sombrías ciertamente. ¡Espera un minuto, algo está pasando!. Las nubes se están abriendo. ¡ No puede ser!, parece que un gran ejército de gente viene del cielo. 1 Tesalonicenses 2:7 – "……. *cuando el Señor Jesús sea revelado desde el cielo con sus poderosos ángeles en llama de fuego";* Apocalipsis 19:11 - 14: – *"Y vi el cielo abierto, y he aquí, un caballo blanco; el que lo montaba se llama Fiel y Verdadero, y con justicia juzga y hace la guerra. Sus ojos son una llama de fuego, y sobre su cabeza hay muchas diademas, y tiene un nombre escrito que nadie conoce sino El. Y está vestido de un manto empapado en sangre, y su nombre es: El Verbo de Dios. Y los ejércitos que están en los cielos, vestidos de lino fino, blanco y limpio, le seguían sobre caballos blancos."*

¿Crees que el ejército del líder mundial estaba aterrado antes? Apocalipsis 19: 17-19 – *"Y vi a un ángel que estaba de pie en el sol. Y clamó a gran voz, diciendo a todas las aves que vuelan en medio del cielo: Venid, congregaos para la gran cena de Dios, para que comáis carne de reyes, carne de comandantes y carne de poderosos, carne de caballos y de sus jinetes, y carne de todos los hombres, libres y esclavos, pequeños y grandes. Entonces vi a la bestia, a los reyes de la tierra y a sus ejércitos reunidos para hacer guerra contra el que iba montado en el caballo y contra su ejército".*

En este punto tengo que pensar que el ejército del anticristo no se reunían todos juntos para iniciar la batalla, sino que estaban todos juntos por el miedo. Su líder (el anticristo) trata de darles valor y les dice que tienen la victoria garantizada. Ve la manera en que el enemigo está vestido. Sólo tienen ropas de lino blancas. No tienen armas. ¿qué es lo que van a hacer?¿batir sus brazos? Apocalipsis 16: 18, 21 – *"Entonces hubo relámpagos, voces y truenos; y hubo un gran terremoto tal como no lo había habido desde que el hombre está sobre la tierra; fue tan grande y poderoso terremoto. Y enormes granizos, como de un talento cada uno, cayeron sobre los hombres; y los hombres blasfemaron contra Dios por la plaga del granizo, porque su plaga fue sumamente grande".*

No habrá batalla. Jesucristo habla y la creación le responde. La guerra será ganada antes de que la batalla haya sido peleada. Apocalipsis 19: 20-21

: -- *"Y la bestia fue apresada, y con ella el falso profeta que hacía señales en su presencia, con las cuales engañaba a los que habían recibido la marca de la bestia y a los que adoraban su imagen; los dos fueron arrojados vivos al lago de fuego que arde con azufre. Y los demás fueron muertos con la espada que salía de la boca del que montaba el caballo, y todas las aves se saciaron de sus carnes."*

Es de esta manera que Jesucristo vuelve a ser introducido al mundo, el Mesías que regresa. Esta es Su segunda venida a la tierra, y esta vez viene lleno de poder y de gloria. Su segunda venida tiene dos propósitos. El primero lo vemos aquí: La derrota y la destrucción de toda la humanidad que se le oponía. El segundo propósito de Su venida también explica la necesidad del primer propósito: Jesús regresa a establecer Su reino en la tierra. Va a vivir y a gobernar en este reino, y nadie de aquellos que le han rechazado será parte de él.

"Dinos, ¿cuándo sucederá esto, y cuál será la señal de tu venida y de la consumación de este siglo? (Mateo 24:3). La palabra importante aquí será "venida". Esta palabra viene de la traducción de la palabra griega *parousia* (pronunciada pa-ROO-zee-a). *Parousia* (venida) se deriva de dos palabras griegas, *"para"* que quiere decir "con" y *"ousia"* que quiere decir "ser". Parouisa entonces denota dos cosas: una llegada con una presencia (ser).

Este es entonces el significado de la Segunda venida de Cristo: un tiempo de cambio. Un tiempo cuando los creyentes estarán con El. Un tiempo de juzgar a los infieles. Un tiempo de reunirse en gozo. Un tiempo en donde nosotros nos reuniremos con El a gobernar en la tierra por 1000 años.

Evento Número 7 – El Milenio

Apocalipsis 20:2 -- Prendió al dragón, la serpiente antigua, que es el Diablo y Satanás, y lo ató por mil años;

Apocalipsis 20:3 -- y lo arrojó al abismo, y lo cerró y lo selló sobre él, para que no engañara más a las naciones, hasta que se cumplieran los mil años; después de esto debe ser desatado por un poco de tiempo.

Apocalipsis 20: 4-- También vi tronos, y se sentaron sobre ellos, y se les concedió autoridad para juzgar. Y vi las almas de los que habían sido decapitados por causa del testimonio de Jesús y de la palabra de Dios, y a los que no habían adorado a la bestia ni a su imagen, ni habían recibido la marca sobre su frente ni sobre su mano; y volvieron a la vida y reinaron con Cristo por mil años.

Apocalipsis 20:5 -- Los demás muertos no volvieron a la vida hasta que se cumplieron los mil años. Esta es la primera resurrección.

Apocalipsis 20:6 -- Bienaventurado y santo es el que tiene parte en la primera resurrección; la muerte segunda no tiene poder sobre éstos sino que serán sacerdotes de Dios y de Cristo, y reinarán con El por mil años.

El propósito de que Satanás fuera confinado por mil años, no era como castigo, sino para prevenir que él engañara a las naciones o a la humanidad durante este periodo de tiempo. La incapacidad de Satanás de influenciar a la humanidad, así como el reinado personal de Cristo en la tierra durante este tiempo, traerá como consecuencia un periodo de ambiente perfecto espiritual y moral en la tierra. La única fuente de tentación para el hombre será la de su propia creación y naturaleza interna. Mientras la expresión exterior de los habitantes de la tierra durante este tiempo será la obediencia absoluta a Jesucristo, la naturaleza interior de muchos nacidos en este tiempo será de rebelión en contra de las restricciones impuestas por Su reinado, con vara de hierro sobre la tierra. El propósito de Dios para este periodo de tiempo será proporcionar al hombre su prueba final de lealtad bajo las condiciones ideales.

Evento Número 8 – El último intento de Satanás para vencer a Dios

Apocalipsis 20: 7 -- Cuando los mil años se cumplan, Satanás será soltado de su prisión,

Apocalipsis 20: 8 -- y saldrá a engañar a las naciones que están en los cuatro extremos de la tierra, a Gog y a Magog, a fin de reunirlas para la batalla; el número de ellas es como la arena del mar.

Apocalipsis 20: 9 – Y subieron sobre la anchura de la tierra, rodearon el campamento de los santos y la ciudad amada. Pero descendió fuego del cielo y los devoró.

Apocalipsis 20: 10 "Y el diablo que los engañaba fue arrojado al lago de fuego y azufre, donde también están la bestia y el falso profeta; y serán atormentados día y noche por los siglos de los siglos."

El mundo habrá experimentado un tiempo de una tremenda explosión demográfica en los 1000 años precedentes. Las guerras habrán cesado. El crimen será casi inexistente. Las enfermedades serán eliminadas. Y ya que la maldición del pecado será removida de la tierra física, la tierra producirá fácilmente suficientes comestibles para alimentar a toda la población. Es posible que la población del milenio pueda crecer para exceder el total de la población mundial nacida durante toda la historia bíblica anterior.

Tal es el mundo en el que Satanás será liberado (advierta que no es precisamente que se haya escapado de este confinamiento). Sospecho que cuando Dios habla de un "corto tiempo" aquí El está hablando de dos a diez años. Aquellos que han decidido seguir a Satanás durante el reinado de Satanás en la tierra, ahora se reunirán en la planicie frente a la ciudad de Jerusalén, la cual será el lugar en donde Cristo habitará y también el centro del gobierno para toda la humanidad durante los 1000 años previos. Sin embargo, las cosas no salen como lo esperan los rebeldes. No hay negociaciones, no se presentan argumentos, no hay audiencias, no hay juicios, no ofertas de un tratado y no términos para considerar si se rinden. Lo único que hay es juicio inmediato. El juicio de Dios: los seguidores de Satanás serán destruidos con fuego que viene del cielo. Tome nota, no sólo son muertos con este fuego, sino que serán consumidos completamente por el mismo.

Evento Número 9 – El Juicio ante el Gran Trono Blanco

Apocalipsis 20: 11 – "Y vi un gran trono blanco y al que estaba sentado en él, de cuya presencia huyeron la tierra y el cielo, y no se halló lugar para ellos.

Apocalipsis 20: 12 – Y vi a los muertos, grandes y pequeños, de pie delante del trono, y los libros fueron abiertos; y otro libro fue abierto, que es el libro de la vida, y los muertos fueron juzgados por lo que estaba escrito en los libros según sus obras.

Apocalipsis 20: 13 – Y el mar entregó los muertos que estaban en él, y la Muerte y el Hades entregaron a los muertos que estaban en ellos; y fueron juzgados, cada uno según sus obras.

Apocalipsis 20: 14 -- Y la Muerte y el Hades fueron arrojados al lago de fuego. Esta es la muerte segunda: el lago de fuego.

Apocalipsis 20: 15 -- Y el que no se encontraba inscrito en el libro de la vida fue arrojado al lago de fuego."

Recuerde que aquellos que están siendo juzgados son individuos que no habían sido juzgados antes. Esto elimina a todos aquellos que habrán entrado al milenio en sus cuerpos glorificados. La siguiente cosa que vemos en estos versículos es que todos ellos ya habrán muerto. Esto describe dos tipos de personas: todos los no creyentes que han muerto en su pecado desde Adán; y un segundo grupo más pequeño, siendo aquellos que han nacido durante el milenio y que han muerto por una u otra razón, pero que se convirtieron en creyentes y seguidores de Cristo durante dicho periodo de tiempo. Esta descripción se expande en el versículo 13, en donde se menciona que el mar va a entregar a sus muertos (con mucha probabilidad a lo que esto se refiere no es el mar literal, ya que esa distinción sería falsa, sino el mar de personas metafóricamente hablando, como lo han descrito los versículos anteriores). Este versículo dice que la muerte y el hades representan el destino de las almas. Lo que está pasando aquí es que se están juntando las almas con los cuerpos físicos, literalmente una segunda resurrección para aquellos que no han tenido parte en la primera resurrección de la iglesia.

Es claro en el versículo 12 que las bases del juicio se encontrarán en dos libros: uno de los libros contiene todos los actos que cada persona realizó mientras vivía en esta tierra; mientras el otro libro se llama el Libro de la Vida.

Después de este juicio viene la eternidad, ya sea una eternidad con Dios y Jesucristo, o una eternidad con Satanás. La eternidad con Dios será pasada en una tierra perfecta. La eternidad con Satanás será pasada en un lago de fuego. ¿En dónde pasarás tú la eternidad?

Apéndice D

Una Cronología de Apocalipsis

Para entender apropiadamente el Apocalipsis uno necesita entender que este no fue escrito reflejando una secuencia de eventos cronológicos. Juan recibió claramente una serie de visiones y las escribió tal y como le fueron mostradas. Piense en los últimos tiempos como una gran imagen panorámica ante los ojos de Dios. Dios, viendo el principio y el fin, le da visiones a Juan de esta imagen a como los ojos de Dios la ven y de vez en cuando retrocede en su mirada para enfatizar una parte, por lo que se rompe la secuencia cronológica de los eventos. Lo siguiente es mi interpretación de los eventos del Apocalipsis. Usted notará que no intento aplicar determinadas fechas de los eventos que no sean los de la antigüedad. Sólo Dios los conoce.

Antigüedad:

4000 – 2500 A.C.

Satanás se revela en contra de Dios y un tercera parte de

los Ángeles se unen a él. - **Capítulo 12:3 – 4**

2000 – 1800 A.C.

El sueño de José de las 12 estrellas, el sol y la luna,

describe a su familia y el futuro de Israel. – **Capítulo 12:1 – 2**

6 A.C. – 30 D.C.

El nacimiento y ascensión de Cristo – **Capítulo 12:5**

30 – 32 D.C.

Satanás es desvanecido del cielo – **Capítulo 12:7 – 12**

30 – 35 D.C.

La escena que se presenta ante el Trono en el cielo de la aparición de Cristo cuando hace su ascensión –**Capítulo 4 y Capítulo 5**

95 – 100 D.C.

Juan recibe una visión de Dios y una observación de la condición de siete iglesias contemporáneas y es instruido a escribir lo que mira y escucha. - **Capítulo 1; Capítulo 2; Capítulo 3**

Juan recibe una visión en la cual Dios va a bendecir a aquellos que mueren por creer en Él y triunfara sobre aquellos que escojan adorar a la Bestia. – **Capítulo 14:6 - 13**

Dios, repetidamente, le enfatiza a Juan la importancia de las profecías que Él le está compartiendo.- **Capítulo 10; Capítulo 19:1 – 6; Capítulo 22:6 - 21**

Evento Número 1 – El Rapto de la Iglesia

30 D.C. al tiempo presente

Los primeros seis sellos son abiertos por Cristo en el cielo – **Capítulo 6**

30 D.C.

Satanás se enfoca en la persecución de los Judíos – **Capítulo 12:13**

El futuro Cercano

El séptimo sello es abierto y la primera trompeta es sonada. – **Capítulo 8:1 - 6**

La Iglesia es raptada y Cristo escoge 144,000 Judíos como sus testigos protegidos – **Capítulo 7; 8:1 – 6**

La Cosecha de los creyentes – **Capítulo 14:14 - 16**

La boda de Cristo y la Iglesia – **Capítulo 19:7 - 10**

Evento Número 2 – Anarquía, la Entrada del anti-Cristo y la Guerra

0 – 5 años después del Rapto

La Bestia del Mar, el anti-cristo y la Bestia de la Tierra, el Falso Profeta llegan a tener poder – **Capítulo 13:1 – 4; 11 – 12; Daniel 9:29b**

Evento Número 3 – El Comienzo del Septuagésimo Conjunto de Siete Años de Daniel

El anti-cristo firma un pacto de paz con Israel – **Daniel 27a**

Evento Número 4 – La Luna de Miel y el Día de Juicio

Los primeros 3 años y medio de cuando se firma el pacto de paz

El sonar de las primeras 4 trompetas – **Capítulo 8:7 – 13**

La protección de la gente escogida de Dios y el testimonio de los dos testigos especiales de Dios – **Capítulo 11:1 – 6**

El Falso Profeta incita a la gente a dar adoración al anti- cristo –**Capítulo 13:13 – 18**

La muerte de los dos testigos especiales de Dios – **Capítulo 11:7 – 14**

Evento Número 5 – Un Tiempo de dar Cuentas para la Humanidad

Los últimos 3 años y medio del septuagésimo conjunto de años de Daniel

Se describe el carácter y la fuente de motivación de la Bestia de la Tierra, el anti-cristo – **Capítulo 17**

La Bestia del Mar, al anti-cristo se le da autoridad completa sobre la humanidad – **Capítulo 13:5 – 10**

Los Judíos huyen de Israel – **Capítulo 12:6, 14 - 17**

Suenan las trompetas cinco y seis – **Capítulo 9**

El cielo se prepara para la ira final de Dios sobre la humanidad – **Capítulo 15**

Suena la séptima trompeta – **Capítulo 11:14 – 19**

La ira concentrada de Dios es derramada sobre la tierra y la humanidad – **Capítulo 16**

Babilonia, la sede central del anti-cristo, recibe un juicio especial – **Capítulo 18**

La cosecha de los no creyentes – **Capítulo 14:17 - 20**

Evento Número 6 – La Segunda Venida de Cristo a la Tierra

Cristo regresa a la tierra a vivir ahí – **Capítulo 19:11 - 19**

Cristo proclama la seguridad de sus 144,000 testigos Judíos escogidos – **Capítulo 14:1 – 5**

Satanás es encadenado en el abismo – **Capítulo 20:1 – 3**

El Falso Profeta y el anti-cristo son enviados al lago de fuego – **Capítulo 19:20 - 21**

Evento Número 7 – El Milenio

Los siguientes 1000 años

Cristo reina en la tierra – **Capítulo 20:4 – 6**

Evento Número 8 – El Último Intento de Satanás para d errotar a Dios

Los siguientes 1 a 10 años

Se le permite a Satanás reunir a todos aquellos que son desencantados con el gobierno de Jesucristo – **Capítulo 22: 7 – 10**

Evento Número 9 – El Gran Trono Blanco del Juicio

La eternidad

Algunos pasaran la eternidad en el lago de fuego–**Capítulo 20:11 – 15**

Algunos pasaran la eternidad viviendo y sirviendo a Dios y a Jesucristo en una tierra nueva – **Capítulo 21; 22:1 – 6**

Printed in the United States
By Bookmasters